普通高等教育"十一五"国家级规划教材
普通高等教育工程管理专业系列教材

ENGINEERING PROJECT
RISK MANAGEMENT
(4th Edition)

工程项目风险管理

（第4版）

吴绍艳　陈伟珂　主　编
　　　　尹贻林　主　审

人民交通出版社
北京

内 容 提 要

本书遵循工程项目建设流程和风险管理程序,构建了工程项目全生命周期各阶段的风险管理知识体系。首先,系统阐述了工程项目风险管理的基本概念,包括风险的本质特性、管理流程,以及各种风险管理技术与工具;其次,深入探讨了工程项目在决策、设计、施工、运营各个阶段的风险管理策略,并通过实际工程案例来强化理论的实操性和应用价值;最后,详细介绍了国际工程项目中常用的风险转移机制,包括工程保险和工程担保的基础知识与实践应用。

本书可作为工程管理、工程造价、保险等专业领域的教材,也可供工程建设和保险领域的专业人士及工程技术管理人员参考。

图书在版编目(CIP)数据

工程项目风险管理 / 吴绍艳,陈伟珂主编. — 4 版.
北京:人民交通出版社股份有限公司,2024.6.
ISBN 978-7-114-19572-3

Ⅰ.F284

中国国家版本馆 CIP 数据核字第 20241G2M39 号

Gongcheng Xiangmu Fengxian Guanli

书　　名	工程项目风险管理(第4版)
著 作 者	吴绍艳　陈伟珂
责任编辑	张　晓　李学会　李　晴
责任校对	赵媛媛
责任印制	刘高彤
出版发行	人民交通出版社
地　　址	(100011)北京市朝阳区安定门外外馆斜街3号
网　　址	http://www.ccpcl.com.cn
销售电话	(010)59757973
总 经 销	人民交通出版社发行部
经　　销	各地新华书店
印　　刷	北京虎彩文化传播有限公司
开　　本	787×1092　1/16
印　　张	17.75
字　　数	432千
版　　次	2008年8月　第1版
	2015年12月　第2版
	2022年8月　第3版
	2024年6月　第4版
印　　次	2024年6月　第4版　第1次印刷　总第13次印刷
书　　号	ISBN 978-7-114-19572-3
定　　价	58.00元

(有印刷、装订质量问题的图书,由本社负责调换)

第4版前言

自首次出版以来,本教材经历了3次精心的修订,以紧跟时代的步伐并吸纳学术与实践领域的最新成果。2015年问世的第2版,采纳了前瞻性的工程项目风险思维,构筑了一整套工程项目风险管理的应用工具和操作流程,确立了规范的风险管理策略框架。

在第2版教材的基础上,2022年的第3版教材进行了深刻的结构性调整和及时性更新。在结构上,整合了风险管理流程与项目全生命周期的双线逻辑,依据工程项目实施过程中风险的发生顺序,分阶段进行风险识别、分析和应对,从而全面呈现了工程项目全生命周期的动态风险管理。为保持时效性,第3版教材积极吸纳了当时最新的工程项目管理特征、政策与法规的最新调整,以及国家经济建设和建筑业转型升级背景下的技术革新,如物联网、建筑信息模型(BIM)、区块链等数字化技术的应用,并配合最新法律法规文件更新了相关内容。

延续第3版的扎实工作,本教材编写团队进一步强化了对国内外行业发展动态的追踪,并以最新风险管理成果为指导,对全书内容进行了进一步的更新和调整,修订形成第4版教材。本次修订重点包括结构的精细优化、内容的充实与完善,以及对术语准确性、文字表达规范性、段落衔接和图表清晰性的全面提升。通过这些努力,第4版教材不仅在内容上更为系统、在逻辑上更为清晰,而且在学术性和规范性上均得到了显著提升,极大地便利了读者掌握风险管理的核心知识。

总体而言,第4版教材保留了第3版教材的基本框架,为长期以来使用和支持本教材的读者提供了顺畅的过渡。同时,本书精选了大量具有代表性的实际案例,针对工程项目风险的实际情况进行深入剖析,并提出了针对性的风险应对策略。这些案例不仅有助于读者深刻理解工程项目风险管理的理念、方法和工具,更可作为工程项目风险管理实务操作的实用指南。

本书借鉴了国内外项目管理和风险管理的研究成果,结合我国工程风险管理的实践,对工程项目风险管理中的具体问题进行了系统阐述,力求深入浅出,追求知识性与可操作性的紧密结合,以满足土木工程专业、工程管理专业和工程建设领域其他专业学生学习。本书也可作为各类项目经理、企业领导和工程技术人员以及保险公司工程保险相关工作人员进行工程项目风险管理时的工具书。

本书内容可分为三部分:第一部分包括第1、2章,主要论述风险管理的一般原理和发展历程,该部分知识能够帮助读者掌握工程项目风险识别、风险分析和风险应对方法,明晰工程项目风险管理的一般规律,进而在工程项目风险管理实务中灵活地应用这些知识;第二部分包括第3~6章,分别论述工程项目在决策、设计、施工、运营等不同阶段存在的风险问题以及相应的管理过程,该部分知识具有很强的可操作性,能够带领读者了解风险管理知识如何落实到工程项目每一个阶段中;第三部分包括第 7~9 章,主要论述特殊模式[政府和社会资本合作(PPP)模式和工程总承包(EPC)模式]下的项目风险管理策略以及国际工程常用的风险转移工具——工程保险和工程担保,该部分知识能够帮助读者了解这些模式下项目风险管理的特殊性质,掌握工程保险和工程担保的基础知识,为工程项目的顺利实施构建必要的保障体系和风险应对策略。

本书由天津理工大学公共投资与工程造价研究所吴绍艳副教授、陈伟珂教授策划并担任主编,由天津理工大学公共项目与工程造价中心主任尹贻林教授担任主审。本书的编写分工为:第 1 章、第 2 章陈伟珂、吴绍艳编写;第 3 章、第 6 章吴绍艳、陈伟珂编写;第 4 章、第 7 章吴绍艳编写;第 5 章、第 8 章陈伟珂、黄艳敏编写;第 9 章陈伟珂编写;全书由吴绍艳进行了修改和润色。同时,硕士研究生郭文清、蒋伊诺、刘学平、李铭维、薛淼对本书的写作和修改提供了宝贵的资料,在此表示衷心的感谢。

由于可供参考的资料有限,加之作者在此方面知识积累的局限,书中难免存在疏漏或不妥之处,欢迎同行专家和读者以各种方式赐教、指正。

编 者
2024 年 4 月

目录

第1章　工程项目风险管理概述 · 1
  1.1　工程项目风险管理的发展 · 1
  1.2　工程项目风险管理基本框架 · 11
  1.3　本章小结 · 12

第2章　工程项目风险管理的基本理论 · 13
  2.1　风险的基本概念 · 13
  2.2　工程项目风险的基本概念 · 22
  2.3　工程项目风险管理的基本概念 · 31
  2.4　工程项目风险管理的技术工具 · 45
  2.5　本章小结 · 83
  习题 · 83

第3章　工程项目决策阶段的风险管理 · 84
  3.1　工程项目决策阶段风险管理概述 · 84
  3.2　工程项目决策阶段的风险识别 · 89
  3.3　工程项目决策阶段的风险分析与评价 · 95
  3.4　工程项目决策阶段的风险应对 · 106
  3.5　本章小结 · 109
  习题 · 109

第4章　工程项目设计阶段的风险管理 · 110
  4.1　工程项目设计阶段风险管理概述 · 110
  4.2　工程项目设计阶段的风险识别 · 113
  4.3　工程项目设计阶段的风险分析与评价 · 117
  4.4　工程项目设计阶段的风险应对 · 122
  4.5　本章小结 · 127
  习题 · 127

第5章　工程项目施工阶段的风险管理 · 128
  5.1　工程项目施工阶段风险管理概述 · 128
  5.2　工程项目施工阶段的风险识别 · 129
  5.3　工程项目施工阶段的风险分析与评价 · 135

5.4　工程项目施工阶段的风险应对　　136
　　5.5　工程项目施工阶段的合同风险管理　　153
　　5.6　本章小结　　167
　　习题　　167

第6章　工程项目运营阶段的风险管理　　168
　　6.1　工程项目运营阶段风险管理概述　　168
　　6.2　工程项目运营阶段的风险识别　　169
　　6.3　工程项目运营阶段的风险分析与评价　　173
　　6.4　工程项目运营阶段的风险应对　　176
　　6.5　本章小结　　183
　　习题　　183

第7章　特殊模式下的项目风险管理　　184
　　7.1　PPP模式下的项目风险管理　　184
　　7.2　工程总承包模式下的项目风险管理　　191
　　7.3　本章小结　　200
　　习题　　200

第8章　工程保险　　201
　　8.1　工程保险概述　　201
　　8.2　工程保险的保险标的　　205
　　8.3　工程保险合同　　215
　　8.4　工程保险防损与索赔、理赔　　237
　　8.5　本章小结　　253
　　习题　　253

第9章　工程担保　　254
　　9.1　工程担保概述　　254
　　9.2　国内外工程担保的发展　　258
　　9.3　工程担保的类型和相关规定　　262
　　9.4　工程担保与工程保险的异同　　271
　　9.5　本章小结　　273
　　习题　　273

参考文献　　274

第1章 工程项目风险管理概述

本章导读

本章主要介绍国内外工程项目风险管理的发展历程和发展趋势,从宏观的角度介绍工程项目风险管理。

1.1 工程项目风险管理的发展

1.1.1 风险管理的发展历程

(1)企业风险管理在全球的兴起

风险管理思想的雏形可以追溯到几千年前。公元前916年的"海损制度"和公元前400年的"船货押贷制度"形成了最初的保险思想。18世纪产业革命时期,法国管理学家亨利·法约尔(Henri Fayol)在《一般管理和工业管理》中正式将风险管理思想引入企业经营领域。而风险管理这一概念最早起源于美国。1931年由美国管理协会保险部最先倡导,1932年美国纽约几家大公司组织成立纽约保险经纪人协会,该协会的成立标志着风险管理的兴起。20世纪50年代,美国企业界发生了两件大事:一是美国通用汽车公司的自动变速器装置引发火灾,造成巨额经济损失;二是美国钢铁行业因团体人身保险福利问题及退休金问题,诱发长达半年的工人罢工,给国民经济带来了难以估量的损失。这两件大事促进了风险管理在企业界的推广,进而促进了风险管理在全球的兴起。

随着西方工业国家的学者对来自企业界的科学管理问题的深入研究,对源于企业管理中安全管理和保险管理的风险管理也有了进一步的探讨。20世纪50年代,莫布雷(Mowbray)在他与别人合著的《保险学》中详细阐述了"风险管理"的内涵。随后,美国保险管理协会(ASIM)开设了为期12周的风险管理课程,赫奇斯(Hedges)教授主持成立ASIM"风险与保险学课程概念"特别委员会,并发表了《风险与保险学课程概念》一文,为该学科领域的培训和教育工作奠定了一定的基础。而美国风险与保险管理协会(Risk & Insurance Management Society,RIMS)的成立,标志着风险管理由原来的用保险的方式处置风险转变为真正按照风险管理的方式处置风险,风险管理进入一个新的阶段。

此后,对风险管理的研究逐步趋向于系统化、专业化,风险管理逐步成为企业管理领域的一门独立学科。在 20 世纪 60—70 年代,美国许多大学的工商管理学院都开设了风险管理课程,传统的"保险系"把教学重点转移到风险管理方面,有的工商管理学院还把"保险系"改名为"风险管理和保险系";美国大多数大企业会设置一个专职部门进行风险管理。1973 年,日内瓦协会的成立将风险管理思想带入了欧洲;20 世纪 80 年代,风险管理进入了亚洲和非洲,并迅速在全球流行。自此,越来越多的企业开始重视风险管理,企业的风险管理成为公司三大管理(策略管理、经营管理和风险管理)活动之一。1980 年,美国风险分析协会(Society for Risk Analysis,SRA)成立。SRA 自成立之日起,就成为不同学术团体交流思想的焦点论坛。1983 年 5 月,在美国风险与保险管理协会的年会上,世界各地的专家学者通过了针对危害性风险的"101 条风险管理准则",其中包括风险管理的一般原则、风险评估、风险控制、风险财务处理、索赔管理、职工福利、退休年金、国际风险管理等。1986 年,欧洲 11 个国家共同成立了欧洲风险研究会;同年 10 月,风险管理国际学术讨论会在新加坡召开,标志着风险管理运动已经走向世界,成为全球性运动。

(2)企业全面风险管理思想的萌芽产生

20 世纪 80 年代末至 90 年代初,随着国际金融和工商业的不断发展,迅速增长的新经济使企业面对的社会大环境发生了显著变化。企业面临的风险更加多样化和复杂化,从墨西哥金融危机、亚洲金融危机、拉美部分国家出现的金融动荡等系统性事件,到巴林银行、爱尔兰联合银行、美国长期资本管理公司(LTCM)倒闭等个体事件,都昭示着损失不再是由单一风险造成的,而是由信用风险、市场风险和操作风险等多种风险因素交织作用而成的。人们意识到,在一个企业内部不同部门或不同业务的风险有的相互叠加放大、有的相互抵消减少,以零散的方式管理公司所面对的各类风险已经不能满足需要。因此,企业不能仅从某项业务、某个部门的角度考虑风险,必须根据风险组合的观点,从贯穿整个企业的角度看风险。由此,全面风险管理思想的萌芽产生并发展,其标志有如下几点:

①在许多公司中,原本分散的风险管理方式已由对董事会负责的高级风险管理专业人士所取代。到了 1993 年,首席风险总监(Chief Risk Officer,CRO)的头衔第一次被使用。CRO 的诞生,是风险管理由传统风险管理向现代风险管理过渡的转折点,标志着现代风险管理阶段的开始。

②1995 年,由澳大利亚标准委员会和新西兰标准委员会成立的联合技术委员会经过广泛的信息搜集、整理和讨论,并经多次修改,制定并颁布了全球第一个企业风险管理标准——澳大利亚/新西兰风险管理标准(AS/NZS4360)(以下简称"澳洲风险标准")。该标准受到全世界的欢迎,其特点是适用范围广泛,为各行业各部门的风险管理提供了一个共同框架。澳洲风险标准(AS/NZS4360)的正文包括五个部分:一是范围、应用与定义;二是风险管理要求;三是风险管理概论;四是风险管理过程;五是风险管理记录和档案。另外,该标准的八个附件为风险管理实际操作提供了一套适合于各种机构和个人风险管理的方法和程序,可满足综合风险管理的需求。从澳洲风险标准诞生之日起,一些发达国家纷纷效仿,制定全国性的风险管理标准,指导和推动了风险管理的发展。澳洲风险标准界定的风险管理程序如图 1-1 所示。

③全球风险管理专业人士协会(Global Association of Risk Professionals,GARP)成立。1996 年,由于一些重大金融风险事件所造成的巨额损失,以及所面临的经营环境的日益复杂化,欧美国家的银行业对风险管理日渐重视。在这种背景下,GARP 应运而生。GARP 的宗旨是鼓

励和增进风险管理专业人员、业务操作人员和监管者之间的交流与沟通,通过教育、培训和资格认证等活动,促进风险管理工作的开展,促进风险管理文化的形成。GARP 最大的贡献就是在风险管理界推动了金融风险管理师(Financial Risk Manager,FRM)认证资格考试制度的制定和完善。该制度得到了许多国家金融业的认可,成为衡量其从业人员是否具备风险管理能力的主要标准。

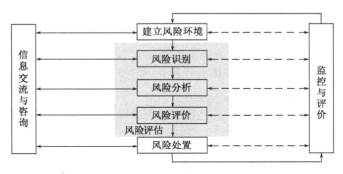

图 1-1　风险管理程序

注:根据 AS/NZS4360(2004 年修订版),风险评估内容包括风险识别、风险分析和风险评价三部分。

④整体风险管理(Team Risk Management,TRM)思想的形成及发展成熟。1998 年 10 月,美国长期资本管理公司(LTCM)在金融衍生物交易中损失 40 多亿美元,走到了破产的边缘。这家由华尔街精英、政府前财政官员及诺贝尔经济学奖得主组成的团队,曾经红极一时的金融业巨头,在世界金融动荡的冲击下也难以幸免。这使得金融界警醒,开始更深入考虑风险防范与管理问题。进而发现,金融风险往往是以复合的形式存在,单一形式的金融风险具有相互联动性。风险管理不应只对过去单个业务中的单个风险进行管理,而应从整个系统的角度对所有风险进行综合管理。整体风险管理理论认为:对一定量的风险进行控制是金融风险管理的最终目的,风险管理必然涉及风险偏好和风险估价因素,应将金融风险管理中的价格、偏好和概率三要素综合起来进行系统和动态的决策,从而实现对风险的全面控制。

1998 年后,理论界提出了全面风险管理理论(Enterprise Risk Management,ERM)和全面综合风险管理(Global Risk Management,GRM)。GRM 的中心理念是:对金融机构面临的所有风险做出连贯一致、准确和及时的度量;建立一种严密的程序用来分析总风险在交易、资产组合和各种经营活动范围内的分布,以及对不同类型的风险如何进行定价和合理配置资本;同时,在金融机构内部建立专司风险管理的部门,致力于防范和化解并且消化由此带来的成本。但由于 ERM 和 GRM 一般只用于金融界。而美国反虚假财务报告委员会下属的发起人委员会(The Committee of Sponsoring Organisations of the Treadway Commission,COSO)的风险管理,即全面风险管理,适用于大多数的企业,其中包括金融界。因此,全面风险管理将是风险管理未来的发展趋势。

(3)企业全面风险管理的成熟发展

进入 21 世纪,尤其以 2001 年美国遭受"9·11"恐怖袭击、2002 年安然公司倒闭等重大事件为标志,众多企业意识到风险是多元的、复杂的,必须采用综合的管理手段。至此,全面风险管理的概念获得广泛认同。2004 年,COSO 发布了《企业风险管理——整合框架》(Enterprise Risk Management-Integrated Framework,简称"ERM 框架")。COSO 的风险管理整合框架中的风险管理概念、内容、框架构成了现代全面风险管理理论的核心,ERM 框架为衡量企业风险管理的有效性提供指导。风险管理对国内外企业的发展尤为重要,我国也十分重视此领域的建设工作。2006年6月,国务院国有资产监督管理委员会颁布了《中央企业全面风险管理指引》,这是我国的第一个权威的风险管理框架,标志着我国的风险管理理论和实践进入了一个新的历史阶段,对于中央企业建立健全风险管理长效机制,防止国有资产流失,促进企业稳步发展,保护投资者利益,都具有积极的意义。紧接着,2008年中华人民共和国财政部牵头发布《企业内部控制基本规范》,2010年五部委联合发布《企业内部控制配套指引》,相关政策文件的实施表明我国企业构建全面风险管理模式具有重要意义。2017年美国COSO颁布的新版《企业风险管理框架》(COSO-ERM)更是提出了新的管理思路,较旧版风险管理框架有了颠覆性的变化,全新的框架赋予了风险管理跨时代性的理念及内涵,为全球范围内企业全面风险管理工作点明主体、指引方向、提供思路。

同时,现代风险管理理论也逐渐形成。2009年11月15日,国际标准化组织(ISO)正式发布了三个用于风险管理的标准:《风险管理——原则与指南》(ISO 31000:2009)、《风险管理——术语》(ISO指南73:2009)、《风险管理——风险评估技术》(ISO/IEC 31010:2009)(以下简称"ISO三标准")。我国也于2009年底发布了国家标准《风险管理原则与实施指南》(GB/T 24353—2009)、《风险管理 术语》(GB/T 23694—2013)代替《风险管理 术语》(GB/T 23694—2009)。《风险管理原则与实施指南》(GB/T 24353—2009)定义了风险的概念、确定了风险管理过程、规范了风险评估程序、指出了风险管理的11项重要原则,明确提出风险管理的首要原则是创造并保护价值,并指出"风险"是不确定性对目标的影响,其中的"影响"有可能是正面的,也可能是负面的;可能存在机会,也可能有威胁。风险管理就是管理不确定性、减少威胁、放大机会、创造条件改变风险传导的过程,使其有助于目标的实现。(ISO三标准的发布,标志着人类对风险管理取得了重要进展,有助于改变人们对风险纯负面的认识。ISO三标准汇集了世界各国在管理风险方面的先进理论及方法,为人类管理风险提供了新的思路和方法。)

1.1.2 工程项目风险管理的发展历程

工程项目风险管理的理论研究是伴随着国际工程建设市场的形成和发展而产生的。早在第二次世界大战期间,在系统工程和运筹学领域中就开始应用风险分析技术。而把风险分析技术用于工程项目管理还是在20世纪50—60年代,伴随着西方社会的战后重建,特别是西欧经济的复苏,欧洲兴建了一批大型水电、能源、交通等建设项目,巨大的投资使项目管理者越来越重视费用、进度、质量的风险管理,而复杂的工程项目环境又给项目增加了大量的不确定因素,如何事先定量地预测不确定性对工程项目整体的影响成为管理者面临的一大难题。为此,学者们先后开发、研究了各种项目风险评估技术,如早期的项目计划评审技术,以及后来的敏感性分析和模拟技术等。在最初的研究中,只是用数理统计和概率论的方法来描述、评价影响项目目标的一维元素,如时间或成本变化的影响。随着新的评价方法的不断产生,对工程项目风险的分析也向综合、全面、多维的方向发展。最早且较成功的实践应用是20世纪60—70年代欧洲"北海油田开发项目",该项目历时十几年,投资近几十亿美元,由多家国际承包公司共同合作完成。在该项目中,专家们尝试了几种不同的风险管理方法,取得了一定的经验和成果。

在当今世界,众多大型土木工程项目都引入了风险管理技术。例如,美国华盛顿地铁、英国伦敦地铁、中国香港地铁及新加坡地铁等标志性工程,通过采用这些管理策略,确保了各自项目的平稳推进和成功实施。

经过几十年的理论研究、探讨以及在实践中的初步应用,国际学术界已对工程项目风险管理理论的看法达成一致,认为工程项目风险管理是一个系统工程,它涉及工程管理的各个方面,包括风险的识别、估计、应对等,其目的在于通过对项目环境不确定性的研究与控制,达到降低损失、控制成本的目的。为促进该领域的交流与合作,国际学术界定期召开有关的学术会议,交流和探讨取得的最新研究成果,形成了浓厚的学术气氛。国际知名大学和研究机构,如美国的麻省理工学院、斯坦福大学、加州大学、科威特工程科学研究所,以及新加坡南洋理工大学等都致力于工程项目风险管理理论的研究,从而促进了工程项目风险管理理论的进一步发展。目前,虽然存在多种理论和方法,但并没有本质的区别,说明工程项目风险管理的学科体系正逐步走向成熟。

我国对于风险管理问题的研究是从风险决策开始的,起步较晚。"风险"一词是在1980年首次由周士富提出的。1987年,由清华大学郭仲伟教授编著的《风险分析与决策》一书出版,标志着我国风险管理研究的开始。此后,有关学者和专家对风险分析进行了大量研究,但大部分理论体系还是停留在郭仲伟1987年提出的最初体系基础上。1991年,顾昌耀和邱苑华在《航空学报》上首次将熵扩展到复数,并且用于风险决策研究。1995年召开的首届国际项目管理学术会议,标志着我国学术界在项目管理方面研究的进一步提升。姜青舫在《风险度量原理》一书中,系统研究了有关风险的度量问题,对已有的Markowitz方差度量及其改进的均方差度量、平均基尼指标进行辨析,引入了多阶偏好和多阶投机偏好的新概念。1998年,刘霞在《风险决策:过程、心理与文化》一书中,从认知心理学和社会文化角度研究了影响风险决策主体的人格心理结构特征因素、群体情景因素和社会文化因素及其交互作用。

从现阶段国际工程项目风险管理的发展趋势来看,研究重点都集中在工程项目风险识别、工程项目风险分析与评价、工程项目风险控制以及工程保险等方面。国外许多高校和研究机构也对风险管理进行了研究。例如:新加坡国立大学于2006年3月成立了风险管理研究所(RMI);有关学者发表了许多有关风险管理的文章与著作;英国学者特纳(Turner)编著的《项目管理手册》(*The Handbook of Project-based Management*)专门讨论了项目风险管理的问题,为我国研究工程项目风险提供了理论指导。

国内风险管理在大型工程的实践方面也取得了较为明显的效果。例如:三峡工程、上海地铁项目均按照国际惯例进行风险管理,聘请了风险管理顾问和保险经纪人,为我国的工程项目风险管理的开展积累了宝贵经验;港珠澳大桥项目以风险管理为导向,成立风险管理委员会,指导成本、进度、质量等其他维度项目管理,实施风险动态管理。

国内很多工程项目管理学者在大型工程安全风险方面进行了很多积极有益的探索和应用。例如:华中科技大学丁烈云院士团队,对地铁施工安全风险进行了大量的深入研究,构建了地铁工程施工安全评价标准、研发了复杂环境下地铁工程安全风险控制技术,以全国首条长江地铁联络通道工程为依托,将传统的风险控制理论与现代传感与信息技术相结合,将地铁施工前的安全风险主动控制技术以及施工中的动态控制技术相结合,建立了地铁施工风险自动识别、风险实时感知及可视化安全预警系统;同济大学黄宏伟教授团队对轨道交通隧道结构的安全风险管理进行了深入研究,形成一套城市轨道交通隧道安全智慧感知及风险预警技术,设计了多功能盾构隧道风险可视化预警试验系统,开发了深基坑、盾构掘进等施工安全控制技术,应用在上海地铁隧道、越江大直径公路隧道、苏州轨道交通1号线等项目中,对盾构隧道病害的预防与治理有很好的指导作用。

1.1.3 相关行业工程项目风险管理存在的问题及建议

虽然工程项目风险管理理论已相对较为成熟,在大型工程的实践方面也取得了较为明显的效果,但是工程项目由于投资规模大、实施周期长、不确定因素多等原因,使得工程项目风险呈现发生频率高、损失关联性大、风险管理需要专业知识等特点。一旦风险管理意识淡薄,或没有严格地按照风险管理流程、方法进行工程风险识别和应对,在工程项目各建设领域,都可能导致安全事故的发生,造成严重的后果。

1.1.3.1 工程项目风险管理存在的问题

我国工程项目风险管理的发展是值得肯定的,然而要达到科学、完整、实用的标准目前还有较大差距,基础还比较薄弱,依然存在诸多的缺陷与不足,主要在以下工程项目建设领域有所体现。

(1)房屋建筑工程的风险

房屋建筑业是一个高风险行业。随着社会文明和经济的高速发展,房屋建筑业正在以前所未有的势头发展壮大,建筑市场竞争日趋激烈。大多数承包人为了在激烈的市场竞争中获得继续生存的机会,导致过度竞争,造成施工企业合理利益的流失,给企业正常经营和生产带来诸多困难,使建筑施工项目承包过程伴随着巨大风险。加之房屋建筑产品有着生产周期长、规模大、投入高、单件性及复杂性等特点,整个过程都存在着各种各样的风险。目前,在房屋建筑工程领域项目实践中往往难以进行标准化的风险管理,房屋建筑工程的担保制度尚未健全,建筑行业中的各类保险业务比较欠缺,在保险品种、保单形式上比较单一,不能反映建筑业的特性,也难以适应房屋建筑工程担保的需要。例如,2013年上海莲花河畔景苑一栋在建的13层住宅楼整体倒塌(图1-2),其直接原因是大楼两侧的基坑开挖与堆土方案不合理,压力差使土体产生水平位移,过大的水平力超过了桩基的抗侧能力,导致房屋倾倒。其根本原因是风险管理意识不到位,没有进行相应的风险管理活动。

图1-2 上海莲花河畔景苑倒楼事故

(2)城市轨道交通工程的风险

随着我国城市化进程的加快,我国城市轨道交通事业以惊人的速度在发展。根据中国城市轨道交通协会数据,截至2023年底,全国(不含港澳台)共有59个城市开通城市轨道交通运营线路338条,运营线路总长度达11224.54km。其中,地铁的发展尤为突出,运营线路长

8543.11km，占比为76.11%。由于地铁施工过程具有隐蔽性、复杂性和不确定性等诸多突出的特点，同时又面临复杂的地质条件和外部环境，加上可能存在的管理不到位、经验不足等因素，将给地铁的施工过程带来许多安全风险，不但会给施工现场相关人员带来很大安全隐患，还会直接损害施工单位精心打造的品牌。因此，要综合分析地铁施工风险，采取相应措施才能避免或消除风险。地铁是在人口密集的大中型城市进行的一项投资较大、建设期长、技术复杂的地下建设工程项目。地下工程具有以下特性：作业空间有限；作业时限性大；作业循环性强；作业过程中的力学状态、围岩力学物理性质变化大；作业环境恶劣。同时，地下工程对周边环境影响大，会造成诸如振动、地表下沉、噪声、地下水条件变化等影响，必须进行实时有效的风险控制。例如，上海地铁4号线隧道坍塌事故（图1-3），即与未进行风险源识别以及合理的风险管理有关。

图1-3　上海地铁4号线隧道坍塌事故

(3) 桥梁工程的风险

一般桥梁工程分为市政桥梁工程、公路桥梁工程、铁路桥梁工程等。桥梁工程一般具有投资大、结构设计复杂多变、工期长、规模大、施工环境复杂、建设工序多、影响因素众多、运营期承重大且期限长等特点。因此，桥梁工程除了具有风险的客观性、多样性、影响全局性和规律性的普遍特点外，还有其自身的如下特点：

①桥梁工程作为土木工程中的大型工程，其建设风险更大。由于桥梁基础所处地理环境复杂，自然灾害风险大，工期较长，造成桥梁基础施工风险难于预测。桥梁建设中涉及风险因素多，包括政治、社会、经济、自然、技术等因素，这些因素都会不同程度地作用于桥梁工程建设中，产生错综复杂的影响。而且，不同的风险因素会导致许多不同的风险事件，所以增大了桥梁建设过程的风险概率。一旦发生风险事件，往往会造成巨大的损失。

②桥梁工程建设的参与人员较多，而且各参与方均有风险，各自风险不尽相同。比如，同样的通货膨胀事件，在可调价格合同条件下，对业主来说是相当大的风险，而对承包人来说则风险很小；但在固定总价合同条件下，对业主来说不是风险，而对承包人来说就是相当大的风险。

③上部结构的施工风险具有明显的规律性。尽管上部结构施工程序复杂，施工难度大，但是由于施工方法和程序的相对固定性，使得上部结构施工风险有很强的可预见性和可防范性。

④施工阶段的各个风险因素的相关性较强。由于桥梁的施工期安排紧凑，工序的衔接非常紧密，一个风险的发生会导致相关的很多风险指标发生变化，有时因为一个风险因素的出现，就会导致整个项目的停工。

⑤桥梁工程项目风险管理需要专业知识。只有具备扎实的专业知识和丰富的专业经验，才能尽早识别、衡量风险，解决施工技术问题，降低风险，减少损失。

⑥桥梁工程项目风险发生频率高。由于桥梁建设工程周期长，不确定因素多，人为和自然原因造成的工程项目风险交集，从而导致工程项目风险频发。

例如，2007年湖南省湘西凤凰县发生的堤溪沱江大桥垮塌事故（图1-4），其主要原因是施工工序不合理、施工质量差，缺乏对施工技术方面的风险管理。

图1-4　湖南省凤凰县堤溪沱江大桥垮塌事故

（4）水利水电工程的风险

水利水电工程项目是我国基础设施创建系统中关键的一个组成部分，能够高效地提升我国水资源的使用成效，所以在我国社会经济快速发展的背景下，水利水电工程项目创建作业呈现井喷式发展。由于水利水电工程一次性投资相对较高、要求使用寿命较长、工程关系国计民生，且具有施工规模较大、施工相对分散、参与单位众多、整体管理难度大、施工场地基本为敞开式的特点，使得水利水电工程事故一般破坏性强、经济损失大、社会影响大。因此，水利水电工程事故体系是一个复杂的风险系统，影响水利水电工程事故发生的因素众多，而这些特征因素又受到各种人为条件的限制，这使得整个水利水电工程安全风险体系具有复杂性、不确定性。

水利水电工程项目建设过程中的风险主要有人为因素风险、施工技术风险、自然环境风险等。

①人为因素风险。人为因素所造成的风险占据了水利水电工程施工风险很大一部分：一方面，由于施工人员安全意识不足，在施工活动当中未能按照相关技术标准进行作业，比如，违规操作机械、不佩戴安全帽等情况，使得其人身安全受到极大的威胁；另一方面，管理人员疏忽，风险防护、安全管理工作未能做到位，工程施工安全系数降低，自然就容易因此而引发事故。

②施工技术风险。技术风险贯穿水利水电工程施工的整个工程：一方面是由于技术体系可能无法有效应对水利水电工程施工过程中的各种情况，使得工程整体都面临着较大的风险；另一方面是由于技术方案的不合理性，在施工中可能出现技术方案变更的情况，增加了风险事故发生的概率。

③自然环境风险。水利水电工程建设地点通常处于远离城市的偏远地区，开发程度低，交通不便，往往缺少对应的防护措施，使得其施工活动容易受到自然环境因素的影响，如大风、强降水、雷电等不可抗拒的自然风险，这类风险往往会阻碍工程建设的顺利进行。此外，水利水电工程建设所在地的水文条件、地质条件也属于潜在的自然环境风险，如地下水过于活跃、山

体滑坡等情况，使工程施工面临着安全威胁，无法保障其施工安全性，导致风险事故发生。

例如，1993年青海省海南藏族自治州共和县沟后水库发生垮坝事故（图1-5），造成288人死亡，40人失踪，给当地人民群众的生命财产造成巨大损失。事故的直接原因是人员管理上的缺陷和坝体设计上的缺陷导致了严重施工质量问题，防浪墙底垫与面板间水平接缝和防浪墙分段之间的止水失效，给水库留下了致命的隐患。

图1-5　青海省沟后水库垮坝事故

1.1.3.2　风险管理领域发展的建议

目前，工程建设项目较以往具有规模更大、工期更长、技术更为复杂、市场竞争愈发激烈等新的特点，各种不确定因素随之增加，工程项目风险管理的难度更大。风险管理水平作为衡量我国工程建设管理人员水平的一项重要指标，也是决定我国工程建设行业未来核心竞争力的一项重要因素。不断提高风险管理水平，是我国工程建设行业与国际接轨的一条必由之路。当前，我国发展和完善工程项目风险管理，提高风险管理水平，可以采取以下几方面措施。

（1）加大宣传力度。政府行业主管部门和工程建设其他相关组织机构加大宣传力度，提高工程建设行业各利益主体的风险管理意识，提高其对工程项目风险管理制度建立和完善的重要性的认识，并使其能自觉参与到工程项目风险管理制度的建立和完善中来。同时积极推广风险管理研究和发展的成果，以及先进的风险管理理念和技术。

（2）建立企业内部风险管理机制和制度，丰富和完善风险管理技术，提高风险管理水平。企业要提高风险管理的能力，必须要用相应的机制和制度实施管理，让企业各部门和相关人员均有风险管理的分工和职责，并能够在风险管理的过程中进行系统的风险分析、识别、评价和有效的控制，以尽量减少风险带来的损失。

（3）建立、健全相应法律法规。政府主管部门应尽快组织法律、建筑、保险等相关专家一同制定和完善工程项目风险管理有关的政策、法规和细则等，为建立、完善和推行工程项目风险管理体系提供法律保障。

（4）通过积极培育形成担保人市场，支持组建工程项目风险管理中介咨询机构，以提高工程项目风险管理整体服务水平。工程担保制度的建立，不但要发挥银行的作用，还应当积极培育其他具有相应资格条件的担保机构担当担保人，以形成包括银行、保险公司、工程建设行业在内的担保人市场。由于专业的工程担保公司资金实力一般不强，应主要为中小型项目担保，并要形成竞争，防止垄断现象的发生。政府还应当制定相关政策，鼓励设立一批具有工程项目风险管理经验和能力的中介咨询机构，让更多的专业人士服务于工程项目风险管理。

(5)加强理论研究,培养专业人才。学术机构和科研机构的研究,除了要借鉴发达国家先进的风险管理理念外,更要能够立足现实,从我国国情出发,创新风险管理思路、方法,使我国的风险管理理论能够更好地指导工程实践。同时,应当鼓励工程建设企业培养具有风险管理素质的专业人员,以满足实际工程项目风险管理对人才的需要。

目前,我国工程项目风险管理已有较好的发展,许多高校和科研机构已投入人力进行研究,政府也加大了对工程项目风险管理的力度。各工程项目经理小组以及保险机构内开始设风险管理专门人才,如项目风险经理、工程项目保险经纪人、保险公司的风险分析专家等。而且,我国的大型工程建设项目纷纷开始开展风险管理,而各大保险公司也竞相开展工程项目风险的承保业务。这些对我国工程项目风险管理的发展无疑起到了巨大的推动作用,能够促进工程项目风险管理机制的进一步完善。

1.1.4 工程项目风险管理发展趋势

(1)全球化发展的趋势

知识经济时代的一个重要特点是知识与经济发展的全球化,因为竞争的需要和信息技术的支撑,促进了项目风险管理的全球化发展,主要表现在国际的项目合作日益增多、国际化的专业活动日益频繁、项目管理专业信息的国际共享等。项目管理的全球化发展既为我们创造了学习的机遇,又给我们提出了高水平国际化发展的要求。

(2)专业化发展的趋势

项目风险管理的广泛应用促进了项目管理向专业化方向发展,突出表现在项目管理知识体系(Project Management Body of Knowledge,PMBOK)的不断发展和完善、学历教育和非学历教育竞相发展、各种项目管理软件开发及研究咨询机构的出现等。随之出现的行业项目管理专业化也是趋势。应该说,这些专业化的探索与发展,正是项目管理学科逐渐走向成熟的标志。而今的项目管理发展呈现两个趋势:一是如何将本学科领域的专业理论、方法应用于项目管理;二是如何把项目管理的理论、方法应用到工程实践中。

(3)综合化发展的趋势

随着项目管理思想的日趋成熟,所介入的因素也越来越多,诸如项目过程中的思维、行为、情感、适应性,项目管理中的交叉文化问题、项目经理的领导艺术等。可以说,现今的项目管理是将思想转化为现实、将抽象转化为具体的科学和艺术。

(4)预警化发展的趋势

针对逐渐复杂化、多样化、专业化的工程项目建设,应建立属于项目本身的风险预警机制。构建合理的风险预警机制,将风险预防关口前移,将以风险发生后的以应急为主的管理模式转变为以事前危险状态监控、预防为主的管理模式,将分散、单项的事件处理方式转变为系统、组合的管理体系,从而大大降低了风险发生的概率,将风险在初期就予以预防控制。工程项目建立风险预警机制就像给工程安装了危机雷达,在项目风险和危机还没有形成时就已经发出了预警,引起管理层的重视,并将危机消灭在未成形状态或者萌芽状态,从而使得工程项目顺利实施。

(5)多目标化的发展趋势

随着项目风险管理理论的演进和实践的深入,现代风险项目管理不再是单一聚焦于降低风险的发生概率及其带来的负面影响,而是进一步探寻并把握潜在的机会。这表明,风险策略必须实现在风险防范和机遇捕捉之间的均衡,推动项目价值的最大化。项目风险管理目标的多元化趋势,迫切要求项目管理团队采纳一种更全面、更灵活的管理手段,综合考虑各项目标与要素,以保障项目的顺利完成,并持续创造附加价值。

随着工程项目风险管理理论的不断成熟与完善,越来越多注重实际问题解决并适应中国国情的理论被应用于工程建设当中。三峡工程、港珠澳大桥、大亚湾核电站等项目便是此类实践的典范。

1.2 ▶ 工程项目风险管理基本框架

工程项目的全过程是由许多个分(子)过程构成的,而每一个分(子)过程又是由许多不同的活动构成的,所以工程项目全过程的风险是由多个分(子)过程(工程项目的阶段)的风险构成的,而这些不同过程的风险又是由每一项具体风险因素构成的。

现代工程项目管理强调动态的、具有反馈机制的全过程管理,即全员性、全方位、动态反馈、全过程、全面的管理效益。它可以避免重大责任事故的发生,把一切可能影响工程项目管理效益的风险因素消灭于萌芽状态。

工程项目风险的有效控制是工程项目全过程中的重要环节,只有通过对工程项目全过程各个阶段的重点控制,才能保证工程的成功运行。

图 1-6 所示为工程项目全寿命周期阶段划分的基本框架。整体上,工程项目全寿命周期可分为项目决策、实施和运营三个阶段,其中实施阶段涵盖项目设计、施工直至竣工验收子阶段,运营阶段包括含运营维护在内的交付使用和报废拆除两个子阶段。值得说明的是,在实践中也有学者将工程项目的建设过程分为决策、设计、实施和运营四个阶段,即认为项目实施阶段仅包括施工阶段。但无论阶段如何划分,并不影响工程项目风险管理的过程。工程项目整体的规划和开展离不开风险管理,需要按照风险管理的程序对其进行整体的风险考虑,以指导整个项目按阶段、有步骤地实施风险管理,即风险识别、风险分析、风险评价、风险应对。同时工程项目在每个阶段又存在相应的具有不同特征的风险,因此每个阶段同样要按照风险管理程序对风险进行控制和处置,以保证工程建设顺利进行。

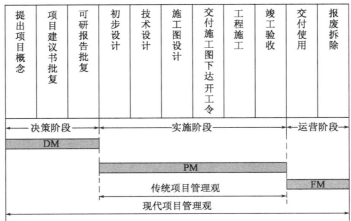

图 1-6 工程建设项目全寿命周期阶段划分

DM-开发管理(Development Management);PM-项目管理(Project Management);FM-设施管理(Facility Management)

1.3 本章小结

本章通过介绍工程项目风险管理的发展历程,同时结合我国现阶段风险管理在工程项目领域中的应用,简要分析了房屋建筑工程、城市轨道交通工程、桥梁工程、水利水电工程的风险,进一步展望未来我国工程项目风险管理的发展趋势。最后,通过介绍工程项目全寿命周期各阶段的划分,使读者对工程项目周期有更为全面的了解。

第2章
工程项目风险管理的基本理论

本章导读

工程项目涉及多个阶段和众多参与者,每个环节都可能存在风险。掌握风险管理理论有助于系统识别、评估和应对工程项目中的潜在风险,确保项目顺利进行。本章涵盖风险管理的核心概念与理论基础,介绍不同环节风险管理的技术和工具,旨在提供一个全面的风险管理视角,为后续各章的学习以及未来的项目管理实践打下坚实的基础。

2.1 > 风险的基本概念

2.1.1 风险的相关定义

关于"风险"一词的由来,较为普遍的一种说法是:在远古时期,以打鱼捕捞为生的渔民们,每次出海前都要祈祷,祈求神灵保佑自己能够平安归来,其中主要的祈祷内容就是让神灵保佑自己在出海时能够风平浪静、满载而归;他们在长期的捕捞实践中,深深地体会到"风"给他们带来的无法预测、无法确定的危险,他们认识到,在出海捕捞打鱼的生活中,"风"即意味着"险",因此有了"风险"一词。

另一种说法经过多位学者的论证得出:风险(Risk)一词是舶来品,有人认为来自阿拉伯语,有人认为来源于西班牙语或拉丁语,但比较权威的说法是来源于意大利语的"Risque"一词。在早期的运用中,风险被理解为客观的危险,体现为自然现象或者航海遇到礁石、风暴等事件。大约到了19世纪,在英文的使用中,风险一词常常用法文拼写,主要用于与保险有关的事情上。

现代意义上的"风险"一词,已经大大超越了"遇到危险"的狭义含义,而是"遇到破坏或损失的机会或危险"。可以说,经过两百多年的演变,风险一词逐渐被定义清楚,并随着人类活动的复杂性和深刻性而逐步深化,被赋予了哲学、经济学、社会学、统计学甚至文化艺术领域更广泛、更深层次的含义,且与人类的决策和行为后果联系得越来越紧密,风险一词也成为人们生活中出现频率很高的词汇。

虽然人们对风险的定义有不同的见解,但是人们在研究风险时通常都有以下两点认识。第一,把风险定义为不确定的事件。这种学说是从风险管理与保险关系的角度出发,以概率的观点对风险进行定义,其代表人物是美国学者威利特,他将风险定义为"客观的不确定性"。

哈迪(Hardy)则把风险定义为"费用、损失或与损失有关的不确定性"。第二,把风险定义为预期与实际的差距。这种学说的典型代表人物有威廉姆斯(Williams)和汉斯(Heins)。他们认为:"风险是在一定条件下、一定时期内可能产生结果的变动。"变动越大,风险就越大。这种变动就是预期结果与实际结果的差异或偏离。

有人则把这两种定义结合起来,既强调不确定性,又强调不确定性带来的损害。这种综合性的定义对每一个观点要求都不是十分偏颇,比较能够被人们所接受,所以也是我国风险管理学界主流的风险定义。该风险的定义分为两个层次:首先强调风险的不确定性,其次强调风险给人们所带来的损害。对于这两个层次,可分别用不同的指标来衡量。对于第一层次的风险含义,可以用概率来衡量风险的不确定性;对于第二层次的风险含义,则可以用风险度来衡量风险的各种结果差异给风险承担主体带来的损失。

2.1.2 风险的构成要素

(1)风险因素

风险因素是指促使损失频率和损失幅度增加的要素,是导致事故发生的潜在原因,是造成损失的直接或间接的原因。例如,建筑一栋大楼所用建筑材料的质量和建筑结构合理性都是导致房屋倒塌风险的潜在因素。再比如,资本市场中的经纪人超越委托人的授权投资范围进行证券投资,这种越权代理是导致投资亏损的潜在因素。总之,不同领域的风险因素的表现形态各异。根据风险因素的性质,可将风险因素分为三种:第一种是物理风险因素,系有形因素,并能直接影响某事物的物理性质,如建筑物、建材的质量缺陷和施工技术缺陷风险因素将直接影响风险标的的结构和性能,又如汽车的传动系统、制动系统的不安全风险因素等直接影响汽车的安全使用;第二种是道德风险因素,系无形因素,与人的修养和品质有关,如人的欺诈行为等;第三种是心理风险因素,也是一种无形因素,它与人的心理状态有关,如侥幸心理,又如投保后不注意对损失的防范等。

(2)风险事故

风险事故是造成损失的直接的或外在的原因,是损失的媒介物,即风险只有通过风险事故的发生才能导致损失。

就某一事件来说,如果它是造成损失的直接原因,那么它就是风险事故;而在其他条件下,如果它是造成损失的间接原因,它便成为风险因素。比如:冰雹可能直接击伤行人;下冰雹路滑可能导致交通事故,造成人员伤亡。

(3)损失

在风险管理中,损失是指非故意的、非预期的、非计划的经济价值的减少。通常将损失分为两种形态,即直接损失和间接损失。

(4)风险因素、风险事故和损失之间的关系

解释风险因素、风险事故和损失三者关系的理论有两种:一是亨利希(Heinrich)的骨牌理论;二是哈同(Haddon)的能量释放理论。虽然他们都认为风险因素引发风险事故,而风险事故又导致损失,但这两种理论的区别在于侧重点不同。前者强调风险因素、风险事故和风险损失,这三张骨牌之所以倾倒,主要是人的错误所致;后者则强调,之所以造成损失是因为事物承受了超过其能容纳的能量所致,物理因素起主要作用。综上所述,可以把风险因素、风险事故和损失三者组成一条因果关系链条,即风险因素的产生或增加,造成了风险事故的发生,风险

事故的发生则又成为导致损失的直接原因。认识这种关系的内在规律是研究风险管理和保险的基础。风险作用链条(图2-1),表明了风险的动态过程。在对风险进行认识的同时,认识风险的作用链条对预防风险、降低风险损失有着十分重要的意义。

图2-1 风险作用链条

2.1.3 风险的分类

风险可以从不同角度进行分类。一般来说,风险有如下几种类型,详细分类如图2-2所示。

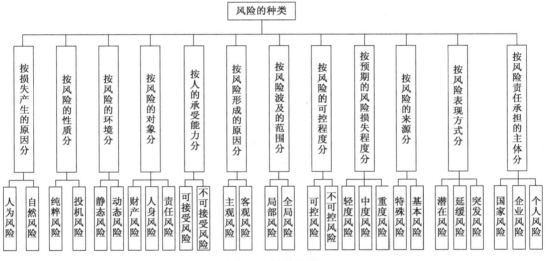

图2-2 风险分类

2.1.3.1 按损失产生的原因分类

按损失产生的原因,可将风险分为自然风险和人为风险。

(1)自然风险是指由于自然界不可抗力而引起的自然灾害所致的物质损失和人员伤亡,如台风、洪水、地震等。

(2)人为风险是指由人们的行为及各种政治行为风险、经济风险、政治风险和技术风险,以及经济活动引起的风险。人为风险又可以分为行为风险、经济风险、政治风险和技术风险。

①行为风险是由于个人或团体的行为不当、过失及故意行为而造成的风险,如盗窃、渎职、故意破坏等行为造成的损失和不良后果。

②经济风险是由于市场预测失误、经营管理不善、价格波动、汇率变化、需求变化、通货膨胀等因素导致的经济损失。

③政治风险是由于政局、政策的变化使投资环境恶化,而使投资者蒙受的损失。

④技术风险是由于科学技术发展的副作用带来的种种损失,如采用新技术所造成的环境污染等。

2.1.3.2 按风险的性质分类

按风险的性质,可将风险分为纯粹风险和投机风险。
(1)纯粹风险是指风险结果只有损失而无获利机会,也称特定风险,如火灾、洪水、盗窃。
(2)投机风险是指既有损失可能又有获利机会的风险,可能是与资产或商业行为有关的风险,也有可能是与资本或金融有关的风险。例如,股票市场的变化既可使持股者获得盈利,也可能给持股者带来损失。

2.1.3.3 按风险的环境分类

按风险的环境分类,可将风险分为静态风险和动态风险。
(1)静态风险是由于不可抗力或人的错误行为引起的风险,如台风、盗窃。
(2)动态风险是由于市场、需求、组织结构、技术、生产方式发生变化导致的风险,如产品库存积压、经营不善、市场疲软等。

2.1.3.4 按风险的对象分类

按风险的对象分类,可将风险分为财产风险、人身风险和责任风险。
(1)财产风险是指财产风险损失承担者遭受的财产损坏、毁灭与贬值的风险,如厂房、设备、住宅、家具因自然灾害或意外事故而遭受的损失。
(2)人身风险是指由于人的疾病、伤残、死亡给家庭、单位带来的损失。
(3)责任风险是指个人或团体的行为违背了法律、合同或道义的规定,给他人造成的经济损失或人身伤害的风险。按法律规定,因个人过失造成他人伤亡和经济损失,过失人必须负法律上的损害赔偿责任。

2.1.3.5 按人的承受能力分类

按人的承受能力分类,可将风险分为可接受风险和不可接受风险。
(1)可接受风险是指预期的风险事故的最大损失程度在单位或个人经济能力和心理承受能力的最大限度之内。
(2)不可接受风险是指预期的风险事故的最大损失程度已经超过了单位或个人承受能力的最大限度。

2.1.3.6 按风险形成的原因分类

按形成的原因分类,风险可分为主观风险和客观风险。
(1)主观风险是由人们的心理意识确定的风险。
(2)客观风险是客观存在的、可观察到的、可测量的风险。

2.1.3.7 按风险波及的范围分类

按波及的范围分类,风险可分为局部风险和全局风险。
(1)局部风险是指在某一局部范围内存在的风险。
(2)全局风险是一种涉及全局、牵扯面很大的风险。

2.1.3.8　按风险的可控程度分类

按可控程度分类,风险分为可控风险和不可控风险。
(1)可控风险是人们能比较清楚地确定形成风险的原因和条件,能采取相应措施控制发生的风险。
(2)不可控风险是由于不可抗力而形成的风险,人们不能确定这种风险形成的原因和条件,表现为束手无策或无力控制。

2.1.3.9　按预期的风险损失程度分类

按预期的损失程度分类,风险可分为轻度风险、中度风险和重度风险。
(1)轻度风险是一种风险损失较低的风险,即便发生,危害也不大。
(2)中度风险是介于轻度风险和高度风险之间的风险,一旦发生,危害较大。
(3)重度风险是一种危害极大的风险,也称重大风险或严重风险。

2.1.3.10　按风险的来源分类

按风险的来源分类,可分为特殊风险和基本风险。

2.1.3.11　按风险表现方式分类

按表现方式分类,风险可分为潜在风险、延缓风险和突发风险。
(1)潜在风险是一种已经存在风险事故发生的可能性,且人们已经估计到损失程度与发生范围的风险。
(2)延缓风险是由于有利条件增强而抑制或改变了风险事故发生的时间。
(3)突发风险是由偶然发生的事件引起的人们事先没有预料到的风险。

2.1.3.12　按风险责任承担主体分类

按责任承担主体分类,风险可分为国家风险、企业风险和个人风险。
(1)国家风险是由国家作业风险承担者的风险。
(2)企业风险是指企业在进行经营活动中遇到的由企业承担的风险。
(3)个人风险是由个人承担的风险。

2.1.4　风险的特点

风险具有以下 8 个主要特点。
(1)风险存在的客观性
风险是客观存在的,是不以人的意志为转移的。风险的客观性是保险产生和发展的自然基础。人们只能在一定的范围内改变风险形成和发展的条件,降低风险事故发生的概率和损失程度,而不能彻底消除风险。
(2)风险的损失性
风险发生后必然会给人们造成某种损失,然而对于损失的发生人们却无法预料和确定。人们只能在认识和了解风险的基础上,严防风险的发生或减少风险所造成的损失。损失是风险的必然结果。

(3) 风险损失发生的不确定性

风险是客观的、普遍的,但就某一具体风险损失而言其发生是不确定的,是一种随机现象。例如,火灾的发生是客观存在的风险事故,但是就某一次具体火灾的发生而言是不确定的,也是不可预知的,需要人们加强防范和提高防火意识。

(4) 风险存在的普遍性

风险在人们生产生活中无处不在、无时不有,并威胁着人类的生命和财产安全,如地震灾害、洪水、火灾、意外事故的发生等。随着人类社会的不断进步和发展,人类将面临更多新的风险,风险事故造成的损失也可能越来越大。

(5) 风险的社会性

没有人和人类社会,就谈不上风险。风险与人类社会的利益密切相关,时刻关系着人类的生存与发展,具有社会性。随着风险的发生,人们在日常经济和生活中将遭受经济上的损失或身体上的伤害,企业将面临生产经营和财务上的损失。

(6) 风险发生的可测性

单一风险的发生虽然具有不确定性,但对总体风险而言,风险事故的发生是可测的,即运用概率论和大数法则,对总体风险事故的发生是可以进行统计分析的,以研究风险的规律性。风险事故的可测性为保险费率的厘定提供了科学依据。

(7) 风险的可变性

世间万物都处于运动、变化之中,风险也是如此。风险的变化,有量的增减,有质的改变,还有旧风险的消失和新风险的产生。风险因素的变化主要是由科技进步、经济体制与结构的转变、政治与社会结构的改变等方面的变化引起的。

(8) 风险的传递性

风险的传递性是指风险可通过信息、社会、组织及个人扩散和传播,形成社会经验,引起各方关注,以致影响人们的风险决策。风险事件与社会过程的相互作用表明,只有从人类怎样看待世界的角度去研究风险才有意义。更进一步说,从风险传递的信息系统中来探讨公众反应,才能更好地进行风险的定性分析。风险传递的信息系统描述如图 2-3 所示。

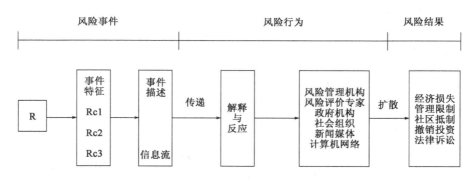

图 2-3 风险传递系统图

R-Risk,风险事件;Rc-Risk characteristics,风险事件特征

风险的传递具有社会扩大效应,就如同一块石子投入水中,会在水中泛起涟漪并向外传播,先包围受直接影响的受害者,然后向社会扩散,这就是所谓的涟漪效应。风险社会扩大理

论解释了一些较小的风险从风险源发出,通过风险的传递和扩大而产生很大的社会经济影响的原理,以及社会关注风险事件的基本框架。风险的扩大因素是信息流,其原因如下:

①信息的丰富性是风险扩散的关键因素。信息量的增加可能会引发接收者的不安和恐慌,激发其负面记忆与想象,从而加剧风险感知的强度。

②信息被争论的程度会增加或减少公众对风险的确认程度。比如专家之间不停地辩论,增加了公众对风险是否真正被理解的怀疑,从而降低了对政府的信任。

③信息的夸张表述进一步放大了风险传播的效应。例如,一则报道宣称"一旦酿成事故,可使数以百计的人死亡。"这种表述极大增强了风险的灾难性,从而会在公众心中形成强烈的危险预期。

2.1.5 风险态度

风险态度指的是与人们对风险认知有关的、面对风险而采取的决策行为。更通俗地讲,不同的决策者对同一风险事件会做出不同的决策,这种现象就称作"风险态度"。

风险态度决定了风险管理者在风险分析和决策中的行为表现。风险态度与风险评价不同。风险评价的研究基础是经济学,而对于工程项目中的风险态度的研究基础则源自心理学、经济学、地理学和社会学;风险评价关心的是风险发生和后果的模型,而风险态度关心的是公众对某一风险的行为反应模型。对人的风险态度进行研究,其结果可以很明确地解释为什么在相同的情况下,获得相同信息的两个人会做出完全不同的决定,这个结果还可用来解释风险分析中不同角度的问题。

2.1.5.1 风险态度的种类

任何人都希望投资给自己带来收益,都不愿意承担任何风险。在工程项目建设过程中,业主有将经济风险转嫁给承包人的动机,承包人又有将经济风险转嫁给分包人的动机。这种行为影响了参与建设各方相互之间的信任与合作,因此公正的做法是对工程建设中的风险进行专业化的定量分析。通常风险态度分为三种:一是风险偏好型,即为了获得收益愿意承担超出平均水平的风险;二是风险回避型,即不愿意承担风险,在面临风险方案选择时,尽量采取回避风险的方案;三是风险中立型,介于风险偏好型和风险回避型之间,对待风险的反应比较稳健。

2.1.5.2 风险态度的形成机制

风险主体对待同一风险环境会采取不同的态度。那么是什么因素驱使其形成风险态度呢?实际上,诱惑效应和约束效应可驱使人们在面对风险时产生不同的态度。

(1)诱惑效应

由于风险具有潜在损失与收益的双重性和不确定性,因而风险的潜在收益诱惑管理者萌发获利动机并采取一定的行动,这就表现出风险对风险主体的诱惑作用。在这里,引入诱惑效应这个变量来度量风险所具有的收益性的诱惑作用。为了表达风险与诱惑效应的数量关系,我们把诱惑效应界定为随着风险的增大,风险主体选择风险行为的倾向性程度。举例来说,随着风险增大,有的风险主体非常不愿意冒险去获取不确定的风险收益,有的风险主体则比较愿意冒险以便获得预期的收益。这就说明了相同的风险变动对不同的风险主体的诱惑程度是不同的,表现为不同的风险态度。图2-4表明了风险对持有各种风险态度的风险主体的诱惑效应。图中的风险是指风险的潜在损失程度和危险信号的强度。该图显示两条规律：一是随着风险的增加，风险对所有的风险主体的诱惑效应都不断降低；二是随着风险的增加，持有不同的风险态度的风险主体的诱惑效应的递减速度是不同的。从图中可以看出，同在 N 风险环境下，诱惑效应 $A<B<C$，也就是说风险规避者（对风险持保守态度的人）的风险诱惑效应最小，风险中立者居中，而对风险偏好者的诱惑效应最大。

（2）约束效应

约束效应是指人们受到风险事件可能的损失或危险信号的刺激后，为了回避或抵抗损失和危险所做出的选择和进而采取的回避行为。一般说来，风险因素所产生的威慑、抑制和阻碍作用就是风险的约束效应。一般构成约束效应的阻碍性因素不是单一的，而是多元的、多层次的，并具有集合性与系统性的特点。该阻碍性的因素可能来自主体的外部，即外部约束，如对于项目管理者来说，自然灾害的发生、国际政治经济形势的变化、国内社会经济政策的变化、市场竞争程度的加剧等；而有些则可能来自主体的内部，即内部约束，如管理失误、决策失误、内部矛盾冲突、职工情绪波动等。这里以约束效应变量来度量风险对风险主体的约束程度。约束效应的强度取决于风险属性，风险的不确定性越大，预期风险损失越大，风险主体就会尽量缩小采取风险行为的规模。约束效应同时又受到风险主体对风险信号的认知程度和对风险损失预期的准确性的影响。约束效应与风险的数量关系如图 2-5 所示。随着风险增加，风险对不同的风险态度持有者的约束效应也随之增加，有所区别的是，风险对不同的风险态度持有者的约束效应的变化速率是不同的。比如同在 M 风险环境下，约束效应 $C>B>A$，也就是说风险规避者（对风险持保守态度的人）的风险约束效应最大，风险中立者居中，而对风险偏好者的约束效力最小。

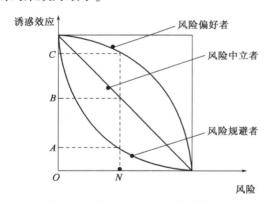
图 2-4　风险态度与诱惑效应关系

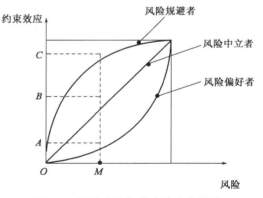
图 2-5　风险态度与约束效应的关系

正因为决策者所持的风险态度不同，所以对于某一特定决策，不同的人就会选择不同的决策方法，产生不同的决策行为，以获得期望的结果。传统的理论研究提供了许多风险决策的技术和方法，如决策树法、期望值法、等概率法、加权系数准则法、最大损益值法等。

2.1.5.3　风险认知与风险态度

社会学与人类学的研究发现，风险认知有社会和文化的根源。社会学家认为，人们对风险的反应常常被朋友、家庭、同事等社会影响所左右。这种心理研究起源于概率评估、效用评估和决策过程。风险认知研究的心理测量方法被称为心理测量范式。所谓心理测量范式，是指运用心理学量表法和多元分析技术得出风险态度和认知的数量表征。

心理测量法要求被测者对各种风险当前的和未来的风险水平以及每一种风险希望控制的水平做出数量判断,然后考察这些判断与风险的其他特性的关系。实际上,有关心理测量范式的研究最初是斯塔尔(Starr)在1969年提出的。他旨在开发一种方法来衡量技术风险与利益,以回答"怎样才安全"的基本问题,由此来揭示风险与利益均衡的模式。检查几种普遍行业和活动的资料后,斯塔尔发现:人们能够接受某种活动的风险大致相当于该活动所能带来利益的三分之一;人们对自愿活动的风险的可接受性大约是非自愿活动的1000倍;风险的可接受性与受该风险影响的人数成反比。而菲施霍夫(Fischhoff)等于1978年吸收了斯塔尔的研究成果,并加以发展,用"表达的偏好"代替了"显示的偏好",这项心理测量研究的另一个结果是人们认知的风险水平与期望的风险水平不同,表明人们不满意市场或其他控制机制对风险与利益之间平衡的方式。该研究开创了用心理测量范式研究风险认知的新局面,形成了心理测量范式理论,带动了之后对风险认知的研究高潮。"表达的偏好"的研究支持了斯塔尔的结论,即具有"风险偏好"的风险态度的人们,只要认定该活动具有高利益,就愿意承受更高的风险。通过研究还可以发现,个人风险态度的选择不仅受到风险认知和风险测量结果的影响,还受到个人认识风险能力和承受风险能力的影响。

2.1.6 风险管理的一般过程

风险管理(Risk Management)是经济单位通过对风险的识别和衡量,采用合理的经济和技术手段对风险加以处理,以最小的成本获得最大的安全保障的一种管理活动,是对风险进行认识、估计、评价乃至采取防范和处理措施等的一系列过程。

风险管理作为一种管理活动,是由一系列行为构成的。它描述的是一种风险管理机制,其过程共可分为五个步骤:风险识别、风险分析、风险评价、风险应对和风险监控。

(1)风险识别

风险识别是整个风险管理工作的基础。不经过识别并用语言表述,风险是无法衡量、无法进行科学管理的。风险识别是指风险管理人员通过对大量来源可靠的信息资料进行系统了解和分析,认清经济单位存在的各种风险因素,进而确定经济单位所面临的风险及其性质,并把握其发展趋势。

(2)风险分析

风险分析是在风险识别的基础上,通过对所收集的大量资料进行分析,利用概率统计理论,估计和预测风险发生的可能性和相应损失的大小。

(3)风险评价

风险评价是在风险识别和风险分析的基础上,对风险发生的概率、损失程度和其他因素进行综合考虑,得到描述风险的综合指标——风险度,以便对工程的单个风险因素进行重要性排序和评价工程项目的总体风险。

(4)风险应对

风险应对是根据风险评估的结果,以最低成本最大限度地降低系统风险的动态过程。一般的风险应对方法包括风险规避、风险缓解、风险转移、风险自留、风险分担、风险利用等。

(5)风险监控

风险监控包括风险监测和风险控制。风险监测就是在风险管理过程中对风险进行跟踪,监视已识别的风险和残余风险,识别进程中新的风险,并在实施风险应对措施后评估风险应对措施对减轻风险的效果。风险控制则是在风险监视的基础上,实施风险管理规划和风险应对计划,并在情况发生变化时,重新修正风险管理规划或风险应对措施。

风险管理的一般过程如图2-6所示。

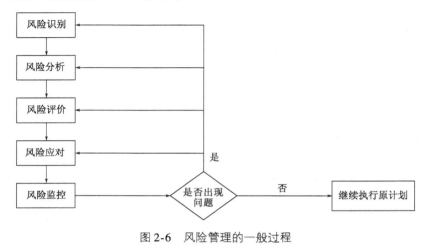

图2-6　风险管理的一般过程

2.2　工程项目风险的基本概念

2.2.1　工程项目风险的定义

工程项目风险是一种特定的风险。对于工程项目风险的含义,比较有代表性的有两种:一种是指标的物在工程各个阶段过程中遇到各种自然灾害和意外事故而导致标的物受损的风险;另一种是指所有影响工程项目目标实现的不确定因素的集合。结合工程项目的特点,本书对工程项目风险的定义为:在整个建筑工程项目全寿命周期中,自然灾害和各种意外事故的发生而造成的人身伤亡、财产损失和其他经济损失的不确定性。

由工程项目风险的定义可知,工程项目风险与其他风险一样,关键在于风险因素的不确定性,而这些不确定性又往往是由于信息匮乏造成的。例如,在开工之后承包人才发现,由于建筑物所处地区的地质情况不良致使打桩困难,而出现这一风险事故的原因是地质勘察资料信息不全。又如,业主已经确定了承包人,才发现承包人有价格欺诈行为,造成投资损失,其原因是业主与承包人之间的信息不对称,业主相对承包人掌握的价格资料不充分。因此可以说,工程项目的风险开始可能是潜伏的,一旦风险能量积蓄到一定程度就会爆发,造成风险损失。

2.2.2　工程项目风险的特点

工程项目风险与其他风险相比不确定性更大,一旦出现问题,就会造成很大的经济损失甚至造成人员伤亡。因此,准确地预测工程项目风险成为工程建设中相当重要的部分。

建设工程项目具有投资规模大、实施周期长、不确定性因素多、经济风险和技术风险高、对生态环境的潜在影响严重、在国民经济和社会发展中占有重要战略地位等特征。

随着科技的飞速发展和人们生活节奏的不断加快,社会环境瞬息万变,各工程项目所涉及的不确定因素日益增多,面临的风险也越来越多,风险所致损失规模也越来越大,这些都促使科研人员和实际管理人员从理论上和实践上更加重视对工程项目的风险管理。

工程项目风险与工程项目全寿命周期是紧密相关的,同一般产品生产过程比较,工程项目的施工工艺和施工流程是非常复杂的,相关因素众多。因此,其间潜藏的工程项目风险具有不同于一般风险的特殊属性,具体表现在以下几个方面。

(1) 工程项目风险管理需要专业知识

只有具备了专业知识,才能凭借工程经验、识别、评估风险,尽早发现、解决工程建设中出现的问题,实施有效的工程项目风险管理。

(2) 工程项目风险发生频率高

由于工程建设周期长、不确定因素多,尤其在大型工程中,人为或自然因素造成工程项目风险交集,进而导致风险损失频发。据有关资料统计,国内工程建设项目风险发生的频率仅次于挖掘业,位居第二。

(3) 工程项目风险承担者的综合性

工程建设参与的责任方较多,诸如业主、承包人、分包人、设计方、材料设备供应方等。风险事故的发生常常是由多方责任造成的。因而一项工程通常有多个风险承担者,与其他行业相比更具突出性。

(4) 工程项目风险损失的关联性

由于工程项目涉及面较广、同步施工和接口协调比较复杂,各分部分项工程之间关联度很高,各种风险相互关联呈现出相关分布的灾害链,使得工程项目产生特有的风险组合。因此,与其他行业相比,工程项目风险损失具有关联性,这也是工程项目风险的突出特点。

2.2.3 工程项目风险的种类

工程项目投资巨大、工期长、参与者众多,整个建设过程都存在着各种各样的风险。如业主既面临工程师失职、设计错误、承包人施工组织不力等人为风险,同时又面临恶劣气候、地震、水灾等自然风险。

2.2.3.1 从风险产生的原因性质分类

(1) 自然风险

自然风险是指由于自然因素带来的风险,在工程项目施工过程中出现的洪水、暴雨、地震、台风等,造成财产毁损或人员伤亡。例如,水利工程施工过程中因发生洪水或地震而造成工程损害、材料和器材损失。

(2) 政治风险

政治风险是指由于政局变化、政权更迭、罢工、战争等引起社会动荡而造成财产损失、损害以及人员伤亡的风险。例如,海湾战争期间,我国在当地的几家建筑公司蒙受了很大的经济损失。

(3) 经济风险

经济风险是指人们在从事经济活动时,国家和社会一些大的经济因素的变化带来的风险,以及由于经营管理不善、市场预测失误、价格波动、供求关系发生变化、通货膨胀、汇率变动等所导致的经济损失的风险。

(4) 技术风险

技术风险是指伴随科学技术的发展而来的风险。如核燃料出现之后产生了核辐射风险；由于海洋石油开采技术的发展而产生的钻井平台在风暴袭击下翻沉的风险；伴随火箭技术而来的卫星发射风险。再如，日本关西国际机场在填海筑造人工岛时，遇到许多特殊的技术问题，最严重的是人工岛沉降问题，该问题的出现大大影响了整个项目的工期和造价。

(5) 信用风险

信用风险是指合同一方的业务能力、管理能力、财务能力等有缺陷或者没有圆满履行合同而给另一方带来的风险。

(6) 社会风险

社会风险是导致社会冲突、危及社会稳定和社会秩序的可能性风险。如社会治安稳定风险、安全风险、公众对项目的反对风险等，在国际项目中还包括价值、文化和宗教冲突等风险。

(7) 组织风险

组织风险是指由于项目有关各方关系不协调，以及其他不确定性而引起的风险。现代的许多合资、合营或合作项目组织形式非常复杂，有的单位既是项目的发起者，也是投资者，还是承包人。由于项目有关各方参与项目的动机和目标不一致，在项目实施过程中常常出现一些不愉快的事情，影响合作者之间的关系、项目进展和项目目标的实现。组织风险还包括项目发起组织内部的不同部门由于对项目的理解、态度和行动不一致而产生的风险。

(8) 行为风险

行为风险是指由于个人或组织的过失、疏忽、侥幸、恶意等不当行为造成财产毁损、人员伤亡的风险。

需要注意的是，除了自然风险和技术风险是相对独立的之外，政治风险、社会风险、经济风险和组织风险之间也存在一定的联系，有时表现为相互影响，有时表现为因果关系，难以完全分开。

2.2.3.2　按照工程参与者分类

(1) 业主风险

在整个工程建设过程中，业主和承包人都要承担一定的风险，其中业主所承担的风险如下。

① 投资风险。

投资风险是任何企业和个人都可能遇到的一种风险，在工程项目的建设中，它是指由于工期、原材料价格、征地移民、投资分摊比例和相关工程投资等不确定性因素而引起投资总额膨胀的风险。

② 经济风险。

经济风险是指在经济领域中各种导致企业的经营遭受厄运的风险。有些经济风险是社会性的，对各个行业都有影响，比如经济危机和金融危机、通货膨胀或通货紧缩、汇率波动等；有些经济风险的影响范围限于建筑行业内的企业，如国家基本建设投资总量的变化、房地产市场的销售行情、建材和人工费的涨落；还有一些经济风险是随着工程承包活动而产生的，它仅影响具体施工企业，比如业主的履约能力和支付能力等。在建筑工程中，业主所承担的经济风险主要是信贷、财税政策和资金来源变化及投产后市场需求产出数量和价格的不确定性等风险，以及因投资膨胀及投资偿还状况的变化而带来的财务、经济评价的风险。

③社会政治风险。

社会政治风险是指工程建设与有关法律、政策的不一致和政策变化，由于移民安置等引起的对社会安定的影响，以及由重大事故造成的社会风险。

④自然风险。

自然风险包括天气状况以及如滑坡和地震等自然现象所带来的风险。自然环境可能会对工程建设过程产生显著影响。虽然自然环境是不可控制的，但是通常可以通过识别其带来的风险进一步采取措施以减轻风险的影响。比如，对计划进行调整，将特别容易受此类风险影响的工作安排在相对适合的天气情况下进行。

⑤管理风险。

管理风险通常是由于管理失误造成的。例如，由于缺乏经验和尝试，没有签订对承包人有约束力的合同等。

⑥组织风险。

项目业主若是联营体，则可能由于各合伙人对项目目标、应尽义务、享有权利等的理解、预期和态度不同而造成工程项目进展缓慢。即使在项目执行组织内部，项目管理班子也会因同各职能部门之间配合不力而难以对项目实施有效的管理。

事实上，在工程项目的实施过程中，各种干扰因素有很多，业主承担的风险很大。在《土木工程施工合同条件》（PIDIC 条款）中规定，业主应承担风险的内容包括：战争、敌对行动（不论宣战与否）、入侵、叛乱、革命、暴动、军事政变篡夺政权、内战；除工程承包企业或其分包单位雇佣人员中的或工程施工中出现的骚乱、混乱外的一切骚乱、暴乱或混乱；永久工程的任何部分为业主使用或占用；由监理工程师的工程设计变更原因造成的损失或损坏；由于任何核燃料或核燃料燃烧的核废物或有放射性的有毒炸药燃烧引起的粒子辐射或放射性污染；以音速或超音速飞行的飞机或其他飞行物引起的压力波；有经验的工程承包人通常无法预测和防范的任何自然力的作用等。

（2）承包人风险

承包人应承担的风险是指工程项目实施中的除规定为业主的风险以外的所有风险。在不同阶段，承包人所承担的风险也是不同的。

①投标决策阶段。

在这个阶段，主要决策内容包括：是否进入市场，是否对某项目进行投标；当决定进入市场或决定对该项目进行投标时必须决定投什么性质的标；最后还要决定采取什么样的策略才能中标。在这一系列的工作决策中潜伏着各种各样的风险。

a. 信息失误风险。是指在获得信息时存在失误，比如获得的是过时的信息等。

b. 中介与代理带给承包人的风险。中介风险有可能是由于中介业务人员为牟取私利，以种种不实之词诱惑交易双方成交，给交易双方带来的风险。代理人风险有可能是因代理人业务水平太低，使承包人的利益受到损害；也有可能是代理人为私利与业主串通；还有可能是因代理人同时给多家代理，故意制造激烈竞争气氛，使承包人利益受损。

c. 串标与围标风险。串标指的是投标单位之间或投标单位与招标单位相互串通骗取中标；围标是指几个投标人之间相互约定，一致抬高或压低投标报价进行投标，通过限制竞争，排挤其他投标人，使某个利益相关者中标，从而牟取利益的手段和行为。一旦遭遇了围标或串标，会使其他投标人几个月辛苦的投标准备和努力付之东流。

d. 报价失误风险。如果承包人低价中标，则往往寄希望于项目实施过程中的高价索赔。但一旦判断失误，承包人投入全部精力和资金后并未获利，若业主方又无后续工程建设市场，那么承包人该项目的亏损就没有弥补的机会。

② 签约履约阶段。

签约履约阶段是风险比较集中的阶段，它包括以下几种情况。

a. 合同风险。包括合同条款风险和合同管理风险。合同条款应本着平等、自愿、公平、诚实信用，遵守法律和社会公德。每一条款都应仔细斟酌，以防出现不平等条款、定义和用词含混不清、意思表达不明的情况。还应注意合同条款的遗漏、合同类型选择不当等问题。合同管理是承包人获利的关键手段，不善于管理合同的承包人是绝对不可能获得理想的经济效益的。合同管理即主要利用合同条款保护自己的合法利益，扩大受益，这就要求承包人具有相应的知识和一定的技巧，要善于开展索赔。合理的索赔有利于甲乙双方共同承担风险和建立合理的风险分担机制。

b. 工程管理风险。做好工程管理是承包人获得项目成功的一个很关键的环节。在建筑工程项目中，参与实施的分包单位多，相互协调工作难度大，在企业内部各职能部门与项目经理部的关系是否和谐、项目管理的其他相关各主体间的配合是否协调、政府有关部门的介入等问题上，如果管理跟不上，不能应用现代管理手段全面提高自己的管理水平，将导致整个项目的失败，由此可能造成巨大的损失。

c. 物资管理风险。工程物资包括施工用的原材料、构配件、机具、设备。在管理中尤其以材料管理给工程带来的风险最大。

d. 成本管理风险。施工项目成本管理是承包项目获得理想的经济效益的重要保证。成本管理包括成本预测、成本计划、成本控制和成本核算，哪一个环节的疏忽都可能给整个成本管理带来较大风险。

e. 业主履约能力风险。业主不能按时支付工程款，也是令承包人头疼的一种风险。

f. 分包风险。分包单位水平低，造成工程质量不合格，又无力承担返修责任，而总包单位要对业主方负责，不得不为分包单位承担返修责任。这种情况往往是因为选择分包不当而又疏于监督管理造成的，因而只要承包人稍加注意、强化监管，就可以避免。

③ 竣工验收与交付阶段。

这个阶段的风险有时常会被一些经验不足的承包人所忽略，其实这一阶段也有很多风险，它主要体现在竣工验收的条件、竣工验收资料的管理、债权债务的处理等方面。

其中，竣工验收是施工企业在项目实施全过程中的重要一环，前面任何阶段遗留的问题都将会反映到这一阶段。因此，施工方应全面回顾项目实施的全过程，以保证项目验收时能顺利通过。

另外，工程建设项目大多规模大、工期长、结构复杂，超出原始合同条件规定的事项层出不穷，这决定了工程实施过程中构成合同原始状态的基础条件不可避免地发生变化和偏移。因此，承包人要实时关注不断发展的工程状态，提出合理索赔，避免由于自身的失误而造成索赔失败。

（3）其他风险

除了业主方和承包人承担的风险，还可能包括由设计方承担或由设计方与业主方共同承担的设计风险,具体分担方式参见第 4 章。

设计风险包括:设计内容不全、缺陷设计、错误和遗漏、参考规范不恰当、未考虑地质条件、未考虑施工可能性等,以及工艺设计未达到先进性指标、工艺流程不合理、未考虑操作安全性等。

2.2.4 工程项目风险态度

2.2.4.1 工程项目风险态度的方式

进行工程项目风险管理时,确定工程项目管理者的风险态度可以帮助上层风险管理者了解下层的主观风险倾向。在一般情况下,按照决策者对风险的反应程度和行为模式的差异,风险态度划分为风险偏好、风险中立和风险回避。但是这种划分过于粗糙,不利于实际操作。

罗吉·弗兰根和乔治·诺曼认为,从目前工程项目风险管理者对风险态度的研究来看,工程项目风险态度可细化为以下四种方式。

(1)"雨伞"方式

考虑风险责任期内的所有风险因素,通常的风险反应是投入较多的资源,实施严格的风险控制,并且在工程造价概预算中加一笔高额的风险预备费用。这种风险态度相对来说比较保守。

(2)"鸵鸟"方式

对待风险采取逃避的方式,事先不制订和采取积极的防控措施,只是等到风险发生时,才被动地应对。因为没有对风险采取干预措施,只能任其自由发展,有时损失可能是灾难性的,所以这种风险态度比较消极。

(3)直觉方式

对风险的分析只是凭直觉,不相信利用风险分析方法得出的结论。

(4)蛮干方式

采取适当措施克服可控制风险,可以防止和减少风险损失,但是把精力花在对付不可控制的风险上,以为自己能控制一切,造成很多资源浪费。这是风险态度持有者的风险反应模式——蛮干行为的典型表现。

2.2.4.2 工程项目风险态度的衡量方法

对风险态度进行细化的意义在于能够区别出同一风险状态下的不同决策者对待风险的反应模式的差异。但是仍存在一个弊端,就是很难给出恰当合理的评价指标,然后按照该评价指标判断某一特定的决策者的风险反应模式类型。尤其是在工程项目风险管理中,这种衡量方式缺少可操作性的弊端更加突出。因此本书总结了以往的风险态度衡量方法,结合工程项目风险环境特点,提出以下三种风险态度衡量方法。

(1)"标准赌博"衡量法

这是一个抛硬币打赌的"标准赌博"模型:如果一个人选择以抛硬币赌博,抛出硬币出现正面,则可赢得 40 元(定义为 A),若硬币出现反面则得不到任何钱(定义为 B)。如果这个人放弃这场赌博,可稳定地获得一笔钱。出现正反面的比例各为 50%,即 50 对 50 的赌博。这场赌博的期望收益是 20 元(设赌博的期望收益为 X)。当前媒体上出现的很多竞赛类节目就类似这种抛硬币赌博。当参赛者闯关时,他们通常面临两种选择:一种是放弃闯关,但只能获得相对较低的奖励;另一种是继续闯关。继续闯关也有两种结果:一种是闯关成功,获得更高的大奖;另外一种结果是闯关失败,什么也得不到,前面闯关的奖励也丧失了。

在"标准赌博"模型中,可以看出决策者面对未来的不确定性收益时所持有的不同态度,即风险态度。根据风险收益期望值与稳定收益之间的数量关系可以划分出不同的风险态度。稳定收益 Z 是决策者愿意接受的放弃赌博所获得的好处。若决策者愿意接受的稳定收益 Z 低于赌博期望收益 X,说明决策者不愿意冒险获得更高的风险收益,其风险态度属于风险规避型;若 Z 高于 X,则属于风险偏好者;若 Z 等于 X,则其风险态度趋于中立。"标准赌博"模型如图 2-7 所示。

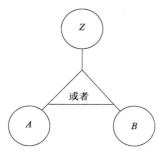

图 2-7 "标准赌博"模型
注:一个事件有两种可能结果,分别为 A 或 B;发生的概率分别为 P 和 $1-P$。

将"标准赌博"模型衡量决策者对待风险的态度的思想应用到工程项目风险管理之中,可以进一步观测和衡量出风险管理者对待风险的倾向。在工程项目风险态度衡量过程中,需要解决几个关键问题:一是需要预测某一工程项目风险可能出现的各种结果及相应的概率;二是测试出风险决策者愿意接受的固定收益水平;三是决策者根据风险期望收益与固定收益水平的比较所做出的决策。在工程项目风险管理中,可以通过风险分析预测某一工程项目风险可能出现的各种结果及相应的概率,然后算出风险收益期望值。固定的收益水平应是风险管理者依据项目的综合因素和个人愿意接受的收益等因素确定的。最后根据风险管理者的决策来判断其风险态度。

(2) 效用测量表法

"标准赌博"模型在衡量风险态度时存在一定的局限性,因为工程项目风险管理者进行风险决策时,并不是完全依赖运筹学家提供的期望值或期望效用值最大化来决策的。管理者的风险决策过程属于行为决策研究的范畴。

运用效用测量表测量风险态度需要经历四个主要步骤:第一步,设计测试情景,设计的测试情景应与决策者实际可能面临的决策环境相似;第二步,选择测试对象,在选择测试对象时,应有代表性地选择被测试的风险决策者群,按照多种标准进行划分,选择多种有代表性的测试群,保证测试结果有代表性;第三步,进行测试,测试时可利用调查表;第四步,研究和总结测试结果,根据回收的调查表,统计出不同情景下的各种态度的人数,并进行统计分析。

运用效用测量表测定工程项目风险态度的优势是很明显的。一方面通过测试可以获得不同的风险管理者群体的风险态度类型及其相互差异以及风险态度的变化等;另一方面,在运用效用测量表测量风险态度的情况下,通过设定施工现场情景,可以使被调查者清楚地判断风险情况,保持理性的风险态度,使得测量结果更加有效。

下面举例说明如何运用效用测量表测定工程项目风险态度。以某市的城市快速轨道交通系统工程为背景,说明工程项目风险态度的测量过程。该工程项目风险态度测量的目的是使本工程的业主了解承包人对待这项工程的风险态度。运用效用测量表法进行测试的第一步是提供测试的四种决策情景。

情景 1:赶工决策。如果不赶工,可能出现两种结果:一种是可能拖延工期,需要赔偿业主一笔很高的赔偿金;另一种是不赶工也如期完工,没有拖延工期,这样就没有任何损失。如果赶工,需要支付一笔比赔偿金低得多的工人加班费,但不用支付高额的赔偿金。这种风险决策类型属于"大失或不失"与"确定的小失"之间的决策。

情景2:在原有的施工设备基础上,决定是否增加新设备的决策。购买新设备有两种结果:一种结果是可以改善承包人承建工程的质量,提高其信誉,可能将因此从业主那里争取到其他工程项目;另一种结果是未能争取到新项目,因此将造成支付额外的设备贷款利息、设备贬值等损失。如果不购买新设备,将维持现有的利润水平,不能获得额外的投资收益。这种风险决策类型属于"大得或大失"与"不得不失"之间的决策。

情景3:施工现场管理人员,雇佣人数的决策。承包人雇佣较少的现场管理人员,可能出现两种结果:一种是雇佣人员的管理效率很高,能够完成预定的任务,工程事故损失能够控制在较低的水平,节约了一笔工资支出;另一种结果是因为缺少管理而导致工程事故,发生较大的损失。如果雇佣较多的高素质的现场管理人员从事施工现场的协调和督导,可以降低因施工现场缺乏管理而造成的损失,但是要支付一笔较高的工资。该风险决策类型属于"低费用高损失或低费用低损失"和"高费用低损失"之间的决策。

情景4:分包决策。主承包人将部分工程分包给分承包人可能有两种结果:一种结果是选择恰当的分包人,并且分包价格非常合理,获得较高的分包利润;另一种结果是由于分包人选择不当或者分包价格不合理,导致分包费用和分包工程项目风险都很高。主承包人不进行分包,将承担工程的所有风险,但省去分包费用支出。这种风险决策类型最复杂,两种选择都存在着收益或损失的不确定性。

从上述决策情景可以发现,效用测量表中的每一情景决策实际上就是"标准赌博"模型的决策模式。

在用于效用测量表的决策情景设计出来后,就可选取测试对象发放效用测量表进行测试。这项测试涉及26位承包人。由于测试过程中,对被测试的承包人进行指导和跟踪,测量表的回收率和有效率是100%。统计分析结果见表2-1。

承包人的风险态度测试的统计结果表(单位:人)　　　表2-1

情景	承包人态度		
	冒险	中立	回避
情景1	5	1	20
情景2	6	2	18
情景3	15	8	3
情景4	3	7	16

从表2-1的统计结果可以看出在不同决策情景下承包人的风险态度的差异;同时还可以利用 X^2 检验(数理统计中的一种检验方法)算出不同决策情景下的风险态度的差异程度。情景1属于"大失或不失"与"确定的小失"之间的决策,情景2属于"大得或大失"与"不得不失"之间的决策,恰好是"失"或"得"两种相反的风险决策。X^2 的结果表明,这两种情景下的风险态度具有极为显著的差异,说明两种相反的决策情景下的风险态度也是相反的,这完全验证了风险决策的预期理论。

(3)技术衡量法

技术衡量法是运用风险认识调查表判断被调查者对风险的认识程度和采取的对策。技术衡量法与效用测量表法的测试手段比较相似,都是通过向被测试者发放调查表的形式,调查和测量被测试者的风险态度。但是两者存在一定的区别,效用测量表法中向测试者发放的是效用测量表,其内容与本方法中的风险认识调查表不同。另外,两种方法反映被测试者风险态度的角度也是不同的。技术衡量法的风险认识调查表中设计出各种风险项目,然后由被测试者来估计风险事项发生事故的频率,根据他们的预测来判断其风险态度。

这里以一则案例来说明运用技术衡量法判断施工人员和施工现场设施看管人员对待设施的风险态度。这个测试的思想是通过让被测试者估计所列出的建材、设备和设施在以往的特定时段内发生事故的次数与实际发生次数比较,来判断他们对风险的认识程度。测试者估计事故次数的依据有两个:一个是看管的设施所处的风险环境;另一个是以往发生事故次数的经验数据。但两者都是在被测试者的主观判断基础上的。因此,风险认识表的结果能够充分反映被测试者的风险态度。在拟定风险认识调查表时,首先要站在项目全局的高度,判断和选择相对重要的建材、施工设备和设施,让被测试者估计它们的事故发生次数。测试人员收集了所有被调查的设备设施在上一个施工年度的事故次数的数据,见表2-2。

事故次数统计表　　　　　　　　　　　　　　　　　　　表2-2

机器、建材	事故次数(次)	机器、建材	事故次数(次)
挖掘机	5	运输车	10
混凝土搅拌机	15	压板机	13
龙门架	0	焊接机	5
泵车	6	砖石、水泥	27

在事故次数统计表的基础上,设计出风险认识调查表(表2-3)。作为示范,表中给出了混凝土搅拌机在上一年发生的事故次数,其余次数为被测试者自己填写的估计次数。将风险认识调查表发放到被测试者的手中,指导其填写。测试者将被测试者估计的事故发生次数与实际次数进行比较。若估计次数高于实际次数,说明被测试者对待风险比较保守,属于风险回避类型;若估计次数低于实际次数,说明被测试者对待风险过于乐观,没能充分认识到风险的严重性,属于风险偏好的类型;若估计次数等于实际次数,则说明被测试者对待风险属中立态度。此外,从风险认识调查表还可以看出被测试者态度的变化。同一个被测试者对不同的风险标的的风险态度可能是不同的。若对某一标的的事故次数估计较高,即为回避型的风险态度;而对另一个标的的事故次数估计较低,即为偏好型的风险态度。图2-8所示为事故实际值与设计值的比较,从图中可以看出风险事故估计次数与实际次数的偏差程度。用斜率为1的直线表示实际事故次数与估计值完全一致,估计点落在直线以下的说明低估风险了,估计点落在直线以上的说明高估风险了,而估计点恰好落在直线上的说明恰当地评估了风险。

风险认识调查表　　　　　　　　　　　　　　　　　　　表2-3

机器、建材	事故次数(次)	机器、建材	事故次数(次)
挖掘机	9	运输车	15
混凝土搅拌机	15	压板机	10
龙门架	0	焊接机	8
泵车	4	砖石、水泥	20

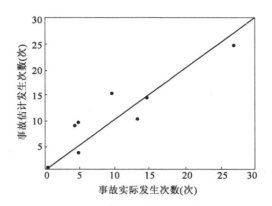

图 2-8 事故次数实际值与估计值比较

从上述分析可以看出,风险认识调查表比较适合用于估测风险态度,但是估计每一标的事故次数很烦琐,也很困难,而且有时可能会出现误差。因为如被测试者不了解标的的风险情况或不认真,将导致次数估计不准,这样的调查结果不能真实地反映被测试者的风险态度。为了简化风险态度的评估过程,也可只对各种意外事故发生的可能性进行排序,而不必估计具体的次数。以土建工程施工中常见的风险为例,给出更简单的风险排序调查,见表2-4。

风险排序调查样表　　　　　　　　　　　　　　　　　　　　表2-4

意外事故	排序	意外事故	排序
高空坠落	2	接口不协调	3
建材盗失	1	建筑物倒塌	5
电路短路	4		

2.3 工程项目风险管理的基本概念

目前,对于工程项目风险管理的含义尚没有统一的界定。从工程项目风险属性出发,结合一般风险管理的定义,可以将工程项目风险管理定义为:依据工程项目风险环境和设定的目标,对工程项目风险分析和处置进行决策的过程。工程项目风险管理分为两大环节、四个步骤。第一个环节是工程项目风险分析,主要采用实证分析的思路,力求对工程项目风险特征进行准确的描述,从定性和定量两个角度认识工程项目风险,在此基础上进行风险评价;第二个环节采用规范分析的思路,依据工程项目风险分析的结果,并结合工程项目的人员、资金和物资等资源条件,制定和实施风险应对方案。从风险管理的全过程角度来看工程项目风险管理,主要分为工程项目风险识别、分析、评价和应对四个步骤,而工程项目风险识别是首要的和基础的环节。

2.3.1 工程项目全生命周期动态风险管理思想

工程项目风险是影响项目总体目标实现的重要因素,于是引出了工程项目风险管理的问题。许多国外学者曾经对项目风险管理的过程进行了定义,有些学者认为风险管理是在风险分析的基础上进行风险控制与风险响应,并且认为风险管理是一个系统过程,而风险分析只是风险管理过程中的一部分。有些学者则认为风险管理是管理的一种,项目风险管理的目的就是提供一套针对工程项目进行风险管理的系统方法:一是单一过程的项目风险管理方法,包括项目风险因素(风险源)识别、对项目风险因素影响结果的量化、针对项目风险提出的相应对策;二是动态过程的风险管理方法,即在项目的实施过程中不断地重复上述步骤,利用风险管理过程中的反馈机制实现动态的风险管理过程。动态风险管理伴随着项目的整个生命周期,从项目的决策阶段开始,到项目建设完成,乃至整个项目的运营阶段,贯穿于整个项目管理生命周期过程中,并在风险管理过程中形成风险管理文档,为以后的项目提供历史数据。

综合上述思想,从现代工程项目管理的角度来看,工程项目风险管理应该以一定的技术手段,对项目实施过程中出现的可能使项目目标(投资、进度、质量、安全等)出现偏差的风险进行动态的系统管理。从动态工程项目风险管理周期来看,工程项目风险管理主要经历两个阶段:第一个阶段是风险管理计划的制订;第二个阶段是风险管理计划的实施与调整。这两个阶段是前后衔接、互相影响的,最终构成了动态工程项目风险管理过程的闭环循环系统(图2-9)。工程项目风险管理从计划的制订开始,经历风险管理计划的实施、控制与调整等过程。在风险管理计划实施过程中,根据实施过程反馈的信息,进行风险控制或调整风险管理计划,然后再实施、再反馈、再调整该动态管理系统,直至实现预定的工程项目风险管理目标后终止循环。

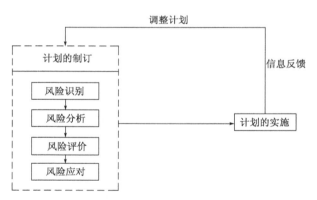

图2-9　动态风险管理周期

对整个项目而言,风险管理实施的全部程序包括风险识别、风险分析、风险评价、风险应对。而工程项目的建设过程,又可分为决策、设计、施工、运营四个阶段。工程在每个阶段又存在相应的不同特征的风险,因此每个阶段同样要按风险管理程序对风险进行控制和处置,前一阶段的风险结果是后一阶段风险管理的基础,以保证工程建设的顺利进行。图2-10所示为一套面向全生命周期的工程项目动态风险管理体系框架结构。

动态风险管理的最终目标是在定性识别风险因素的基础上,进一步分析和评价风险因素发生的概率、影响的范围、可能造成损失的大小,以及多种风险因素对项目目标的总体影响等,从而更清楚地识别主要风险因素,有利于项目管理者采取更有针对性的对策和措施,以降低风险对项目目标的不利影响。

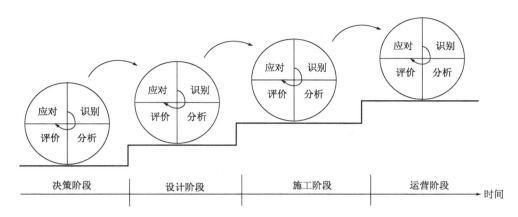

图 2-10　全生命周期的工程项目动态风险管理体系框架结构示意图

2.3.2　工程项目风险管理的目标

风险始终对工程整个过程造成威胁。因此,风险管理是工程参与各方的一项必不可少的重要工作。项目要想成功,就必须扎扎实实地抓好风险管理工作,必须确立具体的目标。

风险管理最主要的目标是控制与处置风险,以防止和减少损失,保障社会生产及各项活动的顺利进行。风险管理的目标通常被分为两部分:一部分是损失前的目标;另一部分则是损失后的目标。损失前的管理目标是避免或减少损失的发生,损失后的管理目标是尽快恢复到损失前的状态,两者构成了风险管理的完整目标。

(1) 损失前的目标

① 降低成本。风险管理者用最经济的手段为可能发生的风险做好准备,运用最佳的技术手段降低管理成本。具体来讲,风险管理者应在损失发生前,比较各种风险管理工具以及有关的安全计划,对保险和防损技术费用进行全面的财务分析,从而以最合理的处置方式,将控制损失的费用降到最低。通过尽可能低的管理成本,形成最强的安全保障,取得控制风险的最佳效果。这一目标的实现依赖于风险管理人员对效益与费用支出的科学分析和对成本及费用支出的严格核算。本目标也是风险管理的经济目标。

② 减少忧虑心理。风险给人们带来精神上和心理上的紧张、不安情绪,这种心理上的忧虑和恐惧会严重影响劳动生产率,造成工作效率低下。损失前的重要管理目标之一就是要缓解人们的这种焦虑情绪,提供一种心理上的安全感和有利生产生活的宽松环境。

③ 履行有关义务。企业生存于社会之中,必然要承担社会责任和义务,实施风险管理也不例外。风险管理必须满足政府的法规和各项公共准则,必须全面实施防灾、防损计划,尽可能地消除风险损失的隐患,履行有关的义务,承担必要的责任。

(2) 损失后的目标

① 维持生存。这是在发生损失后最重要、最基本的一项管理目标。良好的风险管理,有助于企业、家庭、个人乃至整个社会在发生损失后渡过难关,继续生存下去。只有首先保持住经济单位的存在,才可能逐步恢复和发展。

② 保证生产服务的持续,尽快恢复正常的生产、生活秩序。损失发生后,实施风险管理的第二个目标就是保证生产经营等活动迅速恢复正常运转,尽快使人们的生活达到损失前的水

平。显然风险事件是有危害性的,它给人们的生产和生活带来了不同程度的损失,而实施风险管理则能够为经济单位、家庭、个人提供经济补偿,并为恢复生产和生活秩序提供条件,使企业、家庭、个人在损失后迅速恢复生产和正常生活。对于企业风险管理来讲,保证生产服务持续这一目标有时带有强制性或义务性。如连续不断地为公共设施提供服务就是一种义务。保证企业为顾客或消费者提供服务是非常重要的,否则,这些人的投资或消费会转移到他们的竞争对手的产品或服务之上。所以,为达到整个生产服务持续这一目标,企业必须在遭受损失后的最短时间内,尽快在全部或至少在部分范围内提供服务或恢复生产。

③实现稳定的收入。在成本费用不增加的情况下,通过持续的生产经营活动或通过提供资金两种方式来补偿由于生产经营的中断而造成的收入损失,这两种方式均能达到实现稳定收入这一目标。收入的稳定与生产经营的持续两者是不同的,它们是风险管理的不同目标。哪个目标更容易达到,取决于事件本身和当时的环境情况。生产服务的持续可以通过牺牲收入来获得,而有时可以通过其他方式获得生产以外的稳定收入。

④实现生产的持续增长。上面两个目标,即生产服务的持续和实现稳定收入组成了损失后生产的增长这一目标。实施风险管理,不但要使企业在遭到损失后能够求得生存,恢复原有生产水平,而且应该使企业在遭受损失后,采取有效措施,处置好各种损失,并尽快实现持续增长计划,使企业取得连续性发展。这一目标要求企业在运用调研、发展、促进生产的资金方面,有较强的流动性。

⑤履行社会责任。一般来说,风险事件不仅影响一个家庭、一个企业或一个公众机构,还会对其他成员产生不同程度的影响。但是道德责任观念和社会意识要求将这类风险事件对其他人员产生的影响降到最小,这也符合公共关系的要求。因此,企业应该通过风险管理,防止由于风险而导致生产经营的中断或遭受人身伤亡和财产损失,尽可能降低企业受损给其他人和整个社会带来的不利影响。做到这一点,企业才尽到其应尽的社会责任,从而可以获得良好的公众反应。

总而言之,工程项目风险管理是一种综合性的主动的控制手段,其最重要的目标是通过有效的风险管理来控制项目管理的四个目标——投资/成本、质量、工期和安全。

2.3.3 工程项目风险管理的责任

风险管理必须具体落实到人,必须规定具体负责人的责任范围。承担工程管理的单位负责风险管理的人员的一般责任范围如下:

(1)确定和评估风险,识别潜在损失因素及估算损失大小。

(2)制订风险财务对策(确定自负额水平和保险限额、投保还是自留风险,确定投保范围)。

(3)采取预防措施。

(4)制订保护措施,提出保护方案。

(5)落实安全措施。

(6)管理索赔,负责一切可索赔事项的准备、谈判并签订有关索赔的协议和文件。

(7)负责保险谈判、分配保费、统计损失。

(8)完成有关风险管理的预算。

除上述责任外,工程项目风险管理负责人还应与诸如项目经理、财务、物资、施工、设计及人事等部门保持密切联系,因为这些部门的业务均与可能遭受的风险有密切关系。此外,借助社会服务如保险公司、代理公司或经纪人对风险进行管理也是必不可少的。

2.3.4 工程项目风险管理的原则

在工程项目风险管理的过程中,必须遵循下列原则,才能更加科学地对风险进行管理,把风险降到最低。

(1)全面性原则

对工程项目所面临的风险应该进行全面考虑,尽量将所有可能出现的风险以及风险可能造成的所有影响纳入工程项目风险管理之中,不仅考虑工程本身的情况,还需要研究周边的环境,如宏观经济、行业状况及其产生的影响等。特别是要在项目全生命周期思想的指导下,不仅考虑工程建设期风险,还要考虑工程决策期、建设产品运营维护期的风险。

(2)科学性原则

科学性体现在两个方面:一方面是风险资料来源的科学性,风险管理所依据的数据不是凭空想象的,是依据相关统计数据和调查报告分析得来的;另一方面是管理手段的科学性,进行风险管理所采用的方法和模型都是利用概率和统计学的基本知识发展演变而来的,不是无源之水、空中楼阁。

(3)动态性原则

动态性原则,即在进行风险管理时,既要考虑工程目前的情况,又要考虑周边及更大范围环境发展变化的趋势,以及一旦发生这些变化对风险对象的影响及程度。

(4)成本效益原则

在风险管理过程中,决定最终方案时必须进行成本效益分析。如果某种风险管理方案非常完美,但实施该方案所需的成本高于风险造成的损失,也不能采用该方案进行风险管理。

2.3.5 工程项目风险管理的程序

从前述动态工程项目风险管理过程来看,整个风险管理过程是个循环系统,其中的基本过程分为工程项目风险管理计划制订、工程项目风险管理计划实施、工程项目风险管理计划调整与控制三大阶段。动态工程项目风险管理流程如图2-11所示。

2.3.5.1 制订工程项目风险管理计划

在明确了工程项目风险管理目标之后,接下来要做的就是制订工程项目风险管理计划。工程项目风险管理计划是工程项目风险管理组织进行风险管理的重要工具,是全部风险管理过程的基础环节。工程项目风险管理计划的主要内容包括设置工程项目风险管理组织、工程项目风险识别、工程项目风险估计与评价、工程项目风险应对方案安排。

(1)工程项目风险管理组织的设置

周全的工程项目风险管理计划的制订及高效率的贯彻实施都离不开良好的风险管理组织。工程项目风险管理组织的设置是工程项目风险管理计划得以有效制订和贯彻执行的组织保证。工程项目风险管理组织的规模和形式应根据具体工程项目风险的特点和管理任务确定,同时要考虑成本效益原则。

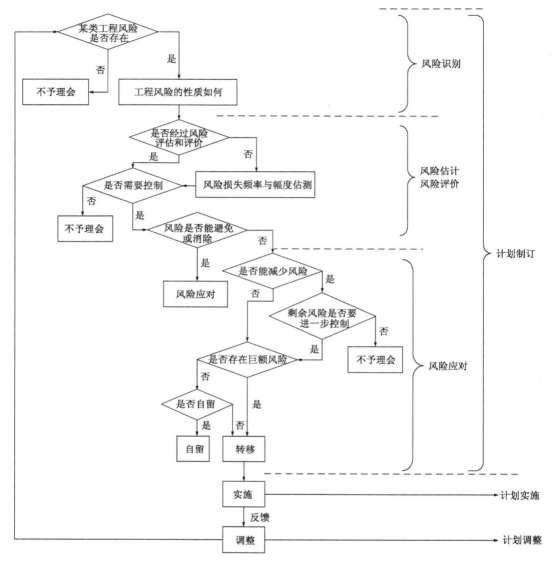

图 2-11 动态工程项目风险管理流程

一般的工程项目风险管理组织形态分为直线型、职能型和矩阵型三种。

①直线型工程项目风险管理组织。是指由一个上级统一对下属下达命令,每个下属只接受一个上属的指挥,组织的责任和权限完全是直线式的。直线型工程项目风险管理组织是由少数的专人负责风险管理,容易发挥少数富有工程项目风险管理经验的人士的作用,信息容易上传和下达。但是该组织也存在管理范围受到局限、不利于全员参与风险管理等弊端。直线型工程项目风险管理组织比较适合于大型工程项目之外的项目风险管理。比如,在公路施工项目中,道路分段施工,每个工段派驻一名施工现场总指挥负责施工现场的资源调度和风险管理,除此之外,还应有负责总体协调和应急处理的人员。又如,在房屋建筑结构施工项目中,将工程细分为若干分部分项工程,每一部分选派一名现场管理人员,同时还要有负责与业主和施工现场或其他各方联络的人员。

②职能型工程项目风险管理组织。是在直线型管理组织的基础上,在每一层次的负责人员旁边设置专业参谋人员。这种机构的特点是容易发挥参谋人员的专业特长,有益于专业风险管理,但其明显的弊端是容易出现多头领导。

③矩阵型工程项目风险管理组织。是采取纵向和横向交叉的管理模式,对于某一项子工程的施工人员和技术人员来说,既要接受垂直领导,也要接受横向指挥和协调。矩阵型工程项目风险管理组织适用于大型工程项目的风险管理。以天津滨海轻轨工程的风险组织为例,整个工程按照专业划分为土建工程、轨道工程和机电工程三大部分。三大部分由业主委托的专业管理公司分别实施现场风险管理和控制,构成了组织矩阵的横向。而每项子工程由独立的承包人承建和负责施工风险管理,这构成了矩阵组织的纵向。其矩阵式风险管理组织模式如图 2-12 所示。

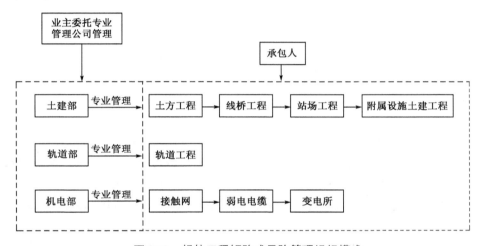

图 2-12 轻轨工程矩阵式风险管理组织模式

(2)工程项目风险识别

工程项目风险识别就是明确风险识别对象,选取适当的风险识别方法,按照一定原则识别出目标工程中可能存在的风险,并且对风险的属性进行判断。对工程项目风险的识别,主要应识别项目的决策阶段、设计阶段、施工阶段和运营阶段的风险。

风险识别一方面可以通过感性认识和历史经验来判断,另一方面也可通过对各种客观的资料和风险事故的记录来分析、归纳和整理,加上必要的专家访问,从而找出各种明显和潜在的风险及其损失规律。因为风险具有可变性,因而风险识别是一项持续性和系统性的工作,要求风险管理者密切注意原有风险的变化,并随时发现新的风险。无论在项目全生命周期的哪个阶段,其风险识别流程均可遵循图 2-13 所示的流程。

(3)工程项目风险估计与评价

在识别出标的工程存在的主要风险后,接下来需要进行工程项目风险估计与评价,也就是衡量风险可能的损失及其对标的工程总体目标的影响。一方面是衡量每次事故造成的最大可能损失和最大可信损失。最大可能损失是指在没有采取风险管理措施的情况下,风险事件可能造成的最大损失程度;最大可信损失则是指在现有的风险管理条件下,最可能的损失程度。最大可能损失通常要大于最大可信损失。另一方面是估计每次风险事件发生可能造成的损失程度和损失频率。在估计工程项目风险事件对工程项目造成的损失程度时,需要采取适当的工程项目风险估计方法。损失频率是指在一定时间内,风险事件发生的次数。衡量损失频率也就是估计某一风险单位可能遭受各种风险因素影响而导致风险事故发生的概率。

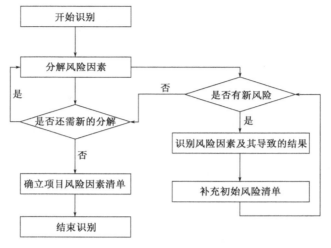

图 2-13　风险识别流程图

①风险概率估计。

风险概率包括主观概率和客观概率两种。二者有相同的定义,都是事件发生的可能性,但二者也有很大的区别。客观概率是在基本条件不变的前提下,对类似事件进行多次观察,统计每次观察的结果和各种结果发生的频率,进而推断出类似事件发生的可能性。因此,可以说客观风险概率是客观存在的典型风险事件在长时期内发生的频率,是可以预测的客观存在。比如抛起的硬币落下时,如果出现反面被认为是一种风险事件的话,那么这个风险事件发生的客观概率就是50%。主观概率指人们凭借经验主观推断而得出的概率,即人们认为的事件发生的可能性大小。主观概率的判断和事件的出现频率无关,只与具体的专家所掌握的信息多少及对事件的认识有关。实际上,主观概率也是人们在长期实践基础上得出的,并非纯主观的随意猜想。当然,对客观概率的判断结果也会因人而异。虽然对于特定项目发生某种潜在损失的概率,不同的人可能有不同的判断结果,但这也是属于正常的情况。

多数情况下,客观概率是基于大数定律统计推断而得出的,这时需要参考历史统计资料。但由于不同项目的风险环境不可能完全相同,这时历史事件的概率只能作为参考,具体概率则要凭经验推断来得到。显然,此时富有经验的专家的主观概率就显得比较重要。

概率估计是要确定风险事件现实发生并造成损失的可能性大小,风险概率估计是风险评价的一大要素。一般来说,风险事件发生概率的计算均是通过对大量已完成的类似工程项目的数据进行分析和整理得到,或者通过一系列的模拟试验来取得数据。但是在实际中,特别是在我国,由于风险管理工作开展得比较晚,基础工作薄弱,相应的数据少,无法收集上述数据;又由于建设工程具有一次性的特点,无法找到完全相同的已完工程做参照。所以现阶段,对风险的概率分析主要还是采用主观概率,并采用德尔菲法修正。

主观概率是用专家预测法,凭专家的经验和理论对事件发生的概率进行估计。根据这种理论,一个事件的概率是指决策者基于可获得信息对事件发生的确信度或信心,反映了一个人基于其可获得的信息,对事件认识的确信程度。

风险发生概率可划分为很可能、可能、偶尔、不可能、很不可能五级;风险后果等级可划分为灾难性、很严重、严重、较严重、轻微五级。风险概率的分级标准见表2-5。

风险概率的分级标准　　　　　　　　　　　　　　表2-5

概率等级	定量判断标准(概率区间)	定性判断标准
1	$P_f \leq 0.0003$	几乎不可能发生
2	$0.0003 \leq P_f < 0.003$	很少发生
3	$0.003 \leq P_f < 0.03$	偶然发生
4	$0.03 \leq P_f < 0.3$	可能发生
5	$P_f > 0.3$	频繁发生

注:1. P_f 为概率值,当概率值难以取得时,可用年发生频率代替。城市轨道交通行业见《城市轨道交通地下工程建设风险管理规范》(GB 50652—2011)。
　2. 风险发生概率等级应优先采用定量判断标准确定;当无法进行定量计算时,可采用定性判断标准确定。

②风险损失估计。

风险评价的关键问题之一是描述风险事件的影响程度,即进行风险损失的估计。从定义的角度出发,风险损失估计可以理解为在风险事件影响下系统状态与目标的偏离程度。在具体形式上,风险损失估计基于损失的物理形式的基本单位建立。例如,考虑结构损伤时,其损失估计的基本单位应是描述损失程度的某个物理量;考虑时间损失时,其损失估计的基本单位应为某种时间单位。

损失的形式丰富多样,不同的利益团体对其的理解可能不同。比如城市轨道交通地下工程行业将风险损失划分为人员、经济、环境、工期延误、社会影响等几类。损失的估计是一个非常复杂的问题,涉及业主、使用者、社会等多方面的利益,往往不可能将全部的损失考虑进来。此处将风险损失归结为人员伤亡、经济损失和环境危害三种基本物理形态,其他的损失如精神损失、社会效益下降等损失不计算在内。

a. 人员伤亡是指在参与施工活动过程中人员所发生的伤亡。依据人员伤亡的类别和严重程度进行的风险分级见表2-6。

人员伤亡程度分级　　　　　　　　　　　　　　表2-6

等级	判断标准
1	重伤人数5人以下
2	3人以下死亡(含失踪)或5人以上10人以下重伤
3	3人以上10人以下死亡(含失踪)或10人以上50人以下重伤
4	10人以上30人以下死亡(含失踪)或50人以上100人以下重伤
5	30人以上死亡(含失踪)或100人以上重伤

注:1. 参考国务院《生产安全事故报告和调查处理条例》和《企业职工伤亡事故分类》(GB/T 6441—1986)。城市轨道交通行业见《城市轨道交通地下工程建设风险管理规范》(GB 50652—2011)。
　2. "以上"包含本数,"以下"不包含本数。

b. 经济损失是指风险事故发生后造成工程项目发生的各种费用的总和,包括直接费用和事故处理所需的各种费用,见表2-7。

经济损失程度分级 表2-7

等级	判断标准
1	经济损失 500 万元以下
2	经济损失 500 万元以上 1000 万元以下
3	经济损失 1000 万元以上 5000 万元以下
4	经济损失 5000 万元以上 10000 万元以下
5	经济损失 10000 万元以上

注:1. 参考国务院《生产安全事故报告和调查处理条例》。城市轨道交通行业见《城市轨道交通地下工程建设风险管理规范》(GB 50652—2011)。
  2. 对总造价较低的工程,如石拱桥,可采用相对经济损失进行判定。

c. 环境危害是指建设施工对周围建(构)筑物破坏或损害、环境污染等,根据其影响程度进行分级,见表2-8。

环境影响程度分级 表2-8

等级	判断标准
1	涉及范围很小,无群体性影响,需紧急转移安置人数在 50 人以下
2	涉及范围较小,一般群体性影响,需紧急转移安置人数在 50 人以上 100 人以下
3	涉及范围大,区域正常经济、社会活动受影响,需紧急转移安置人数在 100 人以上 500 人以下
4	涉及范围很大,区域生态功能部分丧失,需紧急转移安置人数在 500 人以上 1000 人以下
5	涉及范围非常大,区域内周边生态功能严重丧失,正常的经济、社会活动受到严重影响,需紧急转稳安置人数 1000 人以上

注:参考《建设项目环境保护管理条例》和《中华人民共和国环境影响评价法》。

③风险评价准则。

目前风险评价准则的确定方法主要有:最低合理可行(As Low As Reasonably Practicable, ALARP)准则、风险矩阵法、年度故障率(Annual Fault Rate, AFR)值、潜在生命损失(Potential Life Loss, PLL)值等。下面先介绍常用的风险矩阵法和风险等级标准,再对 ALARP 准则及基于 ALARP 准则的风险矩阵进行介绍。

a. 常用的风险等级分级标准。

目前最常用的风险表征方法是风险矩阵方法。风险矩阵是将多种风险统一表示的一种方法,且在多个工程领域的风险评价中广泛应用。将事故发生的可能性和相应的后果置于一个矩阵中,该矩阵称为风险矩阵。风险矩阵的横坐标为事故风险发生的后果,纵坐标为事故风险发生的可能性,事故发生的概率和后果的不同组合得到不同的风险等级。不同的行业往往会有不同的风险矩阵,有 5×5 的风险矩阵、4×4 的风险矩阵、3×3 的风险矩阵。工程项目风险管理中常用 5×5 的风险矩阵,根据事故发生的概率和后果等级,将风险等级分为 Ⅰ、Ⅱ、Ⅲ、Ⅳ 四级,见表2-9。其中Ⅰ级表示低度风险,表明当前措施有效,不必采取额外技术和管理方面的预防措施,属于"可以忽略"的范畴;Ⅱ级表示中度风险,表明工程有进一步实施预防措施以提升安全性的必要,属于"可以接受"的范畴;Ⅲ级表示高度风险,表明必须实施降低风险的应对措施,并需要准备应急计划,属于"有条件的接受"范畴;Ⅳ级代表极高风险,必须采取有效措施将风险等级降低到Ⅲ级或Ⅲ级以下水平,如果应对措施的代价超出业主的承受能力,则更换方案或放弃项目执行,属于"不可接受"范畴。

事故发生概率和后果分级　　　　　　　　　　　　　　　　　表 2-9

风险发生概率		风险损失等级				
		轻微的	较大的	严重的	很严重的	灾难性的
		1	2	3	4	5
几乎不可能发生	1	Ⅰ	Ⅰ	Ⅱ	Ⅱ	Ⅲ
难以发生	2	Ⅰ	Ⅱ	Ⅱ	Ⅲ	Ⅲ
偶然发生	3	Ⅱ	Ⅱ	Ⅲ	Ⅲ	Ⅳ
可能发生	4	Ⅱ	Ⅲ	Ⅲ	Ⅳ	Ⅳ
频繁发生	5	Ⅲ	Ⅲ	Ⅳ	Ⅳ	Ⅳ

b. ALARP 准则。

ALARP（或 SFAIRP、ALARA）准则又称最低合理可行原则，其含义是任何工业活动都具有风险，不可能通过预防措施来彻底消除风险，并且当系统的风险水平越低时，要进一步降低就越困难，其降低成本往往呈指数曲线上升，因此，必须在系统的风险水平和成本之间做出平衡，如图 2-14 所示。在英国及新西兰的卫生及安全法则中，ALARP 和 SFAIRP（So Far As Is Reasonably Practicable，SFAIRP）是同义词，美国则使用 ALARA（As Low As Reasonably Achievable，ALARA）。

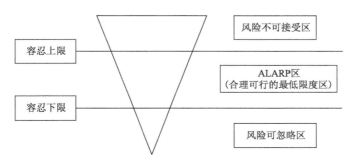

图 2-14　ALARP 准则图

由图 2-14 可知，ALARP 准则包含两条风险分界线（容许上限和容许下限），上面的线称为可接受风险水平线。两条线将风险分为三个区域：不可接受风险区、合理可行的最低限度区（ALARP 区）和风险可忽略区。若风险评价所得的风险等级落在不可接受区域，则必须采取强制性的措施降低风险水平；若风险等级处在风险可忽略区，由于风险水平很低，无须采取任何对应策略；若风险等级处在合理可行的最低限度区域，则需要考察实施各种降低风险水平的措施实施后的效果，并进行成本分析，据此确定该风险是否可以接受。判断某风险是否是最低合理可行的关键问题是如何定义合理可行（Reasonably Practicable）。目前这只能算一种原则，尚没有统一的标准，具体风险可接受水平需要根据项目具体情况来确定。

c. 基于 ALARP 准则的风险矩阵。

风险矩阵评价具有简单明了、适用范围广的特点，将 ALARP 准则与风险矩阵结合起来（表 2-10），将更加有利于反映决策者的风险态度及制定基本的风险对策。建立基于 ALARP 的风险评价矩阵是基本的决策准则。

基于 ALARP 的风险矩阵　　　　　　　　　　　表 2-10

概率	后果				
	1	2	3	4	5
1	可忽略	可忽略	可接受	可接受	ALARP 下限
2	可忽略	可接受	可接受	ALARP 下限	ALARP 下限
3	可接受	可接受	ALARP 下限	ALARP 下限	不可接受
4	可接受	ALARP 下限	ALARP 下限	不可接受	不可接受
5	ALARP 下限	ALARP 下限	不可接受	不可接受	不可接受

(4) 工程项目风险应对方案安排

在明确了标的工程所有可能存在的风险,并估计和评价了风险损失对项目目标的影响程度之后,应该在合适的时机、采取相应的风险应对对策。根据具体的工程项目风险环境的不同,每类工程项目风险应对方法中的具体应对措施不同,工程项目风险安排方案也不同。

①风险应对流程。

具体工程项目风险应对工作流程如图 2-15 所示。

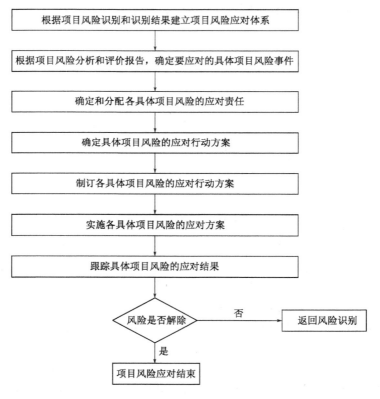

图 2-15　风险应对工作流程

②风险应对时机选择。

针对项目施工阶段这个特定系统的风险而言,需要综合权衡规避风险产生的成本和收益,对施工过程风险实施动态监控,选择风险应对的时机。

选择进行风险应对的时机有两种方法：一种方法是比较进行风险应对后的直接收益与可能蒙受的风险损失，如果直接收益大于风险损失，则需要选择适合的风险应对策略，否则忽略风险影响，不采取处置措施；另一种方法是权衡风险应对成本和风险大小，如图2-16所示。

③风险应对手段。

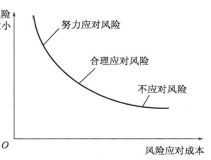

图2-16　风险应对时机的选择

风险主要应对手段包括风险控制、风险自留和风险转移、风险分担、风险利用。风险控制分为风险回避和风险缓解等方式。在制订风险应对计划时，一定要针对项目中不同风险的特点，分别采用不同的风险应对方式，而且应尽可能准确合理地采用风险控制方式，因为它是一种最积极、有效的应对方式。它不仅能保证项目减少由于风险事故所造成的损失，而且能减少全社会的物质财富损失。具体手段和方法介绍可见2.4.4节。

在采取了一系列可行的步骤避免风险或降低风险发生概率和损失量后，仍有可能发生造成损失的风险。为了控制工程项目风险造成的损失幅度，可以采取以下措施，阻断风险事故传递的链条。第一，根据风险因素的特性，采取一定措施使其发生的概率降至接近于零，从而预防风险因素的产生；第二，减少已存在的风险因素；第三，防止已存在的风险因素释放能量；第四，在时间和空间上，把风险因素与可能遭受损害的人、财、物隔离；第五，借助人为设置的物质障碍，将风险因素与人、财、物隔离；第六，改变风险因素的基本性质；第七，加强风险部门的防护能力，做好救护受损人、物的准备。这些措施有的可用先进的材料和技术达到，此外，还应有针对性地对实施项目的人员进行风险教育，以增强其风险意识，制定严格的操作规程，以控制因疏忽而造成的不必要的损失。

2.3.5.2　工程项目风险管理计划的实施

工程项目风险管理计划制定之后，接下来应贯彻和落实计划。好的计划只有经过落实才能显现效力，实现风险管理的目标。比如，在某高速公路建设项目中，工程项目风险管理人员已识别出在工程穿越居民居住区附近时，打桩施工对地面影响巨大、频繁的冲击力有可能损坏附近的居民住宅，并考虑将风险转移，还拟定了将该工程项目风险投保第三者责任险的处置方案，但是因为某种原因没有办理相应的工程保险，结果发生了事故，造成的损失只能由承包人或业主自己承担。这个案例说明，一个完善的工程项目风险管理计划只有通过落实才能发挥作用，如果计划不能很好地落实，就等于没有计划。工程项目风险计划的落实需要有风险管理组织作保证。风险管理的组织形式、规模以及组织中的每个岗位的职责和权限都应在计划实施之前拟定好。

在工程项目风险管理计划的落实过程中，管理人员应做好指导、监督、检查和信息反馈或决策等工作。对于工程项目风险管理来说，风险管理是全员参加的、施工周期内全过程的、动态监控的复杂管理系统。从小工程到大工程，从普通房屋土建结构施工到核电站等高危险、高难度工程的施工，任何一个细微的施工环节出现问题都可能导致风险事故的发生。如土建施工中没有预留线槽，就可能给安装造成困难，解决的办法是重新凿出线槽或是走明线。土建施工工人、现场管理人员以及监理人员等对该风险事件的发生都有一定的责任。因此，工程项目风险管理必须动员全员参与风险的防范和应对，才能更有效地降低风险。工程项目风险管理计划实施过程中的指导和组织协调是非常重要的。风险管理组织人员向施工人员、技术人员、现场管理人员等介绍风险管理计划的思想和内容,并帮助他们明确自己在风险管理中的职责和具体的风险管理办法等。在计划实施过程中,风险管理人员应根据项目的进展程度和施工中的风险分布情况,对风险计划的落实情况进行动态的监督和检查。如果在计划实施过程中发现了风险计划的不当之处,比如计划制订时假设的环境发生了变化、计划的风险分析结论存在问题、计划中提出的风险应对方案不符合工程施工的实际情况等,需要及时调整工程项目风险管理计划。

2.3.5.3 工程项目风险管理计划的调整

动态工程项目风险管理的思想要求风险管理者根据风险环境的变化不断地调整风险管理策略。若出现工程项目风险管理计划不适应实际工程项目风险管理要求的情况,应调整计划。在调整计划时,一般采取局部修补的方式,需要注意调整的部分与其他未调整部分的协调关系。比如,在铺设轨道工程的施工中,某标段的原施工设计是采用无砟轨道施工方式,但在实际施工中,发现施工现场的地质环境以及无砟轨道施工的高精度要求使得无砟轨道施工很难进行,需要变更为有砟轨道施工方式。在施工工艺进行了大幅度调整的情况下,风险源即风险因素向风险事件的转化条件发生了很大变化,原定的工程项目风险管理计划也应做相应的调整。

工程项目风险管理计划的调整主要涉及如下几个环节:

(1)风险管理组织的调整,增减或调整施工现场的工程项目风险管理人员。风险管理组织是贯彻风险管理计划、实现风险管理目标的重要组织基础。在一般情况下,风险管理组织根据预测的风险情况设计组织人数。当风险环境发生变化时,应作相应的调整。应根据风险属性和风险管理任务的要求,增加或减少风险管理者人数,或者重新调配适合新的风险管理任务要求的风险管理者。

(2)补充或修正风险分析,调整工程项目风险应对对策。在已发生变化的风险环境下,查找新的风险源,并且判断风险属性。若识别出新的风险,则要衡量和评价风险损失、风险发生的频率以及每次事故的损失程度等。评价风险损失及影响之后,要提出风险应对方案。

2.3.6 风险管理与工程项目管理的关联关系

项目各组成部分的性质和功能、彼此间的联系和相互作用都影响着项目整体的性质和功能,因此把每个组成部分都作为一组变数。其中,费用、工期、质量和安全是项目的主要变数。从影响项目整体的性质和功能的变数来看,工程项目风险管理的目标通常分解为投资(费用)目标、进度目标、质量目标和安全目标。在工程项目中,各种风险因素是影响上述四项目标实现的重要障碍,必须进行有效的风险管理,才能保证项目目标的实现。因此,工程项目风险管理的主要目标应该与项目管理的目标一致。由于各种工程项目的风险环境、风险属性等因素不同,所以每个具体的工程项目风险管理的目标也不同。从工程项目风险的属性可以分析得出,工程项目风险由风险源、风险事件和风险后果三项基本要素构成。工程项目风险源包含三个基本的风险属性:风险因素的存在性、风险事件发生的不确定性和风险后果的不确定性。这里可以用图 2-17 来说明工程项目风险构成

图 2-17 项目风险影响图

要素与项目管理目标之间的关系。

风险源、风险事件与风险后果是工程项目风险的重要构成要素。

(1) 风险源

风险源即风险因素,工程项目中的风险源可以理解为引起风险事件发生,影响项目目标实现的潜在因素。如施工设计的缺陷和可行性、地质条件、承包人的技术水平和管理能力等都是引起实际项目施工结果偏离预期目标的风险源。以土建工程中的土方工程为例,土方工程施工中的风险源主要有四类:自然因素——地质、水文、气候;土方结构——开挖的深度和宽度,填筑的高度和厚度;施工因素——降水方法、施工工艺、板桩等;工程周边环境——周围的建筑物情况,地下设施情况。

(2) 风险事件

风险事件是指任何影响项目目标实现的可能发生的事件。风险事件的发生是不确定的,这是由于项目外部环境的变化及项目本身的复杂性和人们对客观世界变化的预测和控制能力有限所导致的。例如人们意识到施工期间恶劣的气候是一个值得重视的风险因素,但这并不一定就意味着恶劣气候就一定会降临,只有当恶劣的气候降临时,才会造成风险事件的发生。一般风险事件发生后所造成的影响是不确定的,需要预先估计风险发生的可能性和预期的损失程度,据此采取风险预防和施救措施,控制风险因素向风险事故的转化。一般的风险事件存在潜在的损失或收益两种预期结果,但对于工程项目来说,风险事件的发生往往是灾难性的。

(3) 风险后果

当工程项目风险事件发生,并造成负面的结果时,这就是风险后果。这样的案例是非常多的,如:综合工程项目中的各专业施工或分布结构的接口不协调而影响工程的正常施工,导致工期拖延或工程部分毁损等;在房屋建筑结构中,由于地基沉降不均匀,基础发生倾斜,导致地上结构整体倾斜;在钢筋混凝土结构中,由于钢筋的材质和型号选择不符合整体结构的荷载要求,在遇到地震、火灾等外因的激发下,可能导致建筑物出现裂缝、倾斜甚至倒塌。这些都有可能造成费用、工期、质量、安全等方面的不良后果。

2.4 工程项目风险管理的技术工具

针对工程项目风险管理而言,风险管理的技术工具可分为两大类:一类是传统技术工具,例如专家调查法、核对表法、故障树分析法、幕景分析法、资料法、层次分析法、蒙特卡罗模拟法等;另一类是以互联网、大数据、人工智能为基础的新兴技术工具,例如物联网、建筑信息模型(Building Information Modeling,BIM)、区块链等。

2.4.1 工程项目风险识别工具

工程项目风险领域的风险识别方法很多,这些方法通常可以实现工程项目风险识别的两项任务:一是判断风险是否存在,二是认识风险属性。下面分别介绍工程项目风险的识别方法。

2.4.1.1 专家调查法

专家调查法是常用的风险识别方法。专家调查法中被调查的专家主要有两类:一类是从事标的工程项目风险管理的技术人员和管理人员;另一类是从事与工程项目相关领域研究的工作人员。

专家调查法有十余种方法,其中专家主观判断法、德尔菲法和智暴法(头脑风暴法)是用途较广、具有代表性的方法。

(1)专家主观判断法

专家主观判断法是在明确有关标准、法规、检查表的前提下,依靠识别人员的观察分析能力,借助于经验和判断能力直观地评价对象危险性和危害性的方法。其中,经验法是专家主观判断法中常用的方法。由于专家主观判断法易受专家的知识和经验等方面所影响,所以为弥补个人判断的不足,常采取专家会议的方式来相互启发、交换意见、集思广益,使危险、危害因素的识别更加细致、具体。同时,对照事先编制的检查表识别危险、危害因素,也可弥补知识、经验不足的缺陷,但须有事先编制的、适用的检查表。检查表是在大量实践经验基础上编制的,美国职业安全卫生管理局(OSHA)制定、发布了多种用于识别危险、危害因素的检查表,我国一些行业的安全检查表、事故隐患检查表也可作为借鉴。

①适用条件。特别适用于客观资料或数据缺乏情况下的长期预测,或其他方法难以进行的技术预测。

②优缺点。

优点:是简便、易行、不易遗漏。

缺点:受识别人员知识、经验和占有资料的限制,可能出现遗漏。

(2)德尔菲法

德尔菲法起源于20世纪40年代末,由美国兰德公司首先使用。用德尔菲法进行项目风险预测和识别的过程是:由项目风险小组选定与该项目有关的领域专家,并与这些适当数量的专家建立直接的函询联系,通过函询收集专家意见,然后加以综合整理,再匿名反馈给各位专家,再次征询意见。这样反复经过4~5轮,逐步使专家的意见趋向一致,作为最后预测和识别的依据。被调查的专家一般分为两类:一类是从事标的工程项目风险管理的技术人员和管理人员;另一类是从事与工程项目相关领域研究的工作人员。

德尔菲法是系统分析方法在意见和判断领域的一种有限延伸。它突破了传统的数据分析限制,为更合理地决策开阔了思路。由于该法能够对未来发展中的各种可能出现和期待出现的前景做出概率估计,因此可为决策者提供多方案选择的可能性,而用其他方法都很难获得这样重要的以概率表示的明确结论。但是,理论上并不能证明所有参加者的意见能收敛于客观实际。它在本质上是一种利用函询形式的集体匿名思想交流过程。

①适用条件。

德尔菲法具有广泛的代表性,一般用该方法得出的结果也较为可靠,并且具有匿名性、统计性和收敛性的特点。项目要求的专业性较强,系统分析方法要能够对风险实现高效、完整地识别。

②优缺点。

优点:

a. 在风险识别过程中发表意见的专家互相匿名,这样可以避免公开发表意见时各种心理对专家们的影响。

b. 对各种意见进行统计处理,如计算出风险发生概率的平均值和标准差等,以便将各种意见尽量客观、准确地反馈给专家们。

c. 通过反馈且反复地进行意见交换，使各种意见相互启迪、集思广益，从而容易地做出比较全面的预测。

缺点：专家态度具备主观性，极易出现"羊群效应"相关影响。

(3) 智暴法（头脑风暴法）

智暴法是一种刺激创造性、产生新思想的技术。它的主要规则是不进行讨论和判断性评论。智暴法更注重想出风险的数量，而不是质量。通过专家之间的信息交流和相互启发，从而诱发专家们产生"思维共振"，以达到互相补充并产生"组合效应"，获取更多的未来信息，使预测和识别的结果更准确。

智暴法作为一种创造性的思维方法，在风险识别中得到广泛的应用。智暴法一般采用小组开会的形式，由 5～6 个人组成一个小组，给每个人充分发表个人意见的机会，激发与会者的创造性，提出尽可能多的设想。如果所探讨的问题牵涉面太广，包含因素过多，就要先进行分解，然后再分步进行讨论。

①具体操作过程。

a. 人员选择。与会人员主要是风险分析专家、风险管理专家、相关专业领域的专家，主持人应该具有较强的逻辑思维能力、较高的归纳力和较强的综合能力。

b. 明确会议议题。

c. 轮流发言并记录。无条件接纳任何意见，不加以评论。主持人应尽量原话记录每条意见，并可以将其展示出来。

d. 组员在轮流发言停止后，共同评价每一条意见，最后由主持人总结出几条重要结论。对智暴法的结论还要进行详细的分析，既不能轻视，也不能盲目接受。一般来说，只要有少数几条意见得到实际应用，就比较成功了，有时一条意见就可能带来很大的社会经济效益。即使所有意见都被证明不适用，智暴法作为对原有分析结果的一种讨论和论证，也会给领导决策带来益处。

e. 发言过程循环进行。通过函询收集专家意见，然后加以综合整理。如果专家们的意见不收敛，反复函询、收集、整理专家意见，逐步使专家的意见趋向一致。

②适用条件。

它适用于探讨的问题比较单纯，目标比较明确、单一的情况。

③优缺点。

优点：智暴法有利于建设一个自由、没有攻击性和批判性的会议。参会者可以根据自己的想法随意发表意见，相互交流，相互启发，有利于参会者开阔思维。另外，还可以结合众多专家的思维和智慧进行总结，有利于加强识别风险的准确性。

缺点：受心理因素影响较大，易屈服于权威或大多数人的意见，而忽略少数派的意见。另外，智暴法要求参与者有较高的素质，这些因素是否满足会影响智暴法实施的效果。

2.4.1.2 核对表法

(1) 核对表法的主要内容

对同类已完工项目的环境与实施过程进行归纳总结后，可以建立该类项目的基本风险结构体系，并以表格形式按照风险来源排列，该表称为风险识别核对表。

核对表中除了罗列项目常见风险事件及来源外，还可包含很多内容，例如项目成败的原因、项目各个方面（范围、成本、质量、进度、采购与合同）的规划、项目产品或服务的说明书、项目成员的技能以及项目可用的资源等。

(2) 核对表法的适用条件

核对表法具有一定的通用性,同时也具有针对性不强、不能进一步识别隐含风险源等问题。

(3) 核对表法的优缺点

①优点:结合当前工程项目的建设环境、建设特性、建设管理现状、资源状况,再参考对照核对表,可以有所借鉴,对风险的识别查漏补缺。

②缺点:我国的工程项目风险管理方面的积累较少,目前尚没有企业或咨询机构编制工程项目风险核对表。由于缺少专业的风险核对手册之类的基础资料,每一个项目的风险识别都需收集大量相关信息和资料,从最基础的工作做起,这就增加了风险管理的成本;照搬国外的资料又不一定符合国内实际情况。因此,我国有必要加强此方法,建立符合国情的风险核对表。

2.4.1.3 故障树分析法

故障树分析(Fault Tree Analysis,FTA)法是利用图解的形式,将大的故障分解成各种小的故障或对各种引起故障的原因进行分析。故障树分析实际上是借用可靠性工程中的失效树形式对引起风险的各种因素进行分层次的识别。图的形式像树枝一样,越分越多,故称故障树。

(1) 故障树分析法的步骤

进行故障树分析的一般步骤如下:

①定义工程项目的目标,此时应将影响项目目标的各种风险因素予以充分考虑。

②做出风险因果图(失效逻辑图)。

③全面考虑各风险因素之间的相互关系,从而研究对工程项目风险所应采取的对策或行动方案。

编制故障树通常采用演绎分析的方法,把不希望发生的且需要研究的事件作为顶上事件,先找出造成顶上事件发生的所有直接原因事件,列为第二层,再找出第二层各事件发生的所有直接原因,列为第三层,如此层层向下,直至最基本的原因事件为止。在构造事故分析树时,被分析的风险事件在树的顶端,树的分支是考虑到的所有可能的风险原因,同一层次的风险因素用"门"与上一层次的风险事件相连接。"门"存在"与门"和"或门"两种逻辑关系。"与门"表示同一层次的风险因素之间是"与"的关系,只有这一层次的所有风险因素都发生,它们的上一级的风险事件才能发生。"或门"表示同一层次的风险因素之间是"或"的关系,只要其中的一个风险因素发生,它们的上一级的风险事件就能发生。这里以一幢办公楼的北墙体出现裂缝为例,用事故树分析法分析这个风险事件产生的可能原因,如图2-18所示。

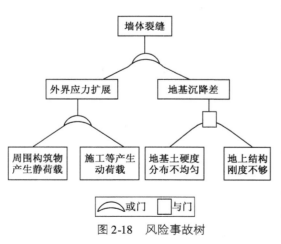

图2-18 风险事故树

由图2-18可以看出,土建工程墙体产生裂缝的原因可能是外界应力扩展或者地基出现沉降差。外界应力扩展主要是因为周围建筑物产生静荷载或者是施工等产生动荷载。以周围建筑物产生静荷载促成墙体裂缝的风险发展过程来说，建筑物容易对它周围建筑物的地基产生静荷载作用，静荷载在部分地基上扩展，也就是一部分地基受到周围建筑物的静荷载作用，使得地基受力不均匀而出现沉降差，因而墙体出现裂缝。地基土软硬分布不均匀可能导致地基出现沉降差。当沉降差超过允许值时，如果地上结构刚度不够，墙体就比较容易出现裂缝。

（2）故障树分析法的适用条件

故障树分析法被广泛用于大型工程项目风险分析识别系统之中，经常用于直接经验较少的风险识别。

（3）故障树分析法的优缺点

①优点：比较全面地分析了所有故障原因，包括人为因素，因而包罗了系统内、外所有失效机理，且比较形象、直观。

②缺点：应用于大的系统时，容易产生遗漏和错误；有时很难确定顶事件的所有重要途径是否都包含在内；是一个静态的模型，无法处理时序上的相互关系；只能处理二进制状态（有故障/无故障）；通常各种性质或者程度的人为错误引起的故障无法包括在内；分析人员必须非常熟悉所研究的系统，须具有丰富的实践经验。

2.4.1.4 工作分解法

工作分解（Work Breakdown Structure，WBS）法，又称为任务分解法，是项目管理的重要方法。WBS法主要是通过逐层分解项目总任务，将工程项目分解成为合适大小的工作单元，形成WBS文档和树形图表等，来明确工程项目实施过程中每一个工作单元的任务、负责人、工程进度以及预算等内容。使用WBS方法能清晰地表示各项目工作之间的相互关系。

（1）WBS法的步骤

WBS法的应用，从总体上来说是"目标—任务—工作—活动"的过程。具体的应用步骤如图2-19所示。

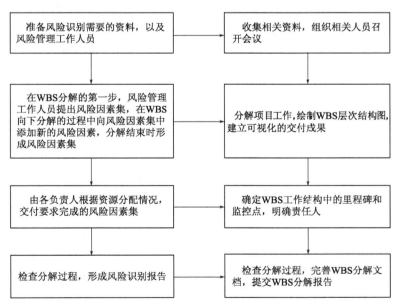

图2-19 基于WBS的工程项目风险识别流程

①首先准备与项目相关的指导书、说明书、与业主签订的合同等规定项目工作量、交付状态、进度以及总成本的相关文件。

②召集相关人员,召开项目分解讨论会。参加人员要包括项目经理、主要技术人员等,在会议上要首先确定项目工作的分解范围以及分解方式等。

③进行项目工作分解,将项目需要交付的成果分解为较小的工作单元。在分解过程中最多使用20个层次,多于20层是过度的。对于一些较小的项目,4~6层一般就足够了。

④画出WBS层次结构图。

⑤确定每个工作单元的责任人员、成本、进度、工作人员等重要内容。

⑥验证分解的正确性,然后根据实际情况建立编码,如果工程较小则不需要。

⑦建立WBS字典及相应的文件。

⑧根据实际运行情况的反馈进行调整、修改。

(2) WBS法的特点

在进行工程项目WBS分解时,参与人员对工程各个流程及环节都有深入的认识,许多潜在的风险因素能显现出来。同时,进行WBS分解时会确定各工作单元的责任人,风险识别同步进行可以将风险因素控制的责任人明确下来。其次,综合考虑风险识别的同时能促进WBS分解的合理性,从全局上减少风险发生的概率。

2.4.1.5 工作-风险分解法

工作-风险分解(WBS-RBS)法是将工作分解构成WBS树,将风险分解构成RBS树,然后以工作分解树(WBS)和风险分解树(RBS)交叉构成的WBS-RBS矩阵进行风险识别的方法。

(1) WBS-RBS法的步骤

运用WBS-RBS法进行风险识别主要分为三个步骤:一是工作分解;二是风险分解;三是套用WBS-RBS矩阵判断风险是否存在。

在工作分解形成工作分解树时,主要是根据母工程与子工程以及子工程之间的结构关系和施工流程进行工作分解。工程项目工作分解树如图2-20所示。

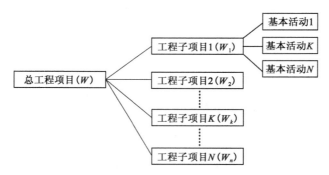

图2-20 工程项目工作分解树(WBS)

以WBS-RBS法进行风险识别的第二步是风险分解形成风险分解树。风险识别的主要任务是找到风险事件发生所依赖的风险源,而风险事件与风险源之间存在着因果关系。风险分解结构,即RBS,就是建立风险事件与风险因素之间的因果联系。风险分类的第一层次是把风险事件分为内、外两类,内部风险产生于项目内部,而外部风险源于项目环境因素。第二层次的风险事件分别按照内、外两类事件继续往下细分,每层风险都按照其影响因素构成进行分解,最终分解到基本的风险事件,把各层风险分解组合形成风险分解树,如图 2-21 所示。

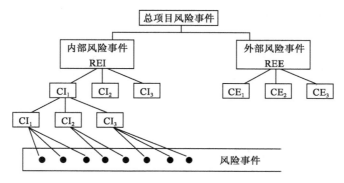

图 2-21　总项目风险事件分解树(RBS)

在 WBS 与 RBS 完成之后,将 WBS 与 RBS 交叉,构建 WBS-RBS 矩阵,如图 2-22 所示。WBS-RBS 矩阵的行向量是工作分解到最底层形成的基本工作包,矩阵的列向量是风险分解到最底层形成的基本子因素。风险识别过程按照矩阵元素逐一判断某一工作是否存在该矩阵元素横行所对应的风险。

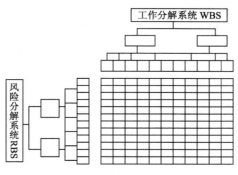

图 2-22　WBS-RBS 矩阵

(2)WBS-RBS 法的适用条件

WBS-RBS 法是一种既能把握风险主体全局,又能深入到风险管理的具体细节的风险识别方法,以定量的思路将工作层层细化,使得风险识别变得比较简单,比较容易全面地识别风险。该方法适用于比较复杂的风险识别系统,可以将大型项目中错综复杂且不易直接得出的风险分解为简单易懂且可以直观看出的基本单元,从而可更方便地识别出风险源。

(3)WBS-RBS 法的优缺点

①优点:

a. 符合风险评估的系统性原则。在运用 WBS-RBS 法时,首先需要按照各项作业在工程结构和施工工艺上的关系进行分解,建立工作分解树,危险源和危险因素会逐一地呈现在分解树上,从而使重要的危险源和危险因素不被遗漏。

b. 相较于其他风险识别方法,WBS-RBS 法对风险因素进行归类和层层划分,使得分析过程更加清晰、系统。WBS-RBS 矩阵的工作分解树和风险分解树的初始状态细化,在一定程度上规避了其他方法笼统地凭借主观判断风险的弊病,以便于风险规划应对、数据处理、评价分析和经验积累等。

c. 在工作分解形成决策树的过程中,可以估计出各层次作业的相对权重。这样就可以根据作业的相对重要程度,有所侧重地识别风险。

②缺点:

a. WBS-RBS 矩阵的行向量是工作分解到最底层形成的基本工作包,矩阵的列向量是风险分解到最底层形成的基本子因素,是一个大而全的 WBS-RBS 矩阵。因此工作量巨大,过程烦琐。

b. WBS-RBS 矩阵将一些节点处不可能产生的风险或很小的风险纳入映射矩阵,产生一些没有意义的统计数据,从而在计算中将风险扩大化。

c. 虽然该方法的思路趋于定量分析模式,但它仍然是一种定性的分析方法。

2.4.1.6 幕景分析法

幕景分析(Scenario Analysis,SA)法,又称情景分析法,是一种能够分析引起风险的关键因素及其影响程度的方法。它可以采用图表或曲线等形式来描述当影响项目的某种因素发生各种变化时,整个项目情况的变化及其后果,供人们进行比较研究。

(1)幕景分析法的要素组成

一般而言,幕景有四个组成要素:最终状态、故事情节、驱动力量和逻辑。幕景分析法主要功能表现为四个方面:识别系统可能引起的风险;确定项目风险的影响范围(是全局性还是局部性影响);分析主要风险因素对项目的影响程度;对各种情况进行比较分析,选择最佳结果。

(2)幕景分析法的过程

幕景分析法的主要过程包括三个方面的内容:筛选、监测和诊断,如图 2-23 所示。

图 2-23 幕景分析法工作步骤

①筛选:是按一定的程序,将具有潜在风险的事件、过程、现象和人员进行分类选择的风险识别过程。具体内容是仔细检查→征兆鉴别→疑因估计。

②监测:是在风险出现后对事件、过程、现象、后果进行观测、记录和分析(其特征)的过程。具体内容是疑因估计→仔细检查→征兆鉴别。

③诊断:是对项目风险及损失的前兆、后果与各种起因进行评价与判断,找出主要原因并进行仔细检查的过程。具体内容是征兆鉴别→疑因估计→仔细检查。

(3)幕景分析法的适用条件

着重说明出现风险的条件和因素,以及风险因素有所变化时连锁出现的风险和风险的后果等。当各种目标相互冲突排斥时,幕景分析就显得特别有用。它可以扩展决策者的视野,增强他们确切分析未来能力的一种思维程序。幕景分析特别适用于以下几种情况:

①提醒决策者注意措施或政策可能引起的风险及后果。

②建议需要监视的风险范围。

③研究某些关键性因素对未来过程的影响。

④当存在各种相互矛盾的结果时,应用幕景法可以在几个幕景中进行选择。

(4)幕景分析法优缺点

①优点:幕景分析可以扩展决策者的视野,增强其分析未来情况的能力。

②缺点:这种方法有很大的局限性,要注意避免"隧道眼光"(Tunnel Vision)现象,因为所有

幕景分析都是围绕着分析者目前的考虑、现实的价值观和信息水平进行的,容易产生偏差,好像从隧道中观察外界事物一样看不到全面情况。这一点需要分析者和决策者有清醒的认识,因此可考虑与其他方法结合使用。

2.4.1.7 资料法

(1) 资料法的主要内容

资料法是工程项目风险识别中常用的辅助风险识别方法。由于工程项目风险的复杂性以及项目的子工程之间某些风险状态的相似性,可以通过收集各种类似项目或子工程的文字和图表资料识别工程的风险。

(2) 资料法的适用条件

对工程尚未施工或者刚刚动工就进行风险分析的项目,难以通过实地观察识别风险,使用资料法较为合适。

(3) 资料法的优缺点

①优点:资料法分析成本较低,工作效率较高,能够为进一步工作分析提供基础资料、信息。

②缺点:资料法本身具有一定的局限性,资料的真实性、完整性和有效性影响着风险分析的结论。因而资料法一般作为辅助的风险识别方法,配合其他方法进行风险识别。

2.4.1.8 询问法

识别工程项目风险仅靠资料是不够的,还要对具体工程具体分析,询问法是比较合适的方法。

(1) 询问法的主要内容

风险管理者可以询问专家、承包人或施工现场的技术人员及管理人员,在工程投保工程保险的情况下,也可以询问投保人。《中华人民共和国保险法》规定,保险人可以就保险标的或者被保险人的情况提出询问,投保人应履行如实告知义务。询问调查法一般有两种形式:一是依据投保单询问,根据风险评估和保险条款需要制定投保单,适用一般的询问;二是依据问表询问,询问表是对投保单的补充,是根据具体工程情况制定的附加询问表。在采用询问法获取风险资料时,可以事先拟定风险询问调查表,让被询问者根据调查表的内容,提供风险资料。

(2) 询问法适用条件

询问法更多的是起辅助作用,与其他方法配合使用。

(3) 询问法优缺点

①优点:询问法不仅能够在较短的时间内获得比较及时、可靠的调查资料,而且能够深入了解被调查者的动机、态度,调查内容相对灵活广泛。

②缺点:信息的客观性容易掺杂人为因素的干扰,如被调查者对问题理解的偏差或情绪的变化都会影响调查的质量。

2.4.1.9 现场调查法

(1) 现场调查法步骤内容

①调查前准备工作。

a. 时间安排。首先要安排调查时间:一方面要确定参与一项调查需要的时间;另一方面要确定何时实施调查最合适。

b. 制作调查项目表。风险经理应对调查本身做一个详细的计划,即使是小规模的工厂,也存在着潜在风险。风险经理应确保采取合理的风险识别技术,以防遗漏某些重要事项。有一种方法是在调查的同时对调查项目填写表格或做记录,调查项目表见表 2-11。

这不仅为现场调查提供了指导,也节省了调查时间,同时还降低了重要问题被忽视的可能。然而,不是所有的调查能用这种方法处理,即使采用了这种形式,它也不一定适用于调查对象的每个部门。

c. 参考过去的记录。如果风险经理不是第一次调查工厂,那么他就应该参考过去的记录,检查一下是否存在仍然没有解决的问题或者某些需要再检查一遍的地方。表 2-12 就是一张填写完成的调查项目表(与表 2-11 内容相同)。

调查项目表(空白)　　表 2-11

名称	
功能	
使用年数	
状态	
故障	
措施	

调查项目表(完成)　　表 2-12

名称	泰康碾压橡胶公司 471 号机器
功能	硫化工序中滚压橡胶
使用年数	14 年
状态	较差,需要维修
故障	自动安全栓损坏,没有引起重视
措施	书面通知安全经理和车间主任

d. 选择重点调查项目。通过查阅过去的报告,风险经理可发现他曾告知安全部负责人关于某台机器的保护设备已经损坏,这次可以检查问题是否得到了妥善的处理。如果在过去的调查中没有发现问题或者这是第一次现场调查,那么最好是准备一张风险清单,风险清单内应列明风险经理这一次调查的重点项目。例如,热处理过程中化学用品的使用,保护工人安全的措施及其实施情况等。

e. 明确负责人。在现场调查前,风险经理必须熟悉工厂的管理结构,并且明确各部门的风险和保险事务的负责人。

②现场调查。

现场调查的实际做法是比较复杂的。有关现场的技巧,不是仅通过阅读一本教材就能获得的,经验是最重要的,只有从更多的现场调查中才能获得更丰富的经验。另外,创造力和灵活性也是十分重要的。

③现场调查的后续工作。

现场调查后,风险经理就必须着手采取行动。除了采取一些特别的措施外,风险经理还必须关注许多日常事务。例如,对所有需要续保的保险合同进行评估;将经营场所或工厂的重要变动通知保险人。风险经理可能不得不事事亲为,关键是这些工作要在调查结束后及时完成。

(2)现场调查法的适用条件

现场调查法特别适用于前期设计阶段,适用于社会风险识别与环境风险评价。

(3)现场调查法的优缺点

①优点:风险经理通过现场调查可以获得第一手的资料,而不必依赖别人的报告;现场调查还有助于风险经理与基层人员以及车间负责人建立和维持良好的关系。

②缺点:现场调查耗费时间多,这种时间成本抵消了现场调查的收益;定期的现场调查可

能使其他人忽视风险识别或者疲于应付调查工作。

2.4.1.10　PEST分析法

PEST分析法可作为识别项目外部宏观环境风险的手段之一,是一种对外部环境风险常用的分析方法,其中包括政治(Politics,P)、经济(Economy,E)、社会(Society,S)、技术(Technology,T)四个方面。

(1)PEST分析法的主要内容

政治方面有政治制度、政府政策、国家的产业政策、相关法律及法规等。经济方面主要内容有经济发展水平、规模、增长率、政府收支、通货膨胀率等。社会方面有人口、价值观念、道德水平等。技术方面有高新技术、工艺技术和基础研究的突破性进展。一般环境风险的分解结构可如图2-24所示。

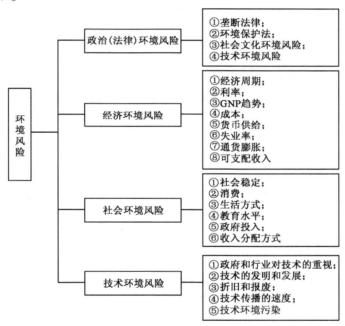

图2-24　环境风险分解结构

(2)PEST分析法的适用条件

PEST分析法主要应用于对外部环境中的宏观环境进行分析,可以应用于项目建议书阶段、可行性研究阶段等。同时,进行PEST分析时需要掌握大量的、充分的相关研究资料,并且对所分析的项目有着深刻的认识,否则,此种分析很难进行下去。

(3)PEST分析法的优缺点

①优点:

a.外部因素主要包括P、E、S、T四个方面,作为战略决策依据,PEST分析法可以从宏观角度全面地分析外部环境,从而分析出可能存在的外部风险因素。

b.对于各方面的变动可以及时地作出反应,制定出对应的改变策略。

②缺点:外部各种因素变化大,且仅分析外部宏观环境中的风险因素是不够全面的,还需考虑内部条件。

2.4.1.11 SWOT 分析方法

SWOT 分析是美国的安索夫在 1956 年提出来的。所谓 SWOT 分析,就是将与研究对象密切关联的内部优势因素(Strengths,S)、弱势因素(Weaknesses,W)和外部机会因素(Opportunities,O)、威胁因素(Threats,T)进行分析并依照一定的次序按矩阵形式罗列,然后运用系统分析的研究方法将各因素相互匹配起来进行分析研究,从中得出一系列相应的结论。

工程项目的战略决策风险可用 SWOT 分析方法进行识别。主要思想就是:抓住机会,避免威胁,强化优势,克服劣势。主要步骤分为三步:分析内外部环境因素、构造 SWOT 矩阵及制订行动计划。SWOT 分析方法常用于工程项目决策阶段,具体阐释见 3.2 节。

2.4.2 工程项目风险分析工具

风险分析是在风险识别的基础上进行风险估计,然后通过风险评价,得出风险应对的决策进行的。风险估计(Risk Estimation)包括频率分析和后果分析。频率分析(Frequency Analysis)是分析特定风险因素发生的频率或概率。后果分析(Consequence Analysis)是分析特定风险因素在环境因素下可能导致的各种事故后果及其可能造成的损失,包括情景分析和损失分析,其中情景分析(Scenario Analysis)是分析特定风险因素在环境因素下可能导致的各种事故后果,损失分析(Loss Analysis)是分析特定后果对其他事物的影响,进一步得出其对某一部分的利益造成的损失,并进行定量化。

工程项目风险领域风险分析的方法有很多,目前,常用的风险分析方法有专家打分法、概率法、故障树分析法、蒙特卡罗模拟法、外推法和影响图法等。下面分别对这几种研究方法做简要介绍。

2.4.2.1 专家打分法

专家打分法是一种常见、简单且易于实行的风险估计办法。进行专家打分,首先通过风险识别将项目的所有风险列出,设计风险调查表,然后利用专家经验,对风险因素的重要性进行评价,再综合成整个项目风险。具体实施步骤如下:

(1)成立专家小组。

(2)确定每个风险因素的权重 A_i,以表征其对项目风险的影响程度。

(3)确定每个风险因素的等级值 B_i,按可能性很大、比较大、中等、不大、较小这 5 个等级(分别以 1.0、0.8、0.6、0.4 和 0.2 的分值打分或者其他分数表达形式),也有按照经常发生、很可能发生、偶然发生、极小、不可能划分为 5 个等级的。

(4)将每个风险因素的权重和等级值相乘,求出各风险因素的得分 F_i,再将各风险因素得分求和,求出工程项目整个过程风险的总分 F_j,总分越高,说明风险越大。

$$F_j = \sum F_i = \sum A_i B_i \tag{2-1}$$

(5)利用专家的经验和对该知识领域的深刻理解,由专家评分确定一个权重值 λ_j。最后的风险度值 W 为每位专家评定的风险总分 F_j 与各自的权重值 λ_j 之积,再除以全部专家权重值 λ_j 之和。

$$W = \frac{\sum \lambda_j F_j}{\sum \lambda_j} \tag{2-2}$$

专家打分法能最大限度地发挥专家们的集体智慧,避免个人的认识偏差对风险估计结果产生错误影响。专家打分法特别适用于项目决策前期,这个时期往往缺乏具体的数据资料,只能依据专家的经验和决策者的意向,作为进一步分析参考的基础。

2.4.2.2 概率法

概率法是借助概率来描述风险因素对项目影响的一种定量分析技术,该方法包括两方面内容:一方面用发生概率表示风险事件发生的可能性;另一方面用相对风险后果表示风险事件发生后可能引起的后果。因此风险被描述为风险事件发生概率及其后果的函数。在许多文章中采用规范化后的风险度概率表示公式,具体描述如下:

$$R = pI \tag{2-3}$$

式中:R——风险(风险事件);

p——风险事件发生的可能性,即风险概率;

I——相对风险后果,代表风险事件发生后可能引起的后果,被规范化为属于[0,1]的标量值。

这样,某一风险的风险度就被表示为风险概率 p 和相对风险后果 I 的乘积。在实际工程项目的风险分析中,利用上式计算各个风险因子,根据 R 大小得出各风险因子的风险度优先顺序。此外,为了正确衡量风险,利用标准差和变异系数作为测定概率分布的标准。其计算公式分别如下所述。

标准差:

$$\sigma = \sqrt{\sum_{i=1}^{n}(E_i - E)^2 p_i} \tag{2-4}$$

式中:$E_i - E$——从每个可能结果 E_i 中减去期望值 E 得出的偏离期望值的离差。

标准差越小,概率分布就越密集,项目的风险也就越小。

变异系数:

$$C_v = \frac{\sigma}{E} \tag{2-5}$$

变异系数越大,则该项目的相对风险就越大。对于小型短期项目,其风险因素相对较少,对风险因素的不确定性描述也比较容易,所以采用该方法比较方便、快捷。然而威廉姆斯(Williams)指出:采用 p 和 I 的乘积作为风险度的期望值掩盖了一些风险的重要信息,并可能产生错误结果;此外,仅用 p 和 I 来描述风险不够全面,忽略了风险的可预测性、可认知性等因素。概率方法在实际应用时还会遇到两个方面的困难:一方面,要确定风险发生的概率和风险发生所产生的后果,必须有大量的历史资料可供参考,而这一点在实际工程中很难满足;另一方面,利用风险分析人员和专家的知识和经验或历史资料对风险因素进行描述时,要做到严格的定量化是不现实的。

2.4.2.3 故障树分析法

故障树分析(Fault Tree Analysis,FTA)法是一种评价复杂系统可靠性与安全性的方法,20

世纪60年代初期由美国贝尔研究所首先提出,成功运用于对民兵式导弹发射控制系统的随机失效概率问题的预测,并逐步在各个工业领域得到推广应用。

故障树分析主要依靠专家经验建立直观的风险因果传播模型,分析可能造成风险事件的每个因素,采用规定的逻辑门和事件符号描述系统中各种事物之间的关系,画出树状逻辑图,进而推断出造成故障的各种可能原因或分析发生可能性,是一种图像化的风险分析方法。故障树是将系统的失效事件(称为顶部事件)分解成许多子事件的串、并联组合。在系统中各个基本事件的失效概率已知时,沿故障树图的逻辑关系逆向求解系统的失效概率。通过故障树可以直观地看到各个风险因素对最终故障产生的影响及这种影响的传递过程,并计算故障发生的可能性,进而可以采用多种风险管理手段,尽量降低风险发生的可能性。故障树分析法的基本步骤如图2-25所示。

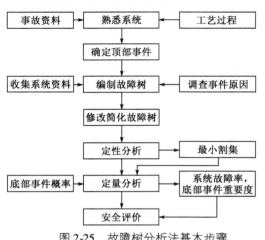

图2-25 故障树分析法基本步骤

故障树的编制,要求分析人员十分熟悉工程系统情况,包括工作程序、各种参数、作业条件、环境影响因素及过去常发事故情况等。

2.4.2.4 蒙特卡罗模拟法

(1)蒙特卡罗模拟法的内容

蒙特卡罗(Monte-Carlo)模拟法,即蒙特卡罗模拟或随机模拟,又称统计试验法。它是一种模拟技术,即通过对每一随机变量进行抽样,将其代入数据模型中,确定函数值。这样独立模拟试验 N 次,得到函数的一组抽样数据。由此便可以决定函数的概率分布特征,包括函数的分布曲线,以及函数的数学期望、方差等重要的数学特征,将 N 次模拟的结果用累计频率曲线和直方图来表示。例如,某房地产投资项目每年所赢利额 Y 由售房收入 S、工程建设费 G 和工程运营费 J 三个因素确定,表达式为:

$$Y = aS - bG - cJ - d \tag{2-6}$$

式中:a、b、c、d——常数,均大于0;

S、G、J——随机变量,其对应概率密度函数为 $f(S)$、$f(G)$、$f(J)$,如图2-26所示。

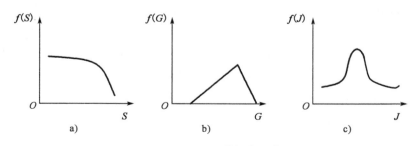

图2-26 S、G、J 的概率分布

每取一组S、G、J的值,就可根据式(2-6)得出一个Y值;取N组S、G、J值,就算出相应N个Y值,最后得到如图2-27所示的一个概率分布。

每一个试验应当是随机的和独立的,而且要避免重复。对模拟次数N的选择是一个重要的问题,通常认为N应该足够大,因为这样才可以生成一条更光滑的概率分布曲线图。因而实施蒙特卡罗方法的技术

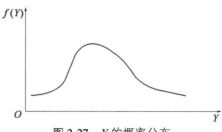

图2-27 Y的概率分布

条件,不仅是函数的计算能够在计算机上实现,而且要求计算机能够高速地多次抽样,进行大运算量的数学计算。

为了说明这一问题,假设某射手打靶,命中率为p,用N表示射击的次数,n表示命中的次数,由伯努利大数定律可知,当N充分大时,频率接近于概率,即有:

$$p' = \frac{n}{N} \approx p \tag{2-7}$$

式中:p'——p的抽样估计值。

设X_n是N重伯努利试验中成功(设为事件A)的次数,$P(A)=p$,X_n/N表示一次伯努利试验中打靶成功的平均次数,其期望$E(X_n/N)=p$,方差$\text{Var}(X_n/N)=[p(1-p)]/N$。

一般来说,随机抽样试验的精确度是不高的,精确度由方差决定。

$$\sigma'^2 = p\frac{1-p}{N} \tag{2-8}$$

由德莫弗-拉普拉斯定理可知,当$N \to \infty$时有:

$$\lim_{N \to \infty} p\left[\frac{|p'-p|}{\sqrt{p(1-p)/N}} \leq \lambda\right] = \frac{1}{\sqrt{2\pi}}\int_{-\lambda}^{\lambda} e^{\frac{1}{2}t^2} dt \tag{2-9}$$

即频率近似地服从正态分布$N(n/N, p(1-p)/N)$,若要求在显著性水平α下保证p的近似值精确到ε,即:

$$|p'-p| = \left|\frac{n}{N} - p\right| \leq \varepsilon \tag{2-10}$$

则由式(2-9)和式(2-10)有:

$$N \geq \lambda_{\frac{\alpha}{2}}^2 \frac{p(1-p)}{\varepsilon^2} \tag{2-11}$$

从式(2-11)可知,提高精度就意味着增加试验次数。如果精度提高10倍,则试验次数以100倍的速度增加,比如$\alpha=0.05$、$\varepsilon=0.001$、$p=0.8$,则有:

$$N \geq 1.96^2 \times \frac{0.8 \times 0.2}{0.001^2} = 614656$$

也就是说,用随机试验的方法估计p值,要试验614656次才能精确到小数点后3位。因此,用人工的方式直接模拟试验,不可能产生具有很高精确度的解,有了高速计算机,使用简单的程序便可在很短的时间内产生成千上万的指定分布的伪随机数,大大提高了效率。

可以看出,用蒙特卡罗方法模拟一个实际问题,基本步骤如下:

①根据实际问题,构造模拟的数学模型。
②根据模型的特点,进行相应概率分布的多次重复抽样。
③将抽样模拟结果进行统计处理。

④得出结论。

简言之,蒙特卡罗模拟法就是模拟随机变量 $x_1, x_2, \cdots, x_p$ 的函数:

$$\eta = \eta(x_1, x_2, \cdots, x_p) \tag{2-12}$$

得到抽样值:$\eta_1, \eta_2, \cdots, \eta_N$,经统计处理后,得到概率分布或各阶矩阵的统计估计,最后得到问题的近似解。

(2)蒙特卡罗模拟法的适用条件

蒙特卡罗模拟法适用于具有许多风险因素的风险事件的评估,尤其在较大的复杂的风险管理中使用极为合理,当项目评价中输入的随机变量个数多于三个,每个输入变量可能出现三个以上至无限多种状态时(如连续随机变量),就不能用理论计算法进行风险分析,这时就必须采用蒙特卡罗模拟法。

(3)蒙特卡罗模拟法的优缺点

蒙特卡罗模拟法是一种独具风格的方法。

①优点:

a. 模拟算法简单,过程灵活。

b. 可模拟分析多元风险因素变化对结果的影响。

c. 模拟结果的精度和概率模型的维数无关。

d. 模拟成本低,并可方便地补充更新数据。

②缺点:

a. 蒙特卡罗方法要求的数据信息较多,每个输入变量都必须有确定的变化范围和概率分布曲线,虽然这些分布曲线是凭过去的统计数据或主观经验确定的,但在资料不足的可行性研究阶段,要做到这点也不容易。

b. 进行模拟的前提是各输入变量是相互独立的,因此该方法不能显示实际存在的输入变量间的相互关系,且无法了解诸多因素中,哪个因素是关键因素。

2.4.2.5 外推法

外推法(Extrapolation)是进行风险分析的一种十分有效的方法,可分为前推、后推和旁推三种类型。

(1)前推法

根据历史的经验和数据推断出未来事件发生的概率及其后果。如果历史数据具有明显的周期性,那么外推可为简单的历史重现,也就是将历史数据序列投射到未来作为未来风险的估计。如果从历史数据中看不出周期性,则可以用合适的曲线或分布来拟合这些数据,再进行外推。考虑到历史资料的不完整性和主观性,有时需要根据逻辑上或实践上的可能性去推断过去未发生过的事件在将来发生的可能性。

①适用条件:有足够的历史证据。

②特点:简单易行。由于历史记录不可能完整或没有错误,且历史事件的先决条件和环境已经改变,不一定适用于现在或将来,所以必须注意历史数据的不完整和主观性。

(2)后推法

如果没有直接的历史经验数据可供使用,可以用后推法把未知的想象的事件及后果与某一已知的事件及其后果联系起来,也就是把未来事件推算到有数据可查的造成这一风险事件的一些起始事件上,在事件序列上也就是由前向后推算。例如,如果没有关于水灾的直接历史资料,可将水灾的数据与降水量的历史数据、该地区的排水条件综合考虑,对水灾风险作出估计。

适用条件:没有直接的历史经验数据可供使用。

(3)旁推法

利用类似系统的数据进行外推,用类似系统的历史数据对新的、未知系统可能遇到的风险进行分析和估计。当然,还要考虑新系统的各种变化。

适用条件:具有类似项目的数据

2.4.2.6 影响图法

随着决策理论的进一步发展,20世纪80年代初兴起了一门决策分析学科,即影响图(Influence Diagram)。

(1)影响图法的主要内容

影响图是由一个有向图构成的网络,它用直接紧凑的图形表示出问题主要变量间的相互关系,并可以清楚地揭示出变量间存在的相互独立性及进行决策所需的信息流,它既可以作为一般直观的定性分析工具,又可以研究成为由计算机实现的正规数量化分析的手段。

(2)影响图法的适用条件

影响图法作为处理含有不确定性问题的工具,可广泛应用于决策分析、不确定性建模、工业控制、投资风险分析和人工智能等领域。

(3)影响图法的优缺点

①优点:影响图技术考虑到了决策分析中各风险因素之间相互的联系和影响,而这一点是许多风险分析方法无法实现的,通常是隐藏在专家评价过程中近似地处理了,影响图技术的提出正好弥补了这一空白。

②缺点:它还有许多有待进一步完善的地方,例如它的定义还需要扩展,运算还需要简化,而且尚需实践的进一步检验。

2.4.2.7 其他风险估计方法

(1)贝叶斯概率估计

在利用贝叶斯概率进行计算时,一般情况下首先应计算全概率,然后再依据题意,判断是进行先验概率的计算,还是进行后验概率的计算。在风险估计过程中,有时很难获得足够的符合要求的样本信息以支持传统的数理统计方法,甚至在无法获得客观数据时,除了主观概率,还有其他一些方法可以确定风险后果出现的概率。这些在没有历史数据可用时主观确定的概率称为先验概率,反映了我们根据过去的经验和知识对某一不确定事件或多或少的认识。主观概率背后总是隐藏着不确定性。要减少不确定性,就要搜集资料、进行试验、建立数学模型、计算机模拟、进行市场调查和文献调查等工作,在获得了有关信息之后,可利用概率论中的贝叶斯公式来改善对风险后果出现概率的估计。改善后的概率称为后验概率。按贝叶斯公式,风险后果 B_i 出现的后验概率为:

$$p(B_i|A) = \frac{p(A|B_i)p(B_i)}{\sum p(A|B_i)p(B_i)} \tag{2-13}$$

(2) 随机型风险估计

随机型风险是指那些不但其出现的各种状态已知,而且这些状态发生的概率也已知的风险,这种情况下的项目风险估计称为随机型风险估计。随机型风险估计可以按照三种原则和方法来进行:最大可能原则、最大数学期望原则和最大效用数学期望原则。

与不确定型风险估计相比,随机型风险估计的不确定因素少了许多,利用这种方法解决问题的主要步骤是:

①由于随机型风险估计的适用方法有很多,所以首先要确定合适的原则和方法。
②根据确定的原则和方法整理已知条件。
③按照确定的方法的解题步骤解题。
④根据结果进行判断并给出结论。

(3) 不确定型风险估计

不确定型风险是指那些不但它们出现的各种状态发生的概率未知,而且出现哪些状态也不能完全确定的风险,针对不确定型风险项目的风险估计称为不确定型风险估计。在实际项目管理活动中,一般需要通过信息的获取把不确定型决策转化为风险性决策。由于掌握的有关项目风险的情况极少,可供借鉴参考的数据资料又少,人们在长期的管理实践中,总结归纳了一些公认的原则供参考,如等概率准则、乐观准则(大中取大原则)、悲观准则(小中取大原则)、最小后悔值准则等。不确定型风险估计步骤为:

①计算各方案的损益值。
②根据所选择的评价原则对各方案做出评价,给出结论。

2.4.3 工程项目风险评价工具

在风险分析的基础上,需要根据相应的风险标准判断系统的风险是否可以接受,是否需要采取进一步的安全措施,这就是风险评价。风险评价与风险分析紧密联系,有些方法和工具可综合用于风险分析和风险评价,所以很多工程项目风险分析的工具也常被认为是风险评价的工具,如专家打分法、概率法或 $R = PC$ 定级法、蒙特卡罗法等,此处不再赘述。一般可以将风险评价方法分为定性、定量、定性与定量结合等几类,其中定性风险评价方法包括主观评分法、专家打分法等,定量评价方法包括等风险图法、动态决策树法、模糊综合评价法、敏感性分析法等方法,层次分析法严格说应属于定性与定量相结合的方法。

2.4.3.1 主观评分法

(1) 主观评分法主要内容

主观评分法一般取 0~10 之间的整数(0 代表没有风险,10 代表最大风险),然后由项目管理人员和各方面的专家进行评价,为每一单个风险赋予一个权重;把各个权重下的评价值加起来,再同风险评价基准进行比较。主观评分法流程如图 2-28 所示(左列是管理人员的工作,右列是专家的工作)。

对所有专家评价的结果进行适当分组,然后考虑专家的权威程度,分别确定专家权重;然后计算每组专家的比重,该比重为评价结果在该组的专家权重和,可以取比重值最大的组中值作为下一轮评价的参考数值。

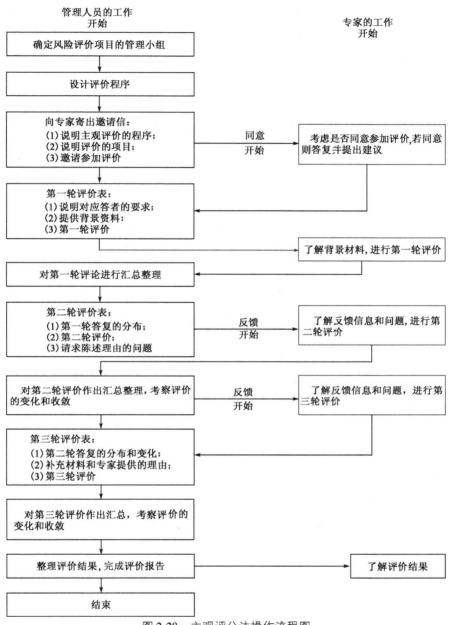

图 2-28 主观评分法操作流程图

（2）主观评分法的适用条件

主观评分法主要适用于资料严重不足或根本无可用资料的情况，对于那些不能进行多次试验的事件，主观评分法常常是一种可行的方法。主观评分法容易使用，其用途大小则取决于填入表中数值的准确性。但不管怎样，主观评分法允许同时考虑诸多因素，允许提出更多的问题进行分析。

（3）主观评分法的优缺点

①优点：能非常直观地识别项目中的风险因素，并且经过多次项目专家组的评审，对于单一和关联性不太大的多风险因素处理效果较好。

②缺点:各个风险因子对于项目不同的方案之间的影响和风险因子之间的相互影响处理效果不好,需要有足够的项目参考资料给专家组进行评审和打分,所以需要联合其他的风险识别方法一同使用。

2.4.3.2 层次分析法

层次分析(Analytical Hierarchy Process,AHP)法,是美国数学家萨蒂(Saatty)在20世纪70年代提出的一种定性分析和定量分析相结合的评价方法,在经济学、管理学中得到了广泛应用。

(1)层次分析法的步骤

应用AHP方法进行风险分析的过程共有5个步骤:根据评价目标和评价准则建立递阶层次结构模型→构造比较判断矩阵→确定项目风险要素的相对重要度,并进行一致性检验→计算项目风险的综合重要度→根据评价准则和综合重要度进行决策。

①递阶层次结构模型。

a. 递阶层次结构模型的构造。

层次分析的基本方法是建立递阶层次结构模型。建立层次机构模型,首先要对所解决的问题有明确的认识,弄清楚它涉及哪些因素,如评价目标、分目标、约束、可能情况和方案等,以及因素相互之间的关系。其次将决策问题层次化,将决策问题划分为若干个层次,一般分为三个层次:第一层总目标层,是最高层次,是指决策问题所追求的总目标;第二层中间层,通常称为分目标层、准则层、约束层、指标层等,是评判方案优劣的因素层;第三层方案层或措施层,是最低层次,是解决问题的方案或相应措施。

各层次诸要素的联系用线段表示,同层次要素之间无连线,因为同层要素之间相互独立,上层要素对下层要素具有支配或包含的关系,或者下层要素对上层要素有贡献关系,这样的层次结构称为递阶层次结构。

b. 递阶层次结构类型。

AHP法所建立的层次结构通常有三种类型:完全相关性结构,即上一层次的每一要素与下一层次的所有要素完全相关,如图2-29所示。混合结构,是上述两种结构的混合,是一种既非完全相关又非完全独立的结构,如图2-30所示。完全独立结构,即上一层次要素都各自独立,都有各不相干的下层要素,如图2-31所示。

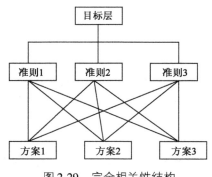

图2-29 完全相关性结构

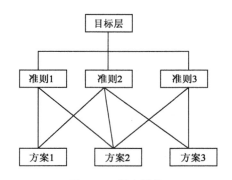

图2-30 混合结构

②比较判断矩阵及一致性检验。

a. 比较判断矩阵。

比较判断矩阵是层次分析的核心。之所以称为比较判断矩阵,是因为该矩阵是通过两两比较得出来的。比较判断矩阵是以上层的某一要素 H_S 作为判断标准,对下一层次要素进行两两比较确定的元素值。比

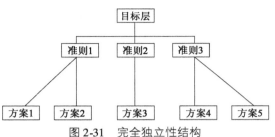

图 2-31 完全独立性结构

如,在 H_S 准则下有 n 个要素,则对于 H_S 准则可得到 n 阶的比较判断矩阵 $A=(a_{ij})_{n\times n}$,其形式见表 2-13。

n 阶比较判断矩阵　　　　　表 2-13

H_S	A_1	A_2	…	A_n
A_1	a_{11}	a_{12}	…	a_{1n}
A_2	a_{21}	a_{22}	…	a_{2n}
…	…	…	…	…
A_n	a_{n1}	a_{n2}	…	a_{nn}

比较判断矩阵中的元素 a_{ij} 表示从判断准则 H_S 的角度考虑要素 A_i 对要素 A_j 的相对重要性,即 $a_{ij}=w_i/w_j$,$w_i(w_j)$ 表示某层第 $i(j)$ 个要素对于上一层次某一准则(目标) H_S 的重要性的权重。因此,比较判断矩阵 A 具有如下性质:

$$(\text{i})a_{ii}=1;(\text{ii})a_{ij}=1/a_{ji};(\text{iii})a_{ij}>0;(\text{iv})a_{ij}=a_{ik}\cdot a_{kj}$$

比较判断矩阵 A 中的元素 a_{ij} 可以利用评价者(或决策者)的知识和经验估计出来。估计时,由于评价者(决策者)的估计不是很精确,比较判断矩阵的第(iv)条性质不一定满足,因此,利用估计的判断矩阵进行决策前,须进行一致性检验。

对于比较判断矩阵 A 中元素 a_{ij} 的确定,即量化各因素间的两两比较结果,萨蒂引入 1~9 个标度。根据心理学家的研究成果,人们区分信息等级有极限能力为 7 ± 2,因此,采用 1~9 个标度作为判断矩阵中元素的判断尺度,见表 2-14。从表 2-14 中可以看到,在构造比较判断矩阵时只要给出 $n(n-1)/2$ 个判断数值即可。

判断矩阵中各元素确定的标度　　　　　表 2-14

a_{ij}	两目标相比
1	i 因素与 j 因素同样重要
3	i 因素比 j 因素稍微重要
5	i 因素比 j 因素明显重要
7	i 因素比 j 因素重要得多
9	i 因素比 j 因素绝对重要
2,4,6,8	i 与 j 两因素重要性介于上述两个相邻判断尺度之间
以上各数的倒数	两目标反过来比较

[**例 2-1**] 某层有三个评价指标,指标 1 比指标 2 稍微重要,比指标 3 明显重要,指标 2 与指标 3 相比,介于同等重要和稍微重要之间,请写出比较判断矩阵。

[**解**] 根据题干表述,可得比较判断矩阵为:

$$A = \begin{bmatrix} 1 & 3 & 5 \\ 1/3 & 1 & 2 \\ 1/5 & 1/2 & 1 \end{bmatrix}$$

b. 权重的确定方法。

应用 AHP 法进行评价和决策时,需要知道判断各要素 A_i 关于 H_s 的相对重要度,即 A_i 关于 H_s 的权重。由比较判断矩阵确定权重 W_i,可以衍生出许多方法,下面介绍特征向量法中的和积法,具体步骤如下。

设比较判断矩阵 A:

$$A = \begin{bmatrix} a_{11} & a_{12} & \cdots & a_{1n} \\ a_{21} & a_{22} & \cdots & a_{2n} \\ \vdots & \vdots & & \vdots \\ a_{n1} & a_{n2} & \cdots & a_{nn} \end{bmatrix} \tag{2-14}$$

第一步:将判断矩阵 A 的每一列向量进行归一化处理,得到 $B = (b_{ij})n \times n$。

$$b_{ij} = \frac{a_{ij}}{\sum_{k=1}^{n} a_{kj}} \quad (i,j = 1,2,3,\cdots,n) \tag{2-15}$$

第二步:将归一化矩阵 B 的行向量的元素相加。

$$M_i = \sum_{j=1}^{n} b_{ij} \quad (i,j = 1,2,\cdots,n) \tag{2-16}$$

第三步:将向量 $M = (M_1, M_2, \cdots, M_n)$ 归一化,得到特征向量 W。

$$W_i = \frac{M_i}{\sum_{j=1}^{n} M_j} \quad (i,j = 1,2,\cdots,n) \tag{2-17}$$

$W = (W_1, W_2, \cdots, W_n)$ 为所求的特征向量。

第四步:计算最大特征值 $\lambda_{\max}$。

$$\lambda_{\max} = \frac{1}{n} \sum_{i=1}^{n} \frac{(AW)_i}{W} \tag{2-18}$$

式中:$(AW)_i$——向量 AW 的第 i 个元素。

[**例 2-2**] 对于例 2-1 的判断矩阵,运用和积法求出各指标的权重。

[**解**] 第一步,求归一化矩阵:

$$B = (b_{ij})_{3 \times 3}$$

$$\sum_{k=1}^{3} a_{k1} = 1 + \frac{1}{3} + \frac{1}{5} = \frac{23}{15}$$

$$b_{11} = \frac{a_{11}}{\sum_{k=1}^{3} a_{k1}} = \frac{1}{23/15} = 0.652$$

$$b_{21} = \frac{a_{21}}{\sum_{k=1}^{3} a_{k1}} = \frac{1/3}{23/15} = 0.2174$$

$$b_{31} = \frac{a_{31}}{\sum_{k=1}^{3} a_{k1}} = \frac{1/5}{23/15} = 0.1305$$

$$\sum_{k=1}^{3} a_{k2} = 3 + 1 + \frac{1}{2} = \frac{9}{2}$$

$$\sum_{k=1}^{3} a_{k3} = 5 + 2 + 1 = 8$$

同理,可计算出下列元素:

$$b_{12} = 0.6667; b_{22} = 0.2222; b_{32} = 0.1111; b_{13} = 0.625; b_{23} = 0.25; b_{33} = 0.125$$

$$\boldsymbol{B} = \begin{bmatrix} 0.652 & 0.6667 & 0.625 \\ 0.2174 & 0.2222 & 0.25 \\ 0.1304 & 0.1111 & 0.125 \end{bmatrix}$$

第二步,按行相加:

$$M_1 = \sum_{j=1}^{3} b_{1j} = 0.652 + 0.6667 + 0.625 = 1.9439$$

$$M_2 = \sum_{j=1}^{3} b_{2j} = 0.2174 + 0.2222 + 0.25 = 0.6896$$

$$M_3 = \sum_{j=1}^{3} b_{3j} = 0.1304 + 0.1111 + 0.125 = 0.3665$$

第三步,将向量 $\boldsymbol{M} = (1.9439, 0.6896, 0.3665)$ 归一化,得到特征向量 W:

$$\sum_{i=1}^{3} M_i = 1.9436 + 0.6896 + 0.3665 = 3$$

$$W_1 = \frac{M_1}{\sum_{i=1}^{3} M_i} = \frac{1.9436}{3} = 0.65$$

$$W_2 = \frac{0.6896}{3} = 0.23$$

$$W_3 = \frac{0.3665}{3} = 0.12$$

所求特征向量 $\boldsymbol{W} = (0.65, 0.23, 0.12)^T$,因此,指标1、指标2、指标3的权重分别为0.65、0.23、0.12。

第四步,计算最大特征值 $\lambda_{\max}$:

$$\boldsymbol{A} \cdot \boldsymbol{W} = \begin{bmatrix} 1 & 3 & 5 \\ 1/3 & 1 & 2 \\ 1/5 & 1/2 & 1 \end{bmatrix} \begin{bmatrix} 0.65 \\ 0.23 \\ 0.12 \end{bmatrix} = \begin{bmatrix} 1.94 \\ 0.69 \\ 0.365 \end{bmatrix}$$

$$\lambda_{\max} = \frac{1}{3} \sum_{i=1}^{3} \frac{(AW)_i}{W_i} = \frac{1}{3} \times \left(\frac{1.94}{0.65} + \frac{0.69}{0.23} + \frac{0.365}{0.12} \right) = 3.004$$

c. 一致性检验。

如前所述,由于判断矩阵是估计的,不是很精确,并不能使比较判断矩阵每个要素满足 $a_{ij} = a_{ik} \cdot a_{kj}$,因此,须进行一致性检验。一致性检验是通过计算一致性指标和一致性比率进行的。

一致性指标:

$$C.I. = \frac{\lambda_{\max} - n}{n - 1} \tag{2-19}$$

一致性比率：

$$\text{C.R.} = \frac{\text{C.I.}}{\text{R.I.}} \quad (2\text{-}20)$$

其中，R.I.是随机性指标，Saatty构造了最不一致的情况，就是对不同 n 的比较矩阵中的元素，采取 1/9,1/7,…,1,…,7,9 随机取数的方式赋值，并且对不同 n 采用了 100~500 个字样，计算其一致性指标，再求得平均值，作为随机性指标，记为 R.I.，具体结果见表2-15。

随机性指标 R.I. 数值 表2-15

n	1	2	3	4	5	6	7	8	9	10	11
R.I.	0	0	0.58	0.90	1.12	1.24	1.32	1.41	1.45	1.49	1.51

若一致性比率 C.R.<0.10，则认为比较判断矩阵的一致性可以接受，权重向量 W 可以接受。

[**例 2-3**] 接[例 2-2]，进行一致性检验。

[**解**] 一致性指标和一致性比率分别为：

$$\text{C.I.} = \frac{\lambda_{\max} - n}{n - 1} = \frac{3.004 - 3}{3 - 1} = 0.002$$

$$\text{C.R.} = \frac{\text{C.I.}}{\text{R.I.}} = \frac{0.002}{0.58} = 0.0034 < 0.1$$

故该比较判断矩阵具有满意的一致性，计算的权重可以接受。

d. 层次加权。

在计算各层次要素对上一层次某一要素的相对重要度后，即可从最上层开始，自上而下地求出各层次要素关于系统总体的综合重要度，对所有项目风险因素（或备选方案）进行优先排序。

设已计算出第 $k-1$ 层 n_{k-1} 个因素相对于总目标的权重向量为：

$$W^{(k-1)} = [W_1^{(k-1)}, W_2^{(k-1)}, \cdots, Wn_{k-1}^{(k-1)}]^\text{T} \quad (2\text{-}21)$$

再设第 k 层 n_k 个因素关于第 $k-1$ 层的第 j 个因素的权重向量为：

$$W_j^k = (W_{1j}^k, W_{2j}^k, \cdots, Wn_{kj}^k)^\text{T} \quad (2\text{-}22)$$

当某些因素与第 $k-1$ 层第 j 个因素无关时，相应的权重为 0，则得到 $n_k \times n_{k-1}$ 阶矩阵：

$$W^k = \begin{bmatrix} w_{11}^k & w_{12}^k & \cdots & w_{1n_{k-1}}^k \\ w_{21}^k & w_{22}^k & \cdots & w_{2n_{k-1}}^k \\ \vdots & \vdots & & \vdots \\ w_{n_k 1}^k & w_{n_k 2}^k & \cdots & w_{n_k n_{k-1}}^k \end{bmatrix} \quad (2\text{-}23)$$

那么第 k 层 n_k 个因素关于最高层次的相对重要性权重向量为：

$$W^{(k)} = W^k \cdot W^{(k-1)} \quad (2\text{-}24)$$

当决策问题有 m 个层次（不包括总目标）时，把各备选方案作为 $m+1$ 层，各方案对总目标的权重分别为 $W_1, W_2, \cdots, W_n$，则 $W = (W_1, W_2, \cdots, W_n)$ 可按下式计算：

$$W = W^{(0)} \cdot W^{(1)} \cdot W^{(2)} \cdot \ldots \cdot W^{(m)} \tag{2-25}$$

所求出的 W 就是各层次的综合加权权重。

(2)层次分析法的适用条件

在工程项目风险分析中,层次分析法提供了一种灵活的、易于理解的工程项目风险评价方法,适用于具有分层交错评价指标的目标系统,而且目标值又难于定量描述的决策问题。

(3)层次分析法的优缺点

①优点:

a. 层次分析法是一种系统性的分析方法,将研究对象作为一个系统,按照分解、比较判断、综合的思维方式进行决策。系统的思想在于不割断各个因素对结果的影响,层次分析法中的每一层的权重设置后都会直接或者间接影响到结果,而且在每个层次中的每一个因素对结果的影响程度都是量化的,非常清晰、明确。

b. 此方法简洁实用,将定性方法与定量方法有机地结合起来,分解复杂的系统,将人们的思维过程系统化、教学化,便于人们接受,并且能把多目标、多准则又难以全部量化处理的决策问题化为多层次单目标问题,通过两两比较确定同一层次元素相对于上一层元素的数量关系后,最后进行简单的数学运算。

c. 层次分析法主要是从评价者对评价问题的本质、要素的理解出发,比一般的定量方法更讲求定性的分析和判断,需要的定量数据信息较少。层次分析法把判断各要素的相对重要性步骤留给了人脑,只保留人脑对要素的印象,化为简单的权重进行计算。这种思想能处理许多采用传统的最优化技术无法着手的实际问题。

②缺点:

a. 层次分析法的作用是从备选方案中选择最优者,这就说明了层次分析法只能从原有方案中进行选择,而不能为决策者提供解决问题的新方案。

b. 层次分析法使用到的定量数据较少,定性成分多,不易让人信服。

c. 指标过多时数据统计量大,且权重难以确定。

d. 判断矩阵特征值和特征向量的精确求法比较复杂。

2.4.3.3 等风险图法

(1)等风险图法的原理

等风险图包括两个因素:失败的概率和失败的后果。这种方法把已识别的风险分为低、中、高三类。低风险指对项目目标仅有轻微不利影响、发生概率也小(小于0.3)的风险。中等风险指发生概率大(0.3~0.7)且影响项目目标实现的风险。高风险指发生概率很大(0.7以上),对项目目标的实现有非常不利影响的风险。

用 P_f 和 P_s 分别表示项目失败和成功的概率,于是有 $P_s = 1 - P_f$。再用 C_f 和 C_s 分别表示项目失败的后果非效用值和成功的后果效用值。效用值通常可采用问卷调查、询问和心理测试等方法得到。根据效用理论,$C_f + C_s = 1, 0 < C_f < 1, 0 < C_s < 1$。等风险图法用风险系数评价项目风险水平。项目风险系数用 R 表示,其定义是:

$$R = 1 - P_s C_s = 1 - (1 - P_f)(1 - C_f) = P_f + C_f - P_f C_f \quad (0 < R < 1) \tag{2-26}$$

现将 R 看作是常量,式(2-26)可以转化为 $P_f = 1 + (R-1)/(1-C_f)$,分别取 $R = 0.1$、0.2、

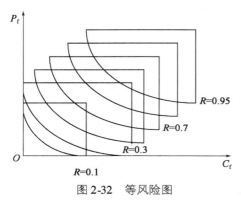

图 2-32　等风险图

0.3、0.4、0.5、0.6、0.7、0.8、0.9、0.95、0.98、1.00 代入上式,作出了一系列关于 C_f 和 P_f 关系的图像,因为在同一曲线上的风险都是相等的,所以把这一系列的曲线叫作等风险图,如图 2-32 所示。有了等风险图,就可以把具体项目的风险系数拿来与之对照。项目的风险系数按式(2-27)计算。

$$R = P_f + C_f - P_f C_f \qquad (2-27)$$

首先把项目各个风险的发生概率算出来,然后让 P_f 取其平均。即 $P_f = (P_{f1} + P_{f2} + \cdots + P_{fn})/n$。其中,$n$ 是风险个数。对于 C_f,也同样处理。首先把项目的各风险后果非效用值算出来,然后让 C_f 取其评价,即 $C_f = (C_{f1} + C_{f2} + \cdots + C_{fm})/m$,其中 m 是风险的后果个数。

(2)等风险图法的适用条件

等风险图法在工程项目风险评价中应用方便,评价结论也较为准确,应用较广。

(3)等风险图法的优缺点

①优点:

a. 可以将风险的评估问题简化为对风险系数的评估,通过对每一个风险系数进行分析得出所识别风险的风险等级。

b. 运用该分析法评估项目风险,可以准确反映项目实际风险情况,同时它充分利用了专家判断和经验,对人的主观判断进行量化和处理,从而得出风险分析结果。

②缺点:分析过程对各风险因素和风险后果平等对待,未考虑各风险因素和后果的重要性差别。

2.4.3.4　动态决策树法

动态决策树方法是进行风险决策的有效方法,它把有关决策的相关因素分解开来,逐项计算其概率和期望值,并进行方案的比较和选择。

(1)动态决策树法的原理

动态决策树法因其结构形态而得名。决策树的结构较简单,以方块或圆圈为结点,用直线连接结点而形成一种树状结构,如图 2-33 所示。图中:方块结点代表决策点,由决策点引出若干条直线,每条直线代表一个方案,故称其为方案分枝;圆圈结点代表状态点,由状态点引出若干条直线,表示不同的自然状态发生的概率,故称其为概率分枝;在概率分枝的末端列出各方案在不同状态下具有时间价值的损益值。

决策问题有多种可供选择的方案和多种自然状态,图形由左向右形成树枝状,为计算方便把决策点和状态点自左至右、自上而下依次编号。将时间坐标标在下方,并且考虑时间价值的因素(利率、年限)。

(2)动态决策树法的适用条件和优点

动态决策树法不仅可以用来解决单阶段的决策问题,而且可以用来解决多阶段的决策问题,它具有层次清晰、不遗漏、不易错的优点。

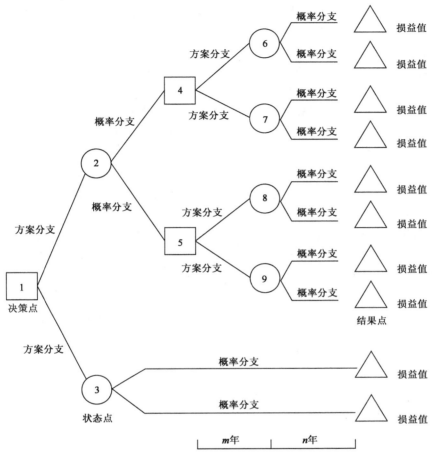

图 2-33 动态决策结构图

(3) 动态决策树法的特点

决策树法是被广泛采用的一种风险决策的方法,它明确直观,易于解决复杂的风险决策问题。但这种方法没有考虑到时间的影响因素。动态决策树方法是在决策树方法的基础上得出,既有决策树法的优点,又考虑资金的时间价值。资金的时间价值可以采用银行利率、内部收基准收益率、贷款的利率加以衡量与体现。

2.4.3.5 模糊综合评价法

模糊综合评价法是 20 世纪 60 年代由美国科学家扎德教授创立的,是针对现实中大量的经济现象具有模糊性而设计的一种评价模型和方法,在应用实践中得到有关专家不断演进。该方法既有严格的定量刻画,也有对难以定量分析的模糊现象进行主观上的定性描述,把定性描述和定量分析紧密地结合起来,因而,可以说是一种比较适合工程项目风险评价的方法,并且也是近年来发展较快的一种新方法。在使用过程中,经常与层次分析法一起使用。

(1) 模糊综合评价法的步骤

模糊综合评价法一般包括下列步骤。

①进行工程项目决策阶段的风险识别,建立风险因素集。

选择恰当的风险识别方法进行工程项目决策阶段的风险识别,建立风险因素指标体系(风险因素事故树)。因素集是影响评价对象的各种因素所组成的一个集合。

②构建评语集 v。

所谓评语集,就是评价者对所要评价因素进行等级划分的集合。对于评语集,一般采用五级评语集,对于工程项目决策阶段的整体风险水平,将风险评价结果划分为五个等级,即高风险、较高风险、中等风险、较低风险和低风险。与之相应的评语集为 $v = \{v_1, v_2, v_3, v_4, v_5\}$。

③确定影响因素的权重向量 $\boldsymbol{\omega}$。

一般来说,各个因素的重要程度是不一样的,为了反映各因素的重要程度,对各个因素 u_i ($i=1,2,\cdots,m$) 应赋予一相应的权数 $a_i(i=1,2,\cdots,m)$,由各个权数所组成的集合 $\boldsymbol{\omega} = \{a_1, a_2, a_3, \cdots, a_m\}$,称为因素权重集。权重向量 $\boldsymbol{\omega}$ 一般采用层次分析法来确定。

④进行单因素模糊评价。

所谓单因素模糊评价,是指单独从一个因素出发进行评价,以确定评价对象对评价集元素的隶属程度,即隶属度。隶属度是一个0到1之间的数,用它来表征某一方案或者方案的某一指标隶属于相应评语集这一模糊集合的程度。如第 i 个风险因素 u_i 对评语集 v 中评语 v_j 的隶属度为 r_{ij},由此可得 $R_i = \{r_{i1}, r_{i2}, r_{i3}, r_{i4}, r_{i5}\}$ 即为第 i 个风险因素单因素模糊评价。进行单因素模糊评价较简便的方法是采用模糊统计方法,就是让参与评价的各位专家,按预先划定的评价标准给决策阶段各评价因素划分等级,然后依次统计对于风险因素 u_i 选择等级 v_j 的专家人数 n_j,并进一步得到:

$$r_{ij} = \frac{n_j}{n} \qquad (2\text{-}28)$$

式中:n——参与评价的专家人数;

r_{ij}——$u_i \in v_j$ 的隶属度即隶属函数,u_i 为第 i 项风险因素。

⑤建立模糊评价矩阵 $\boldsymbol{R}$。

$$\boldsymbol{R} = \begin{bmatrix} r_{11} & r_{12} & \cdots & r_{1m} \\ r_{21} & r_{22} & \cdots & r_{2m} \\ \vdots & \vdots & & \vdots \\ r_{n1} & r_{n2} & \cdots & r_{mn} \end{bmatrix} \qquad (2\text{-}29)$$

⑥选择适当的算法,进行模糊综合评价。

考虑多因素下的权数分配,则模糊综合评价模型为:

$$B = \boldsymbol{\omega} \cdot \boldsymbol{R}$$

$$\boldsymbol{B} = (a_1, a_2, \cdots, a_n) \cdot \begin{bmatrix} r_{11} & r_{12} & \cdots & r_{1m} \\ r_{21} & r_{22} & \cdots & r_{2m} \\ \vdots & \vdots & & \vdots \\ r_{n1} & r_{n2} & \cdots & r_{nm} \end{bmatrix} = (b_1, b_2, \cdots, b_m) \qquad (2\text{-}30)$$

(2)模糊综合评价法的适用条件

工程项目中潜在的各种风险因素很大一部分难以用数字来准确地加以定量描述,但都可以利用历史经验或专家知识,用语言生动地描述出它们的性质及其可能的影响结果。并且,现有的绝大多数风险分析模型都是基于需要数字的定量技术,而与风险分析相关的大部分信息很难用数字表示,却易于用文字或句子来描述,这种性质最适合采用模糊数学模型来解决问题。

模糊数学处理非数字化、模糊、难定义的变量有独到之处,并能提供合理的数学规则去解决变量问题,得出的相应数学结果又能通过一定的方法转化为语言描述。这一特性极适于解决工程项目中普遍存在的潜在风险,因为绝大多数工程的风险都是模糊的、难以准确定义且不易用数字描述的,如风险水平高、技术先进、资源充足等,"高""先进""充足"等均属于边界不清晰的概念。

(3) 模糊综合评价法的优缺点

① 优点:

a. 模糊综合评价法为现实世界中普遍存在的模糊、不清晰的问题提供了一种充分的概念化结构,并以数学的语言去分析和解决它们。

b. 模糊综合评价法特别适合用于处理那些模糊、难以定义的并难以用数字描述而易于用语言描述的变量。正因为这种特殊性,模糊数学已广泛用于各种经济评价中。

② 缺点:确定模糊集合中各元素对应于模糊关系的隶属度仍然以专家的经验给定。

2.4.3.6 敏感性分析法

敏感性分析法只考虑影响工程目标成本的几个主要因素的变化,如利率、投资额、运营成本等,而不是采用工作分解结构把总成本按工作性质细分为各子项目成本,从子项目成本角度考虑风险因素的影响,再综合成整个项目风险。敏感性分析法的结果可以为决策者提供这样的信息:工程目标成本对哪个成本单项因素的变化最为敏感,哪个其次,可以相应排出对成本单项的敏感性顺序,这样的结果也说明,使用敏感性分析法分析工程项目风险不可能得出具体的风险影响程度资金值,它只能说明一种影响的程度。

(1) 敏感性分析法的步骤

敏感性分析步骤和内容如下:

① 确定具体评价指标作为敏感性分析的对象。敏感性分析的指标选择有两个原则:一是敏感性分析的指标应与确定性分析的指标相一致,不应超出确定性分析所用指标的范围另立指标;二是确定性分析中所用指标比较多时,应选择最重要的一个或几个指标作为敏感性分析的对象,如工期、质量等。

② 选择需要分析的风险因素。影响项目的风险因素很多,几乎所有的影响因素都带有某种程度的风险,但并非对所有的因素都要进行敏感性分析。有些因素虽有不确定性,但对风险的影响很小。只有那些对风险影响较大的因素才需做敏感性分析。

③ 确定项目目标对各种敏感性因素的敏感程度。项目目标对风险因素的敏感程度可以表示为:某种因素或多种因素同时变化时导致项目目标的变化程度。常用的计算方法是:假定除敏感性因素外,其他因素是固定不变的;然后根据敏感性因素的变动,重新计算有关的指标;与原指标进行比较,得出其变动的程度,这样即可得出该指标对该风险因素的敏感程度。根据各敏感性因素在可能的变动范围内不同幅度的变动得出项目目标相应的变化率,建立起一一对应的数据关系,并用图或表的形式表示出来。

④经分析比较，找出最敏感因素，并对风险情况做出判断。根据上一步的计算分析结果，对每种敏感性因素在同一变化幅度下引起的同一项目目标的不同变化幅度进行比较，选择其中导致变化幅度最大的因素，即为最敏感因素。导致变化幅度较小的因素，即为不敏感因素。然后根据最敏感因素的多少及其对项目目标的影响程度，判别风险的大小。

敏感性分析可以是对项目中单一因素进行分析，即假设项目活动其他因素不变，只分析一个敏感性因素的变化对项目活动的影响，这称为单因素敏感性分析；敏感性分析也可以是对项目中多个因素进行分析，即同时分析多个因素变化对项目活动的影响，这称为多因素敏感性分析。由于多因素敏感性分析需要综合考虑多种敏感性因素可能的变化对项目活动的影响，因此分析起来比较复杂。下面举一实例进行单因素的敏感性分析。

[例 2-4] 某小型生产项目有几个方案可供选择。其中之一的方案建设期投资额、年设计生产能力、产品单价、变动成本、税率、折现率和项目的十年折旧期结束时的残值，分别为 $P_i = 340000$ 元、$Q = 600t$、$P = 400$ 元/t、$\omega = 220$ 元/t、$r = 20$ 元/t、$i = 16\%$ 和 $S = 10000$ 元。试研究该方案的项目变数——产量、产品价格和变动成本的变动对项目性能指标——净现值和内部收益率的影响。

[解] 由技术经济学知，项目净现值 NPV 为：

$$\text{NPV} = -P_i + (P - \omega - r)Q \frac{(1+i)^n - 1}{i(1+i)^n} + \frac{S}{(1+i)^n}$$

式中：i——贴现率。

而内部收益率 IRR 就是使净现值 NPV 等于零的贴现率。

为了测试净现值和内部收益率分别对上述三个变数的敏感性，在上面的公式中分别让产量、产品价格和变动成本三个变数中一个变动，而另两个保持不变，然后计算出变动后的净现值和内部收益率。变数变动的幅度一般按变数原值的百分比来取，如 10%、20%、30%、-10%、-20%、-30% 等。表 2-16 就是产量、产品价格和变动成本变动后的净现值和内部收益率数值。

产量、产品价格和变动成本变动后的净现值和内部收益率数值　　　表 2-16

经济指标		变动幅度						
		-30%	-20%	-10%	0%	10%	20%	30%
产量 Q	NPV（元）	-12940.28	34358.71	79857.69	126256.67	172655.66	219654.64	265543.63
	IRR	14.98%	18.58%	22.03%	25.37%	28.62%	31.80%	34.92%
价格 P	NPV（元）	-221735.70	-105738.25	10259.21	126256.67	242254.13	358251.59	474249.05
	IRR	-5.27%	7.14%	16.78%	25.37%	33.37%	41.03%	48.49%
成本 ω	NPV（元）	335052.10	265453.63	195855.15	126256.67	56658.20	-12940.28	-82538.75
	IRR	39.52%	34.92%	30.22%	25.37%	20.32%	14.98%	9.20%

图 2-34 是按表 2-16 中的计算结果画出的净现值对产量、产品价格和变动成本的敏感性曲线。从图中可以看出：产品价格对净现值影响最大，其次是变动成本，产量影响最小。从项目风险管理的角度来看，项目管理组应做好市场预测，采取措施控制市场供求出现不利变化而造成的损失。

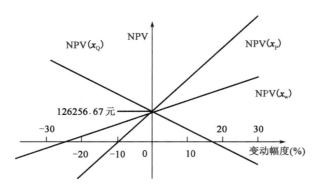

图 2-34　净现值对产量、产品价格和变动成本敏感性曲线

（2）敏感性分析法适用条件

敏感性分析法应用范围广大，常用于项目的可行性研究阶段，有利于发现重要的风险因素。

（3）敏感性分析法优缺点

①优点：

a. 就各种不确定因素的变化对项目经济效果的影响做了定量分析，并且找出最敏感的不确定性因素，求出不确定性因素的临界值。

b. 有助于决策者了解项目的风险情况，有助于确定在决策过程中及项目实施过程中需要重点研究与控制的因素。

②缺点：敏感性分析都没有考虑参数变化的概率。因此，这种分析方法虽然可以回答哪些参数变化或假设对项目风险影响大，但不能回答哪些参数变化或假设最有可能发生变化以及这种变化的概率，也不能反映众多风险因素同时变化时对项目的综合影响，这是它在风险估计方面的不足，也说明这种方法应用范围的局限性。

2.4.3.7　盈亏平衡分析法

通常又称为本利分析或损益平衡分析。它是根据项目在正常年份的产品产量或销售量、成本费用、产品销售单价和销售税金等数据，计算和分析产量、成本和赢利这三者之间的关系，从中找出三者之间的规律，并确定项目成本和收入相等时的盈亏平衡点的一种分析方法。在盈亏平衡点上，项目投资既无盈利，也无亏损。图 2-35 所示为项目总收入 T_r、项目总成本 T_c 与产量 Q 的盈亏平衡图。

目前，没有一种简单而通用的方法能适合一切项目的风险分析，都要结合实现项目背景进行具体分析，加以特定处理。由此可见，评价模型的通用性是风险研究中亟待解决的问题。用户的需求是复杂而又个性化的，通用性虽然可以提高模型的抽象能力，但势必造成一般用户难于理解、不便使用，有时也使数据采集相当困难。因此，风险评价模型还需要在两个方面做出努力：一方面是从模型入手，不断从实际应用中总结经验，提高模型的通用性；另一方面要从问题空间入手，不断对系统进行抽象概括描述，使其全面地反映实际系统，适应风险管理决策的要求。

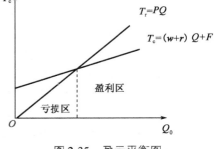

图 2-35　盈亏平衡图

2.4.4 工程项目风险应对工具

经过风险分析和评价,对工程的风险有了具体理解,从而工程的项目风险管理者着重从众多风险因素中选择重要的风险因素做出重点规划。如前所述,常用的项目风险应对手段包括风险控制、风险转移、风险自留、风险分担、风险利用,其中风险控制包括风险规避和风险缓解。针对特定的风险,可以采取不同的应对方法;对一个项目所面临的各种风险,可以综合运用各种方法进行处理。

2.4.4.1 风险规避

风险规避是指考虑到影响预定目标达成的诸多风险因素,结合决策者自身的风险偏好性和风险承受能力,从而做出的中止、放弃某种决策方案,或调整、改变某种决策方案的风险处理方式。风险规避的前提在于能够准确对项目自身条件和外部形势、客观存在的风险属性和大小有准确的认识。相对于其他风险处理方式而言,风险规避的优点体现在以下两个方面:一是风险规避方式在风险产生之前将其化解于无形,大大降低了风险发生的概率,有效避免了可能遭受的风险损失;二是节省了企业的资源,减少了不必要的浪费,使得企业得以有的放矢、在市场竞争中有所为有所不为。但风险规避也存在一定的缺陷,其不足之处在于:首先,企业生产经营活动的最终目的是获得价值或利益的最大化,而风险与收益和机会常常相伴而生,规避风险的同时在很大程度上意味着企业放弃了获得收益的机会;其次,因为风险无时不在、无处不在,绝对的风险规避不大可能实现。

另外,风险规避必须建立在准确的风险识别基础上,又因为业主等项目参与方判断能力的局限性,对风险的认知度是存在偏差的。因此风险规避并非总是有效的,久而久之风险规避,可能助长企业的消极风险防范心理,过度规避风险而丧失驾驭风险的能力,生存能力也随之降低。在以上分析的基础上,风险规避是否是最佳的风险处理方式,要依具体情况而定。

严格意义上的风险规避可以分为积极的风险规避和消极的风险规避,二者有其相同点,也有其不同之处。其相同点在于二者都认为企业自身的实力不足以承受可能遭受的风险损失,希望能够尽可能地在风险发生之前,减少其发生的可能性;不同之处在于积极风险规避和消极风险规避对风险认知的能动性,对于每一个风险决策者,其心目中都有一个决策方案的评价标准,进而产生不同的风险预期。从风险的偏好性来说,积极的风险规避者和消极的风险规避者同属于风险厌恶者。

根据心理学的解释,个性是一个人不同于他人的那些个人属性或日常行为特征的总和。个性因素是由主体的过去经验、天生能力以及受外部环境因素交叉影响所产生的综合结果。消极的风险规避者更惧怕风险。风险承受能力和应对突然事件的能力也较差,因此消极的风险规避者不会去主动地识别风险,更谈不上应对风险、接受挑战。积极的风险规避者并不会一味地规避风险,从而丧失获得商业谋取利润的机会,只不过其对自身的能力更了解,更有自知之明,能够更好地理解"有所为有所不为"。

2.4.4.2 风险缓解

风险缓解又称风险降低,是指将工程项目风险的发生概率或后果降低到某一可以接受的程度。风险缓解的前提是承认风险事件的客观存在,然后再考虑采取适当措施去降低风险出现的概率或者消减风险所造成的损失,是进行风险控制的结果。在这一点上,风险缓解与风险规避及转移的效果是不一样的,它不能消除风险,而只能减轻风险。

风险缓解采用的形式可能是选择一种减轻风险的新方案,采取更有把握的施工技术,运用熟悉的施工工艺或者选择更可靠的材料或设备。风险缓解还可能涉及变更环境条件,以使风险发生的概率降低。

分散风险也是有效缓解风险的措施。通过增加风险承担者数量,来减轻每个个体承担的风险压力。如联合投标和承包大型复杂工程不需要单独的投标者完全承担失标的风险,而做了分散;中标后,风险因素也很多,这诸多风险若由一家承包人承担十分不利,而将风险分散,即由多家承包人以联合体的形式共同承担,可以减轻他们的压力,并进一步将风险转化为发展的机会。

在制订缓解风险措施时,必须将风险缓解的程度具体化,即要确定风险缓解后的可接受水平。至于将风险具体减轻到什么程度,这主要取决于项目的具体情况、项目管理的要求和对风险的认识程度。在实施缓解措施时,应尽可能将项目每一个具体风险减轻至可接受水平,从而减轻项目总体风险水平。

2.4.4.3 风险转移

风险转移是指风险承担者通过一定的途径将风险转嫁给其他承担者。工程项目风险管理广泛使用的风险转移方式有:在招投标阶段,通过设定保护性合同条款,将风险转移给合同对方;通过担保,将风险转移给担保人;业主和承包人投保与工程项目有关的险种,将风险转移给保险公司。

(1) 设定保护性合同条款

在三种转移途径中,利用合同的保护性条款来降低或规避某些风险的转移成本相对较低。工程担保和保险需要向被转移者支付一定的风险保障费用,而设置保护性条款的转移费用支出是隐性的,不必直接支付转移费用。通过合理设置合同的保护性条款来转嫁风险的成本(包括损失发生后的处理成本和合同履行成本)。这里的合同履行成本是由于合同设置了保护性条款,使得合同的履行变得复杂,由此而增加了成本。

(2) 工程担保

工程担保是将风险转移给第三方的途径。工程担保分为信用担保和财产担保。信用担保是以个人信用担保债权的实现,即保证担保。按照担保的用途不同,主要分为投标保证、履约保证和承包人要求业主提供的支付保证。财产担保是以财产保证债权的实现,包括抵押担保、质押担保和留置担保。如某工程根据实际风险情况,以担保分散风险时,选择了保证担保形式,要求投标商为每份合同提供履约担保。然后在工程所签署的合同中,业主方要求投标方提供其开户银行的履约保函。合同履约担保主要担保合同履约方的履约能力,避免因违约而使业主或承包人蒙受意外损失。合同履约担保所化解的风险范围较狭窄,主要化解合同履行的风险。

(3) 工程保险

工程保险是借助第三方来转移风险,同其他风险方式相比,工程保险转嫁风险的效率是比较高的。国外的工程项目投保工程保险非常普遍,但从国内的实际工程投保情况看,投保率并不高,其中的原因是多方面的。随着建筑市场和保险市场的进一步发展,工程保险必将成为风险转移的主流方式。投保工程保险的项目出险后发生的合理处理费用都计入应赔款中,因而对于投保方而言,工程的风险转移成本主要是保险费,属于显性的费用支出。与其他工程项目风险处理方式相比,工程保险的风险转移成本相对较高。作为准备投保工程保险的工程来说,综合考虑工程项目风险源的复杂状况,权衡保险费、未来可能承担的风险损失以及获得的风险保障,以决定投保工程项目风险的保险项目、保险责任范围、保险金额等合同要素。工程保险可以分散的风险属性表现为可转移性和经济性。可转移性即是风险可以通过投保转移给保险公司;经济性是指选择某些保险标的保险责任范围和保险金额等要素所提供的保障程度要与保费、免赔额和赔偿限额等支出要素权衡,保险支出和保险利益相当。工程保险可化解的风险范围很广,一般是在遵循保险法规的前提下,由保险双方商定,最终以双方签订的保险合同所列保险项目和保险责任为准。

2.4.4.4 风险自留

风险自留是一种风险财务技术,其明知可能会有风险发生,但在权衡了其他风险应对策略之后,出于经济性和可行性的考虑,仍将风险留下,若风险损失真的出现,则依靠项目主体的财力,去弥补财务上的损失。

当采取其他风险应对策略的费用超过风险事件造成的损失数额,并且损失数额没有超过项目主体的风险承受能力,才可自留风险。所以风险自留要求对风险损失有充分的估计。

若从降低成本、节省工程费用出发,将风险自留作为一种主动积极的方式应用时,则可能面临着某种程度的风险及损失后果。甚至在极端情况下,风险自留可能使工程项目承担非常大的风险,以致可能危及工程项目主体的生存和发展,所以,掌握完备的风险事件的信息是采用风险自留的前提。

风险自留一般在事前对风险不加控制,但有必要预先制订费用、进度和技术各方面的后备措施。提前制订风险后备措施,可以大大降低风险发生时应对计划的成本。

风险自留可分为主动自留和被动自留。主动的风险自留也可以称之为自保。主动的风险自留是一种重要的风险管理手段。它是风险管理者察觉了风险的存在,估计到了该风险造成的期望损失,决定以其内部的资源(自有资金或借入资金),来对损失加以弥补的措施。在主动的风险自留中对损失的处理有许多种方法,有的会立即将其从现金流量中扣除,有的则将损失在较长的一段时间内进行分摊,以减轻对单个财务年度的冲击。被动自留产生于以下几种原因。

①风险部位没有被发现。
②不足额投保。
③保险公司或者第三方未能按照合同的约定来补偿损失,比如由于偿付能力不足等原因。
④原本想以非保险的方式将风险转移至第三方,但发生的损失却不包括在合同的条款中。
⑤由于某种危险发生的概率极小而被忽视。

在这些情况下,一旦损失发生,企业必须以其内部的资源(自有资金或者借入资金)来加以补偿。如果该组织无法筹集到足够的资金,则只能停业。因此,准确地说,被动的风险自留不能称之为一种风险管理的措施。

2.4.4.5 风险分担

风险分担主要是通过合同结构和合同条款来定义的。风险发生时,合同双方按照合同约定分别履行各自义务,共同承担风险,从而实现既发风险的现实分担。合理的风险分担也可以看作是风险缓解或风险减低的一种方式。如果业主把过多的风险分配给了承包人,对业主来说属于风险转移的一种方式。工程项目的风险分担一般遵循以下原则:

(1)由对风险最有控制力的一方承担相应的风险

对某一风险最有控制力的一方往往处在最有利的位置,能降低风险发生的概率、减轻风险发生时造成的损失,从而保证了控制风险的一方用于控制风险所花费的成本是最小的;同时由于风险在该方的控制力之内,使其有动力为管理风险而努力。

(2)承担的风险程度与所得回报相匹配

项目中存在一些双方都不具有控制力的风险,如不可抗力风险。对于合同双方都不具有控制力的风险,分配时则应综合考虑风险发生的可能性、自留风险时的成本,减少风险发生后所导致的损失,如果损失补偿超过了自己承担风险时支付的成本则视为不可接受的。因此,承担的风险程度应与所得回报相匹配。

(3)承担的风险要有上限

在实际项目中还存在常常易被忽略的情况:在合同的实施阶段,项目的某些风险可能会出现双方意料之外的变化或风险带来的损害比之前估计的要大得多。出现这种情况时,不能让某一方单独承担这些接近于无限大的风险,否则必将影响这些大风险的承担者管理项目的积极性,降低项目管理绩效。因此,应该遵从承担的风险要有上限的原则。

关于设计阶段、施工阶段风险分担的进一步表述,详见第4章和第5章相关内容。

2.4.4.6 风险利用

风险利用仅针对投机风险而言。原则上投机风险大部分有被利用的可能,但并不是轻而易举就能取得成功,因为投机风险具有两面性,有时利大于弊,有时弊大于利。风险利用就是促进投机风险向有利的方向发展。

当考虑是否利用某投机风险时,首先应分析该风险利用的可能性和利用的价值,其次必须对利用该风险所需付出的代价进行分析,在此基础上客观地检查和评估自身承受风险的能力。如果得失相当或得不偿失,则没有承担的意义;或者效益虽然很大,但风险损失超过自己的承受能力,也不宜硬性承担。

当决定利用该风险后,风险管理人员应制订相应的具体措施和行动方案。既要研究充分利用、扩大收益的方案,又要考虑退却的部署,毕竟投机风险具有两面性。在实施期间,不可掉以轻心,应密切监控风险的变化,若出现问题,要及时采取转移或缓解等措施;若出现机遇,要当机立断,扩大收益。

利用风险中蕴藏的机会是完全必要的,如果不去冒这种风险,就意味着放弃发展和生存的机会。但风险利用本身就是一项风险工作,风险管理者既要有胆略又要小心谨慎。

2.4.5 数字化技术/新兴技术工具在工程项目风险管理中的应用

2.4.5.1 物联网技术在工程项目风险管理中的应用

(1)物联网的概念

物联网(The Internet of Things,IOT)即为"物物相连的互联网"。包括两层意思:一是物联网以互联网作为基础和核心,并在互联网的基础上进行网络用户端的延伸和扩展;二是物联网延伸和扩展后的用户端为任一物体,并可实现任何物体与物体间的智能信息交换与通信。目前,物联网技术中较为关键的技术有传感器技术、射频识别(Radio Freqquency Identification, RFID)技术、地理信息系统(Geographic Information Systems,GIS)技术、云计算等。

(2)物联网技术在工程项目风险管理中的应用

下面将以工程施工阶段为例,介绍物联网技术在施工阶段的具体应用。

①工程施工安全风险控制体系。

基于物联网的工程施工安全风险识别与预警技术,建立一套从风险识别、预警到控制的工程施工风险控制关键技术体系,如图2-36所示。

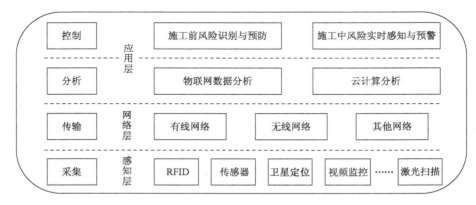

图2-36 工程施工风险控制关键技术体系

②风险实时感知预警系统。

工程项目风险实时感知预警系统一般由监测检测子系统、信息数据处理子系统、状态评估及风险预警子系统等三部分组成。系统整体运行流程是:应用现代传感技术,利用传感器具有多物理场耦合监测、高精度、自动连续、抗电磁干扰、不受水和潮湿环境影响,以及其存活率高、可靠性强及可远距离传输等优点,在现场通过布设传感器来实时和定期监测工程施工状态的各项数据信息,再通过无线传输技术将海量数据输入信息数据处理平台,信息数据处理平台对海量动态信息数据执行快速初步分析,进行主要监测指标常规阈值判断。若出现超越常规阈值的异常情况,直接将结果输出至可视化监控终端,提示工作人员核查突发异常情况,开展应急处置。随后信息数据处理平台将数据传输至云计算中心,由第三方专业机构提供数据评估与风险预警等云计算服务,并将评估和预警结果传输及显示于信息数据处理平台的可视化监控终端,便于相关工作人员及时有效地采取施工控制和应急措施等。

2.4.5.2 BIM技术在工程项目风险管理中的应用

(1)BIM技术的概念

BIM是指在建设工程全生命周期内,建立起动态、实时、三维立体的建筑信息模型。目前较为全面的定义是美国国家BIM标准(NBIMS)对BIM的定义:BIM是将建设项目中的物理和功能特性用数字进行表达;BIM作为一个共享的知识资源,为设施全生命周期中的所有决策提供有关信息及可靠依据;在项目的各个阶段,不同的利益相关方都可以在BIM中提取、插入、修改和更新信息,能够更好地实现协同作业。

(2)基于BIM技术的工程项目风险管理信息模型构建

工程项目由于建设周期较长,参与方众多,风险因素众多,风险发生概率大且难以预测,一旦发生造成的损失难以估量。工程建设各方主体应加强彼此间的联系,可利用BIM可视化的特点来构建风险管理模型,建立BIM数据库,这样可以有效协助管理风险,此模型可以辅助实时监控施工过程,管理人员可以通过模型来捕捉关键的风险管理节点,有利于对工程进行精细化管理,并可有效地控制风险的预测与发生。具体风险管理信息模型如图2-37所示。

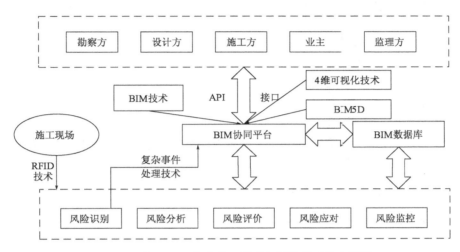

图2-37 基于BIM技术的工程项目风险管理信息模型

①风险识别。

工程项目风险管理信息模型中的风险因素识别可分为两种途径:一是通过BIM模型进行进度模拟、费用模拟和资源模拟时,可以通过BIM协同平台最早时间内有效识别风险,生成风险清单并告知相关人员;二是利用RFID技术在施工现场采集风险信息,通过复杂事件处理技术对信息进行清洗、过滤等步骤提取出有效风险因素,再将其与储存在BIM数据库中的信息进行比对,通过比对进行有效归类,最终转换成IFC标准存储在BIM数据库中。

②风险分析。

风险识别模块将风险因素传输到风险分析模块,对风险因素进行定性、定量等分析,用层次分析法、蒙特卡罗法、贝叶斯网络法等风险分析方法将结果进行概率化表示,以便在风险应对时优先处理风险较大的因素。

③风险评价。

风险分析的结果概率大小决定了处理的优先顺序,将风险分析模块获取的风险量概率与风险等级匹配,并依据风险评价标准将所识别的风险划分等级,最终将分级结果储存在BIM数据库中。针对分级后的风险,风险发生概率较大的风险应该紧急处理,避免发生后造成无法挽回的损失;对于一些概率较小的影响因素,可以推后处理。但随着项目的不断进展概率小的风险也可能发展成为高风险,因此需要实时监测工程项目运行中的风险。

④风险应对。

风险应对模块根据评价结果,将接收到的不同等级的风险与历史案例库进行比对,通过BIM协同平台获取风险决策以及备选处理方案。若传输到风险评价模块中的为不可接受风险事件,需要立即采取处理措施,由决策者通过合理的应对方法解决风险。

⑤风险监控。

风险监控模块应全程运行,实时监控工程项目风险,对于已处理风险仍需监控,防止由于项目运行导致风险因素变化造成危险后果。对于风险评价模块分析的可接受风险事件,仍需进行动态监控,在监控过程中发现新的影响因素,风险识别模块将重新开启,新一轮的风险管理过程也将随之启动。

(3) BIM技术在各阶段风险管理的实践应用作用分析

①决策阶段的作用:使场地分析结果更科学;协助业主迅速找出最优方案。

②设计阶段的作用:帮助实现协同化设计;促使设计结果更科学;减少设计碰撞的产生;提高设计工作效率。

③施工阶段的作用:在项目实施过程中出现问题时,各方能进行更为有效的交流沟通,有利于加强成本的管理和控制;帮助实现施工资源的动态跟踪;使施工进度计划安排更加严谨;使工序间的施工组织安排更科学。

④运营维护阶段的作用:管理者可以有效地规避风险,提高运维效率,减少不必要的成本支出,更加完善项目风险管理。

2.4.5.3 区块链技术在工程项目风险管理中的应用

(1) 区块链技术的概念及特点

区块链(Blockchain),本质上是一种信息的分布式账本,将包括交易或协议等信息按时间顺序加密储存在计算机网络中,且不可更改。所有网络节点用户都可以获得一个唯一、真实账本的副本,所有储存信息都会同步更新。而且,区块链是分散化管理,不存在第三方或中央机构。其技术特点如下所述。

①去中心化。由于使用分布式核算和存储,不存在中心化的硬件或管理机构,任意节点的权利和义务都是均等的。这意味着所有交易无须通过第三方中介,由交易双方就可直接完成。这为工程项目参与各方之间高效地信息共享提供了可能。

②开放性。系统具有开放性,区块链中,双方签订合约后,需要将相关参数信息向全网广播,征求全网节点认可,使得区块链上所有节点都能见证每次交易,并自动为交易记录背书,任何人都可以通过公开的接口查询区块链数据和开发相关应用。

③不可篡改性。区块链通过特有的非对称加密技术对节点信息进行加密,保护了节点隐私。一旦信息经过验证并添加至区块链,就会被永久的储存起来,某一节点发生故障或遭受攻击也不会对整个区块链网络产生影响。当其中一个节点的数据被篡改,需要得到其他大多数节点的共识后,才能完成修改,难度较大,因此区块链的数据稳定性和可靠性极高。

④去信任化。由于节点之间的交换遵循固定的算法,数据交互是无须信任的。

⑤自治性。区块链采用基于协商一致的规范和协议,任一节点都能够在去信任的环境中自由安全的交互信息,使得每一节点在脱离人为控制都可自行管理和处理。

⑥可追溯性。区块链独特的分布式数据存储方式能将每一笔交易记录盖上时间戳,并永久的保存在区块链中,因此保障了每笔交易全过程的信息追溯。

(2) 区块链技术在工程项目风险管理中的应用

区块链支持的智能合约可以最大限度减少合同执行偏差,当满足预定条件时,它可以自动执行其条款,从而减少纸质合约的成本与风险。通过区块链上可追踪的数据信息,过程监督和成本进度估算的准确性都大幅提升,从而降低了风险的发生概率。

另外,在区块链系统中,关于材料的全部信息对所有利益相关方都透明,包括质量保证以及运输直到交付现场的追踪,区块链支持下的文档衔接(包括开发票、自动付款等)和供应链管理最终会创造一个更加负责的系统,所有问题都会被更快发现和解决,这将降低风险和整体复杂性。

基于区块链技术"去中心化""公开透明"这一特点,首先在区块链大数据技术的支持下对建筑工程项目的模型架构进行搭建,确保后续工程管理活动有数字化的管理支撑。其次,区块链大数据技术本身具有不可追溯、不可篡改以及不可伪造等特性,因而在管理过程中,应重视对原始数据、文件、图片等重要资料进行备份,由于所有信息都会体现在区块链系统中,可以在工程项目管理中,写入编码程序,在各个环节中如果出现进度、费用、质量相关问题与原计划状态出现偏差,系统就会自动发出警示报告,管理人员可以进入系统详细了解出现问题的环节和原因,纠正偏差,待相关单位完成纠偏内容后,系统自动取消报警。这样可以大大降低风险的发生,实现对风险的有效把控,使项目信息做到无缝对接,项目建设顺利进行。

2.5 本章小结

本章主要介绍了工程项目风险的基础知识,并对工程项目风险管理过程做了简要介绍。本章应重点掌握风险识别的方法、风险分析方法、风险评价方法及风险应对的种类。在以后的各个章节中,对工程项目的每一个阶段都有风险管理程序的实际应用,可以进一步加深对风险管理理论的学习和理解。

习题

1. 简述工程项目风险的含义。
2. 工程项目风险有何特点?
3. 按照不同的标准,风险如何进行分类?
4. 列举五种工程项目风险。
5. 简述工程项目风险管理的过程。
6. 总结工程项目风险识别、分析、评价的方法,并掌握使用方法。
7. 列举主要的工程项目风险应对方法。
8. 工程项目风险态度衡量的方法有哪些?

第3章 工程项目决策阶段的风险管理

本章导读

项目决策阶段是研究项目建设必要性、项目技术可行性、项目经济合理性的关键时期,本阶段的风险管理至关重要。进行项目决策阶段风险管理,首先就要对项目的决策阶段进行界定。我国基本建设程序的主要阶段包括:项目建议书阶段、可行性研究阶段、设计阶段、建设准备阶段、建设实施阶段、竣工验收和后评价阶段。由于目前我国只对于政府投资性项目才采取审批制度,对于非政府投资项目一律不用审批项目建议书,所以把项目建议书阶段和可行性研究阶段合并称为项目建议书和可行性研究阶段。决策阶段包括项目策划、项目建议书与可行性研究等阶段。

3.1 > 工程项目决策阶段风险管理概述

3.1.1 工程项目决策阶段概述

根据《全过程工程咨询服务管理标准》(T/CCIAT 0024—2020),项目决策阶段工作流程如图3-1所示。

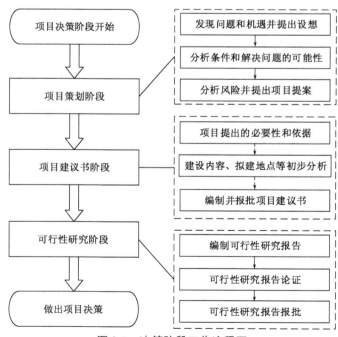

图3-1 决策阶段工作流程图

3.1.1.1 项目策划

项目策划是建设性、逻辑性思维的过程。在此过程中,总的目的就是分析辨识项目的机遇与需求,把所有可能影响决策的决定总结起来,对未来起到指导和控制作用,最终达到方案目标。项目策划包括以下主要内容。

(1)发现问题和机遇并提出设想

首先要找出为解决什么样的问题或抓住何种机遇而要开展一个具体项目。通常,这类问题或机遇一般都是限制一个企业或组织生存与发展的关键性问题或机遇,也是开展一个项目的基本前提和必要条件,所以将"发现问题"和"抓住机遇"作为一个项目的起点。

(2)分析条件和解决问题的可能性

在发现问题和提出设想的基础上,还需要分析和识别是否存在能够解决问题,实现设想,从而使企业或组织获得发展的机遇和条件。这既包括企业或组织自身内部条件的分析,更重要的是对外部环境和机遇的分析与研究。人们有许多设想是非常好的,但是可能这些设想"生不逢时",故而根本无法实现。

(3)分析风险并提出项目提案

在分析了机遇和条件以后,还需要进一步分析项目设想在满足企业或组织战略需求方面的情况,以及项目中所存在的各种风险。例如,开发企业所需管理信息系统项目时就要分析这一系统在多大程度上能够满足企业战略的需要,同时也要分析其中有多少风险。如果项目能够满足组织的战略需要并且项目的风险也能承受,就可以提出项目提案。

3.1.1.2 项目建议书

项目建议书是要求建设某一具体项目的建议文件,是基本建设程序中最初阶段的工作,是投资决策前对拟建项目的轮廓设想。项目建议书的主要作用是为了推荐一个拟建设项目的初步说明,论述其建设的必要性、条件的充分性和获利的可能性,供基本建设部门选择并确定是否进行下一步工作。1984年,原国家计委《关于简化基本建设项目的审批手续的通知》中规定了项目建议书的内容和要求目前依然适用。根据通知内容,项目建议书一般应包括以下主要内容。

(1)项目提出的必要性和依据

①说明项目提出的背景、拟建地点,提出与项目有关的长远规划或行业、地区规划资料,说明项目建设的必要性。

②对改扩建项目要说明现有企业概况。

③引进技术和进口设备项目,还要说明国内外技术差距和概况及进口的理由。

(2)产品方案、拟建规模和建设地点的初步设想

①产品的市场预测,包括国内外同类产品的生产能力,销售情况分析和预测,产品销售方向和销售价格的初步分析等。

②确定产品的年产量,一次建成规模和分期建设的设想(改扩建项目还需要说明原有生产情况及条件),以及对拟建规模经济合理性的评价。

③产品方案的设想,包括主要产品和副产品的规格、质量标准等。

④建设地点论证,分析拟建设地点的自然条件和社会条件,建设地点是否符合地区布局的

要求。

(3) 资源情况、建设条件、协作关系和引进国别厂商等的初步分析

① 拟利用的资源供应的可能性和可靠性。

② 主要协作条件情况，项目拟建地点、水电及其他公用设施、地方材料的供应分析。

③ 主要生产技术与工艺，如拟引进国外技术，要说明引进的国别以及与国内技术的差距、技术来源、技术鉴定及转让等概况。

④ 主要专用设备来源，如拟采用国外设备，要说明引进理由以及拟引进国外厂商的概况。

(4) 投资估算与资金筹措设想

投资估算根据掌握数据的情况，可进行详细估算，也可以按单位生产能力或类似项目情况进行估算。投资估算中除包括工程费用、工程建设其他费用之外，还应包括建设期利息，并考虑一定时期内涨价因素的影响，流动资金可参照同类项目的情况进行估算。资金筹措计划应说明资金来源，利用贷款需附贷款意向书，分析贷款条件及利率，说明偿还方式，测算偿还能力。

利用外资项目要说明利用外资的可能性，以及偿还贷款能力的大体测算。

(5) 项目的进度安排

项目的进度安排是在确保合同工期和主要里程碑时间的前提下，对设计、采购和施工的各项作业进行时间和逻辑上的合理安排，以达到合理利用资源、降低费用支出和减少施工干扰的目的。

① 建设前期的工作安排，包括涉外项目的询价、考察、谈判、设计等计划。

② 项目建设需要的时间。

(6) 经济效果和社会效益的初步估计

经济效果和社会效益的初步估计包括初步的财务评价和国民经济评价。

① 计算项目全部内部收益率、贷款偿还期等指标及其他必要指标，进行盈利能力、清偿能力的初步分析。

② 项目的社会效益和社会影响的初步分析。

对于政府投资项目，项目建议书按要求编制完成后，应根据建设规模和限额分别报送有关部门进行专家论证、审批。项目建议书经批准后，可以进行详细的可行性研究工作，但并不表明项目非上不可，批准的项目建议书不是项目的最终决策。根据《国务院关于投资体制改革的决定》(国发〔2004〕20 号)，对于企业不使用政府资金投资建设的项目，政府不再进行投资决策性质的审批，项目实行核准制或备案制，企业不需要编制项目建议书而可直接编制可行性研究报告。企业投资建设实行核准制的项目，仅需向政府提交项目申请报告，不再经过批准项目建议书、可行性研究报告和开工报告的程序。

3.1.1.3 可行性研究

项目建议书一经批准，即可着手进行可行性研究。作为建设项目投资前期工作的核心和重点的可行性研究，一经批准，在整个项目周期中，就会发挥极其重要的作用。建设项目的可行性研究是指在投资决策前，对与拟建项目有关的社会、经济、技术等各方面进行深入细致的调查研究，对各种可能拟定的技术方案和建设方案进行认真的技术经济分析和比较论证，对项目建成后的经济效益进行科学的预测和评价。在此基础上，对拟建项目的技术先进性和适用性、经济合理性和有效性，以及建设的必要性和可行性进行全面分析、系统论证、多方案比较和

综合评价,由此得出该项目是否应该投资和如何投资等结论性意见,为项目投资决策提供可靠的科学依据,保证其价值工程和投资效益。

项目可行性报告一般是由项目提出者、项目业主或项目的主管者自行或委托项目管理咨询单位完成的,项目的可行性分析与研究者必须对研究的真实性、准确性和可靠性负责。同时,项目的可行性分析报告还必须经过决策机构的审批,对于影响国计民生或与社会利益关系重大的项目还必须报送相关主管部门或国家机关,直至国务院审批。项目可行性分析报告审批的过程是一个项目最终决策的过程。不管项目可行性分析报告是否通过审批,这一过程的终结才是项目决策阶段的完成。项目可行性报告一旦获得审批,则这一文件就成为今后项目投资决策的依据、项目设计的依据、项目资金筹措和资源配备的依据、项目实施的依据和指导文件,以及项目实施完成并投入运营以后所做后评估的依据。

不同种类的项目,可行性研究的内容不尽相同,下面以工业建设项目的可行性研究为例进行说明。根据国家规定,一般工业建设项目的可行性研究应包括以下 11 个方面的内容。

(1)总论

说明项目提出的背景、投资环境、项目投资建设的必要性和经济意义;项目投资对国民经济的作用和重要性。

(2)需求预测和拟建规模

国内、国外市场需求的调查和预测;国内现有工厂生产能力的估计;销售预测、价格分析、产品竞争能力、进入国际市场的前景;拟建项目的规模、产品方案和发展方向的技术经济比较与分析。

(3)资源、原材料、燃料及公共设施情况

经过全国储量委员会正式批准的资源储量、品、成分及开采、利用条件的评述;原料、辅助材料、燃料的种类、数量、来源和供应可能性;有毒、有害及危险品的种类、数量和储运条件;材料试验情况;所需动力、公用设施的数量、供应方式、供应条件、外部协作条件以及所签协议、合同或意向的情况。

(4)建厂条件和厂址方案

建厂的地理位置、气象、水文、地质、地形条件和社会经济现状;交通、运输及水、电、气的现状和发展趋势;厂址比较和选择意见,厂址占地范围、厂区总体布置方案、建设条件、地价、拆迁及其他工程费用情况。

(5)设计方案

项目的构成范围(包括主要的单项工程)、技术来源和生产方法,主要技术工艺和设备造型方案的比较,引进技术、设备的来源国别、设备的国内外分交或与外商合作的设想;全厂布置方案的初步选择和土建工程量估算;公用辅助设施和场内外交通运输设施的比较和初步选择。

(6)环境保护和劳动安全

调查环境现状,预测项目对环境的影响,提出环境保护、三废治理和劳动保护的初步方案。

(7)生产组织、劳动定员和人员培训

全厂生产管理体制、机构设置;工程技术人员和管理人员素质、数量的要求;劳动定员的配备方案;人员培训的规划和费用估算。

(8)项目实施计划和进度

根据制订建设工期和勘察设计、设备制造、工程施工、安装、试生产所需时间与进度要求,选择整个工程项目实施方案和总进度,用线条图或网格图表述最佳实施计划方案的选择。

(9)投资估算和资金筹措

主体工程和协作配套工程所需的投资;营运资金的估算;资金来源、筹措方式及贷款的偿还方式。

(10)社会及经济效益评价

财务评价、国民经济评价、社会评价和不确定性分析。

(11)评价结论

建设方案的综合分析评价与方案的选择;运用各项数据,从技术、经济、社会以及项目财务等方面论述建设项目的可行性,推荐一个以上的可行性方案,提供决策参考,提出项目存在的问题、改进建议及结论性意见。

综上,项目建议书与可行性研究的内容主要分为五个方面,分别为市场分析、环境分析、项目实施计划与进度、投资估算和资金筹措、社会经济效益评价。

3.1.2 工程项目决策阶段风险管理的概念

鉴于项目建议书与可行性研究阶段是工程项目决策阶段的主要工作,下文中关于工程项目决策阶段的风险,主要从项目建议书与可行性研究阶段出发。项目建议书与可行性研究阶段的风险是指在项目投资决策前,在对拟建项目的所有方面(工程、技术、经济、财务、生产、销售、环境、法律等)进行全面综合调查研究的基础上,分析项目建设必要性,说明技术上、市场上、工程上和经济上的可能性过程中出现的不确定因素,以及该因素对项目目标产生的有利或不利的影响的机会事件的不确定性和损失的可能性。

项目建议书与可行性研究阶段风险管理就是对项目建议书与可行性研究阶段的风险进行管理。也就是说,风险管理人员对可能导致损失的不确定性进行识别、预测、分析、评估和有效的应对,以最低的成本为项目的成功完成提供最大安全保障的科学管理方法。

3.1.3 工程项目决策阶段风险管理的目标

正如项目管理是一种目标管理一样,风险管理同样也是一种有明确目标的管理活动,只有目标明确才能起到有效的作用。建设项目从决策、实施准备、实施到投入使用,需要一个较长的过程,在这个过程中的不同阶段,项目风险管理的处境及所追求的目标也不同,面临的风险因素不同,风险管理的方法与重点也不同。项目建议书与可行性研究阶段的风险管理目标主要有:

①保证市场调查资料的真实性、可靠性。

②选择正确的估算方法,防止估算错误。这种情况并不少见,如在投资额的估算、市场需求的预测以及项目投入产出物价格的选取等方面,由于对通货膨胀处理方式的不当,采用的预测方法不妥及价格选取得不对,对投资额及项目费用、效益的估算与实际情况有很大偏差,直接影响项目决策的正确性。

③防止考虑不周,缺项漏项现象的发生。建设项目投资前期工作需要分析研究各方面有关因素,并进行大量计算。由于时间紧,往往出现项目考虑不周的情况,特别是工程设计中的配套工程、环境保护措施的设计与计算、外部条件与项目本身的衔接、各种技术方案的费用效益权衡比较,以及建设施工时间进度安排等。

3.1.4 工程项目决策阶段风险管理的过程

工程项目决策阶段的风险管理程序是指对该阶段中的风险进行管理的系统的、循环的工作流程,如图 3-2 所示(以污水处理厂项目为例),主要包括风险识别、风险分析、风险评价和风险应对四部分。风险识别是风险管理中的基础,首先它通过一定的方式,全面而系统地识别出影响决策阶段项目目标实现的风险因素,然后对这些风险因素进行适当的归类,最后记录每个风险因素的特点。风险分析是在风险识别的基础上,用一些分析工具和方法将项目风险的不确定性按定性化和定量化相结合进行综合分析,以分析项目风险潜在影响的过程。风险评价是在风险识别和分析的基础上,综合考虑损失频率、损失程度以及风险因素,分析该风险的影响并与安全指标进行比较,以确定系统风险等级的过程。风险应对就是根据风险分析及评价的结果,为了避免或减小风险而对项目风险采取的措施,并采取动态监控和信息反馈。

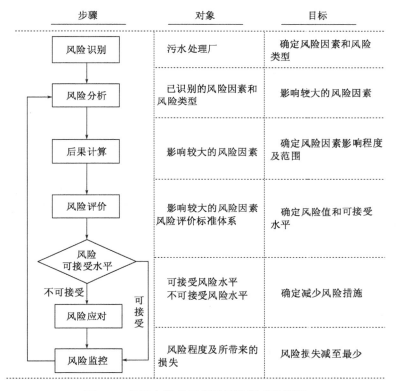

图 3-2 某污水处理厂项目风险管理流程图

3.2 工程项目决策阶段的风险识别

由上述项目建议书与可行性研究的内容可知,工程项目决策阶段的风险体现在环境、战略决策、实施计划与进度、投资估算和资金筹措以及社会、经济效益评价等方面。可基于 PEST 分析方法进行项目环境风险识别,基于 SWOT 分析方法进行战略决策风险识别。

3.2.1 基于 PEST 分析的项目环境风险识别

PEST 分析是目前常用的宏观环境或一般环境分析方法。对宏观环境因素做分析,不同行业、企业和项目根据自身特点和经营需要,分析的具体内容会有差异,但一般都应包括对政治(Political)、经济(Economic)、社会(Social)和技术(Technological)这四大类影响主要环境因素的分析。

[**例 3-1**] 污水处理厂项目风险识别。

案例背景:按城市总体规划,朝阳洲属昌南城,其功能为城市居住新区和大型综合商品批发市场,是旧城人口疏散基地。规划面积 $26km^2$,规划人口 30 万人。在朝阳洲有一条自南向北贯穿全洲的干道——象抚路,本洲区的排水规划是沿这条主干道敷设排水干管,在道路东、西两侧设污水支管,用以收集污水,经干管输送到朝阳洲污水处理厂。朝阳洲污水处理厂的服务范围是赣抚路以北地段,面积约 $10km^2$,规划前人口约 10.5 万人,考虑未来规划人口 13.0 万人;综合生活用水定额为 300L/(人·d);污水量规划前约为 2.80 万 m^3/d,本期工程规划污水量为 3.12 万 m^3/d。本区排水体制为雨污分流制。雨水由雨水管道系统就近排至东、西桃花河,桃花龙河;污水由污水管道系统输送至污水处理厂,经处理后排至抚河故道。另外,本污水处理厂还接纳抚河东岸沿江路截污范围内的污水,沿江路截污汇水面积 $2.47km^2$,规划前人口约 12 万人,考虑规划控制人口为 12.3 万人;综合生活用水定额为 300L/(人·d);污水量规划前约为 2.90 万 m^3/d,本期工程规划污水量为 2.95 万 m^3/d。朝阳洲污水处理厂建设规模为 8 万 m^3/d,厂址选择桃花村厂址(该厂址位于潮阳南路与象抚路交叉口的东南,为规划污水厂厂址预留地),污水处理工艺选择回转式氧化沟。

风险识别过程和结果:通过以往实例分析发现,在污水处理厂项目失败或出现问题的原因中有众多风险因素是相同的,由于该类项目技术风险比较独特,因此可将技术风险单独列出。根据经验,风险初始清单大致可整理为:环境风险(自然灾害风险、政治法律风险、经济风险等)、技术风险(设计不可靠与不适用风险、技术难度风险等)。本文对朝阳洲污水处理厂的环境风险、技术风险进行了识别,风险清单如表3-1所示。

项目风险清单　　　　　　　　　　　　　　　表3-1

风险因素		风险事件
环境风险	政治风险	项目所在国的政变、战争、动乱等政治因素或社会动荡等因素影响项目的投资收益
	经济风险	税收、外汇管制、海关、金融政策等的变化引起项目投资收益变化
	法律法规风险	通货膨胀或紧缩、汇率变化,市场动荡,社会各种摊派,资金不到位,资金短缺等
	金融风险	外汇兑换自由程度、融资利率调整、外汇汇率变动、贷款机构变化等
	属地政府信用风险	政府对特许权的改变、终止其他辅助事项、污水处理费支付部门延误支付时间或拒绝支付、环保部门对出水水质提出高于原定的技术要求,以及其他部门的强硬干预等
	自然灾害风险	洪水、地震、火灾、台风、雷电等不可抗拒自然力,不明的水文气象条件,复杂的工程地质条件,恶劣的气候,施工对环境的影响等
技术风险	进厂水质变化的风险	水质构成复杂或特殊等
	进厂水量变化的风险	建成投产初期的保证水量,进厂后的正常运行水量以及运行期间进厂水量可能变化程度等

续上表

风险因素		风险事件
技术风险	工艺选择及设备质量的风险	工艺选择不当可能影响污水处理厂的工程投资、运行成本,还可能使污水厂不适应建成后的进厂水质的变化和出厂水质的要求等
	项目建设风险	建设工期的延误和提前、材料与设备的市场价格变动、建设成本的控制、施工安全事故管理、建设工程质量控制、建设资金周转与贷款数额变化等
	项目经营风险	企业自身的管理水平、能源及材料的市场风险、社会物价增长水平等
	出厂水质与污染物处理的风险	建成运行后可能还会对出厂水质提出更高的要求,如增加出厂水质的监测指标项目、对水质的指标的要求更加严格、对出水提出消毒要求等可能的附加条件等

(1) 污水处理厂环境风险

污水处理厂项目的环境风险与其他行业的项目风险基本相同。由于这方面的风险主要是由项目所在国引起的,而不在项目投资运营商所能控制范围内,属地政府应当承担这方面相当部分的风险。

①项目所在国的政治风险。因项目所在国的政变、战争、动乱等政治因素或社会动荡等因素影响项目的投资收益,这是由项目本身所决定的,因为项目一旦建成,完全形成固定资产而无法转移而遭受影响。

②项目所在国的经济风险。这种风险的大小主要来源于项目所在国的社会经济发展水平、经济政策和社会经济稳定程度,如税收、外汇管制、海关、金融等的政策变化引起项目投资收益变化。

③项目所在国的法律法规风险。由于法律变更和对法律的司法解释,以及环保政策的改变、劳资关系的调整、土地租让政策的变化等,导致项目运营条件的变更。

④国际金融风险。如外汇兑换自由程度、融资利率调整、外汇汇率变动、贷款机构变化等。

⑤属地政府信用风险。如属地政府对特许权的改变、终止其他辅助事项、污水处理费支付部门延误支付时间或拒绝支付、环保部门对出厂水质提出高于原定的技术要求,以及其他部门的强硬干预等。

⑥自然灾害风险。对于污水处理厂项目,自然灾害风险主要体现在不可抗力风险。与其他行业项目基本相同,主要是指项目的参与方不能预见而且无法克服及避免的自然灾害,给项目造成损害或毁灭的风险,主要表现形式有温度、湿度、降雨或降雪、洪水灾害、火灾、雷电、地震等不可抗拒自然力及恶劣气候,不明的水文气象条件,复杂的工程地质条件等。这类风险可由投资运营商通过购买保险来实现风险转移,部分不能投保的风险则可以由投资运营商和属地政府共同承担。

(2) 污水处理厂技术风险

项目的技术风险相当部分是由项目的投资运营商来承担的,因此在参与项目投标时,投资运营商应对这一方面的风险因素予以充分的考虑。针对污水厂项目而言,项目的技术风险主要体现在以下六个方面。

①进厂水质变化的风险。对于一个计划新建的污水处理厂,应当对进厂的水质特性、污染物构成进行详细的调查或测定,做出合理的分析和预测。在水质构成复杂或特殊时,宜对污水处理工艺进行动态试验,必要时还应当开展中间试验研究。

②进厂水量变化的风险。由于污水处理厂的经济效益直接依赖进入厂区的污水量,因此,投资运营商必须了解该污水厂的服务范围及其变化、各个功能分区及其可能产生的污水量等,还要充分考虑进厂水量的政府保证,主要是建成投产初期的保证水量,进厂后的正常运行水量以及运行期间进厂水量可能变化程度。

③工艺选择及设备质量的风险。污水处理厂的工艺选择主要是根据处理规模、实际进厂水质、要求的出厂水质以及实际的地形、地质等条件确定。目前国内普遍使用的处理工艺有普通活性污泥法、氧化沟、吸附-生物降解工艺(AB)法、缺氧/好氧工艺(Anoxic/Oxic,A/O)法、厌氧-缺氧-好氧工艺(Anaerobic-Anoxic-Oxic,A2/O)法,以及近年来发展起来的间歇曝气活性污泥法或序批式活性污泥工艺(Sequencing Batch Reactor,SBR)法。选择不同的处理工艺,不仅直接影响污水处理厂的工程投资、运行成本,而且还影响到能否适应污水厂建成后的进厂水质的变化和出厂水质的要求,因此,投资运营商对处理工艺的选择须承担风险。

④项目建设风险。主要体现在建设工期的延误和提前、材料与设备的市场价格变动、建设成本的控制、施工安全事故管理、建设工程质量控制、建设资金周转与贷款数额变化等方面,通过风险的转移、风险降低、风险自留等措施来解决投资运营商在项目实施中的风险。

⑤项目经营风险。主要体现在项目自身的管理水平、能源及材料的市场风险、社会物价增长水平等方面。如果项目管理水平低下,造成生产经营人员增加、设备折旧加速、与周边环境的关系恶化等,必将增加项目的经营成本。

⑥出厂水质与污染物处理的风险。对于采用建设-经营-转让(Build-Operate-Transfer,BOT)方式招商建设污水厂的项目,往往只提出出厂水质的5~6项的水质指标,但在建成运行后可能还会对出厂水质提出更高的要求,如增加出厂水质的监测指标项目、对水质的指标的要求更加严格、对出水提出消毒要求等可能的附加条件。此外,污泥的应对费用也是一项不可忽视的支出,包括污泥的脱水浓缩、外运、填埋、焚烧等处理措施。

3.2.2 基于SWOT分析的项目战略决策风险识别

SWOT战略分析模型能识别项目组织的内部优势(S)与内部劣势(W)、外部机会(O)与外部威胁(T)的相关因素,引导项目业主正确评价项目的经济、技术、社会优劣势,综合考虑项目各个方面,提高多项目决策的准确率,有利于做出项目战略和最优规划。

(1)分析内外部环境因素

分析内外部环境因素包括内部优势和劣势分析、外部机会与威胁分析。

内部优势劣势分析主要是针对项目自身条件,分析该项目在众多项目中的竞争优势和劣势。对于项目自身来说,项目的可行性、项目融资能力、项目经济、技术以及项目全寿命周期成本等都是项目内部环境因素。对于那些易于项目融资,能提高项目盈利能力、偿债能力的因素,就可以作为多项目决策时该项目的优势因素。在对多项目进行决策,评价项目劣势因素时,可以采用净现值法、内部收益率、净年值法等。

对于项目的外部环境,主要是指项目的社会评价以及完成项目所需的外部资源。例如,政府对该项目的政策、态度,该项目是否属于被扶持、被鼓励的项目,被决策项目与其他项目的关系等。

(2)SWOT分析矩阵

在具体操作上,采用SWOT分析矩阵来进行分析,若处在WO区域可以充分利用机会,同时调整劣势,规避劣势风险;若处于 SO 区域时发挥内部优势,利用外部机会;若处于 WT 区域时主要存在内部因素劣势和环境威胁风险,风险较大;当处于 ST 区域时可以充分利用内部优势,回避外部威胁。具体可参考表 3-2。

某项目 SWOT 分析矩阵示例　　　　　　　　　　表 3-2

项目		内部优势(S)	内部劣势(W)
		全寿命周期成本低 ……	项目融资能力差 建设期成本高 ……
外部机会(O)	政府实行财政扶持 ……	SO 战略 发挥内部优势 利用外部机会	WO 战略 利用外部机会 克服内部劣势
外部威胁(T)	类似项目参加资料少 ……	ST 战略 发挥内部优势 回避外部威胁	WT 战略 减少内部劣势 回避外部威胁

3.2.3　其他工作的风险识别

项目建议书与可行性研究阶段的工作还包括:项目实施计划与进度方面,投资估算和资金筹措方面,社会、经济效益评价方面,建设项目环境影响,建设项目社会稳定,建设项目安全,建设项目节能环保,建设用地地质灾害等。

(1)项目实施计划与进度方面的风险

项目实施计划与进度是根据制订建设工期和勘察设计、设备制造、工程施工、安装、试生产所需时间与进度要求,选择整个工程项目实施方案和总进度,用线条图或网格图表述最佳实施计划方案的选择。涉及工程项目的实施全过程,所以风险因素比较复杂。存在的风险主要包括:自然风险、社会风险、融资风险、设计风险、施工风险、技术风险、接口风险等。

(2)投资估算和资金筹措方面的风险

①投资估算方面的风险因素对建设项目至关重要,主要风险因素包括:工程量估算不足;设备材料劳动力价格上涨使投资不足;计划失误或外部条件因素导致建设工期拖延;外汇汇率不利变化导致投资增加等。

②资金筹措方面的主要风险因素包括:业主资金筹措不足导致支付不及时,工程停工待料,影响工程进度;项目资本金、财政补助资金、项目贷款及其他资金来源结构不合理;资金头寸储备过多,造成资金闲置,增加财务费用等。

(3)社会、经济效益评价方面的风险

社会、经济效益评价为决策者提供最后的决策依据,主要的风险因素包括:数据、资料来源的不可靠性,评价指标的取舍不恰当,计算失误的风险等。

(4)建设项目环境影响的风险

①环境风险是由人类活动引起的,或由人类活动与自然界的运动过程共同作用造成的,通过环境介质传播的,能对人类社会及其生存、发展的基础——环境产生破坏、损失乃至毁灭性作用等不利后果的事件的发生概率。为降低环境风险,部分项目需要建设项目环境影响评价。

②根据《中华人民共和国环境影响评价法》和《建设项目环境影响评价分类管理名录(2021年版)》,影响评价的对象包括大中型工厂,大中型水利工程、矿山、港口及交通运输建设工程,大面积开垦荒地、围湖围海的建设项目,对各种自然保护区和有重要科学研究价值的地质地貌产生重大影响的建设项目,区域的开发计划以及国家的长远政策等。

未做规定的建设项目,不纳入建设项目环境影响评价管理;省级生态环境主管部门对《建设项目环境影响评价分类管理名录(2021年版)》未做规定的建设项目,认为确有必要纳入建设项目环境影响评价管理的,可以根据建设项目的污染因子、生态影响因子特征及其所处环境的敏感性质和敏感程度等,提出环境影响评价分类管理的建议,报生态环境部认定后实施。

(5) 建设项目社会稳定的风险

①为有效规避、预防、应对重大事项实施过程中可能产生的社会稳定风险,更好地保障重大事项顺利实施,根据《关于建立和完善重大事项社会稳定风险评估机制的指导意见》,社会稳定风险评估指与人民群众利益密切相关的重大决策、重要政策、重大改革措施、重大工程建设项目、与社会公共秩序相关的重大活动等重大事项在制定出台、组织实施或审批审核前,对可能影响社会稳定的因素开展系统的调查,科学的预测、分析和评估,制订风险应对策略和预案。

②必须编制社会稳定风险评估项目类型:国家发展改革委审批、核准或者核报国务院审批、核准的在中华人民共和国境内建设实施的固定资产投资项目,包括境外企业在国内建设的项目。

目前,一些地方根据当地实际,按照"应评尽评"的要求,对下列重点领域的建设项目开展风险评估工作:易发生社会不稳定问题的重点领域建设项目;涉及土地与房屋征收的建设项目;在项目规划、环评公示阶段发生社会不稳定问题且尚未化解的建设项目;在居民密集区建设且对周边群众生产、生活具有一定影响的建设项目;重大地质勘察和矿产资源开发项目。项目单位应加强审批(核准)前的风险预研工作,凡是经预研判断可能引发社会不稳定问题的其他建设项目均应开展社会稳定风险评估。

(6) 建设项目安全的风险

①建设项目安全风险是工程建设过程中可能造成人员伤害或财产损失的根源。为降低安全事故的发生率,减少事故的严重程度和每次事故的经济损失,部分建设项目需要建设项目安全评价。建设项目安全评价主要评价建设项目从安全角度是否符合当地规划,选址与周边的安全距离是否符合要求,采用的建筑结构、工艺设备,采取的安全应对措施是否符合要求,使安全监管部门明确是否批准项目的建设。对未达到安全目标的系统或单元提出安全补救措施,以利于提高建设项目本身的安全程度,满足安全生产的需要。

②根据《建设项目安全实施:"三同时"监督管理暂行办法》文件中规定,下列建设项目在进行可行性研究时,生产经营单位应当分别对其安全生产条件进行论证和安全预评价:生产、储存危险化学品建设项目;公路、水运、轨道交通、电力等行业的国家和省级重点建设项目;法律、行政法规和国务院规定的其他建设项目等。

(7) 建设项目节能环保的风险

①能源是制约我国经济社会可持续、健康发展的重要因素。开展节能评估工作的目的是降低能源问题给社会带来的风险,避免盲目建设导致的能源浪费和用能不合理现象,推动能源

的高效利用促进经济社会的可持续发展。

②依据《固定资产投资项目节能审查办法》(国家发展改革委令第44号)规定,项目满足年综合能源消费量超过1000t标准煤,年电力消费量超过500万kW·h,均需做节能评估。

(8)建设用地地质灾害的风险

①地质灾害是指在自然或者人为因素的作用下形成的,对人类生命财产造成的损失、对环境造成破坏的地质作用或地质现象。根据《建设用地地质灾害危险性评估技术要求》,地质灾害危险性评价,是在查清地质灾害活动历史、形成条件、变化规律与发展趋势的基础上,进行危险性评价,主要包括自然灾害与防治评价。

②根据中华人民共和国自然资源部《地质灾害防治管理办法》规定,城市建设、有可能导致地质灾害发生的工程项目建设和在地质灾害易发区内进行的工程建设,在申请建设用地之前必须进行地质灾害危险性评估。

3.3 工程项目决策阶段的风险分析与评价

3.3.1 工程项目决策阶段的风险分析

在风险识别和分类之后,下一步就是对风险进行分析。风险分析是指系统地运用相关信息来确认风险的来源,并对风险进行估计,是理解风险的性质和确定风险程度的过程。

(1)风险的度量

根据风险事件发生的频繁程度,将风险事件发生概率的指数分为5个等级(0~4级),即经常(4级)、很可能(3级)、偶然(2级)、极小(1级)、不可能(0级),见表3-3。等级的划分反映了一种主观判断。因此,等级数量的划分和赋值也可以根据实际情况做出调整。此处与2.3.5.1节相关表述不完全一致,体现了不同项目根据实际情况的调整。

风险事件发生概率的指数 表3-3

说明	简单描述	等级指数
经常	很可能频繁地出现,在所关注的期间多次出现	4
很可能	在所关注的期间出现数次	3
偶然	在所关注的期间偶尔出现	2
极小	可能性极小但也有可能在所关注的期间出现	1
不可能	由于不太可能发生,所以假设它不会出现或不可能出现	0

(2)风险评定

①风险后果的等级划分。为了在采取控制措施时能分清轻重缓急,需要给风险因素划定一个等级。通常按事故发生后果的严重程度划分为5个等级(0~4级),即灾难性的(4级)、关键的(3级)、严重的(2级)、次重要的(1级)、可忽略的(0级)。风险后果的等级划分见表3-4。

风险后果的等级划分　　　　　　　　　　　　　　表 3-4

等级	简单描述	等级
灾难性的	人员死亡、项目失败、犯罪行为、破产	4
关键的	人员严重受伤、项目目标无法完全达到、超过风险准备费用	3
严重的	时间损失、耗费的意外费用、需要保险赔付	2
次重要的	需要处理的损伤或疾病、能接受的工期拖延、需要部分意外费用或是保险费过多	1
可忽略的	损失很小,可认为没有损失后果	0

②项目风险重要性评定。将风险事件发生概率的指数(表 3-3)与风险后果的等级(表 3-4)相乘,根据相乘所得数值即可对风险的重要性进行评定。风险重要性评定结果参见表 3-5。

项目风险重要性评定　　　　　　　　　　　　　　表 3-5

风险重要性评定	后果	灾难性的	关键的	严重的	次重要的	可忽略的
可能性	等级	4	3	2	1	0
经常	4	16	12	8	4	0
很可能	3	12	9	6	3	0
偶然	2	8	6	4	2	0
极小	1	4	3	2	1	0
不可能	0	0	0	0	0	0

3.3.2 工程项目决策阶段的风险评价

风险评价是指应用管理科学技术,采用定性与定量相结合的方式,对项目的整体风险、各风险之间的相互影响和作用以及对项目总体影响、项目主体对风险的承受能力进行分析和评价,以便以此为依据,对风险采取相应的对策。这阶段常用的风险评价方法包括概率法、调查和专家打分法、蒙特卡罗模拟法、层次分析法、模糊综合评价法、敏感性分析法等。各种方法的适用范围见表 3-6。本节将对调查和专家打分法[例 3-2]和层次分析法[例 3-3]进行算例分析。

决策阶段常用风险评价方法对比　　　　　　　　　　　　　表 3-6

研究方法	优点	缺点	适用领域
概率法	对风险因素较少,风险因素的不确定性描述比较容易时可采用该方法,方便、快捷	确定风险发生的概率和风险发生所产生的后果很困难;依靠风险分析人员和专家的知识和经验或历史资料对风险因素描述时难以做到严格的定量化	适于风险因素相对较少的小型短期项目
调查和专家打分法	方法简单易行	主观因素较大	项目前期的决策
蒙特卡罗模拟法	可直接处理每一个风险因素的不确定性,以概率分布的形式表示	需要有大量的样本,在实际应用中随机变量分布的确定比较困难	同类工程案例较多,随机变量的概率分布较容易获得
层次分析法	定量与定性相结合,简单易行,相对打分法在一定程度上降低了主观因素的影响	对于可以量化的风险因素识别效果不明显	适于项目前期决策阶段,尤其适用于对识别的风险因素进行排序

续上表

研究方法	优点	缺点	适用领域
模糊综合评价法	定性描述和定量分析更紧密地结合起来,数学模型简单,容易掌握	需要进行专家调查,其评价结果在一定程度上依赖于专家的经验判断	对于不确定性较大的项目前期决策阶段的总体风险评价效果明显
敏感性分析法	应用范围广,有助于决策者了解项目的风险情况,确定在决策过程中及项目实施过程中需重点研究与控制的因素	没有考虑参数变化的概率,也不能反映众多风险因素同时变化时对项目的综合影响	常用于项目的可行性研究阶段,有利于发现重要的风险因素

[例3-2] 调查和专家打分法的应用。

以[例3-1]中污水处理厂项目识别出的风险为例,采用调查和专家打分法(又称综合评分法或主观评分法)(共有专家10位)进行风险评价。

①首先要进行项目风险的可接受性评定。根据表3-5项目风险重要性评定结果,可以进行项目风险可接受性评定。比如,此项目设定项目风险重要性评分值在8分以上(含8分)的风险因素表示风险重要性较高,是不可以接受的风险,需要给予重点的关注。项目风险可接受性评定见表3-7。

项目风险可接受性评定 表3-7

后果可能性	灾难性的	关键的	严重的	次重要的	可忽略的
经常	不可接受的	不可接受的	不可接受的	不希望有的	不希望有的
很可能	不可接受的	不可接受的	不希望有的	不希望有的	可接受的
偶然	不可接受的	不希望有的	不希望有的	可接受的	可接受的
极小	不希望有的	不希望有的	可接受的	可接受的	可忽略的
不可能	不希望有的	可接受的	可接受的	可忽略的	可忽略的

注:1. 不可接受的:无法忍受的后果,必须立即予以消除或转移。
2. 不希望有的:会造成人员伤亡和系统损坏,必须采取合理的行动。
3. 可接受的:暂时还不会造成人员伤亡和系统损坏,应考虑采取控制措施。
4. 可以忽略的:后果小,可不采取措施。

②风险调查打分表。表3-8～表3-17是在结合实际项目的基础上给出的一种格式的10位专家工程项目风险调查打分表。

风险调查打分表(专家1) 表3-8

序号	风险因素	可能性(等级值)					影响程度(权重)			
		经常	很可能	偶然的	极小	不可能	灾难性的	关键的	严重的	次重要的	可忽略的
		4	3	2	1	0	4	3	2	1	0
1	环境风险 政治风险				√		√				
2	经济风险		√					√			
3	法律法规风险			√					√		
4	国际金融风险			√						√	
5	属地政府信用风险			√				√			

续上表

序号	风险因素	可能性(等级值)					影响程度(权重)				
		经常	很可能	偶然的	极小	不可能	灾难性的	关键的	严重的	次重要的	可忽略的
		4	3	2	1	0	4	3	2	1	0
6	进厂水质变化风险			√			√				
7	进厂水量变化风险	√								√	
8	工艺选择及设备质量的风险			√					√		
9	项目建设风险				√				√		
10	项目经营风险			√					√		
11	出厂水质与污染物处理的风险	√						√			
12	不可抗力风险			√			√				

风险调查打分表(专家2)　　　　表 3-9

序号	风险因素	可能性(等级值)					影响程度(权重)				
		经常	很可能	偶然的	极小	不可能	灾难性的	关键的	严重的	次重要的	可忽略的
		4	3	2	1	0	4	3	2	1	0
1	政治风险				√			√			
2	经济风险		√					√			
3	法律法规风险			√					√		
4	国际金融风险				√						√
5	属地政府信用风险				√				√		
6	进厂水质变化风险			√				√			
7	进厂水量变化风险	√								√	
8	工艺选择及设备质量的风险			√						√	
9	项目建设风险			√							√
10	项目经营风险			√					√		
11	出厂水质与污染物处理的风险	√							√		
12	不可抗力风险			√				√			

风险调查打分表(专家3)　　　　　　　　　　　　　　　　　　　　表 3-10

序号	风险因素		可能性(等级值)					影响程度(权重)				
			经常	很可能	偶然的	极小	不可能	灾难性的	关键的	严重的	次重要的	可忽略的
			4	3	2	1	0	4	3	2	1	0
1	环境风险	政治风险				√			√			
2		经济风险		√							√	
3		法律法规风险			√					√		
4		国际金融风险			√						√	
5		属地政府信用风险			√				√			
6	技术风险	进厂水质变化风险				√			√			
7		进厂水量变化风险	√								√	
8		工艺选择及设备质量的风险			√						√	
9		项目建设风险				√					√	
10		项目经营风险			√					√		
11		出厂水质与污染物处理的风险	√						√			
12	不可抗力风险				√			√				

风险调查打分表(专家4)　　　　　　　　　　　　　　　　　　　　表 3-11

序号	风险因素		可能性(等级值)					影响程度(权重)				
			经常	很可能	偶然的	极小	不可能	灾难性的	关键的	严重的	次重要的	可忽略的
			4	3	2	1	0	4	3	2	1	0
1	环境风险	政治风险				√		√				
2		经济风险			√				√			
3		法律法规风险			√					√		
4		国际金融风险			√						√	
5		属地政府信用风险					√		√			
6	技术风险	进厂水质变化风险			√			√				
7		进厂水量变化风险			√						√	
8		工艺选择及设备质量的风险			√						√	
9		项目建设风险			√						√	
10		项目经营风险			√					√		
11		出厂水质与污染物处理的风险		√					√			
12	不可抗力风险				√			√				

风险调查打分表（专家5）　　　　　　　　　　　　　　　　　表 3-12

序号	风险因素		可能性(等级值)					影响程度(权重)				
			经常	很可能	偶然的	极小	不可能	灾难性的	关键的	严重的	次重要的	可忽略的
			4	3	2	1	0	4	3	2	1	0
1	环境风险	政治风险				√		√				
2		经济风险			√					√		
3		法律法规风险			√					√		
4		国际金融风险			√					√		
5		属地政府信用风险					√			√		
6	技术风险	进厂水质变化风险				√			√			
7		进厂水量变化风险	√								√	
8		工艺选择及设备质量的风险				√					√	
9		项目建设风险				√					√	
10		项目经营风险				√					√	
11		出厂水质与污染物处理的风险		√						√		
12	不可抗力风险					√			√			

风险调查打分表（专家6）　　　　　　　　　　　　　　　　　表 3-13

序号	风险因素		可能性(等级值)					影响程度(权重)				
			经常	很可能	偶然的	极小	不可能	灾难性的	关键的	严重的	次重要的	可忽略的
			4	3	2	1	0	4	3	2	1	0
1	环境风险	政治风险				√			√			
2		经济风险			√						√	
3		法律法规风险			√					√		
4		国际金融风险			√					√		
5		属地政府信用风险				√						
6	技术风险	进厂水质变化风险				√		√				
7		进厂水量变化风险	√								√	
8		工艺选择及设备质量的风险			√						√	
9		项目建设风险				√					√	
10		项目经营风险			√					√		
11		出厂水质与污染物处理的风险			√				√			
12	不可抗力风险					√			√			

风险调查打分表(专家7) 表3-14

序号	风险因素		可能性(等级值)					影响程度(权重)				
			经常	很可能	偶然的	极小	不可能	灾难性的	关键的	严重的	次要的	可忽略的
			4	3	2	1	0	4	3	2	1	0
1	环境风险	政治风险				√		√				
2		经济风险		√						√		
3		法律法规风险				√				√		
4		国际金融风险				√					√	
5		属地政府信用风险				√			√			
6	技术风险	进厂水质变化风险			√			√				
7		进厂水量变化风险	√								√	
8		工艺选择及设备质量的风险			√						√	
9		项目建设风险			√						√	
10		项目经营风险			√						√	
11		出厂水质与污染物处理的风险	√						√			
12	不可抗力风险				√			√				

风险调查打分表(专家8) 表3-15

序号	风险因素		可能性(等级值)					影响程度(权重)				
			经常	很可能	偶然的	极小	不可能	灾难性的	关键的	严重的	次要的	可忽略的
			4	3	2	1	0	4	3	2	1	0
1	环境风险	政治风险			√				√			
2		经济风险			√				√			
3		法律法规风险			√					√		
4		国际金融风险			√						√	
5		属地政府信用风险			√				√			
6	技术风险	进厂水质变化风险			√			√				
7		进厂水量变化风险		√							√	
8		工艺选择及设备质量的风险			√					√		
9		项目建设风险			√						√	
10		项目经营风险			√					√		
11		出厂水质与污染物处理的风险	√						√			
12	不可抗力风险				√			√				

风险调查打分表（专家9） 表3-16

序号	风险因素		可能性（等级值）					影响程度（权重）				
			经常	很可能	偶然的	极小	不可能	灾难性的	关键的	严重的	次重要的	可忽略的
			4	3	2	1	0	4	3	2	1	0
1	环境风险	政治风险				√			√			
2		经济风险			√						√	
3		法律法规风险			√				√			
4		国际金融风险				√					√	
5		属地政府信用风险				√			√			
6	技术风险	进厂水质变化风险			√			√				
7		进厂水量变化风险	√								√	
8		工艺选择及设备质量的风险				√					√	
9		项目建设风险			√							√
10		项目经营风险			√					√		
11		出厂水质与污染物处理的风险	√						√			
12	不可抗力风险					√			√			

风险调查打分表（专家10） 表3-17

序号	风险因素		可能性（等级值）					影响程度（权重）				
			经常	很可能	偶然的	极小	不可能	灾难性的	关键的	严重的	次重要的	可忽略的
			4	3	2	1	0	4	3	2	1	0
1	环境风险	政治风险				√		√				
2		经济风险			√			√				
3		法律法规风险				√			√			
4		国际金融风险				√					√	
5		属地政府信用风险				√			√			
6	技术风险	进厂水质变化风险				√		√				
7		进厂水量变化风险	√								√	
8		工艺选择及设备质量的风险			√						√	
9		项目建设风险			√						√	
10		项目经营风险			√					√		
11		出厂水质与污染物处理的风险	√							√		
12	不可抗力风险					√		√				

由以上专家打分情况可知,各专家认为不可以接受的并且需要给予重点关注的风险分别如下所述。

专家1:经济风险(项目风险重要性评分值为9分)、进厂水质变化的风险(项目风险重要性评分值为8分)、出厂水质与污染物处理的风险(项目风险重要性评分值为12分)、不可抗力风险(项目风险重要性评分值为8分)。

专家2:出厂水质与污染物处理的风险(项目风险重要性评分值为8分)。

专家3:进厂水质变化的风险(项目风险重要性评分值为8分)、出厂水质与污染物处理的风险(项目风险重要性评分值为12分)、不可抗力风险(项目风险重要性评分值为8分)。

专家4:出厂水质与污染物处理的风险(项目风险重要性评分值为9分)。

专家6:进厂水质变化的风险(项目风险重要性评分值为8分)、出厂水质与污染物处理的风险(项目风险重要性评分值为12分)。

专家7:进厂水质变化的风险(项目风险重要性评分值为8分)、出厂水质与污染物处理的风险(项目风险重要性评分值为12分)、不可抗力风险(项目风险重要性评分值为8分)。

专家8:进厂水质变化的风险(项目风险重要性评分值为8分)、出厂水质与污染物处理的风险(项目风险重要性评分值为12分)、不可抗力风险(项目风险重要性评分值为8分)。

专家9:进厂水质变化的风险(项目风险重要性评分值为8分)、出厂水质与污染物处理的风险(项目风险重要性评分值为12分)、不可抗力风险(项目风险重要性评分值为8分)。

专家10:进厂水质变化的风险(项目风险重要性评分值为8分)、出厂水质与污染物处理的风险(项目风险重要性评分值为8分)。

专家5则认为没有什么风险是不可接受的。

③专家打分法的基本步骤。

a.针对风险识别的结果,确定各个风险因素的权重,以表示其对项目的影响程度。

b.确定每个风险因素的等级值。

c.将每个风险因素的权重与相应的等级值相乘,求出该项目风险因素的得分,分数越高,风险越大。计算公式如下:

$$r_i = \sum_{j=1}^{m} w_{ij} S_{ij} \tag{3-1}$$

式中:r_i——风险因素i的得分;

w_{ij}——专家对风险因素i赋予的权重;

S_{ij}——专家对风险因素i赋予的等级值;

m——参加打分的专家数量。

各风险因素得分见表3-18。

各风险因素得分　　　　　　　　　　　　　　　　　　　　　　表3-18

序号	风险因素		得分计算过程	得分结果
1	环境风险	政治风险	4×1+3×1+2×1+4×1+4×1+3×1+4×1+3×1+2×1+4×1	33
2		经济风险	3×3+2×3+1×3+3×2+2×2+1×2+3×2+3×2+1×2+3×2	50
3		法律法规风险	2×2+1×2+2×2+2×1+1×2+2×2+1×2+2×2+2×2+2×1	31
4		国际金融风险	1×1+0×1+1×1+1×1+1×1+1×1+1×1+1×1+1×1+1×1	9
5		属地政府信用风险	3×1+2×1+3×1+3×0+2×0+3×1+3×1+3×1+3×1+3×1	23

续上表

序号	风险因素		得分计算过程	得分结果
6	技术风险	进厂水质变化的风险	4×2+3×2+4×2+4×1+3×1+4×2+4×2+4×2+4×2+4×2	69
7		进厂水量变化的风险	1×4+1×4+1×4+1×1+1×4+1×4+1×4+1×3+1×4+1×4	36
8	技术风险	工艺选择及设备质量风险	1×2+1×2+1×2+1×2+1×2+1×2+1×2+1×2+1×2+1×2	20
9		项目建设风险	1×1+0×1+1×1+1×1+1×1+1×1+1×1+1×1+0×1+1×1	8
10		项目经营风险	2×2+1×2+2×2+2×1+1×1+1×2+2×1+2×2+2×2+2×2	31
11		出厂水质与污染物处理的风险	3×4+2×4+3×4+3×3+2×3+3×4+3×4+3×4+3×4+2×4	103
12		不可抗力风险	4×2+3×2+4×2+4×1+3×1+4×1+4×2+4×2+4×2+3×1	60

根据表 3-18 可知,在本污水处理厂的案例中,风险较大的是出厂水质与污染物处理的风险,而风险较小的则是国际金融风险与项目建设风险。

[例 3-3] 层次分析法的应用。

现有一小型国有企业重组项目,有两个重组方案:中外合资和改造成股份制。该项目已识别出三种风险:经济风险、技术风险和社会风险。经济风险主要指国有资产流失;技术风险指企业重组后生产新产品技术上的把握性;社会风险指原来的在职和退休职工的安排问题等。要求决策者利用层次分析法分析哪个方案的风险大。

[解] ①构造递阶层次结构模型。

根据所给的信息及决策目标、评价准则构建本项目的递阶层次结构模型,如图 3-3 所示。

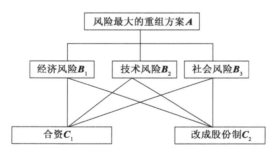

图 3-3 项目重组方案的风险评价层次模型

②构造比较判断矩阵。

根据两两比较标度,确定各层次不同因素的重要性权数。从总目标到准则层,将三个风险因素两两比较,得到判断矩阵 A。从准则层到方案层,针对每一风险因素,有一个判断矩阵,即两方案对经济风险、技术风险、社会风险分别得到判断矩阵 B_1、B_2 和 B_3。

$$A = \begin{bmatrix} 1 & 5 & 1/2 \\ 1/5 & 1 & 1/8 \\ 2 & 8 & 1 \end{bmatrix}$$

$$B_1 = X\begin{bmatrix} 1 & 4 \\ 1/4 & 1 \end{bmatrix}; B_2 = \begin{bmatrix} 1 & 1/5 \\ 5 & 1 \end{bmatrix}; B_3 = \begin{bmatrix} 1 & 5 \\ 1/5 & 1 \end{bmatrix}$$

③计算各比较判断矩阵的特征向量。

按照前面介绍权重确定的方法,分别计算判断矩阵 A、B_1、B_2、B_3 的特征向量,分别用 W_A、W_{B1}、W_{B2} 和 W_{B3} 表示。首先,采用和积法计算判断矩阵 A 的特征向量。

a. 求归一化矩阵 $B = (b_{ij})_{3 \times 3}$。

$$\sum_{k=1}^{3} a_{k1} = 1 + \frac{1}{5} + 2 = \frac{16}{5}$$

$$b_{11} = \frac{a_{11}}{\sum_{k=1}^{3} a_{k1}} = \frac{1}{16/5} = \frac{5}{16}$$

$$b_{21} = \frac{a_{21}}{\sum_{k=1}^{3} a_{k1}} = \frac{1/5}{16/5} = \frac{1}{16}$$

$$b_{31} = \frac{a_{31}}{\sum_{k=1}^{3} a_{k1}} = \frac{2}{16/5} = \frac{10}{16}$$

$$\sum_{k=1}^{3} a_{k2} = 5 + 1 + 8 = 14$$

$$\sum_{k=1}^{3} a_{k3} = \frac{1}{2} + \frac{1}{8} + 1 = \frac{13}{8}$$

同理,可计算出下列元素:

$$b_{12} = \frac{5}{14}; b_{22} = \frac{1}{14}; b_{32} = \frac{8}{14}; b_{13} = \frac{4}{13}; b_{23} = \frac{1}{13}; b_{33} = \frac{8}{13}$$

$$B = \begin{bmatrix} 5/16 & 5/14 & 4/13 \\ 1/16 & 1/14 & 1/13 \\ 10/16 & 8/14 & 8/13 \end{bmatrix}$$

b. 按行相加。

$$M_1 = \sum_{j=1}^{3} b_{1j} = \frac{5}{16} + \frac{5}{14} + \frac{4}{13} = 0.9773$$

$$M_2 = \sum_{j=1}^{3} b_{2j} = \frac{1}{16} + \frac{1}{14} + \frac{1}{13} = 0.2109$$

$$M_3 = \sum_{j=1}^{3} b_{3j} = \frac{10}{16} + \frac{8}{14} + \frac{8}{13} = 1.8118$$

c. 将向量 $M = (0.9773, 0.2109, 1.8118)$ 归一化,得到特征向量 W_A。

$$\sum_{i=1}^{3} M_i = 0.9773 + 0.2109 + 1.8118 = 3.00$$

$$W_1 = \frac{M_1}{\sum_{i=1}^{3} M_i} = \frac{0.9773}{3} = 0.33$$

$$W_2 = \frac{0.2109}{3} = 0.07$$

$$W_3 = \frac{1.8118}{3} = 0.60$$

所求特征向量 $W_A = (0.33, 0.07, 0.60)^T$,可见,在三种风险中,社会风险的权重最大,为 0.60,其次是经济风险,权重为 0.33,最小的是技术风险,权重为 0.07。

同理,可求出 B_1、B_2、B_3 三个判断矩阵的特征向量,其结果如下:

$$W_{B1} = \begin{bmatrix} 0.8 \\ 0.2 \end{bmatrix}, W_{B2} = \begin{bmatrix} 0.17 \\ 0.83 \end{bmatrix}, W_{B3} = \begin{bmatrix} 0.83 \\ 0.17 \end{bmatrix}$$

可见,从经济风险角度看,合资方案风险较改成股份制方案大;从技术风险角度看,改成股份制方案较合资方案风险大;从社会风险角度看,合资方案风险较改成股份制方案大。

④求最大特征值,并进行一致性检验。

对于判断矩阵 A,先求最大特征值,再进行一致性检验。

$$A \cdot W_A = \begin{bmatrix} 1 & 5 & 1/2 \\ 1/5 & 1 & 1/8 \\ 2 & 8 & 1 \end{bmatrix} \begin{bmatrix} 0.33 \\ 0.07 \\ 0.60 \end{bmatrix} = \begin{bmatrix} 0.98 \\ 0.211 \\ 1.82 \end{bmatrix}$$

$$\lambda_{A\max} = \frac{1}{3} \sum_{i=1}^{3} \frac{(AW)_j}{W_i} = \frac{1}{3} \times \left(\frac{0.98}{0.33} + \frac{0.211}{0.07} + \frac{1.82}{0.60} \right) = 3.006$$

$$C.I. = \frac{\lambda_{A\max} - n}{n-1} = \frac{3.006 - 3}{3-1} = 0.003$$

$$C.R. = \frac{C.I.}{R.I.} = \frac{0.003}{0.58} = 0.0052 < 0.1$$

故 A 比较判断矩阵具有满意的一致性,计算的权重可以接受。

对于判断矩阵 B_1、B_2、B_3,由于是二阶矩阵,满足一致性要求,不必检验。

⑤层次加权(计算综合权重)。

$$W = W_B \cdot W_A = \begin{bmatrix} 0.8 & 0.17 & 0.83 \\ 0.2 & 0.83 & 0.17 \end{bmatrix} \begin{bmatrix} 0.33 \\ 0.07 \\ 0.60 \end{bmatrix} = \begin{bmatrix} 0.7739 \\ 0.2261 \end{bmatrix}$$

可见,从总目标(风险最大的重组方案)来看,合资方案比改成股份制方案的风险大,从风险角度考虑,决策者应选择风险小的方案,即改成股份制方案。

3.4 ▶ 工程项目决策阶段的风险应对

针对工程项目决策阶段出现的风险,根据对各种风险分析和评价的结果以及风险的性质,制定相应的风险应对策略。现从风险规避、风险自留、风险转移和风险降低等风险应对策略入手,具体项目需要做适当调适。

3.4.1 工程项目决策阶段的风险规避

风险回避是彻底规避风险的一种做法,即切断风险的来源。对决策阶段而言,在对某项目进行风险预测、识别、评估和分析后,如发现实施此项目将面临巨大风险,一旦发生事故,将造成项目组无法承受的重大损失,而且风险经理又不可能采取有效措施减少其风险和损失大小,保险公司也认为该项目风险太大而拒绝承保,这时就应放弃、终止或推迟该项目的实施,以避免今后可能发生的更大损失。风险回避就意味着提出推迟或否决项目的建议。比如在房地产项目中,没有规划支撑的偏远地段是投资大忌,应坚决放弃;企业开发能力之外的物业项目需要谨慎,如善于开发流量项目的企业,面对低密度地块,即使外部环境合适,也不可贸然投资;南北方气候的差异也需要企业对自身开发能力进行盘点,在弥补企业自身不足之后再考虑投资。对于政策风险的规避,投资决策人员要随时保持政策敏感性,也要有分析政策走势、预判市场发展的能力。比如房地产项目中,政策风险作为房地产市场中"人为"影响因素,对决策人员的专业要求更高,通过政府对房地产发展的态度,准确预判政策走向,才能够最有效地避开风险。

在决策阶段的工程项目建议书与可行性研究过程中,通过信息反馈彻底改变原方案的做法也属风险规避方式。风险规避一般适用于以下两种情况:一是工程项目建议书与可行性研究阶段发生的某种风险可能造成相当大的损失,且发生的频率较高,比如市场分析的风险;二是工程项目建议书与可行性研究阶段发生的某种风险应用其他的风险对策防范风险代价昂贵,得不偿失,比如项目实施计划与进度方面的风险。

市场调研是规避市场风险的最有效手段。市场调查与可行性分析工作对决策阶段以及整个开发阶段的成败都有着举足轻重的作用。如房地产项目开发中,前期对地块周边的在售和待售项目做详细调研工作,对客群进行问卷式调查,甚至可以寻找权威人士征询对项目的意见。越丰富越深入的调研工作,越能有效发现风险,及时规避,保证项目的后续开发顺利进行。

3.4.2 工程项目决策阶段的风险自留

风险自留是一种重要的财务性管理技术,业主将承担项目风险所致的损失。风险自留对策分为两种:非计划性风险自留和计划性风险自留。

(1)非计划性风险自留

当风险管理人员没有意识到工程项目建议书与可行性研究阶段风险的存在,或者没有处理项目风险的准备,风险自留就是非计划的和被动的。这一类型的风险自留在工程建设中表现如下:

①在工程项目建议书与可行性研究阶段的投资估算与资金筹措过程中,认为建设资金的来源与业主利益无关,这是目前国内一些由政府提供建设资金的工程项目,不自觉地采用非计划风险自留的一个原因。

②在工程项目建议书与可行性研究阶段中,由于前期资料较少导致风险识别过程中存在失误,从而使得风险管理人员未能意识到项目风险的存在。

③在工程项目建议书与可行性研究阶段的风险管理中,项目风险的评价结果认为可以忽略,而事实并非如此。

④风险管理决策与实施的时间差。即使在工程项目建议书与可行性研究阶段的风险管理中成功地识别了项目风险,但由于决策的延误等原因导致决策与实施出现时间差,使得项目风险实际的发生成为事实上的非计划风险自留。

(2)计划性风险自留

计划性风险自留是指风险管理人员经过合理的分析和评价,并有意识地不断转移有关的潜在损失,对可能发生的风险有足够的承担能力,比如在针对工程项目建议书与可行性研究阶段可能出现的技术风险时,对工程建设项目的规划和关键技术方案风险进行合理分析、评价,同时也要注意到潜在风险。建设项目所需的原材料的供应条件和供应方式等对项目生产和经济也会产生的影响,也要对其进行风险管理。

3.4.3 工程项目决策阶段的风险转移

对于政策风险,不同行业风险转移的方式不同。仍以房地产项目为例,房地产企业较难实现对单项目的政策风险转移,政策周期的规律性没有市场发展规律强,除非制定政策的机构提前给予提示,否则难以准确预估。因此,对政策风险的转移多是通过多项目在不同时间段运营,对政策周期予以平衡,从而减弱在调控政策下的高成本及高风险。房地产项目占用资金大,若多家企业合作,减少单一企业资金投入,即可把单个企业所要承担的经济风险分摊给多个企业,可有效提升风险抵御能力,在发生突发风险的情况下,也可减少单一企业损失。另外,利率风险也可通过对经济形势预测、利率上行或下行趋势分析,与银行选取合适的利率等方式,向银行转移部分利率风险等。

3.4.4 工程项目决策阶段的风险降低

风险降低有两方面的含义:一是降低风险发生的概率;二是一旦风险事件发生,尽量降低其损失。如在工程项目建议书与可行性研究阶段中的投资估算与资金筹措过程中,投资估算偏差风险。项目投资估算资金是项目开工建设的重要基础,在项目施工建设前要对项目资金使用进行合理的估算。如果项目的投资估算出现了较大的偏差,导致项目建设资金短缺,则会导致项目工期延长,甚至导致项目暂时性停工。在应对方面,建设单位编制人选用适宜的投资估算方法,或委托资质、信誉和业绩好的咨询公司,提高投资估算的精度,以减少后期投资失控甚至调概等风险。

如勘察设计风险,地质方面的问题通常在建造阶段才能发现,但若后期发现,将面临工期延长和成本增加的问题,因此在决策阶段,可根据情况提前做勘探工作,特别是有明显非常规地质地貌的地区,如湖泊边、山脚下等。在应对方面,提前做好地质勘探和方案设计工作,可有效控制突发风险。

对于房地产项目中的市场风险,竞品成败借鉴是控制市场风险的最直接手段。市场风险中的价格风险和产品风险很大程度来源于竞品,因此对于竞品项目的深入调研及实时监测是决策阶段不可缺少的内容。

对于经济风险控制,要对国内外经济走势进行研究分析,依赖经验判断后期经济走势,汇率走势等。以房地产项目为例,可通过控制运营节奏,间接控制经济风险承受程度。在项目决策时期,整体经济相对稳定,资金面宽松,需加快前期节奏,及时完成融资等金融活动。在项目开盘阶段,一方面从财务指标角度调整销售节奏,另一方面从经济形势的变化调整销售节奏,若出现短暂的经济波动,可适当放慢节奏等待更好时机再出售,若预期经济长期收紧,就需要尽快出货。

对于出资方式、投资时机等管理风险上,应组建高效的决策管理团队。投资风险具有不确定性,虽然个人能力的突出能够在一定程度上带动项目的前进,但是由于风险的特点以及个人主观性色彩,使得再优秀的个人领导者在面对瞬息万变的市场环境时也不可避免做出错误的投资决策。因此,应该要体现出高效的团队合作能力,用团队的研究决策代替传统的个人决策,提高风险应对积极性和准确性。

3.5 本章小结

项目决策阶段的风险管理不仅有助于明确项目定义和规划,还能提高决策的准确性,显著提升项目成功的概率。本章首先介绍了决策阶段项目建议书和可行性研究的内容,然后系统分析了工程项目决策阶段风险识别、分析、评价和应对的风险管理全过程,以确保项目的顺利实施和目标达成。

习题

1. 项目建议书的内容一般包括哪些方面?
2. 项目可行性研究报告的内容一般包括哪些方面?
3. 项目建议书与可行性研究阶段存在的主要风险有哪些?
4. SWOT 分析的主要内容有哪些?
5. 项目决策阶段面临的风险因素有哪些?
6. 项目决策阶段常见的风险应对策略有哪些?

第4章
工程项目设计阶段的风险管理

本章导读

设计阶段是工程项目决策内容具体化的重要阶段,设计质量对工程项目的经济性和工程质量起着重要的影响,在很大程度上决定了工程项目实施的成败及能否高效率地达到预期目标。因此,工程项目设计阶段的风险管理尤为重要。

4.1 > 工程项目设计阶段风险管理概述

工程项目设计风险管理是指参与工程设计的各方识别、分析、评估与设计相关风险,并制定风险应对措施的持续过程。它可以降低设计的不确定性,让决策更科学、设计更合理,保证目标控制的顺利实施。

4.1.1 工程项目设计阶段的内容

工程项目设计是一个综合性过程,涉及多个方面的专业知识和技术。按照内容,工程项目设计可细分为建筑设计、结构设计和设备设计等几个部分。按照对象范围,工程项目设计还可以分为总平面设计和各单项工程的建筑安装设计等。按照设计深度,工程项目设计可细分为初步设计、技术设计和施工图设计三个阶段。

在工程项目设计阶段,业主应建立明确的项目设计目标体系。依据设计目标体系,业主才能够向设计单位提出设计要求,提供设计资料和文件,检验设计方案的质量。一般来说,设计质量目标分为可靠性、适用性和经济性三项。可靠性目标是要求工程设计标准的选择能保证项目的主体部分达到预定的功能;适用性目标是要求工程项目具有使用功能和美观效果;经济性目标是指在工程项目保证可靠性和适用性的前提下,实现建设周期缩短、工程投资节约、投产后的经济效益显著。基于上述三项目标,为了该目标体系,业主需要对项目设计过程进行控制。项目设计过程控制主要是质量控制、进度控制和投资控制。

(1)初步设计

应在总体设计或设计任务书的原则指导下进行,实现以下各方面的要求:设计方案的优选;主要设备、材料订货及生产安排;土地征用;基建投资的控制;施工图设计的进行;施工组织设计的编制;施工准备和生产准备。初步设计的主要内容一般应包括下列文字说明和图纸:设计的依据;建设规模;产品方案;原料、燃料、动力的用量及来源;工艺流程;主要设备选型及配置;总图和运输方案;主要建筑物和构筑物;公用和辅助设施;主要材料用量;外部协作条件;占地面积和场地利用情况;"三废"治理和环境保护措施及评价;生活区建设;抗震和人防设施;生产组织和劳动定员;主要技术经济指标及分析;建设顺序和期限;各项经济技术指标;总概算;附件、附表和附图等。

(2) 技术设计

技术设计是为解决某些重大或特殊项目在初步设计阶段无法解决的某些技术问题而进行的。技术设计主要解决大型建筑物和构筑物的某些关键部位的试验研究和确定;某些技术复杂需慎重对待的问题研究和方案确定等。

(3) 施工图设计

施工图设计主要内容是:根据批准的初步设计和技术设计,绘制出正确、完整和尽可能详尽的建筑、安装施工图,使各有关方能据此安排设备和材料的订货,制作各种非标准设备、编制施工图预算及安排施工。具体说来,施工图主要包括:工程安装、施工所需的全部图纸;重要施工部位和生产环节的施工操作说明;施工图设计说明;工程预算书和设备明细表等。

4.1.2 工程项目设计阶段的目标和任务

设计工作是工程项目的重要组成部分,贯穿整个工程建设阶段。设计阶段的总目标是:根据建设工程项目的功能和目标以及建设条件,对建设方案和建设工程项目投资做出既符合投资者自身利益要求,又符合相关法律、法规和政策的规定,为项目的实施创造条件,以求取得投资效益最大化;确保建设工程项目设计质量和设计文件质量。

设计总目标的最终实现主要体现在质量和功能、投资控制两个分目标的实现。

(1) 质量和功能目标

设计阶段是工程项目的核心阶段,工程的主要质量特性是由设计文件来确定的,因此质量、功能目标是设计阶段目标管理最基本的内容,投资控制目标也必须建立在保证质量合格、功能齐全的基础上。施工阶段如果牺牲质量、功能去追求投资控制,短期内也许不能呈现其后果,但进入调试或使用后,由于质量问题所造成的费用损失将是无法估计的。

在此阶段建设单位的首要任务是要编制好详细的设计委托书,然后组织好设计方案的招投标工作,通过限额设计,选出最大满足使用功能、方案新颖、资金控制在投资估算之内的方案设计。在施工图设计阶段管理人员应与设计人员密切配合,积极提供相应的技术资料,让设计人员充分理解本工程的具体要求,从而设计出质量合格、功能齐全的设计图纸。要想使工程得到一个好的质量,不仅要抓好施工质量,还要抓好设计质量,设计质量的好坏,是全部工程质量有效控制的基础。

(2) 投资控制目标

设计阶段是投资控制的最佳时机,也是整个工程项目投资控制的关键。在此阶段可以通过设计方案比选、优化设计和限额设计等方法来进行投资控制,可以在很大程度上预防因施工过程中的变更导致成本增加。国内外相关资料研究表明,设计阶段的费用只占工程全部费用不到1%,但在项目决策正确的前提下,其对工程造价影响程度高达75%以上。因此设计阶段的投资控制具有非常重要的意义和价值。

①合理的投资控制能够科学配置成本与资源的使用,在建设过程中减少浪费,有效控制建

筑工程中的浪费。设计阶段的工程造价控制不仅能够大幅节约建设成本,而且能促进建筑企业的健康持续发展。

②可优化投资结构、降低风险。对设计阶段进行投资控制可以更充分地了解工程造价的构成,进而才能运用风险管理的思想进行合理的资金分配,并能优化投资构成,这在一定程度上可降低建设项目的风险。

正确处理技术与经济的对立统一关系是实现设计阶段目标的重要原则。既要反对片面强调节约、忽视技术上的合理要求、使建设工程项目达不到使用的要求,又要反对重技术、轻经济、使设计过于保守而造成浪费或盲目追求先进、脱离国情和工程实际情况。因此,在设计阶段做好质量控制、功能控制、投资控制是实现项目建设成功的重要前提。

4.1.3 工程项目设计阶段风险的特点

(1)风险的客观性

风险是客观存在的,其客观性是指风险是独立于人的意识之外的客观存在,即风险的存在不以人的主观意志为转移,无论采取了何种预控措施,总有发生风险的可能性。在设计过程中,由于风险的复杂性,设计人员或建设单位对风险因素不可能全部发现和掌握,因此风险的客观性也决定了风险是不可杜绝的,而只能因势利导。但是,随着设计管理水平的不断提高和经验的总结,逐步发现该阶段风险的发生是有规律性的,这种规律为设计单位估计风险、规避风险和控制风险提供了可能性。相反,如果没有这种规律性存在,设计单位就无法进行有效的风险管理。

(2)风险的不确定性

风险的不确定性在于其发生的可能性、发生的时间、发生的地点,以及发生的形式、损失的大小等难以在事先完全确定。而且,风险往往会突然出现,其转化过程通常不被人们察觉,甚至人们对此毫无防备。因此,风险的破坏力有时会非常大。这要求在项目执行过程中,建立和完善风险预控机制,防患于未然,以便将风险的损失降到最低、影响范围降到最小。

设计阶段风险造成的设计缺陷具体时间不能确定,发生空间不能具体确定。如各种自然灾害或意外事故几乎每分每秒都发生在世界上的各个角落,但各种破坏性的事故具体降临到哪一天、哪一个区域、造成多大的损失,则是难以预料、不能确定的。

(3)风险的复杂性

在设计过程中,一个具体风险的发生都是诸多风险因素和其他因素共同作用的结果。由于工程项目的复杂性,风险的关联性较大,一些不确定因素的微小变动,就会使设计中多个风险发生连带反应,在同一时间和空间并发,这样直接导致的结果使风险程度增大。

(4)风险的损害性

设计阶段风险发生的后果往往会造成一定程度的损失:一是直接损失,即由风险事故导致的有形物质损失,这种风险损失一般可以用货币衡量;二是间接损失,即由直接损失引发或连带的损失,诸如心理创伤等,无法用货币衡量。例如,施工过程由于图纸的失误造成的现场事故所带来的损失,是可以用货币衡量的,但是,对现场施工人员的内心伤害却是无法用货币衡量的,风险对人的心理和精神造成的伤害往往是无法评估的。

(5)风险的隐蔽性

在设计过程中,项目风险主要是由不确定事件造成的,可能会因为设计人员认知能力有限、信息滞后、技术水平不高等因素造成设计不当等风险,具有一定的隐蔽性,不易及时发现。此类具有隐蔽性风险的发生,可能会造成因不断发生设计变更导致工期延误、已建工程无法使用,蒙受巨大的经济损失;甚至也可能造成投入使用后引发事故的严重后果。

(6)风险的社会性

设计阶段过程中,大部分人会觉得该阶段只是涉及设计人员的有关工作,与自己无关,实则不然。该阶段的相关关系其实十分复杂,设计人员在设计过程中,既要考虑业主的利益,还要考虑施工的难度等,而且还要从社会的角度考虑其产品的功能性以及环境的影响等。

4.1.4 工程项目设计阶段风险管理的过程

工程项目设计阶段的风险管理程序是指对该阶段中的风险进行管理的一个系统的、循环的工作流程,可参见图2-9,主要包括以下环节。

(1)风险识别

风险识别是风险管理中的基础,首先它通过一定的方式,全面而系统地识别出影响整个项目目标实现的风险因素,然后对这些风险因素进行适当的归类,最后记录每个风险因素的特点。

(2)风险分析

风险分析在风险识别的基础上,用一些分析工具和方法将项目风险的不确定性按定性化和定量化相结合进行综合分析,以分析项目风险潜在影响的过程。

(3)风险评价

风险评价是在风险识别的基础上,综合考虑损失频率、损失程度及风险因素,分析该风险的影响并与安全指标进行比较,以确定系统风险等级的过程。

(4)风险应对

风险应对是根据风险分析及评价的结果,为了避免或减小风险而对项目风险采取的措施。

4.2 工程项目设计阶段的风险识别

4.2.1 工程项目设计阶段风险识别的基本概念

风险的不确定性决定了风险是不以人的意志为转移,并且超越人的主观意识的客观存在。作为风险分析的第一步,风险识别主要在于找到风险可能发生的根源,对风险进行分类,为后续风险的分析和评价打下基础,进而确定出对项目风险可能有严重影响的、最关键的风险。风险的识别是一项较为复杂的任务,对风险的认知是风险识别的关键,它是采用系统论的观点对整个工程项目进行全面和综合分析的一个过程。

在风险识别的过程中,需考虑以下几方面的问题。

(1)哪些风险需要在考虑范围之内?

(2)产生这些风险的主要根源及原因是什么?

(3)风险的后果有哪些?其影响程度如何?

设计阶段是建设工程生命周期的前期阶段,其风险管理的成功与否对整个工程项目的建设有着重要影响。经过实践及发展,目前在风险管理过程中已形成了一整套风险识别的技术和方法,主要分为定性和定量两类。定性识别方法包括专家调查法、安全表检查法(SCL)、调查问卷法、交谈沟通法、情景分析法等。因为风险存在大量的不确定性,因此用定量的方法对风险因素进行识别存在许多缺陷。定量识别方法包括综合集成法、层次分析法(AHP)、工作-风险分解法(WBS-RBS)、关键事件法(Critical Incident Method,CIM)等。

安全对于每个工程项目都很重要,在设计阶段就可以识别、评价、减小甚至消除建设工程项目的绝大多数安全风险。目前,国内"安全设计"理念暂不成熟,往往会在哪个方案更安全和哪个方案更经济的问题上选择更经济的方案,而且基本上没有针对设计阶段安全风险识别的相关研究。英国健康安全局(The Health and Safety Executive,HSE)研究创造了一套设计、施工管理体系(Construction Design and Management),经过积累形成了设计安全风险源清单,利用该清单,在设计阶段便可以直接比对,查出潜在的风险,同时建立一个网络共享平台,允许其他业内人士将自己在设计阶段安全风险处理方面的技术措施或心得等上传共享,形成一个大型且不断更新的数据库。澳大利亚 BLL(Bovis Lend Lease)公司研究创造了一套名为 ROAD 的设计安全风险管理程序,其中有类似于 HSE 的风险源清单表,BLL 公司 ROAD 程序不但在设计阶段将识别出大量的安全风险源,同时也将创造和利用一些隐藏的机会,增强项目的可建设性和安全性等。

4.2.2 工程项目设计阶段的风险识别结果

工程项目设计风险是指由于设计过程中出现的失误或错误引起工程事故而导致经济损失的不确定性。根据风险识别流程(图2-9、图2-10)以及相关研究资料,工程项目设计阶段的主要风险可以分为内部风险(主要体现在人为风险)和外部风险(主要体现在环境风险)。

4.2.2.1 内部人为风险

对于内部人为风险包括设计方风险和业主风险。设计方风险包括设计缺陷风险、设计方技术风险、设计方程序风险和施工安全风险等;业主风险包括业主技术风险和业主程序风险等。

(1)设计方风险

①设计缺陷风险。

建筑设计需要满足工艺设计方案以及结构和平立面设计等,前提是要确保施工条件和组织的合理性。例如,在符合国家相关政策标准的前提下,制订工程项目的工艺方案、水暖通风等方面的相关说明。在建筑设计方面,有很多因素可能会产生设计缺陷风险,例如建筑材料、装修材料,建筑的层数、层高、净高,建筑的平面形状、面积和体积,建筑的结构、流通空间,建筑设备的安装以及柱网布置等。可见影响建筑设计的因素复杂多样,因此需要科学合理地进行建筑设计,把控设计缺陷风险。

②设计方技术风险。

技术风险主要表现:一是在工程设计时,因侵犯他人的专利权或其他知识产权所引起的责任风险;二是设计人未经业主同意擅自对工程设计进行分包;三是由于设计人的原因导致工程设计文件超出在专用合同条款中约定的主要技术指标控制值比例;四是由于设计人在设计中与施工单位缺乏沟通,以及设计人员配合不到位导致产生施工不便或难于施工的可施工性风险;五是由于设计人原因产生的设计问题造成工程质量事故或其他事故。

③设计方程序风险。

程序风险主要表现为:一是因设计人原因,未能按工程设计文件交付约定的时间向业主提交工程设计文件,致使工程设计文件审查无法进行或无法按期进行;二是由于设计人原因,未按专用合同条款约定的时间交付工程设计文件;三是合同生效后,设计人因自身原因要求终止或解除合同。

④施工安全风险。

在设计阶段,如果潜在的危险源不能得到有效的识别和管理,后期的施工安全风险就不能得到积极的处理。设计阶段出现的问题可能造成施工阶段发生的安全风险,设计阶段安全风险汇总见表4-1。

设计阶段安全风险汇总表 表4-1

序号	工程类别	设备缺陷	防护缺陷	电危害	明火	电磁辐射	高温灼伤	噪声危害	振动危害	有毒物质	作业不良环境	粉尘与气溶胶	运动物危害	信号缺陷	标志缺陷	易燃易爆	指挥失误
1	钢筋工程	√	√	√	√		√				√				√	√	
2	模板工程	√	√					√			√	√	√				√
3	混凝土工程	√	√					√	√								
4	脚手架工程	√	√								√						
5	电气工程	√		√				√			√						
6	给排水工程	√	√	√						√		√					
7	砌体工程	√	√					√			√	√					
8	门窗工程	√	√							√	√						
9	土方工程								√								
10	屋面工程						√					√					
11	垂直运输	√	√	√							√						
12	设备管理	√	√	√						√		√					

注:1. 按照建筑工程在施工过程中相对独立的部分分类,将一般房屋建筑施工安全风险分为12个子系统,具体包括钢筋工程、模板工程、混凝土工程、脚手架工程、电气工程、给排水工程、砌体工程、土方工程、屋面工程、垂直运输和设备管理,每一类安全风险产生的危害分为两类,即物理事件和操作事件。

2. "√"表示有风险。

例如,脚手架工程对于建筑物的安全防护起着举足轻重的作用,不但能有效保护施工人员的安全,对项目施工起着辅助作用,同时也对项目周边的居民等具有有效保护作用。《建设工程安全生产管理条例》中明确规定,施工单位应当在施工组织设计中编制安全技术措施和施工现场临时用电方案,重点包括脚手架工程。根据脚手架安全风险情况设计的脚手架系统风险模型如图4-1所示。

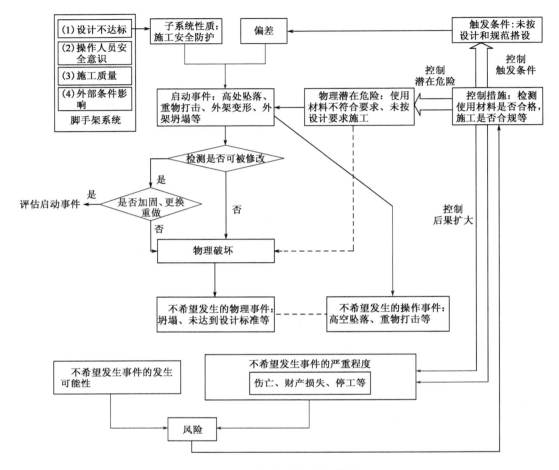

图 4-1 脚手架系统风险模型

由脚手架系统风险模型可知,设计作为该子系统的重要因素,若存在问题则将触发安全风险,后续如未及时检出校正,则极易产生不希望发生的事件(如坍塌、高空坠落、重物打击等),甚至造成伤亡、财产损失和停工等的风险。脚手架系统风险的安全风险源在施工阶段有时能得到有效处理,但是,安全风险具有累积效应,在设计阶段如果能较早采取措施加以识别、处理,则能以较低的成本预控风险;部分风险在设计阶段可能难以得到解决,如屋顶、屋面施工防水处理时所采用的有毒物质等,必将在施工过程中对施工人员的健康安全产生负面影响。

(2)业主风险

①业主技术风险。

业主技术风险的主要表现:一是业主提出影响设计周期的设计变更要求;二是业主所提供的工程设计资料不符合合同约定或存在错误或疏漏。

②业主程序风险。

业主程序风险的主要表现:一是未能及时办理完毕许可、核准或备案手续;二是未能按合同约定提供工程设计资料;三是未能按合同约定日期向设计单位足额支付定金或预付款、进度款等;四是因业主原因,致使工程设计文件审查无法进行或无法按期进行。

4.2.2.2 外部环境风险

对于外部环境风险,包括政策法律风险、自然灾害风险、经济形势风险等。

(1)政策法律风险

以前工程设计质量出现问题,设计方只承担约2%的工程损失,绝大部分由业主来承担,因此设计方的工程项目设计风险较小。随着《中华人民共和国建筑法》《中华人民共和国民法典》的颁布实施,设计方需要承担应由其负责的全部责任。如果由于设计方的失误或错误导致设计质量有问题而引起工程事故,设计方承担100%的责任。根据《建设工程设计合同示范文本(房屋建筑工程)》(GF—2015-0209)中条款规定,政策风险主要表现为在基准日期后,与工程设计服务有关的法律、技术标准的强制性规定的颁布及修改。

(2)自然灾害风险

自然灾害风险主要表现为不可抗力风险。不可抗力是指合同当事人在签订合同时不可预见,在合同履行过程中不可避免且不能克服的自然灾害和社会性突发事件,如地震、海啸、瘟疫、骚乱、戒严、暴动、战争和专用合同条款中约定的其他情形。

(3)经济形势风险

经济形势风险主要表现为利率调整风险与财务风险。利率调整风险是指由于建设项目投资额较大,其中的绝大部分是通过银行贷款的形式获得,贷款过程中的利率调整会导致设计阶段的费用增加或减少;财务风险主要是指设计费用变化而带来的风险发生。

4.3 工程项目设计阶段的风险分析与评价

4.3.1 工程项目设计阶段的风险分析

风险分析是指系统地运用相关信息来确认风险的来源,并对风险进行估计,是理解风险的性质和确定风险程度的过程。风险分析要考虑导致风险的原因和风险源、风险事件的正面和负面的后果及其发生的可能性、影响后果、不同风险及其风险源的相互关系,以及风险的其他特性,还要考虑现有的管理措施及其效果和效率。风险可能性分析/风险概率、风险后果分析或损失估计的内容可参照2.3.5.1节相关内容。如前所述,工程项目设计阶段的主要风险包括内部人为风险和外部环境风险,下面将对这些风险进行分析。

4.3.1.1 内部人为风险源分析

内部人为风险包括设计方风险和业主风险,其中设计方风险包括设计人员的原因、设计管理的原因等;业主风险包括业主的个人行为对项目设计的干预、业主提供资料不完善和要求不明确、现场不确定和对现场情况不了解以及业主与设计方缺乏沟通等。

(1)设计方风险

①设计人员的原因。

设计人员是执行项目设计阶段工作的主力,是设计阶段工作顺利完成的基础。设计人员可能为项目带来的风险主要表现在以下几个方面。

a. 设计单位的设计人员专业素质不够高,缺乏实际工程经验,做出的设计方案时有不符合实际施工操作的情况;另外,还有些设计错误是由于设计人员对建筑或者结构标准不熟悉所致,这类错误对项目损害巨大。

b. 由于项目的规划设计是庞大的综合工作,包括建筑、结构、水电、暖通、市政、安装等各专业部门的工作内容,每个内容专业性又非常强,因此各专业之间的衔接非常容易产生问题,有时会发生各专业图纸产生冲突的现象,严重的时候会导致大部分设计返工,所以各专业的设计人员不仅要提高自己的设计水平,而且要提高同其他专业设计人员的协同工作能力,了解其他专业的相关知识。

c. 很多设计人员单纯地追求高效率,为了接受更多的工作赢取更多的利润,短时间内完成大量的设计工作,人为地压缩正常的设计周期,降低了设计质量。

d. 设计单位拥有的设计人员数量不够,加重了设计人员工作负担,不能实现设计方案按时完工或设计质量不满足要求,影响进度。

② 设计管理的原因。

设计单位为设计人员提供良好的工作氛围,为设计人员完成工作提供重要的保障。只有管理科学、工作高效的组织才能产出优质的设计方案。一般情况下,单位的组织管理风险表现在以下几个方面。

a. 不按照正常设计阶段进行设计。工程设计一般分为初步设计、技术设计和施工图设计三阶段,对小型项目,经主管部门批准,可以合并为施工图设计一个阶段,但需慎重评审设计输入条件。在项目设计前期工作中,若设计基础资料欠缺,且又难以满足下阶段设计内容要求深度,总体系统方案遗留的疑点较多,且外部设计条件尚未落实的情况下,直接进入施工图设计,风险很大。

b. 设计基础资料不足。当资源勘察程度不高,如普查和详查,开展设计前期工作,在不影响项目决策的前提下,可在咨询文件"存在问题与建议"章节中提出要求。

c. 设计出图前的审核环节失灵。设计单位出图前一般由一个经验比较丰富的高级技术总工程师来审查图纸,把好图纸质量的最后一关,减小设计出错的风险。但是由于赶工期或内部控制等原因,往往匆匆审核图纸,有些问题很难发现,增加了设计风险。

d. 边设计、边施工。如本组织对项目工艺流程熟悉、有设计经验,或有类似的工程、生产现场可借鉴,则在工程设计阶段的中后期即安排施工,风险带来的损失会小些。在本组织对项目工艺流程欠熟悉,设计经验不足的情况下,采取先出主厂房土建施工图,而后先施工,其他图纸与施工安排相互交叉实施计划,即给项目带来风险。当项目属本组织首次开发设计的,又没有类似的工程、生产现场可借鉴;若再缩短必需的设计周期,实施边设计、边施工的建设方式,风险就很大。

e. 管理者素质不高或经验不够。造成设计人员工作懒散懈怠,积极性差,工作效率低,诸如设计人员在设计工作过程中不及时与施工负责人沟通,未能及时发现设计上存在的问题,通常由于缺乏沟通导致的情况有设计图纸不符合实际或存在某种缺陷、设计施工技术难度太高、设备的尺寸大小(比如电梯)与设计图纸不一致。

(2) 业主风险源分析

① 业主的个人行为对项目设计的干预。

业主作为合作关系中的甲方,由于地位的优势,往往会具有很强的发言权。在设计进行过程当中,业主往往会根据自己的意见,要求设计师更改前期设计。业主个人行为引起的设计变更和前面所述的因为策划定位问题引起的设计变更同样都是来自甲方,但是两者有本质的区别。个人行为引起设计变更是由业主发起的,是主动行为;策划定位失误而引起设计更改是业主被动接受,是为了弥补前面工作的失误而不得不做出的举动。业主个人行为引起的设计变更存在风险。既有可能给项目带来好处,也可能不利于各个工程参与方提高工作效率。实际上,设计方对业主的这种个人行为会看作是一种无谓的"干扰"。业主可以在事先同设计方协商订立的设计合同中加入对随意行为约束的条款,以减少设计变更概率,降低设计风险。

②业主提供资料不完善,要求不明确。

业主委托设计方进行项目的设计工作,那么,业主要完成的最基本工作就是将项目资料、具体要求等设计所需内容提供给设计方。在这个过程中,如果业主提供的数据、信息不及时,设计工作不能及时开工,就会造成资源的空置;如果业主提供的数据不精准,或者是经常变更原始数据,那么设计方就不得不依据最新得到的数据返工,最终拖延设计进度。

③现场不确定,对现场情况不了解。

有些业主在招标的同时也在选址,甚至要求设计方中标后为业主办理立项以及用地手续。为此,设计方作为承包人应当在投标阶段对可能的地址进行现场调查。现场调查包括两方面的内容:一是对项目实施地点的调查,主要调查当地的环境情况,如平均气温、极端气温、水源供应、水温、环保与安全要求以及简单的地质调查等;二是对运转的类似工厂调查,实地调查运转工况,通过与现场操作工程师和工人的讨论和现场测定,以了解工艺条件及操作数据。现场调查的结果要经业主认可。现场调查的费用可协商由业主承担全部或部分。

④业主与设计方缺乏沟通。

整个设计工作的进行需要业主与设计方进行不断的交流,若在交流过程中出现问题,也会给建设项目带来风险。业主方相关组织设计项目组与设计方的信息沟通不畅,双方得不到及时的信息反馈,就会造成设计工作停滞;业主在设计工作进行中有了新的想法和建议,但未在第一时间告知设计方,沟通不及时只能事后返工,影响设计质量;需要进行信息交流时,业主与设计方对于信息表述不当,造成双方的理解存在偏差,事后发现问题,对方案进行修改,延迟设计进度。

4.3.1.2 外部环境风险源分析

外部环境风险包括政策法律风险、自然灾害风险、经济形势风险等。

(1) 政策法律风险

由于我国地方经济发展和投资环境差异很大,各种法律法规未必在每个地方都能引起良好的效果,因此各地方政府针对自身发展的现状会颁布适用于本地区、本时段的各种临时法规。针对建设项目颁布的法律规定与政策种类繁多,它们涵盖项目的方方面面,并且还包含很多地方性的法律要求,设计人员在进行设计时还要考虑项目的所在地进行针对性设计。但是不论项目的建设地点在什么地方,项目的参与方(包括设计方),都有承担项目政策法规所带来的风险。以前工程设计质量出现问题,设计方只承担约2%的工程损失,绝大部分由业主来承担,因此设计方的工程项目设计风险较小。随着《中华人民共和国建筑法》《中华人民共和国民法典》的颁布实施,设计方需要承担应由其负责的全部责任。如果由于设计方的失误或错误导致设计质量问题而引起工程事故,设计方承担100%的责任。

随着经济的不断发展,人们对于居住环境的要求越来越高,尤其是绿色建筑、智慧城市等概念的提出,对建筑项目设计等相关法律政策产生影响。这些法律政策的不断变化给建设项目带来不小的风险,很可能会出现设计方案的更改变动,造成资金与时间损失。政策变更风险属于一种不可管理、不可预知的风险,在风险分析过程中,一定要充分考虑其可能带来的影响,使得风险确实发生后有助于减少因其带来的损失。

(2) 自然灾害风险

建设项目的工作都是在自然环境之中发生、进行并完成。设计阶段的工作大多都是在室内进行,与施工阶段相比,受到恶劣气候、温度等影响的可能性较小。但是也不排除因自然灾害因素的一系列不确定性对项目工作进行产生不利影响,阻碍设计工作的进行。自然灾害所带来的风险主要包括火灾、洪水、疫情、地震、雪灾等风险,这些风险一旦发生,就会造成重大损失。例如2013年雅安大地震,不但给已建成的项目带来了巨大的灾难,更是给灾后重建的项目设计带来了不小的挑战。

(3) 经济形势风险

除自然环境、法规政策的影响,经济形势的变化也会为项目设计阶段带来风险。表现为利率调整和设计费用变化。建设项目投资额较大,设计阶段所需的费用占整个项目投资的比例较小,但也是一笔不小的资金,在项目设计阶段进行过程中,利率的调整会直接或间接地造成项目在设计阶段的投入增加或减少,此外由于一些因素导致设计费用的变化,进而会影响工作的进程,最终难以保证设计方案的可行性。

4.3.2 工程项目设计阶段的风险评价

风险评价是指在风险识别和风险分析的基础上,将损失频率、损失程度以及其他因素综合起来考虑,分析风险的影响,并对风险的状况进行综合评价。风险评价的目的是为选择恰当的风险处理方法提供依据。风险评价是风险管理部门根据国家和公认的安全指标对风险进行评价的过程。风险概率、风险损伤估计的内容可参照2.3.5.1节相关内容;风险评价准则可采取ALARP准则。在该阶段,可采取专家打分法、$R = P \times C$定级法、故障树分析法、层次分析法等评价方法,相关方法的具体操作过程可详见2.4.3节相关内容。下面以层次分析法为例,阐述该方法在设计阶段风险评价中的应用,即通过风险因素间的两两比较,形成判断矩阵,从而计算同层风险因素的相对权重,其分析过程见以下案例。

[例4-1] 层次分析法的应用。

某开发商开发某一住宅小区,一期工程主要是安置回迁户和政府鼓励的安居房,销售情况良好。为进一步扩大影响,欲在同一地段继续开发二期工程。经过设计公开招标,确定了三个备选方案。试采用层次分析法评价三个方案。

方案1:为6层框架结构普通住宅,不带电梯,户型为面积较小的两室一厅和三室一厅传统户型,其中厨房、卫生间、阳台面积均不大,采暖方式为普通铸铁暖气片集中供热。初步测算,该方案的建筑安装工程成本约为720元/m^2。

方案2:为10层框架结构小高层住宅,一梯4户,设有2部电梯。户型为面积为150~200m^2的两室一厅和三室一厅户型,顶部为跃层,并设有露台。其中厨房、卫生间、阳台面积均较大,起居厅带有大面积落地观景采光窗,内外檐装饰均采用高档材料;采暖采用较为先进的地板采暖方式。根据初步测算,该方案的建筑安装工程成本约为1900元/m²。

方案3:为30层框剪结构高层住宅,一梯6户,设有2部电梯。户型面积在90~150m²的两室一厅和三室一厅户型,其中厨房、卫生间、阳台面积介于方案1和方案2之间,起居厅面积较大,卧室面积不大;采暖采用铝合金壁挂式暖气片。根据初步测算,该方案的建筑安装工程成本约为1800元/m²。

[**解**] 为了研究方便,引入"住宅设计满意度指标 R"这个概念,它是表征某一住宅设计方案(D_1、D_2、D_3)在上述目标上的实现程度,并将它作为研究的目标层。为了评价三个方案(D_1、D_2、D_3)的设计满意度,对相关专家做出咨询。根据工程管理评价应考虑的因素和实际情况,首先对评价对象建立评价指标。经过分析和对相关专家的咨询,可以得出目前评价住宅设计满意度指标 R 的主要因素,确定 R 由6个指标组成,见表4-2。

住宅设计满意度指标 R 的6个指标　　　　　　　　　　　　表4-2

代号	C_1	C_2	C_3	C_4	C_5	C_6
含义	适用性	安全性	可靠性	经济性	美观性	与环境的协调性

在目标层和准则层建立以后,就可以对专家进行咨询,以得到判断矩阵。为了全面了解相关各方面的专家对住宅设计满意度指标的看法,选择了市政规划管理部门、设计部门、房地产开发商、住宅用户以及高等院校相关专业教师进行了咨询。把收集到的专家评价资料整理成判断矩阵,见表4-3、表4-4。

目标层—准则层的判断矩阵 R-C 及 W 值　　　　　　　　　　表4-3

R	C_1	C_2	C_3	C_4	C_5	C_6	W
C_1	1	2	2	3	4	5	0.34
C_2	1/2	1	2	3	3	3	0.24
C_3	1/2	1/2	1	2	3	3	0.18
C_4	1/3	1/3	1/2	1	1	2	0.10
C_5	1/4	1/3	1/3	1	1	2	0.09
C_6	1/5	1/3	1/3	1/2	1/2	1	0.06

准则层—方案层的判断矩阵 C-D 及 W 值　　　　　　　　　　表4-4

C_1	D_1	D_2	D_3	W	C_2	D_1	D_2	D_3	W	C_3	D_1	D_2	D_3	W
D_1	1	1/5	1/4	0.10	D_1	1	1/2	1/2	0.20	D_1	1	1/3	1/2	0.17
D_2	5	1	2	0.57	D_2	2	1	1/2	0.31	D_2	3	1	1	0.44
D_3	4	1/2	1	0.33	D_3	2	2	1	0.49	D_3	2	1	1	0.39
C_4	D_1	D_2	D_3	W	C_5	D_1	D_2	D_3	W	C_6	D_1	D_2	D_3	W
D_1	1	5	3	0.65	D_1	1	1/5	1/3	0.11	D_1	1	2	2	0.49
D_2	1/5	1	1/2	0.12	D_2	5	1	2	0.58	D_2	1/2	1	2	0.31
D_3	1/3	2	1	0.23	D_3	3	1/2	1	0.31	D_3	1/2	1/2	1	0.20

各个矩阵的一致性检验结果见表4-5。

一致性检验结果总表　　　　　　　　　　表 4-5

矩阵	λ	C.I.	R.I.	C.R.
R-C	6.1263	0.025262	1.24	0.020372
	3.0246	0.012298	0.58	0.021203
	3.0536	0.026811	0.58	0.046225
	3.0183	0.009147	0.58	0.015771
C-D	3.0037	0.001847	0.58	0.003185
	3.0037	0.001847	0.58	0.003185
	3.0536	0.026811	0.58	0.046225

由表 4-5 可知, C.R. 均小于 0.10, 均满足一致性检验要求。

综合各个比较矩阵及其结果, 可得每一指标相对于总目标的权值, 由各个指标权重值及方案层对指标层的判断矩阵, 可得层次总排序, 见表 4-6。

方案总排序表　　　　　　　　　　表 4-6

指标	W	D_1	D_2	D_3
C_1	0.344238	0.097390	0.569541	0.333069
C_2	0.239176	0.195800	0.310814	0.493386
C_3	0.177429	0.169200	0.443429	0.387371
C_4	0.095745	0.648329	0.122020	0.229651
C_5	0.085299	0.109452	0.581552	0.308996
C_6	0.058114	0.493386	0.310814	0.195800
$\sum_{i=1}^{6} a_i b_{ij}$		0.210460	0.428425	0.361115

由表 4-6 可知, 三个方案中的方案 2 总排序值最大, 则方案 2 为最优, 其次为方案 3。

4.4 ▶ 工程项目设计阶段的风险应对

针对工程项目设计阶段出现的风险, 从风险规避、风险自留、风险转移和风险分担四大基本的风险应对策略入手, 根据各种设计风险的评价结果, 选择适当的风险应对方案。

4.4.1 工程项目设计阶段的风险规避

在工程设计中, 风险规避是指通过拒绝从事有责任风险的活动来规避高风险的设计领域或技术, 规避高风险的设计项目和设计方案。

工程设计单位在规避工程设计风险时的主要措施:

(1) 加强对工程设计人员的职业教育和培训。首要的是法制教育, 设计人员对违反建设工程质量管理规定, 造成重大质量事故的, 依法应承担责任, 包括民事责任、行政责任、刑事责任; 还应重视对注册建造师、注册结构工程师、工程设计项目主持人、工程负责人的技术和职业道德培训。

(2)工程设计人员必须严格遵守工程设计基本程序。
(3)建立科学的薪酬分配制度及严格的绩效考核制度,形成对工程设计人员的激励和约束机制。

4.4.2 工程项目设计阶段的风险自留

风险自留指的是由工程设计单位自身来承担风险事件。在自留工程项目设计风险的情况下,为了降低或化解工程项目设计风险,要把设计工作落到实处。

(1)明确的工作界面

从目前的基本运作来讲,合同文本应作为招标范围。在工程招标时,就要形成明确的工作界面。明确的工作界面划分的基础是建立一个合理的合同构架。如设计合同构架,哪些项目由设计总包来做,哪些项目是由专业的设计公司进行分包,总包与分包之间的设计工作怎么衔接,相互之间怎么配合,相互之间配合的时间要求、进度要求、工作深度要求等在合同文本中都要予以明确。再比如通过合同明确界定业主与承包人的责任界面。针对所识别的各种风险因素划清责任,界定设计范围。工作界面划分的标准是既不重复,又不遗留,并且把工作界面的接合表述得十分清楚。

(2)约束业主要求变更前期设计的权限

设计单位在设计过程中经常会受到业主想法更改的牵掣,从而被迫放弃自己以往的劳动成果。从严格意义上说,这也是一种业主的违约行为。在合同订立时,应加入对业主提出设计更改权利的约束条款,减少设计变更的概率。

(3)明确进度控制要求

目前国内的标准设计合同,往往只有一个笼统的总体设计周期,缺乏对工程项目设计过程的控制,比如设计过程中的里程碑进度控制点的控制。目前市场上几乎还没有看到合同中将设计流程控制点作为合同管理一个重要组成部分的案例。如果这一措施得到实施,将非常有利于业主掌握设计进度。

(4)明确付款办法

以往合同的付款形式大部分是按照合同订立、图纸交付、工程竣工三个控制点来分别支付的。鉴于目前一般把设计进程的控制点列入合同管理中,那么付款的方式也要随之变成按照控制点来支付所有设计费的某个百分比。这样做的好处在于不会在设计发生问题的时候,设计方完全处于不利地位,承受了一部分本来不该由自己承受的风险。而对于业主来说,这种付款方式虽然表面上是不利于自己的,但是留给业主一些应负的责任和风险,有助于设计单位重视设计质量,提高设计过程管理水平。

(5)进行现场设计,及时解决问题

现场设计是指设计队伍、设计设施搬至主体施工现场与总包人、业主代表同时同地办公,现场设计队伍与设计总部可用互联网交流数据信息。现场设计便于管理,有利于及时交流信息、解决问题,有利于提高设计质量。

(6)设计阶段造价工程师的参与

造价工程师的工作主要存在于项目设计阶段的概算和预算以及工程后期的结算和决算。但是为了更好地控制设计产品的经济性,应该让有设计经验的造价工程师参与到设计工作当中来,与其他各专业设计人员一样,对设计产品的质量和经济性负责。这对整个工程的成本控制都是非常有益的。造价工程师在设计阶段的主要工作内容是：

①为建筑师提供造价信息、最新的节能技术资料等，以备建筑方案参考。

②协同结构设计师进行设计，督促其在安全标准符合的前提下采用经济性结构设计方案。

③做好设计单位和业主之间的联系纽带，在设计质量和经济性可以大幅度提高的情况下，鼓励业主在设计费用和设计周期等各种条件上对设计单位提供奖励或优惠。

④编制施工图预算，且控制其不超出工程概算。

⑤同设计人员一起跟踪工程进度，遇到重大变更情况要重新评估设计方案的经济情况。

4.4.3 工程项目设计阶段的风险转移

风险转移是工程项目中常用的一种风险应对措施，是指企业在经营过程中有意识地将自己不能承担或不愿承担的风险转移给其他经济体来承担所采取的措施。但实行这种对策有一定的原则：风险转移是以有利于履行合同为前提的；风险的承担方应更能有效地控制和防止风险；风险转移应有助于调动承担方的积极性，认真做好风险管理。

随着工程项目风险的逐渐增大，作为风险转移的有效手段，工程保险就应运而生。对于设计单位来说，购买设计保险是设计企业在市场中转移风险的最佳途径，也是国家鼓励设计单位降低风险的一项重要举措。实施设计保险的好处有：强化设计单位与执业人员的法律责任；减少执业人员的设计风险；有效地促进技术进步和设计创新，避免设计中出现不必要的保守和无谓的浪费；有利于设计单位与国际接轨，更好地参与市场竞争。

(1) 设计人员的职业责任风险

对于设计人员来说，无论是由于何种原因而造成的设计失误，都需要承担重大的职业责任风险。这些责任风险主要体现在：

①设计的质量责任风险。

设计不充分、不完善，设计错误等都有可能造成重大责任事故，不仅会造成财产损失，甚至有可能发生人员伤亡。这种设计质量问题就会为工程埋下风险。

②设计的投资控制风险。

根据设计合同，设计单位应完成项目的设计概算、设计范围，应对完成的设计概算的准确性负责，但是很多的设计单位没有专门的经济管理人才。同时，由于我国现行的设计收费标准是工程造价的一定比例，因此设计单位努力完善设计方法，节约投资，而得到的报酬却没增反减，这就大大降低了设计单位实行优化设计的动力，使设计不能对投资进行很好的控制。

③设计的进度风险。

设计单位必须按照要求的进度完成设计工作，为以后的采购以及施工工作做准备，但是由于设计单位以及其他各方面的一些原因，使得设计单位的设计不能按计划要求完成。

(2) 建设工程设计责任风险具备的可保条件

①建设工程设计责任风险损失的发生是意外的和偶然的，从事工程设计的建筑师和工程师出现设计过失或错误是偶然的，符合大数法则，这是将建设工程设计责任风险投保工程设计责任保险的基础。

②建设工程设计责任风险损失程度较大，该风险往往造成工程本身的财产损失以及第三

者的财产损失,并且损失额较大,因此激励风险承担者投保保险。

③建设工程设计责任风险损失发生的概率分布是可以确定的。

④建设工程设计责任风险损失额是可以判定和估算的,风险事故发生的原因、时间、地点以及损失金额,都可以通过现场查勘判定和估算。

⑤建设工程设计责任风险是普遍存在的,并且所有风险不是同时发生的,因此通过把不同建设工程设计风险集中在同一保单池中,使得风险损失在所有投保人之间分摊。

(3)建设工程设计责任保险

由于建设工程设计风险具有可保性,因此设计单位可以通过投保建设工程设计责任保险来转移风险。按照保险标的不同,建设工程设计责任保险分为综合年度保险、单项工程保险、多项工程保险。综合年度保险是指以工程设计单位一年内完成的全部工程设计项目可能发生的对受害人的赔偿责任作为保险标的的建设工程设计责任保险。综合年度保险的年累计赔偿限额由工程设计单位根据该年承担的设计项目所遇风险和出险概率来确定,保险期限为一年。单项工程保险,是指以工程设计单位完成的一项工程设计项目可能发生的对受害人的赔偿责任作为保险标的的建设工程设计责任保险。单项工程保险的累计赔偿限额一般与项目的总造价相同,保险期限由设计单位与保险公司共同协商确定。多项工程保险,是指以工程设计单位完成的多项工程设计项目可能发生的对受害人的赔偿责任作为保险标的建设工程设计责任保险。多项工程保险的累计赔偿限额一般为这些项目的总造价之和或者是这些项目的总造价之和的一定比例。

①建设工程设计责任保险的保险责任范围包括:

a.被保险人在保险单列明的追溯期或保险期间内,在中华人民共和国境内(港澳台地区除外)完成设计的建设工程,由于设计的疏忽或过失而引发的工程质量事故造成下列损失或费用,依照中华人民共和国法律(不包括港澳台地区法律)应由被保险人承担的经济赔偿责任,在保险期间内,由该委托人首次向被保险人提出赔偿要求并经被保险人向保险人提出索赔申请时,保险人负责赔偿:建设工程本身的物质损失、第三者人身伤亡或财产损失。

b.保险事故发生后,被保险人因保险事故而被提起仲裁或者诉讼的,对应由被保险人支付的仲裁或诉讼费用以及事先经保险人书面同意支付的其他必要的、合理的费用保险人按照本保险合同约定也负责赔偿。

②责任免除(除外责任)是保险公司不承担赔偿责任的条件。工程设计责任保险的责任免除范围包括:

a.被保险人及其代表的故意行为。

b.战争、敌对行为、军事行为、武装冲突、罢工、骚乱、暴动、盗窃、抢劫。

c.政府有关当局的行政行为或执法行为。

d.核反应、核子辐射和放射性污染。

e.地震、雷击、暴雨、洪水等自然灾害。

f.火灾、爆炸。

g.保险费交清前发生的保险事故。

4.4.4 工程项目设计阶段的风险分担

风险分担是指发承包双方通过合同结构和合同条款定义来进行分担风险。风险发生时,合同双方按照合同约定分别履行各自义务,共同承担风险,从而实现既发风险的现实分担。以《建设工程设计合同示范文本(房屋建筑工程)》(GF—2015-0209)为例,示范文本里的通用合同条款,约定了发包方和设计方的相关责任与风险分担原则,汇总见表4-7。

《建设工程设计合同示范文本(房屋建筑工程)》(GF—2015-0209)合同风险分担方式 表4-7

一级风险	二级风险	三级风险因素	承担方
项目外部风险	政策风险	基准日期后,与工程设计服务有关的法律、技术标准的强制性规定的颁布及修改	E
	环境风险	不可抗力引起的后果及造成的损失	E + D
项目内部风险	程序风险	因发包人原因未能及时办理完毕前述许可、核准或备案手续	E
		因设计人原因造成发包人未能及时办理许可、核准或备案手续	D
		发包人未能按合同约定日期足额支付定金或预付款、进度款的	E
	人为风险	发包人提出影响设计周期的设计变更要求的	E
		设计人在工程设计时,因侵犯他人的专利权或其他知识产权所引起的责任	D
		因发包人提供的工程设计资料导致侵权的	E
		发包人擅自将设计人的设计文件用于本工程以外的工程或交第三方使用的	E
		合同生效后,设计人因自身原因要求终止或解除合同	D
		设计人未经发包人同意擅自对工程设计进行分包的,发包人有权要求设计人解除未经发包人同意的设计分包合同	D
	技术风险	发包人应当在约定的时间向设计人提供工程设计所必需的工程设计资料,并对所提供资料的真实性、准确性和完整性负责	E
		由于设计人的原因导致工程设计文件超出在专用合同条款中约定的主要技术指标控制值比例的	D
		发包人未能按合同约定提供工程设计资料,或所提供的工程设计资料不符合合同约定,或存在错误或疏漏的	E
	其他发包人风险	因发包人采纳设计人的建议,或遵守基准日期后新的强制性的规定或标准	E
		因发包人原因造成工程设计文件不合格的	E
		因发包人原因引起的暂停设计	E
		暂停设计后的复工(除设计人原因导致暂停设计外)	E
		因发包人原因,致使工程设计文件审查无法进行或无法按期进行	E
		因发包人原因造成工程设计文件不合格致使工程设计文件审查无法通过的	E
	其他设计人风险	因设计人原因造成工程设计文件不合格的	D
		因设计人原因导致工程设计进度延误的	D
		因设计人原因引起的暂停设计	D
		因设计人原因,未能按约定的时间向发包人提交工程设计文件,致使工程设计文件审查无法进行或无法按期进行	D
		由于设计人原因,未按专用合同条款约定的时间交付工程设计文件的	D
		由于设计人原因产生的设计问题造成工程质量事故或其他事故时	D

注:D-设计方;E-发包方。

在具体的工程项目中,应根据项目的不同特点及其适用性,以双方签订的设计合同条款中的相关约定为依据。

4.5 本章小结

项目设计是工程项目实施阶段的"龙头",是工程项目建设的灵魂。本章首先介绍了工程项目设计阶段的内容、目标和风险特点等,然后重点对设计阶段的风险管理全过程进行了深入分析。通过科学的方法和工具,系统地识别和应对各类设计风险,可以确保项目的顺利推进和成功实施。

习题

1. 工程项目设计阶段的风险主要表现为哪些风险?
2. 建设工程设计责任风险具备哪些可保条件?
3. 工程项目设计阶段风险管理的目标是什么?
4. 工程项目设计风险的主要影响因素有哪些?
5. 如何降低工程项目设计阶段的风险?

第5章
工程项目施工阶段的风险管理

本章导读

　　施工阶段是将设计意图物化为实体建筑的过程,是工程项目生命周期中的核心环节,对控制项目整体成本、确保结构耐久性以及保障项目按时竣工具有决定性影响。在这一阶段存在大量的人工、材料和设备等资源的调配和使用,项目风险凸显。若风险管理不善,易引发成本超支、质量漏洞和工期延误,甚至是安全事故,最终对项目的成功交付带来负面影响。

5.1 > 工程项目施工阶段风险管理概述

5.1.1 工程项目施工阶段风险管理的目标和任务

　　现代建筑工程施工日益呈现难度大、技术复杂、参与人员多的特点,再加上施工的投资额巨大、工期长,面临许多不确定的因素,其内、外部环境更加复杂,会带来很多施工风险,严重影响着业主和施工企业的经济效益。因此,应加强建筑工程施工阶段的风险识别,严格控制与管理施工的工艺流程,科学评估,及时防范,从而能够避免出现较严重的后果。项目实施阶段是工程项目蓝图变为现实的过程,也是资金大量投入的过程,决策和设计阶段隐蔽的一些风险很可能在这个阶段爆发,工程项目的安全风险和质量风险在这个阶段也更应该重视,因此施工阶段工程项目风险管理的任务比较艰巨。风险管理的首要任务是订立目标,只有目标明确了,才能使组织的每个成员都向着目标努力,形成同方向的合力,最终取得预期的效果。在项目施工过程中,风险管理目标包括质量控制风险、进度控制风险、费用控制风险、安全控制风险等。以风险损失是否发生为标准,将风险管理的目标分为损失前的风险管理目标和损失后的风险管理目标。损失前的风险管理目标就是选择经济有效的方法来减少或避免风险损失的发生,包括降低损失发生的概率和降低损失的幅度。损失后的风险管理目标是在损失一旦发生之后,尽量采取措施减少直接损失和间接损失。

5.1.2 工程项目施工阶段风险的特征

（1）客观性与必然性

　　工程项目施工阶段的风险存在客观性和必然性是不以人们的意志为转移的,这是因为决定风险的各种因素对于风险主体来说是独立存在的,不论风险主体是否意识到风险的存在,只要风险的诱因存在,一旦条件形成,风险就会导致损失。在项目建设中,无论是自然界的风暴、地震、滑坡,还是与人们活动紧密相关的施工技术、施工方案等不当造成的风险损失,都是不以人们的意志为转移的客观现实。

(2)可变性

工程项目施工阶段的风险存在可变性。不论是项目风险的性质,还是后果,都会随着活动或事件的进程而发生变化,这就是风险的可变性。随着人们识别风险、认识风险、抵御风险能力的增强,就能在一定程度上降低项目风险所造成的损失范围和程度。

(3)随机性与突发性

在工程项目施工阶段,随机性和突发性风险是客观存在的,但并不是任何一个风险因素最终都会演变为风险事件,风险事件的发生具有随机性、偶然性,有时需要一定的时间和诱因。风险相对人类活动或事件的主体而言,不同主体对风险的承受能力是不一样的,同样的风险对于不同的主体有不同的影响,风险主体对风险的承受能力受到收益大小、投入大小和风险主体的地位和拥有资源的影响,从而影响到风险主体对待风险的态度,进一步也影响到风险主体的决策。当人们面临突然产生的风险时,往往不知所措,其结果是加剧了风险的破坏性。由于风险具有这一特点,因此要求我们加强对风险的预警和防范研究,建立风险预警系统和防范机制,完善风险管理系统。

(4)可测性

个别的风险事件是很难预测的,但可以应用现代技术手段对其发生的概率进行分析,并可以评估其发生的影响,同时利用这些分析预测的结果为人们的决策服务,预防风险事件的发生,减少风险发生造成的损失。

(5)无形性

风险不像一般的物质实体,能够被非常确切地描绘和刻画出来。因此,在分析风险时,应该应用系统理论、概率、弹性、模糊数学等概念和方法进行界定或估计、测定,从定性和定量两个方面进行综合分析。虽然风险的无形性增加了人们认识和把握风险的难度,但只要掌握了风险管理的科学理论,系统分析产生风险的内外因素,恰当地运用技术方法和工具手段,就可以有效地管理风险。

5.1.3 工程项目施工阶段风险管理的过程

工程项目施工阶段的风险管理过程分为风险识别、风险分析、风险评价和风险应对四大过程。从2.3.5节介绍的动态工程项目风险管理过程来看,这个风险管理过程是个循环系统,其中的一个基本过程分为工程项目风险管理计划的制订、工程项目风险管理计划的实施、工程项目风险管理计划的调整与控制三大阶段。在这些阶段也应遵循动态风险管理的思想,其流程可以参照图2-11。

5.2 工程项目施工阶段的风险识别

风险识别是指寻找风险、确认并描述风险的过程,主要用来确定风险来源和进行风险分类,是后续风险分析和风险评价的基础。

5.2.1 工程项目施工阶段风险识别依据和步骤

(1) 风险识别的依据

施工过程中风险识别是风险管理过程的第一步,也是重要的一步,风险识别的依据主要有以下几个方面。

①项目的前提、假设和制约因素。项目的建议书、可行性研究报告、设计文件或其他文件,都是在若干假设、前提的基础上做出来的。这些前提和假设在项目实施期间可能成立,也可能不成立。因此,项目的前提和假设之中隐藏着风险。

②项目规划。项目规划中的项目目标、任务、范围、进度计划、费用计划、资源计划、采购计划及业主方、总承包人和其他利益相关者对项目的期望值等都是项目风险识别的依据。

③工程项目常见风险种类。常见的风险有政治风险、经济风险、自然风险、技术风险、商务风险、信用风险等。

④历史资料。项目的历史资料可以是以前亲身经历过的项目的经验总结,也可以是通过公共信息渠道获得的他人经历项目的历史文档。在过去建设过程中的档案记录、工程总结、工程验收资料、工程质量与安全事故处理文件,以及工程变更和施工索赔资料等,记载着工程质量与安全事故、施工索赔等处理的来龙去脉,这些对当前工程项目施工阶段的风险识别是非常有帮助的。

⑤前期现场调研。调研内容包括工程地质条件、气象条件、水文条件、地形地貌、地震条件、外围水电气接口条件、进场交通条件、通信条件、当地治安条件、物价条件、当地设计水平、当地施工水平、当地的地方性政策、可利用的有利条件等。

(2) 风险识别的步骤

项目风险识别过程一般可以分为以下几个步骤。

①制订项目风险清单。

确定潜在的风险项目,制订项目风险清单是风险识别过程的第一步。项目风险清单中应明确列出项目过程中存在的各种风险。项目风险清单一般根据与项目有关的文件资料和现场记录来整理归纳,也包括搜集同类项目的档案资料或其他公开文献资料,包括学术研究、行业标准等。

②识别和确定风险的影响因素。

根据项目风险清单中列出的风险因素,结合项目自身和外部环境的特点,对每类风险因素的不确定性和潜在的危害进行分析,确定项目可能遇到的风险因素。

③风险分类和重要性排序。

为了便于对不同类型的风险采取不同的对策和措施,把握关键风险管理,在对项目风险清单进行分析的基础上,对识别出的项目风险进行风险分类和重要性排序。

④建立项目风险清单。

作为风险识别过程的最后一个步骤,通过建立具体的项目风险清单,将项目可能面临的风险分类汇总并按照重要性排列,不但可以使风险管理人员对项目风险有整体的印象,增加项目风险管理人员的整体意识,而且可以使每个人在考虑自己所面临的风险的同时,也意识到其他风险管理人员的风险,并考虑风险之间的关系,增加项目风险管理人员的大局意识。

5.2.2　工程项目施工阶段风险识别方法

不同阶段的风险因素不同,风险分类和分组的依据也不同。核对表法、工作分解法(WBS)、工作—风险分解法(WBS-RBS)、情景分析法等都是施工阶段常用的风险识别方法,这些方法的具体操作过程可详见2.4.1节。下面结合施工阶段风险的特点和种类,对部分方法进行举例示意。从示例可以看出,根据不同的风险分类标准,可以得出不同的风险识别结果。

[例5-1]　安全检查表法的应用。

安全检查表法是根据系统工程的分析思想,对系统进行分析的基础上,找出所有可能存在的风险源,然后以提问的方式,将这些风险因素列在表格中。安全检查表的编制程序一般分为四个步骤:将工程项目风险系统分解为若干子系统;运用一定方法,比如事故树法,找出引起风险事件的风险因素,作为检查表的基本检查项目;针对风险因素,查找有关控制标准或规范;根据风险因素的风险程度,依次列出问题清单。最简单的安全检查表由四个栏目组成,即序号栏、检查项目栏、判断栏(以"是"或"否"来回答)和备注栏(与检查项目有关的需说明的事项)。表5-1为一份简单的安全检查表。

安全检查表　　　　　　　　　　　　表5-1

序号	安全检查项目	是或否	备注
1	建筑工人是否有很强的风险防范意识	是	
2	现场施工人员和管理人员是否佩戴安全帽	是	
3	龙门架是否由专业人员装拆	是	
4	采购来的建筑材料是否经过严格的验收	否	材料质量检验有漏洞
5	施工现场布置是否安全合理	是	
6	施工现场是否有安全防护设施	是	
7	施工安全责任制是否健全	是	缺乏严明的责任追究制度

[例5-2]　WBS方法的应用。

WBS方法的实施步骤和应用流程可详见2.4.1.4节。下面以某公司办公大楼风险识别为例进行说明,如图5-1所示,从横、纵两个方面对风险进行识别。横向是指施工的各个环节(一般来说楼房施工建设阶段的工作包括基础工程、主体工程、安装工程、装饰装修工程、室外工程及竣工验收六大方面),纵向是指影响工程的具体要素。

[例5-3]　核对表法的应用。

核对表法的实质就是把项目参与者或项目风险管理人员经历过的风险事件及其来源罗列出来,写成一张核对表,以备对风险事件进行查询。该方法利用人们考虑问题的联想习惯,在以往经验的启示下,对未来可能发生的风险因素进行预测。表5-2是利用核对表法对公路工程项目施工阶段的通用风险进行识别(包括项目环境要素风险、项目系统结构风险和项目主体风险),并将结果汇总成风险识别表。

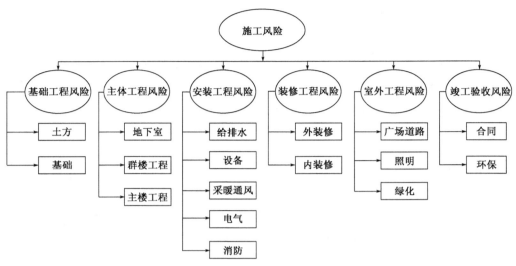

图 5-1　WBS 工作分解结构风险识别图

公路工程项目主要风险核对表　　　　表 5-2

项目名称			风险原因
1. 项目环境要素风险	(1)政治风险		政局不稳定性,战争状态、动乱、政变的可能性,国家的对外关系,政府信用和政府廉洁程度,政策及政策的稳定性,经济的开放程度或排外性,国有化的可能性,国内的民族矛盾、保护主义倾向
	(2)法律风险		法律不健全,有法不依、执法不严,相关法律内容的变化,法律对项目的干预,对相关法律未能全面、正确理解,工程中有触犯法律的行为
	(3)经济风险		国家经济政策的变化,产业结构的调整,银根紧缩;项目产品的市场变化,项目的工程承包市场、材料供应市场、劳动力市场的变动;工资提高,物价上涨,通货膨胀速度加快;原材料需要进口,金融方面的变化,外汇汇率的变化
	(4)自然环境风险	①地理环境风险	泥石流、河塘、垃圾场、流沙、泉眼、地下水、地形地貌状况、土壤地质情况
		②自然灾害风险	地震、洪水、暴雨、火山喷发、龙卷风
		③气候条件风险	特殊的、反常的、恶劣的雨、雪天气,冰冻天气
	(5)社会文化风险		宗教信仰的影响和冲击,社会治安的稳定性,社会的禁忌,社会的风气,社会舆论导向,劳动者的文化素质,传统的价值观念
2. 项目系统结构风险	(1)路基土石方风险		特殊路基,深挖高填路基,石方爆破,土石混填
	(2)路面风险		路面材料质量不合格,机械设备故障,施工人员素质低
	(3)桥梁风险		人身伤亡,混凝土发生裂缝,测量控制不好
	(4)排水与涵洞风险		涵背回填不好,基底处理不当
	(5)防护风险		滑坡抗滑桩施工不好,膨胀土边坡坡面处理不好,喷锚混凝土施工不好
	(6)技术风险		应用新技术、新工艺方法困难或失败,施工技术和方案不合理,场地沉降或地基移动对周围建筑物产生影响,临时设施的设计和施工的失误,施工工艺落后,现场进度计划不合理,行政和外界对施工方案和技术的干扰,承包人对技术文件、工程说明和规范理解不正确,外文条款翻译与理解不正确

续上表

项目名称			风险原因
2.项目系统结构风险	(7)现场条件风险		不充分的现场调查,征地、拆迁拖延,地质资料不充分,不可预见的地下问题,三通一平拖延,不稳定的供水供电,通水不畅
	(8)机械设备风险		施工设备供应或进场拖延,施工设备类型不配套或不合格,施工设备生产效率低,施工设备备料和燃料不足,施工机械故障,施工设备安装或调试失败,设备维修保养不当或超负荷
	(9)材料风险		原材料和成品、半成品订货或供应不足,原材料和成品、半成品数量差异,原材料和成品质量和规格不合格,运输储存和施工中的损耗,特殊材料和新材料的使用问题,失窃事故的发生
	(10)人员风险		一般工人、技术人员、管理者的素质不高;监理和承包人不合作;人身意外事故,关键人员损失;工作人员罢工、抗议或软抵抗
3.项目主体风险	(1)业主风险		业主违约、苛求、刁难,随便改变主意,但又不赔偿;错误的行为和指令,非程序地干预工程;业主不能完成合同责任;业主提供的招标要求不清楚,设计基础资料不完全;业主与承包人签订的合同的责任划分不清;业主的资金和信用状况差;业主的管理能力(包括管理水平、管理力量、组织能力、支付能力等)差;业主对承包人的信任度低;业主外部协调能力差
	(2)承包人风险	①职业责任风险	施工人员在施工中缺少质量责任意识和投资控制意识,项目管理者责任心不强或私心重,贪污受贿,管理混乱
		②不规范行为风险	采取行贿等非法手段,盲目压价,转卖资质,转包、分包施工任务;一些小的承包人无证挂靠;某些施工人员搞兼职施工;施工中不执行国家及行业的规范和强制性标准,某些施工人员推销关系单位产品
		③管理风险	项目领导班子配备不合理,没有适合的技术专家和项目经理,合同管理不善(未能严格履行合同),对工期、质量、安全各项指标的落实措施不严格,现场工序安排不合理、协调不力,施工准备工作不充分,内部管理制度不完善、执行不严,下属施工队伍计量超合同、材料超供应
	(3)分包商风险		分包商过多,协调组织工作不好,分包商履约不力,分包商技术能力不足,分包商管理能力不足,分包商没有得力措施,分包商工作人员不服从承包人管理,施工方案错误
	(4)监理风险		监理的管理能力、组织能力、工作热情和积极性、职业道德、公正性差;监理有文化偏见,不正确地执行规范或合同,在工程中苛刻要求;在工程中起草错误的文件,下达错误的指令;监理工作效率低,拖延签署支付,对一些索赔问题迟迟提不出建议或做不出决定;监理责任心不强,擅离职守
	(5)其他主体风险		中介人的资信、可靠性差;政府机关工作人员、城市公共供应部门(如水、电等部门)的干预、苛求和个人需求;业主方的咨询顾问对承包人的信任度低;业主方的咨询顾问管理能力和专业水准差

5.2.3 工程项目施工阶段风险识别结果

无论采用何种方法,结果是希望尽可能把施工过程中常见的风险因素识别出来。根据不同的风险分类标准,可以得出不同的风险识别结果;不同的工程类型,其风险因素尤其是技术因素,可能存在一些差异。根据风险的性质,表5-3列出了工程项目施工中承包人面临的一些常见风险因素。安全风险本质上属于项目管理风险,由于在施工阶段容易导致各种安全事故频发,因此可将其单列。

施工过程常见的风险因素　　　　　　　　　表 5-3

风险种类	常见风险因素
施工技术风险	技术方案有误,工程返工,设备缺陷及故障,材料质量不合格,项目计划调整,设计变更,技术可靠度等
施工组织风险	施工组织设计有误,组织不合理,后勤服务不周,季节性拖延,工地条件不同,项目计划调整,后勤服务短缺等。
项目管理风险	管理制度不完善,管理措施有误,材料、设备不完善,行政干预等
施工安全风险	施工人员、施工机械和施工环境等存在的安全风险等
项目财务风险	垫资承包风险、资金管理风险、材料款结算支付风险等
施工合同风险	合同条款不完善,风险分担格局不合理,约定不清等
自然环境风险	塌方、火灾、洪水、暴雨、台风等自然灾害风险;地质条件、水文条件等地理环境风险
社会经济环境风险	劳资纠纷、劳动者供需、环境保护;政策法规,通货膨胀、汇率变化等

根据风险的可控性,施工过程中这些常见的风险因素又可划分为可控制风险和不可控制风险。比如,技术风险中技术方案错误、材料质量不合格等风险对于承包人而言属于可控制风险,业主带来的项目计划调整、设计变更等对于承包人而言属于不可控制风险;自然环境风险中的火灾、塌方等属于可控制风险,地质水文条件属于不可控制风险。

[例 5-4] 地铁隧道浅埋暗挖工程施工技术安全风险识别。

浅埋暗挖法是国内地铁常用的施工方法,由于避免了明挖法的大量拆迁占地和改建现象,而且受自然天气影响小,减少了对周围环境的粉尘污染和噪声影响,以及对城市交通的干扰小,十分适用于在人口及建筑密集的繁华城市内施工。浅埋暗挖法因地层损失而引起地面移动明显,对周边环境的影响较大,因此对开挖、支护、衬砌、排水、注浆等方法提出了更高的要求,使施工难度增加。以北京地铁 5 号线崇文门站—东单站区间隧道施工采用的浅埋暗挖施工法为例,识别出该项目施工过程中的主要风险。

在该工程的风险识别中,综合运用工作结构分解、核查表和专家问卷相结合的方法进行。首先,将收集的数据中所涉及的工程项目按照 WBS 分解成单位、分部和分项工程。将归纳的风险事件按照以上介绍的项目风险分类的标准加以分类。其次,将工程结构分解和分类的风险事件作为核查表的横竖列,形成项目风险识别表。最后,请亲身参加过类似工程的专家评价此核查表,去伪存真,找出该工程的主要风险体现在技术风险、安全风险等方面。

(1)恶劣多变的地层地质和水文条件

区间工程所在地层的地质水文条件表现出很大的随机变异性。同时,地层中还存在大量富水物体的活动与作用,如含水管线、排水暗沟等。由于工程地处闹市区,导致地质勘探和降水工程受限,施工人员无法得到精确的资料。本区间工程在施工右线中段时,曾经出现多次涌水事件,最严重时曾导致隧道结构封闭两个月才复工。由于工程地面存在大量民房导致降水不能施工,区间隧道近 2/3 段存在带水开挖施工状况,渗漏水不断。

(2)隧道周边建筑物和地下管线复杂

由于工程处于城市闹市区,周围的地面构筑物和周围环境设施很复杂。地面建筑物的安全程度较低;地面建筑物和区间隧道之间的垂直距离不到 6m;管线的类别、年限、材料及施工方法表现出其承受隧道施工扰动能力较弱。

(3) 施工方案的复杂性

本工程因为运营的需要,在开工后新增加了渡线突变结构。目前,国内针对区间隧道渡线结构存在多种技术方案,各有千秋。但由于工程施工技术方案与工艺流程复杂,且不同的工法又有不同的适用条件,贸然采取某种技术方案必然产生风险。

(4) 施工中人员的安全

地铁工程的建设周期长、施工环境条件差,这些都容易对施工人员产生不良影响,导致出现各种意外风险事故。

5.3 工程项目施工阶段的风险分析与评价

5.3.1 工程项目施工阶段的风险分析

风险分析是在风险识别的基础上进行的。在对施工项目风险进行识别后,根据施工项目风险的特点进行分析,从而较全面地了解项目风险,进行合理、科学的风险管理和防范。施工项目的风险分析首先是对单个风险进行分析,具体也包括风险概率分析和风险损失分析,具体分析内容和方法参见2.3.5节和2.4.2节。

5.3.2 工程项目施工阶段的风险评价

施工阶段的风险评价是指在施工风险识别和分析的基础上综合考虑风险发生的概率、损失幅度以及其他因素,得出施工阶段发生风险的可能性及其程度,并与公认的安全标准进行比较确定施工阶段风险的等级,由此决定是否需要采取应对措施以及应对到什么程度。

施工阶段常见的风险评价方法有:层次分析法、检查表式综合评价法和模糊综合评价法等。具体方法实施的步骤和条件参见2.3.4节,此处结合施工阶段具体风险特点和内容,对检查表式综合评价法进行举例。

[例5-5] 检查表式综合评价法的应用。

检查表式综合评价法是以检查表的方式,综合评价特定的风险系统。若要保证该风险评价方法的效果,关键是合理地设计检查项目和风险评价标准。比如为了评价某桥梁工程项目施工风险,采用检查表式综合评价法对其施工过程中的风险进行评价,见表5-4。

某桥梁工程施工风险检查表　　　　　　　　表5-4

序号	检查项目	风险状况	得分
1	施工现场临时休息用的建筑安全状况	是	5
		否	0
2	施工现场临时仓库的防火、防盗和防水情况	是	5
		否	0
3	各专业工种的施工顺序是否合理	是	5
		否	0

续上表

序号	检查项目	风险状况	得分
4	是否建立了各项安全责任制	是	5
		否	0
5	现场管理人员的管理能力	高	5
		低	0
6	现场施工组织设计是否合理	是	5
		否	0
7	桩基和承台是否达到动静荷载的承重要求	是	5
		否	0

5.4 工程项目施工阶段的风险应对

在施工阶段，风险管理人员可以采取风险控制、风险自留、风险转移等方法进行风险应对。同时在施工过程中，预警管理、安全管理和应急管理也可以看作风险应对策略的一部分。这些管理措施共同构成项目风险管理的核心内容，旨在通过一系列预防和应对机制来控制和降低潜在风险。

5.4.1 工程项目施工阶段的风险预防和控制

如果不对工程项目施工过程中各风险因素进行有效监测和控制，会带来质量、费用、进度和安全等项目管理目标的折损。为此，一方面在施工过程中实施动态风险监测可以一定程度上减小风险发生的后果；另一方面，采取有效的风险控制措施来降低风险发生的概率或后果。

5.4.1.1 工程项目施工阶段的动态风险监测技术

在施工过程中进行风险控制可采取的动态风险监测技术有审核检查法、费用偏差分析法、横道图法、S 曲线法、控制图法、风险图表表示法、网络计划技术等，下面分别对其进行介绍。

(1) 审核检查法

审核检查法适用于从项目建议书开始到项目竣工结束的全过程的风险监测。该方法分为审核和检查两大步骤。审核的主要对象包括项目建议书、项目的招标文件、设计文件、实施计划等。审核的重点是要查出上述文件中是否存在错误、疏漏、不准确、矛盾之处。同时可能查出以往被遗漏的地方和问题。审核通常在项目展开之后以开会形式进行。审核会议要有明确的目标，审核问题应具体明确，应邀请多个专业和不同岗位的人员参加会议。实行交叉审核，即审核者不要审核自己原来负责的那部分工作。审核结束后，应该把审核发现的问题交代给原来的负责人，并立即解决，问题解决后签字验收。

检查是在工程项目施工过程中进行。检查包括项目的设计文件、实施计划、试验计划、在建工程、运到现场的材料设备等。参加检查人员的专业技术水平应基本相当，便于在检查过程中平等地讨论问题。在检查之前，应事前准备好检查表，把要问的问题记录在检查表上。在检查结束后，把发现的问题及时向负责该工作的人员提出，负责人立即解决，然后签字验收。

(2)费用偏差分析法

费用偏差分析法是一种监测项目费用风险和进度风险的方法。该方法比较已完成的工程项目与原定项目计划的实际费用支出和时间进度,确定工程项目在费用支出和时间进度方面是否符合原定计划要求。该方法计算和收集三种基本数据:拟完工程计划费用(BCWS)、已完工程计划费用(BCWP)和已完工程实际费用(ACWP),将三种数据分别绘成三条曲线。利用曲线之间的偏差,来确定工程项目是否存在费用风险和进度风险。如图 5-2 所示,费用偏差为 $\Delta C = \text{ACWP} - \text{BCWP}$,其结果为正值表示工程支付超出预算,存在费用风险,应根据超支程度,采取措施控制费用;其结果为负值表示项目未超支。进度偏差为 $\Delta T = \text{BCWS} - \text{BCWP}$,其结果为正值表示项目进度拖延,存在进度风险;结果为负值,表示工期提前。

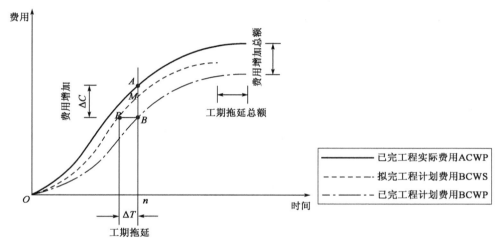

图 5-2 费用偏差分析图

除了上述的费用偏差和进度偏差之外,还可以用费用指数 CPI 和进度指数 SPI 来监测项目费用和时间进度风险。费用指数 CPI = BCWP/ACWP,进度指数 SPI = BCWP/BCWS。

(3)横道图法

横道图可以用于工程进度和费用的监控。当横道图用于工程进度的监控时,将每天、每周、每月的实际进度情况定期记录在横道图上,通过比较计划进度和实际进度的差别,来掌握项目进度的超前、落后和按计划进行的情况,并根据掌握的情况,分析风险和采取相应的措施。监控工程进度的横道图如图 5-3 所示。

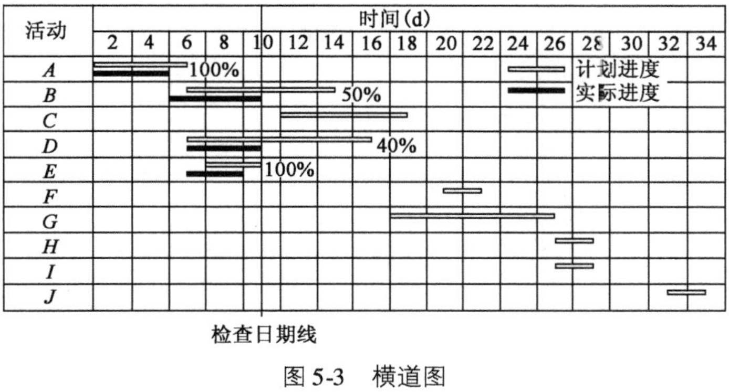

图 5-3 横道图

当横道图用于工程费用的监控时,用不同的横道来表示已完工程计划费用、拟完工程计划费用和已完工程实际费用,横道的长度与其金额成正比,通过比较三种费用来监控工程费用风险,如图5-4所示。

项目编目	项目名称	各费用数额(万元)	费用偏差(万元)	进度偏差(万元)
011	土方开挖	60/60/60	0	0
012	土方外运	80/75/75	5	0
013	桩制作	100/95/90	10	5
014	打桩	70/60/65	5	−5
015	基础	110/110/100	10	10
……		0 20 40 60 80 100 120		
合计		420/400/390 0 100 200 300 400 500 600	30	10

图例:已完工程实际费用　拟完工程计划费用　已完工程计划费用

图 5-4　费用监控的横道图

(4)S 曲线法

S 曲线法可以直观地反映整个工程项目计划进度和实际进度的情况,它是在宏观层面上对工程项目风险进行分析的方法。在工程项目施工中,每隔一段时间将实际进展情况绘制在原计划的 S 曲线上,通过比较来了解工程项目进度的超前和延迟情况,并根据比较结果监控存在的进度风险,如图5-5所示。

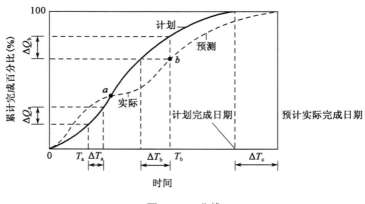

图 5-5　S 曲线

(5) 控制图法

控制图法用于工程项目质量风险的监控。控制图有三条基本线：上控制线、下控制线和中心线，分别控制上限、下限和平均值。把控制对象发出的反映质量状态的质量特性值用图中某一相应点来表示，并将连续打出的点子顺次连接起来形成表示质量波动的折线，根据点子是否在上下控制线内和点子的排列位置来分析工程项目质量风险。控制图法有判稳和判异两类评判标准。通常的判稳准则有多种，如连续 25 个点子均在上下控制线内或连续 35 个点子中最多有 1 个点子超出上下控制线范围属正常现象；也存在多种判异准则，如点子在中心线一侧连续出现 7 次以上、连续 7 个以上点子在上升或下降、点子出现周期性变化等属不正常现象，即存在质量风险。控制图如图 5-6 所示。

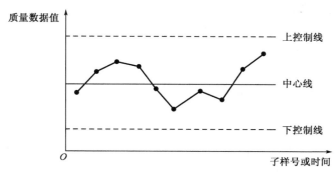

图 5-6 控制图

(6) 风险图表表示法

风险图表表示法是根据风险评价的结果，从工程项目的所有风险中挑选出几种主要风险，实施重点观测。比如选出 10 种对项目目标影响程度最大的风险，列入风险监测范围。每个月都对重点监控的风险进行检查，制订风险应对计划，并说明风险应对计划是否取得了成功。风险图表需要列示的项目包括当月优先考虑的风险、当月优先顺序号、上月优先顺序号、风险类别以及应对措施等。表 5-5 列出了某个项目的五种重点监测风险。

风险图表 表 5-5

风险策略风险类型	当月优先序号	上月优先序号	风险类型	风险应对
进度拖延	1	3	可以预见	自留、防控
要求变更	2	4	可以预见	自留、防控
功能未达要求	3	2	已知	自留、防控
费用超预算	4	1	已知	后备措施
人员无经验	10	10	已知	转移

(7) 网络计划技术

① 网络计划技术分类。

工程项目进度常用网络计划来描述。网络计划技术分为肯定型和非肯定型两类。

肯定型网络计划假设工程项目的每一活动（Activity，或称工序）间的逻辑关系是确定的，完成每一个活动所需的时间也是确定的，这种网络需用关键路线法（CPM）去分析。

但这种肯定型网络计划只是对工程项目的实施过程的简化描述，在工程实践中，由于政治、经济、气象、水文、施工方案、资源供应、施工环境等不确定因素的影响，必然导致工程项目实施中活动的持续时间,即完成活动所需的时间,具有不确定性。显然,实现工程项目的工期目标存在着风险。因此,工程项目进度更适合用活动逻辑关系确定而活动持续时间不确定的网络来描述,即用计划评审技术(PERT)来分析评价工程项目实施进度。显然,PERT 属于非肯定型网络计划技术。

CPM 和 PERT 都需找出项目实施的关键线路,但 PERT 认为项目各活动持续时间是一随机变量,可根据工程项目已有的资料或工程进度管理人员的经验用三点法进行估计。

②CPM 与 PERT 的适用条件。

CPM 适用于已有实际经验的项目,各活动所需作业时间是确定的。PERT 的适用条件为:

a. 事前能够对项目的工作过程进行较准确的描述。

b. 能够在事前较准确地估计各个活动所需资源和时间。

c. 整个工作过程可以划分为相对独立的各个活动。

③CPM 与 PERT 的优缺点。

a. CPM 的优缺点。

优点:它的出现为项目提供了重要的帮助,特别是为项目及其主要活动提供了图形化的显示,这些量化信息为识别潜在的项目延迟风险提供极其重要的依据。

缺点:现实生活中的项目网络往往包括上千项活动,在制定网络图时,极其容易遗漏;各个活动时间经常需要利用概率分布来估计时间点,有可能发生偏差;如果管理团队确实无法确定的工作,应该在项目运作的计划中进行充分的分析和重新安排,此时网络计划法并不是一个好的选择,也需要其他工具和方法同时辅助使用。

b. PERT 的优缺点。

优点:PERT 是一种有效的事前控制方法;可以使各级主管人员制订计划,明确整个组织结构各组成部分的职责;通过时间网络分析使主管人员更加明确其工作重点,将注意力集中在可能需要采取纠正措施的关键问题上,使控制工作更加富有成效;也是一种计划优化方法。

缺点:不允许回路,排除了反馈;每项活动持续时间必须服从 β 分布或正态分布;各项活动的实现是确定的,不存在概率分支的可能性。

随机网络法又称图示评审技术(Graphical Evaluationand Review Technique,GERT),也是一种网络计划技术。它可以克服 PERT 的缺点,不仅活动的各参数(如时间、费用等)具有随机性,而且允许活动的实现也具有随机性。

5.4.1.2 工程项目施工阶段的风险控制对策

风险控制就是采取一定的技术管理方法避免风险事件的发生或在风险事件发生后减小损失,主要是风险缓解的对策。采取这些措施时,不可避免地要产生一定的费用,但与承担风险比较,这些费用要远远少于风险事件发生后造成的损失。如果施工单位盲目赶进度、降成本,没有注意控制风险,可能会导致安全事故的发生,使得成本急剧增加。下面就建筑施工项目中可能出现的各种风险提出相应的控制策略。

(1)组织风险控制对策

①培养风险意识,加强风险教育和培训。承包人应树立风险规避意识,重视风险。通过人、财、物、技术等多方面投入,提高管理人员、作业人员质量、安全意识;加强管理人员和操作

作业人员的教育培训,使广大职工能爱岗敬业,增强职工的凝聚力和忠诚度。

②完善内部管理制度,合理进行人员配置。建立健全企业内部管理制度,科学选择合适的项目经理等项目管理班子成员以及操作作业人员。

③增强项目管理人员的风险管理技术水平。管理人员应懂得现代项目管理的一些新技术、新工具、新方法;操作作业人员应熟悉新工艺、新方法,熟练掌握本职工作所需的技能,达到相应专业技术水平。

(2) 工程环境风险控制对策

针对自然灾害、气象条件和火灾、爆炸等风险,一是选择工程保险这一风险转移对策,将风险有意识地转给与其有相互经济利益关系的另一方承担,这是降低风险损失的有效手段。二是对火灾、爆炸等风险源加强监控,对现场加强管理,规范操作,树立预防为主的观念。三是通过合同,实现风险的合理分担。

有经验的承包人都格外重视合同的签订,从项目开始就防范风险。因此,比较积极的方法是在事先的合同中明确约定,当发生了某种"自然灾害"事件时,应免除当事人的履约义务。如果在合同中不做详细规定,只是默认 FIDIC 通用条件或其他合同范本中的通用性条款,就容易造成责任模糊不清的状况。承包人要在合同中明确自身分担风险的范围和责任,争取签订合理的合同条款,这对于减轻和转移承包人的风险至关重要。例如,关于台风符合什么条件可以算作不可抗力,进而获得相应的工期补偿,承包人和项目业主应在合同中约定清晰。尽管承包人在项目开工前做了充分的准备,但由于工程具有时间跨度长、涉及面广、可变因素较多等原因,承包人仍然可能遭遇重大风险。在风险发生后,承包人应积极进行索赔工作。

(3) 技术风险控制对策

要制订科学合理的施工方案和施工组织设计,采用科学的施工工艺,加强对工程物资的管理,采用合适的施工机械并加强对其管理。

[例 5-6] 地铁隧道浅埋暗挖工程施工中的风险应对。

针对[例 5-4]中北京地铁 5 号线崇文门站—东单站区间隧道施工浅埋暗挖施工过程中识别出的主要技术风险,采取相应的风险缓解和控制策略。

①地层地质和水文风险的控制措施。

由于地质水文条件客观存在,风险不能根本消除,并且在投标文件中已经对此地质水文条件做了一定的承诺,只能采取减轻风险策略。针对不良地层,可以使用浅埋暗挖法中的辅助施工方法。应该综合考虑辅助施工方法的选法、工程地质条件等情况,优先选择较简单的方法或同时采用几种综合辅助施工方法。常用的辅助施工方法主要有降水和地层加固两种形式。其中地层加固方法主要有:环形开挖留核心土;喷射混凝土封闭开挖工作面;超前锚杆或超前小导管支护;超前小导管周边注浆加固地层;设置临时仰拱;深孔围岩加固劈裂预注浆或堵水固结预注浆加固地层;管棚超前支护加固地层;冻结法固结地层;水平旋喷法超前支护地面加固防地层等。考虑本区间隧道具体条件:杂填土层较厚、自稳性差、易坍塌、含水管线较多等,在区间隧道施工中,采取了三重导管注浆和地面旋喷咬合桩加洞内双重管注浆。在隧道上方对应地面无施工场地时,在隧道内采取超前长 6m、短 2.5m 管注浆加固土层和止水;初期支护后再径向全断面补偿注浆。在隧道上方对应地面有施工场地时,作旋喷咬合桩,形成止水桩墙,阻断地层内水源的补给,同时洞内采取超前长(6m)、短(2.5m)管注浆加固土层和止水。实践证明,此措施很好地保证了隧道内对于恶劣多变的水文地质条件的有效防范。

②隧道周边建筑物和地下管线复杂风险的控制措施。

对于隧道上方地面的民房,聘请具有资质的房屋鉴定机构对全部房屋进行了危房鉴定,然后以正式报告形式与业主进行协商,促使其向市政府汇报,结合城区改造将危房予以拆除。经过努力,隧道上方90%的危房进行了拆除,基本解决了风险问题。对于管线安全,经过专家讨论会和现场调查,采取了从区间隧道内新开一个断面不足 $4m^2$ 的洞室贴近管线,使用近距离注浆将管线周边土层进行置换,以达到加固和止水的作用。

③复杂施工方案的风险控制措施。

对于区间隧道新增的渡线结构,采取风险缓解和风险利用策略。在充分进行技术方案论证前提下,提出了"纵横导洞"的施工方案,同时又进行了工程索赔,增加了承包人的工程收入。

(4) 安全风险控制对策

安全风险是建筑施工企业最为关心的一种风险,它关系到建筑施工企业在此项目上的收益以及自身的生存和发展。所以,建筑施工企业在施工项目的管理上必须重视安全生产。为了减少安全风险,应该从引发安全风险的各个环节、各个层面去控制,严格按照技术交底施工。对人的不安全行为和物的不安全状态等进行风险控制,并做好事故预防和预警管理,避免发生人身伤亡事故。

(5) 合同风险控制对策

工程项目施工风险与施工合同不严密、不完备、不规范密切相关。加强建设工程施工合同管理,提高合同管理质量,是符合我国国情、切实可行的工程项目风险预防机制中的一个主要的防范措施。加强施工合同管理包括合同签订管理、合同履行管理、书面资料管理等合同内部管理措施以及合同监管部门、法律服务机构等实施的外部管理。规范合同签订,减少合同条款缺陷带来的风险,施工合同既是工程项目管理的法律文件,也是工程项目全面风险管理的主要依据,这有利于减少因法律法规、工程变更、物价波动、索赔、现场签证等带来的价款调整纠纷以及工程预付款、进度款、竣工结算等带来的结算纠纷。鉴于合同条款约定的合理性、清晰性对发承包双方合同履约以及承包人承担风险的重要影响,本书将在5.5节对施工阶段合同风险管理进行专门分析。

(6) 财务风险控制对策

在施工项目风险管理中,财务风险也是困扰建筑施工企业的一项重要风险,主要表现为垫资承包风险、汇率金融风险、资金管理风险、材料款结算支付风险等。

① 防范垫资承包风险

垫资承包风险指施工企业为业主的垫资由于难以预料或无法控制的因素影响而无法按时足额收回资金的风险。建筑市场上的不规范行为和建筑市场供过于求的局面,造成带资承包、垫资工程成为较为普遍的现象。同时,随着建筑市场的不断发展、投资主体的法人化程度的不断提高,许多业主在招标过程中增加了风险抵押或履约保证金的比例和数量,越来越多的业主将履约保证金由原来的银行保函改变为货币资金。由于施工企业生产产品的独特性,即单位产品价值高、生产周期长等,决定了履约保证金的数额大、抵押时间长,项目履约保证金往往变成了实质上的"垫资"。此外,按比例付款和质量保证金制度又会积压一定比例的应收工程款等,因而形成了施工企业的垫资承包风险。

在承接项目时,为了防范垫资承包风险,不论是硬垫(交纳保证金),还是软垫(垫进度款），都要考察项目收益和现金流。项目收益应包括项目投入资金成本，并考虑项目的后期收款成本后的收益，就承包人而言，项目现金流是其结算工程款的资金保障，因而项目现金流比项目收益更加重要。在施工过程中，要加强对保证金和垫资款的回收。在签约时，需要细致、明确地规定垫资方式、归还方式、归还期限、违约责任等，最大限度地减少垫资风险。对付出的保证金要采取递退式返还方式，及时收回资金，降低风险。

②规避汇率风险

建筑施工企业在国内承接外资贷款项目，需要以外币作为结算单位时，所遇到的汇率风险往往比在国外承接业务的汇率风险要大。在国外承接业务收入与支出都是用同一种货币，对项目本身来说，成本相对容易控制。而在国内承接的外资贷款项目，收入是以外币计价，然而材料设备采购、人工工资等成本基本用本币支付，外币计价收入金额越大，遇到汇率波动越大，则汇率风险也就越大。

管理或规避汇率风险措施包括：一是将汇率风险纳入投标价格。就是将合同期内汇率可能波动的幅度完全纳入投标价格中，这种情况可以将汇率风险完全转嫁给对方，但是在实施过程中，由于竞争激烈，招标规则又往往是最低价中标，难以把握和控制。二是运用汇率衍生金融工具管理风险。在合同签订时或签订后，对预测会有汇率风险者，可以通过运用远期外汇交易、货币期权、汇率期货等金融工具固定成本或收益来规避汇率风险。或者说，业主以外币支付工程款后，汇率不利于施工企业时，施工企业可以将外币存入银行，到汇率有利时再兑换为本币的办法，但这要求企业有强大的垫资能力，还要有精通外汇金融管理的人才。三是锁定汇率，在签订合同时，与业主约定按签约时的汇率约定一个浮动范围，当汇率的波动较大，超过浮动范围就可以索赔，这是一个双方都可以接受的规避汇率风险的办法。

③控制资金风险

对施工企业可能存在的资金管理风险，应采取多种措施加以缓解和控制。

a. 要加强资金的统一调控管理。把资金集中到法人层面，大额筹资、融资、投资要经过公司法人层面的决策，如垫资施工、现金保证、投标保证金等项目，要经过相关程序严格审批。

b. 成立内部资金管理中心。大型施工企业成立以商业银行管理方式运作的内部结算中心，积极调剂资金余缺，加速周转，提高资金效益和使用效率。工程项目多且分散引起资金分散，从而使资金沉淀在各个单独的银行账号上，资金的整体优势和合力难以体现出来，提高资金运行效率急需解决资金结算和收付分散问题，变零星的资金沉淀为整体积集。内部资金管理中心通过规模运作，加强资金调度，可降低企业整体资金成本。

c. 不断拓宽融资渠道，建立强大的资金支持体系。

d. 坚持清欠偿债不放松，利用打折等方式主动偿还各类债务，有效地规避风险，改善资产负债状况；对于业主拖欠的工程款，要采取多种措施，甚至动用法律手段进行清收。

e. 加强保函管理。保函是一种或有负债，即可能要支付的现金。除了要认真做好项目，认真履约，保证保函的安全外，还要及时办理保函退回手续，努力节约各类保函手续费。

f. 采用项目经理负责的施工现场成本控制法。为了控制工程项目无效率的费用支出，可以实行项目经理负责制，由项目经理负责采用施工现场成本控制法对项目成本实施现场控制，确定施工项目资金支配数额，项目经理负责在控制的成本（资金）范围内完成施工。施工项目部的余缺资金则由施工单位的内部资金管理中心进行调剂。

g. 加快资金审核支付过程，为了资金及时到位而不影响施工进度，应要求将已形成支付要求的凭证资料及时报送财务部门,以便及时审核,落实资金。建立财务审核支付制度,提高审核支付的效率。例如规定一周内审核完毕,一个月内资金到位支付。同时,严控资金的使用范围,杜绝不符合使用范围的支付发生。

④规避合同价款结算支付风险

a.价款支付及时性风险应对。对工程项目的来源要有充分的了解,特别是业主资金运作情况、资信情况等要有充分估计,对合同的支付条件以及业主延期付款条件要有一定的制约方法,包括银行保函及利息率等。

b.材料款结算支付风险应对。在合同规定业主提供材料的情况下,合同中应规定材料结算的方式、时限、材料节约收益的分享等。如果合同规定乙方自行供应,最好在合同中明确材料的质量标准。如果明确材料的质量标准不能事前确定或者遗漏,为了防止甲方通过提高材料档次标准或指定供应商提供质次价高建材,而提高乙方的材料款支出,乙方应提出参与甲方代表的评选材料供货商的过程,至少公开有意向材料供货商的信息,包括材料质量标准、价格等。

c.物价异常波动带来的价款调整风险应对。工程项目的施工周期往往较长,极有可能会碰到建材价格大幅波动的情况。无论是固定价格合同还是可调价格合同,均应对物价异常波动带来的价款调整予以明确规定,以利于承包人规避建材价格上涨风险。除此之外,如果承包人判断出某一建材有涨价的趋势,则可以利用期货的方式购买建材。在这种情况下,承包人只需签订一份购货合同,预付一部分保证金,就可以在以后的施工中以低于市场价的价格购买所订购的建材,承包人这样做不仅能够节省开支,还能达到规避风险的目的。

对于施工财务风险,除了承包人的控制对策,政府部门也应强化对建设方(甲方)和施工许可证的管理,凡是资金不能到位的,一律不能开工建设,这个闸门绝不能松口。政府部门要建立建筑市场的信用评价、登记制度,对违规的建设单位进行通报批评,记入信用档案,对以后的建设项目加以限制。

5.4.2　工程项目施工阶段的风险自留和转移

5.4.2.1　工程项目施工阶段的风险自留

风险自留是当无法采用其他风险处理策略或采用其他风险处理策略成本太高且效果不佳时,由承包人自行承担风险的策略。风险自留有主动风险自留和被动风险自留。主动风险自留是指承包人在已经识别、度量和评价工程项目风险的基础上,在明确了风险的性质和风险的后果,并与其他风险处理策略进行比较、权衡利弊后,主动将风险留置内部作为最优选择的风险处理方式。被动风险自留是指在没有充分识别、度量和评价风险的情况下,承包人被迫采取自身承担风险的风险处理方式,它是一种被动的、无意识的风险处理方式,在某些情况下可能会造成严重的财务危机。

在施工中,对于那些可能造成的损失较小、重复性较高、通过加强管理能够规避的风险,是适合自留的。例如,在混凝土浇筑中的混凝土搅拌质量风险、分项分部工程工期风险、分层交叉作业时工作面能否顺利交接的风险等。

[例5-7] 某公路工程风险自留策略的采用。

根据公路工程的风险特点,某公路工程财务风险自留的方式有以下三种:

①将损失摊入经营成本。这种方法是指将损失计入当期的损益,把它当成经营费用,用当期的收入来弥补这部分损失。这种方式适用于处理损失频率高但损失程度小的公路工程项目风险。

②建立意外损失基金。这种方法是指承包人基于对所面临风险的识别、度量和评价,并根据自身的财务能力,预先从每年的现金流中提取资金,用于补偿风险事件发生所致损失的一种自保行为。这种方式适用于处理那些可能引起较大损失,但损失又无法直接摊入经营成本的风险。

③借款。借款是指在风险事件发生后,承包人通过借贷筹措资金以补偿风险事件发生所造成的损失。采用这种方式时,承包人在风险事件发生前不必有任何的实际支出,而只是在损失形成以后通过借款来补偿损失,并在以后较长的一个时期内均匀分摊、逐步偿还。

风险自留在某些条件下有着积极的作用,但它也有局限性,这主要表现为当风险自留作为一种降低成本、节省公路工程费用积极的策略应用时,承包人可能面临比以前更大的风险,甚至危及承包人的生存和发展。例如,在汛期来临的时候,若承包人对正在施工的公路工程不实施任何保护措施,那么他采取的就是风险自留策略。虽然风险自留策略能减少费用,但是如果在建的公路工程被冲毁,承包人将面临更大的风险损失。

5.4.2.2 工程项目施工阶段的风险规避

风险规避是在考虑到项目风险及其所致损失巨大时,主动放弃或终止该项目,以避免与该项目相联系的风险及其所致损失的一种应对风险的方式,它是一种最彻底的风险控制和应对手段。在对项目进行风险识别、分析和评价后,如发现实施此项目将面临巨大风险,将有可能造成承包人无法承受的重大损失;而且风险经分析又不可能采取有效措施减少其风险损失,保险公司也认为该项目风险太大而拒绝承保,这时就应放弃或终止该项目的实施,以避免今后可能发生更大的损失。

[例 5-8] 某公路工程风险规避策略的采用。

当公路工程项目风险事件发生的可能性太大,其不利后果也很严重,而又无其他策略可用时,可以主动放弃该公路工程项目或改变该公路工程项目目标,从而避免风险事件发生,这就是风险规避策略。

风险规避的方法有以下四种。

①终止法。终止法是指通过终止(或放弃)公路工程项目来避免风险事件发生的方法。

②改变法。改变法是指在已经承担风险的情况下,通过改变工作地点、工艺流程、原材料等途径来避免风险事件发生的方法。例如,当采用一般水泥进行大体积混凝土浇筑后产生温度裂缝时,应该停止该施工作业,改为采用低热水泥或采用其他温控措施来避免混凝土温度裂缝这一质量风险事件。

③充分利用合同条款。在投标阶段及时发现招标文件中可能招致的风险,争取在合同谈判阶段通过修改、补充合同中有关规定或条款来规避风险。

④回避外汇风险。外汇风险在对外承包企业中主要表现在两个方面:一是外汇收支过程中的汇兑损失;二是企业所持有的流动外汇现金的保值。为避免这两种外汇损失,应在签订合同前考虑以下三种方法。

a. 选择有利的外币计价结算。计价外币应选择国际金融市场上可自由兑换的货币,并且在可自由兑换货币中争取硬通货币,即在收回外汇期间汇率稳定或上浮的货币。

b. 使用多种货币组合计价结算。国际工程承包合同中多采用几种货币组合支付的形式，这种做法能减轻双方的汇率风险。

c. 购买远期外汇等金融衍生品。

5.4.2.3 工程项目施工阶段的风险转移

风险转移是指风险管理者将风险有意识地转移给予其有经济利益关系的另一方承担的风险应对方式。风险转移方法主要有保险、担保和合同转移。

(1) 工程保险

保险是最重要的风险转移方式，保险的理论研究和实践活动在风险管理发展的早期就已经得到了充分发展。工程保险是由火灾保险、意外伤害保险、物质损失保险和责任保险等演变而来的综合性保险险种。该险种主要承保在工程施工期及一定的使用期内，因自然灾害、意外事故和人为原因等所造成的人身伤亡、财产损失或第三者赔偿责任。工程保险涉及的险种主要包括建筑工程一切险、安装工程一切险、机器设备损坏险、机器设备利润损失险、雇主责任险、职业责任险、人身意外伤害险等（详细内容见第8章）。

同时，承包人对商业保险的局限性也要有充分认识。商业保险只承办纯粹的自然灾害和意外事故所致的损失，而且只承办其责任项下的业务，其他损失不属理赔范围，保险人均不赔偿；商业保险业务目前的业务扩展也不能与承包人工作的开展完全同步，所以商业保险条款难以全面反映出施工项目新的风险存在和发生的可能性。另外，商业保险条款中的许多细则对于承包人的权益而言具有局限性，所以承包人不能完全依靠商业保险解决项目风险，必须实行项目自身内部的风险预防。

(2) 工程担保

工程担保是转移工程项目风险的方法之一。工程担保可以分为要求承包人提供的担保和要求业主提供的担保等类型。具体内容可以详见第9章相关介绍。

(3) 合同转移

合同转移措施是指通过业主与设计方、承包人等分别签订的合同，明确规定双方的风险责任。合同转移属于非保险型转移措施。非保险型转移方式是指项目组将风险可能导致的损失通过合同的形式转移给另一方，其主要形式有租赁合同、保证合同、委托合同、分包合同等。通过转移方式处置风险，风险本身并没有减少，只是风险承担者发生了变化。业主与承包人之间的承包合同可以被认为是进行风险分配的一种有效活动。业主希望将尽量多的项目风险转移给承包人，而承包人为了自身利益，也必须增加一定的风险保证金（以明确的或隐含的形式）到其报价之中去。在整个过程中，真正的损失者应该是业主，因为业主是项目的最终支付者，业主希望转移给承包人和设计方的风险越多，则增加的成本越高。现实而经济的方法是业主和承包人进行合理的风险分担，业主应该尽力去控制和处理与项目有关的风险，将风险尽量留给最有能力控制风险的一方。

[**例 5-9**] 某码头项目工程保险投保安排。

投保是承包人应对"自然灾害"风险的有效途径之一。承包人可以通过投保将灾害损失转移给保险公司。例如某码头工程项目为了减少风暴潮的不利影响，承包人可以将风暴潮这一特种风险在保险公司进行投保。承包人投保工程保险的险种安排见表5-6。

承包人投保工程保险的险种安排　　　　　　　　　　　　　　表 5-6

险别	保险标的	
建筑工程一切险（包括第三者责任）	物质损失项目	(1) 在建的建筑工程。 (2) 施工用的物料和构件。 (3) 建筑用机器、设备和工具。 (4) 工地内临时搭建的建筑。 (5) 所有人和承包人在工地上的其他财产
	第三者责任	建筑工程保险的第三者责任是被保险人对在建施工或使用过程中，因意外事故给第三方造成财产损失或人身伤亡的，应承担的赔偿责任。在工程施工中，经常会出现因钻孔而把周围居民的房屋的墙壁振出裂缝，空中坠落的砖块、工具等扎到行人等，承包人应依法对第三方受害者承担经济赔偿责任，这种赔偿责任就是第三者责任
安装工程一切险（包括第三者责任）		(1) 工程承包合同中要求安装的设备、材料以及施工临时设施。 (2) 安装工程中工人和安装费用。 (3) 为安装工程使用的承包人的施工机具及设备。 (4) 土木建筑项目。 (5) 场地清理费用：指发生灾害事故后场地上产生了大量的残砾，为清理工地现场而必须支付的一笔费用。 (6) 第三者责任(亦称民事责任)：系指在保险期内因工程意外事故造成的依法应由被保险人负责的工地上及邻近地区的第三者人身伤亡、疾病或财产损失，以及被保险人因此而支付的诉讼费用和事先经保险公司书面同意支付的其他费用等赔偿责任，但被保险人的职工的人身伤亡和财产损失应除外(属雇主责任险范围)。 (7) 业主或承包人在地上的其他财产
伤害保险		(1) 雇主责任险，系指雇主为其雇员办理的保险，保障雇员在受雇期间因工作而遭受意外而致受伤，死亡或患有与业务有关的职业性疾病情况下获取医疗费，工伤休假期间的工资，并负责支付必要的诉讼费用等。 (2) 人身意外伤害保险，如果由雇主投保，则类同雇主责任险
运输车辆保险		参与项目建设的运输车辆

投保是承包人转移在打桩施工过程中产生的第三者经济赔偿责任的有效途径。承包人的第三者经济赔偿责任是指在其施工过程中，由于施工振动、坠落物、地面塌陷等造成除业主和承包人双方以外的人员伤亡和财产损失，承包人因此应承担向受害方赔偿经济损失的责任。码头打桩施工中，打桩振动对周围建筑产生的影响，挤土使部分民房严重开裂，路面下的管道破坏，煤气泄漏，通信电缆挤断，由此承包人应承担第三者经济赔偿责任。建筑工程一切险和安装工程一切险中都覆盖承保第三者责任。

5.4.3 工程项目施工阶段的安全与应急管理

工程项目施工阶段的安全与应急管理包括预警管理、安全管理与应急管理三部分，它们共同发挥维护项目安全、减少风险和应对紧急情况的作用。

5.4.3.1 工程项目施工过程中的预警管理

工程项目的施工过程比较复杂，施工环节多，不可控的因素也多，所以经常发生安全事故。施工过程的安全直接影响工程的整体质量，也影响着施工人员以及周围居民的生命财产安全，因此对于安全风险的把控也变得十分重要，施工过程中的预警也主要体现在安全风险预警上。施工安全风险预警管理过程是在对影响施工安全的因素进行综合分析的基础上，预测和警报可能出现的险情，针对具体险情做出决策，制订有针对性的应急处理预案，及时化解或降低风险，最大限度地降低灾害损失。施工安全风险预警管理过程主要包括五个步骤：明确警义、寻找警源、分析警兆、预报警度和排除警患。各部分的关系及相关内容如图5-7所示。其中明确警义是前提，是预警研究的基础；寻找警源是对警情产生原因的分析，是排除警患的基础；分析警兆是关联因素的分析，是预报警度的基础；预报警度是排除警患的根据，而排除警患是预警目标所在。以地铁工程为例，预警管理过程如下所述。

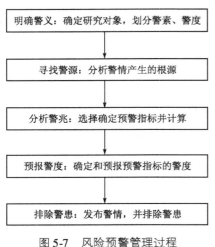

图5-7　风险预警管理过程

(1) 明确警义

警义是预警的起点，也是预警系统的基础，它包括警素和警度两个方面。警素在地铁施工过程中，是指薄弱部位或环节的安全状态；警度是指警情的状态，换言之是指警情的严重程度。预警是指预计变化过程中出现的异常点和危险点，在此基础上发出警报，为地铁施工的安全管理工作提供依据。在地铁建设过程中，异常点和危险点是一种变异情况，在预警科学中称为警素，危险点和异常点的危险程度和严重程度称为警度。

(2) 寻找警源

警源是指警情产生的根源，即地铁建设过程中已经存在或潜伏着的"病兆"。从警源的生成机制和产生原因来看，主要有三类：一是来自外在的警源，即自然警源，如水文地质条件、地形地貌、地下管线、周边建筑物等；二是人的行为，如地铁的设计和施工，对地铁安全的重视程度和监测的执行力度，法规的执行力度等；三是物的安全状态，如地铁建设过程中使用到的设备材料等。按警源的可控程度分析，警源指标可分为三类：一是强可控警源指标，如管理的问题和漏洞，人的不安全行为，物的不安全状态；二是弱可控警源指标，如结构本体的安全现状；三是不可控警源指标，如水文地质等。

(3) 分析警兆

警兆分析是预警过程的关键环节。警兆是指警素发生异常变化导致警情发生前先兆。在地铁施工安全监测中，所谓的警兆，即为地铁车站和区间的变形、受力等动态特征。从警源的产生到警情的爆发，中间必出现警兆。一般而言，警情和警兆是相互对应的，同一警情可能由多个警兆反应，但同一警兆也可以引起多个警情。警兆是警源的扩散，也可能是扩散过程中产生的现象。在警情出现之前，总有一定的先兆，警源与先兆之间可能是明显关系，也可能是隐形的未知关系，可能是直接关系，也可能是间接关系。警兆的确定可以依据工程经验，也可以从警源入手分析。

(4) 预报警度

在工程建设过程中，把警度按照其性质、可控性、严重程度和影响范围等因素划分为：红(严重风险)、橙(高风险)、黄(显著风险)和绿(一般风险)四级，其中一般风险表示无明显安全风险特征，安全风险基本处于可控状态；显著风险表示存在一定的安全风险隐患，如不及时处理可能引起事故,需要引起业主代表及相关部门的注意;高风险表示存在显见的安全风险隐患,如不及时处理工程即将进入危险状态,需要引起业主代表及相关部门高度关注,同时需要召开现场协调会或专家论证会;严重风险表示预警单元出现险情,进入严重危险状态。

(5)排除警患

施工安全风险预警的目的是实现分析、早期预防和控制影响地铁施工安全风险的各种因素。预控对策是预先根据不同的警度准备应急和控制对策,当发出风险预警信号时,根据预警信号的类型、性质和警情采取相应的对策。一般地,预控对策具有指导性和提示性,或是具有可实施性。预控对策的目的是指导决策者在紧急情况下按照预控对策的提示启用方案,如果时间允许,决策者应寻求更具体的、适宜的实施方案。当发现隐患时,根据预控对策提出相应的解决措施,减小或避免施工安全风险的发生,减少人员伤亡和经济损失。

5.4.3.2 工程项目施工过程中的安全管理

事故致因理论在帮助人们理解事故发生机理过程和预防事故上发挥了巨大作用。然而事故致因理论具有普遍性的特点,它们是对大量事故共性致因的总结,却忽略了不同类型事故之间在行业、参与主体上的差异,一般是从静态、定性的角度分析事故致因,是对事故一般性的解释,在工程项目中安全事故的发生主要有以下几个因素。

(1)人员因素

人员因素包括人的活动、行为、能力和交流。活动、行为是指在施工过程中人员违背设计和操作规程或冒险操作,不使用安全防护用品用具或使用的方法不正确等;能力是与现场的环境和使用的设备相关的,而不仅仅指证书;交流包括两个方面:一是指由于工人之间的身体距离或者高强度噪声的存在,使得工作小组之间的交流受到阻碍;二是指施工过程中管理人员没有对施工人员进行技术和安全交底等。

(2)环境因素

环境因素包括自然环境和工作环境。自然环境是指复杂的水文地质条件,比如地铁建设一般属于地下工程,周边环境复杂。工作环境是指现场布局、空间利用和工作环境中存在的如现场空间不够、场地狭窄,环境脏乱差,机械设备缺乏、不可靠,照明不足,通风不良,有毒有害,气味重等问题。恶劣的环境条件,让工人很难按照安全操作规程进行操作,也没有一个积极的心态来面对工作。

(3)物的因素

"物"是指材料、半成品、成品、设备、施工机械、机具等。物的因素包括物的适用性、可用性和设备的状态。物的适用性是指不合理的设计、制造、运输,使得材料和设备等的结构、质量等不能适应地铁建设过程;物的可用性是指物所处的状态是否能够继续使用,如地铁施工设备更新周期过长,对设备的更新和维护不足,使得设备安全性能低下,安全欠债严重。物的状态与物的可用性是统一的,物的状态直接决定了物的可用性。物的状态还包括其堆放和整理等。

例如,近年来国家建设规模的不断扩大,建筑业已成为发展最快的行业之一。但是,在建筑业大规模发展的同时,建筑生产安全问题也越来越突出。《企业职工伤亡事故分类》(GB 6441—1986)规定,职业伤害事故分为20类,其中与建筑业有关的有12类,见表5-7。

建筑业职业伤害事故　　　　　　　　　　　　　表 5-7

事故发生的类别	具体内容
物体打击	指落物、滚石、锤击、碎裂、崩块、砸伤等造成的人身伤害,不包括因爆炸而引起的物体打击
车辆伤害	指被车辆挤、压、撞和车辆倾覆等造成的人身伤害
机械伤害	指被机械设备或工具绞、碾、碰、戳等造成的人身伤害,不包括车辆、起重设备引起的伤害
起重伤害	指从事各种起重作业时发生的机械伤害事故,不包括上、下驾驶室时发生的坠落伤害,起重设备引起的触电及检修时制动失灵造成的伤害
触电	由于电流经过人体导致的生理伤害,包括雷击伤害
灼烫	指火焰引起的烧伤、高温物体引起的烫伤、强酸或强碱引起的灼伤、放射线引起的皮肤损伤,不包括电烧伤及火灾事故引起的烧伤
火灾	在火灾时造成的人体烧伤、窒息、中毒等
高处坠落	由于危险势能差引起的伤害,包括从架子、屋架上坠落以及平地坠入坑内等
坍塌	指建筑物、堆置物倒塌以及土石塌方等引起的事故伤害
火药爆炸	指在火药的生产、运输、储藏过程中发生的爆炸事故
中毒和窒息	指煤气、油气、沥青、化学、一氧化碳中毒等
其他伤害	包括扭伤、跌伤、冻伤、野兽咬伤等

通过对我国近些年发生的建筑安全事故的分析可知,事故的主要类型有:高处坠落、坍塌、物体打击、机械伤害和其他伤害,它们分别所占的比例如图 5-8 所示。

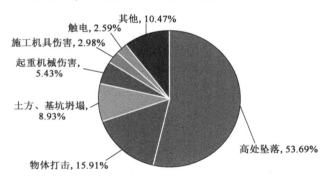

图 5-8　全国房屋市政工程安全事故比例分析(以发生安全事故数最多的 2019 年为例)

5.4.3.3　工程项目施工过程中的应急管理

应急管理是指突发事件发生前后,组织采用各种方法,调动各种资源应对突发事件的管理。目的是通过提高突发事件发生的预见能力和突发事件发生后的救援能力,致力恢复组织的稳定性和活力,及时、有效地处理突发事件,恢复稳定和协调发展。其管理主体包括政府部门、非政府公共部门、企业等私人部门,甚至公民个人。

(1)应急管理的原则

①时间原则

"当断不断,必受其乱"。在应急管理进程中,必须反应迅速,立即采取有效的积极的应对措施,切不可延误时机。

②生命安全第一位原则

建筑施工企业突发安全事件应急管理的核心理念在于保护和保障建筑施工企业员工生命安全,这是"以人为本"的理念在应急管理中的体现,也是建筑施工企业处理工程项目突发安全事件的基本理念。这一原则也表明了建筑施工企业突发安全事件应急管理的基本目标是保护员工生命安全。

③组织原则

建立专门性的应急管理机构,分工明确,职责清晰;在日常管理中积累经验、长期规划,在工程项目突发安全事件发生时能从容应对,掌控全局。

④预防制度化原则

对可能发生的突发安全事件,在总结经验教训和吸取相关预防研究成果的基础上,制订出综合预防和应对措施,并使应对突发安全事件为核心的整个紧急处置过程形成制度。

⑤全局性原则

在进行应急管理时必须具有全局意识,绝不可顾此失彼。只有这样才能透过表面现象看本质,创造性地解决问题。

⑥利益原则

突发安全事件的处理遵循"利取其大,弊取其小"的决策准则,化大为小,化小为无,努力降低各类损失,甚至化害为益。

⑦疏导原则

对建筑施工企业来说,危机造成的最大危害在于工程项目遭到破坏,并带来员工心理的伤害。要重视员工心理的缓解和引导,尽早使工程项目恢复正常。

(2)应急管理的策略

①全程化应急管理

建筑施工企业应急管理应贯穿于突发安全事件的发生、发展的全过程,在其整个生命周期,都要实施检测、预警、干预或控制等缓解性措施。在制度上预防,于过程中控制,完善后期评估与总结,进行全程管理。及时准确地分析工程项目危险源、性质及危害程度,恰当地选择应急方案,是实现全程管理,消除工程项目突发安全事件的关键点。

②全员的应急管理

培育健康的企业文化,增进公司全体员工的应急理念和提高面对突发安全事件的勇气。公司上下凝聚共识、形成合力的情况下,共同抵抗突发安全事件冲击的能量是巨大的。

③整合的应急管理

要合理整合资源,实现跨组织合作对象的多元化,必须与企业之外的组织或单位维持良好的互动关系,彼此合作,争取更多的社会资源,提升企业应对工程项目突发安全事件的实力。

④集权化应急管理

健全建筑施工企业突发安全事件应急组织和建立问责制度,理清组织隶属关系,明确权责,增加组织成员间的协调合作,夯实处理工程项目突发安全事件的组织基础。

⑤全面化应急管理

建筑施工企业组织要不断吸收外部的新知识,建立学习型组织,确保应急管理能够识别面临的一切危险源,能够涵盖所有施工环节中的一切危险源,提升工程项目突发安全事件的预见性,防止其发生与发展。

(3)应急管理的工作流程

建设工程项目工期长、施工工艺复杂、施工条件恶劣,应采取及时、有效的应急措施,开展应急知识教育和应急演练,提高施工现场操作人员的应急反应能力,减少突发事件造成的损害和不良环境影响。具体的应急准备和应急响应工作流程如图5-9所示。

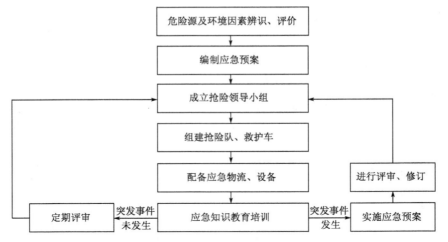

图 5-9　应急准备和应急响应工作流程

(4) 应急管理的事故处理

施工过程中施工现场或驻地发生无法预料的需要紧急抢救处理危险时,应迅速逐级上报,次序为现场、办公室、抢险领导小组、上级主管部门。由综合部收集、记录、整理紧急情况信息并向小组及时传递,由小组组长或副组长主持紧急情况处理会议,协调、派遣和统一指挥所有车辆、设备、人员、物资等实施紧急抢救并向上级汇报。事故处理根据事故大小情况来确定,如果事故特别小,根据上级指示,可由施工单位自行直接进行处理。如果事故较大或施工单位处理不了,则由施工单位向建设单位主管部门进行上报,请求启动建设单位的救援预案,建设单位的救援预案仍不能进行处理的,则由建设单位的质安室向建委或政府部门请示启动上一级救援预案。应急事故发生处理流程如图5-10所示。

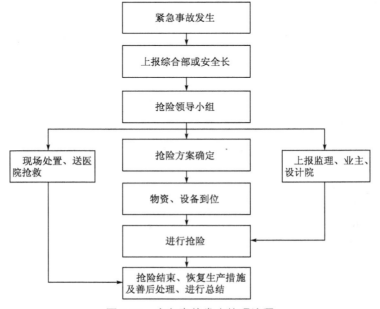

图 5-10　应急事故发生处理流程

5.5 ▶ 工程项目施工阶段的合同风险管理

5.5.1 合理风险分担的必要性

工程项目合同既是项目管理的法律文件,也是项目全面风险管理的主要依据。在我国目前的建筑市场竞争环境下,项目施工阶段的合同风险管理主要涉及承包人承担的合同风险,业主面临的合同风险处于次要地位。其主要原因有两点:一是合同本身所带来的风险,现在建筑市场竞争激烈,业主常常利用合同条款把风险转移给承包人,造成风险承担上的不平衡;二是合同条款存在缺陷。

虽然业主在双方的交易和合同签订上占据着优势地位,但如果把过多的风险分配给承包人,就有可能产生一系列不利于合同履约的问题。

(1)预算超支。如承包人面对未知或不可预见的风险时,可能会导致成本超出预期。如果不能通过合同价格调整来补偿这些额外成本,承包人可能为了保证利润而削减成本,这可能会损害工程的品质和绩效。

(2)激励缺失。合理的风险分配可以激励双方高效合作并专注于价值最大化。然而,如果承包人感到自己承担了不公平的风险份额,就可能缺乏动力去超越最低要求或进行额外的创新和改进。

(3)争议和冲突。不平衡的风险分配可能引起双方的紧张关系,导致频繁的争议和法律诉讼,这不仅会消耗资源,也会延误项目的进度,最终影响双方的合作关系。

(4)合作受损。良好的项目管理需要业主和承包人之间的合作和沟通。当承包人感觉被不公平地强加了过多风险时,他们可能不愿意分享信息或主动解决问题,这会破坏团队精神,降低项目的整体效率。

因此,为了促进合同的有效履行和项目的成功完成,风险应当以公平合理的方式在业主和承包人之间分配。合理的风险分担有助于促使承包人积极履约,建立互信合作的氛围,唯有如此,才有利于所有参与方都有动机维护项目的最佳利益。

由于合同的本质为风险分担,所以不同的合同范本,代表了发承包双方不同的风险分担情况。下文首先对国内不同合同文本下的风险分担进行对比;然后介绍2017版《FIDIC施工合同条件》等4个合同条件中,发承包双方的风险分担情况;最后分别从承包人和业主视角分析合同风险管理策略。

值得说明的是,在招投标阶段,业主更准确的称谓是招标人;而在合同条款约定和签订以及合同实施过程中,业主更准确的称谓是发包人。为了全文统一,常以业主代替。

5.5.2 国内不同合同文本下的风险分担对比

与施工阶段有关的工程项目风险包括项目设计风险、项目管理风险、施工组织风险和施工技术风险等。不同合同文本下其风险分担情况存在差异,尤其是工程总承包合同和施工合同。以我国《建设项目工程总承包合同(示范文本)》(建市〔2020〕96号)与《建设工程施工合

(示范文本)》(GF—2017—0201)中关于施工阶段风险因素的分担为例,设计义务风险在工程总承包示范文本中承包人需要承担,但在施工合同示范文本中施工承包人不需承担。下面对此进行了比较汇总,具体见表5-8。

两种合同范本下风险分担差异对比　　　　　　　　　　　　表5-8

风险因素		《建设项目工程总承包合同(示范文本)》（建市〔2020〕96号）中承担方	《建设工程施工合同（示范文本）》（GF—2017—0201）中承担方
设计风险	设计义务	承包人	发包人
	因设计原因导致试车达不到验收要求,发包人应要求设计人修改设计,承包人按修改后的设计重新安装	—	发包人
项目管理风险	发包人未能按合同约定提供图纸或所提供图纸不符合合同约定的	—	发包人
	因国家有关部门审批迟延造成工期延误的	承包人+发包人	—
	监理人的检查和检验影响施工正常进行的,且经检查检验不合格的	—	承包人
	监理人的检查和检验影响施工正常进行的,且经检查检验合格的	—	发包人
	发包人供应的材料和工程设备,承包人清点后由承包人妥善保管,相关保管费用的承担	承包人	发包人
	发包人提供的材料、工程设备的规格、数量或质量不符合合同约定,或因发包人原因导致交货日期延误或交货地点变更等情况的	—	发包人
	竣工试验因发包人原因被延误14d以上的	发包人	—
	因发包人原因导致竣工试验未能通过	发包人	—
	发包人原因导致竣工后试验延误	发包人	—
	发包人无故拖延给予承包人进行调查、调整或修补所需的进入工程或区段工程的许可	发包人	—
施工组织风险	发包人未能按约定的类别和时间完成临时用水、用电节点铺设	发包人	—
	因工程设备制造原因导致试车达不到验收要求的	—	采购该工程设备的合同当事人
	因承包人原因造成投料试车不合格的	—	承包人
	非因承包人原因导致投料试车不合格的	—	发包人
	承包人未在期限内进行竣工试验	承包人	—
施工技术风险	由于承包人原因未能通过竣工试验或竣工后试验的	承包人	—
	承包人的原因导致的承包人文件、实施和竣工的工程不符合法律法规、工程质量验收标准以及合同约定	承包人	—
	未能通过竣工试验,使工程或区段工程的任何主要部分丧失了生产、使用功能时	承包人	—
	缺陷修复后的进一步试验	责任方	—

注："—"表示未注明风险承担方。

5.5.3 FIDIC 合同条件下的风险分析与分担

由于 2017 版 FIDIC 的四种合同条件适用范围不同,因而在合同的价格管理模式、风险分摊原则上也不相同。根据新版 FIDIC 合同的起草原则,风险分摊原则考虑哪方更能有效地化解和承担风险带来的不利因素,力求保护合同双方的利益。为此,2017 版 FIDIC 的四个合同条件,分别对雇主和承包人设置了不同的约束条件。2017 版 FIDIC 的四个合同条件包括新红皮书《施工合同条件》、新黄皮书《永久设备和设计-建造合同条件》、银皮书《EPC(设计-采购-施工)交钥匙项目合同条件》和绿皮书《合同简短格式》。其中,《施工合同条件》(Conditions of Contract for Construction,CONS)是建筑施工过程常用的施工合同,适用于由雇主提供设计,承包人负责施工,也可以设计项目中的某些部分,工程师进行监理,按实测工程量计价的建筑或工程项目。

5.5.3.1 CONS 合同条件下的风险分析与分担

(1) CONS 合同条件下的承包人风险分析

合同条件是相互关联的有机整体,对承包人风险的识别应当着眼于对整个合同条件进行全面系统地分析。以下对通过 CONS 合同条件可以识别的承包人风险进行分析,并提出防范措施。

①承包人承诺的充分性条款的风险。承包人承诺的充分性表现为:承诺充分获得对投标书或工程产生影响的资料;承诺现场、周围环境、地下水文、气候条件等满足要求;承诺中标价的正确性和充分性以及在中标价内承担全部义务的充分性;承诺对进入道路的满意、对需要的专用和临时道路承担全部费用等。对承包人承诺的充分性要求极大地减少了承包人申辩的机会,是业主将风险转嫁给承包人的重要方式。对于这类风险,承包人应当在投标前仔细研究资料和进行现场踏勘,在标价中适度计入风险费用。承包人还应当认识到承诺的充分性并不是完全无条件的,如果当业主提供的资料有误或隐瞒事实时,承包人可以推翻自己满意合同金额充分性的说法,甚至可以向业主提出索赔。

②支付风险。在实践中,国际工程的核心问题是支付问题,一项工程不论完成得如何成功,如果不能取得预期的工程款支付,则此工程的承包人都不能达到预期的目的。因此,以审慎而认真的态度对待项目的支付风险非常必要。在实践中,国际工程的支付问题的焦点在于合同价款、支付币种和支付方式等。一是汇率和汇兑风险关于支付币种已在前文论及,如果结算到的货币多为当地货币,则会受到严重的汇率和汇兑风险;二是支付款项风险是指对于承包人不能收回或者不能全额收回,应由业主在不同时期支付的性质不同的款项的风险。在各支付款项中,最终账单(Final Bill)和质保金(Retention Money)的风险很大。最终账单风险是指一些项目的合同规定只有获得了维修合格证书才可以进行最终结算,将工程竣工结算和维修责任结合在一起为承包人带来了风险。质保金风险是指质保金作为工程质量保证的押金,业主经常无故或者借故不向承包人支付应付的质保金,而为承包人带来损失的风险。质保金的支付风险在实践中表现得尤其巨大,经常有承包人的质保金被业主以各种理由扣除,即使最后被收回也需付出很大代价。

③生产设备、材料或工艺缺陷风险。CONS 规定承包人对自己提供的材料、设备、全部现场作业和施工方法负完全责任,体现了承包人基本义务和诚实信用,也带给承包人风险。生产

设备、材料或工艺缺陷风险不仅贯穿于整个施工过程,而且延续到工程竣工之后,以"缺陷通知期限"的形式加以体现,保障了业主和消费者权益。承包人应当注意,引起缺陷的原因并不都是容易判定的,缺陷有可能完全或部分是由设计问题引起的,但承包人往往难以证明,特别是证明缺陷是由于设计不当造成的是很困难的,因此,承包人常常仍是这类风险的承担者。承包人应严格质量管理,包括人的工作质量和材料、工程设备和工艺的合格性,并取得工程师的认可,特别是做好预防控制、事中控制和自检。遇到设计明显不合理或错误之处,要及时提出,要求修正,降低风险。

④承包人未履行告知义务的风险。将有关问题和情况及时通知工程师和业主是承包人合作义务的体现,未履行或未及时履行告知义务给承包人带来风险。CONS 中承包人履行的告知义务大致可分为两类:一类是正常情况下的告知义务,如进度报告的提交,隐蔽工程覆盖前要求检验的通知等。显然,不履行这些义务或会影响承包人得到支付,或会使承包人付出重新检验费用。另一类是遇到特殊情况的告知义务,如承包人对工程放线时发现工程师通知的基准错误要及时警告,保险事项发生变动、遇到不可预见的不利的物质条件要及时通知等。不履行这些义务,承包人会失去索赔机会并承担相应的违约责任。

⑤延误风险。延误风险可包含以下三种。

a. 时间限定期限给承包人带来的风险。对承包人影响较大的是索赔的期限和不可抗力的期限。关于索赔的期限,2017 版的 CONS 对工期和费用有两个时间限制规定:一是要求在发现导致索赔的事件后 28 天内发出索赔通知;二是要求索赔方将在 84 天内提交完整详细的索赔资料,否则业主不再承担赔偿责任,承包人将失去索赔机会。关于例外事件的期限,应在察觉或应已察觉到例外事件发生后 14 天内发出通知。其他如提交索赔报告的限定期限、提交进度计划的限定期限、现场清理的限定期限等,都应引起承包人重视。

b. 工期延误风险。许多项目会遇到工期延误的问题,工期延误常常导致业主和承包人双方的费用增加。在多个事件交叉作用导致工期延误的情况下,只要存在业主责任,业主应给与承包人工期补偿。相反,只要存在承包人责任,承包人不能提出费用方面的施工索赔,甚至要向业主支付误期损害赔偿金。承包人可从以下方面着手化解工期延误风险:一是关键路线工期要有一定弹性,以提高抗延误能力;二是加强与业主、设计方、供货商的沟通和信息反馈,预防各方造成工期延误的隐患,避免关键路线工作停工;三是究竟哪一方的原因造成了延误,造成了多大程度的延误,并不总是容易判定,承包人应收集证据,合理计算因非自己的责任导致工期延误给自己造成的损失,及时索赔。

c. 延误或未能通过竣工试验风险。竣工试验的延误不仅直接影响到工程接收证书的颁发,而且可能导致承包人支付误期损害赔偿费;若竣工试验最终未能通过,可能会造成分项工程或整个工程被折价接受或拒收。竣工试验的成败不仅给承包人,也给业主带来很大的风险。因此,通过竣工试验成为业主获得工程利益、承包人获得正常工程款项的底线。实际工作中,有些承包人为了能得到业主付款,用不进行竣工试验的办法向业主施压,但 CONS 规定,如果承包人未在规定的时间内进行竣工试验,业主可自行进行这些试验,由承包人承担试验风险和费用,可见这样做承包人的风险反而增大了。只有承包人找到非自己原因造成竣工试验延误或试验失败的证据,才可能通过索赔降低风险损失。

⑥工程变更风险。合同项目变更风险是指由于承包工程投资大、工期长,在合同执行过程中不可避免地会发生很多变更,变更又往往涉及费用和工期的变化,而为项目带来损失的风

险。在项目开工后,特别是项目施工后期,由于汇率变化,劳动力和材料涨价,或货币贬值,都有可能造成合同收入的贬值。但是业主并不会考虑这些因素,反而利用种种手段,要求承包人使用合同原有的单价实施合同工程,这必然给承包人带来亏损的风险。风险的另外一种表现形式为当业主资金不足时,随意删减工程量甚至工程内容,使承包人遭受资源浪费和预期利润的损失。发布工程变更指示或要求承包人提交建议书是工程师的一项重要权利,在颁发工程接收证书前,工程师随时可通过上述方式,提出工程数量、质量和工作顺序、时间安排等的变更。承包人应遵守并执行每项变更。工程变更是一把双刃剑,既可能给承包人带来收益,也可能带来损失。承包人在投标时应根据现场踏勘、工程资料和历史经验预测可能的工程变更,采取措施(如对实际工程量可能会增加的内容单价适度偏高报价,反之,可偏低报价的不平衡报价法),可以有效地防范风险。

⑦环境保护风险。环保问题日益受到重视。CONS将保护施工现场内外环境、限制施工作业污染和噪声明确为承包人责任。环保不力成为承包人风险,体现了按照对不利事件的控制较有优势的一方来承担风险的原则。即使是工程师批准的施工方案,承包人仍应进行环保方面的自评估,使之符合合同规定的环保要求和国家有关环保标准,并研究采取环保措施后对费用、工期产生的影响。

⑧例外事件风险。例外事件是指下列事件或情况:

a. 一方无法控制的。

b. 当事人在签订本合同前不能合理地提出异议。

c. 发生后,该方无法合理地避免或克服。

d. 实质上不能归因于另一方。

例外事件可能包括但不限于满足上述四项条件的下列事件或情况:

a. 战争、敌对行动(不论宣战与否)、入侵、外敌行为。

b. 叛乱、恐怖主义、暴动、军事政变或篡夺政权或内战等。

c. 承包人人员和承包人及其分包商其他雇员以外的人员造成的骚动、喧闹或混乱。

d. 非仅涉及承包人人员和承包人及其分包商其他雇员的罢工或停工。

e. 战争军火、爆炸物质、电离辐射或放射性污染,但可能因承包人使用此类军火、炸药、辐射或放射性引起的除外。

f. 自然灾害,如地震、海啸、火山活动、飓风或台风。如果发生例外事件中列举的最后一项自然灾害,承包人仅能获得工期的延长,而不能得到费用的补偿,除例外事件中列举的第一项关于战争、敌对行动等情况之外,其他例外事件只有发生在工程所在国,承包人才可以获得费用补偿,否则和自然灾害一样,也仅能获得工期的延长。

在工程施工过程中,由于工程周期长,遇到的各种复杂情况往往是难以完全预料和防范的,特别是一些大型工程,有些灾害和重大事故会给承包人带来毁灭性的灾难和经济损失。一般来说,通过投保工程一切险等能够得到全部或部分经济补偿,但上述的险种并未包括所有的风险损失,对于自然灾害战争、罢工等例外事件造成的损失并不能得到补偿,但往往这些损失又非常大。

⑨合同文件不同解释引起的风险。合同组成文件种类多,文件间可能出现矛盾或歧义,CONS不仅规定了文件的优先次序,还规定工程师有对文件中矛盾或歧义的澄清和指示权利。由于工程师做出的澄清和指示很可能是不利于承包人的,给承包人带来风险。因此,承包人有

如下三项对策。

　　a. 对合同各组成文件进行前后对照、逐条分析检查,考虑对己不利的情况。

　　b. 按文件的优先次序规定防范工程师做出不利于承包人的澄清和指示,或推定这些澄清和指示构成变更。

　　c. 依据《中华人民共和国民法典》对业主提出的格式条款,有两种以上解释的,应当坚持做出不利于业主一方的解释。

　(2) 风险分担原则

　　① 风险与责任相称的分配原则。风险与责任相称是公平的体现和合同双方能够达成协议的基础。CONS 体现了这一原则,表现为业主、承包人的义务、责任明确,各司其职,谁负责,谁承担风险。CONS 规定由业主主要承担例外事件风险,如自然灾害风险、社会风险(罢工、骚乱等)和政治风险(战争、敌对行动等);经济环境变化风险(如物价、汇率变动、劳动力成本调整等);法律变更风险;提供的设计错误风险;使用或占用永久工程的风险等。业主承担风险之外的风险则由承包人承担。CONS 还体现了风险承受的适度性,如规定一般任何一方不应对另一方使用工程中的损失、利润损失或与合同有关的任何间接的或引发的损失负责。承包人误期违约只承担误期损害赔偿费,且赔偿总额不超过投标书规定的上限,从而避免了业主索赔误期连带损失可能给承包人带来的巨额赔偿风险。

　　② 不可预见性风险分配的原则。CONS 中第 14.2 款[不可预见的物质条件]规定,当承包人遇到不可预见的物质条件(不含异常不利的气候条件)时,承包人有权索赔工期和(或)费用。如果遇到异常不利的气候条件,承包人仅可以依照第 8.5 款[竣工时间的延长],获得工期延长,但不能得到费用的补偿。当工程师对此类索赔的费用补偿进行商定或决定时,还应考虑工程是否有类似部分的物质条件比承包人在基准日期之前能够合理预见的条件更为有利,如果有,工程师考虑因这些条件引起的费用的减少,但此类扣减不应造成合同价格的净减少。

　　③ "亲承包人"的合同条款拟订原则。CONS 是在 FIDIC 合同委员会指导下编写的,充分听取了咨询、业主、承包人、律师等的意见,是对各方意见的折中反映,较之一些完全由业主拟订的合同条件,是"亲承包人"的。应当指出的是,非 CONS 的主体虽然双方的法律地位平等,但合同条件是在招标阶段就由业主单方面提出的,无条件接受合同是中标条件之一,反映出业主处于主导地位。合同条件将业主风险条款之外的其他全部风险落在承包人的身上。对承包人的制约还体现在承包人提交资金担保(履约保函)制度上,在整个合同期内,业主可根据承包人违约性质和造成的损失迫使承包人停工、返工,可通过扣减履约保证金获得资金补偿,大大降低了业主风险。

　　④ 工程师作用显著和 DAAB 解决争端的特征。CONS 中工程师属于"业主人员"(而非独立的第三方),但要求工程师做出的决定要公正。工程师权利的充分性体现在检查权、指示权和确定权方面。如工程师可发出变更指示;可确定工程量测量方法、费率和价格;工程师对有关事项先与每一方商定,争取达成协议,如达不成协议,可据合同做出公正的决定,在索赔、争端和仲裁结果之前,各方均应履行工程师的决定。在项目执行过程中,工程师日常的检查、决定和指示的倾向性,对业主、承包人的利益影响颇大,给承包人带来风险。CONS 中第 21 条规定,在不妨碍双方在工程进行过程中就争议达成自己的协议的同时,允许双方将争议事项提交独立、公正的争端避免/裁决委员会(DAAB)进行解决。如果合同数据中没有规定其他时间,双方有共同义务在承包人收到中标函后 28 天内任命 DAAB 的成员,本条款为 DAAB 提供了两

种备选安排：一种是 DAAB 的唯一成员为一个自然人，并与双方签订了三方协议；另一种是由三个自然人组成的三名成员的 DAAB，每个人都与双方签订了三方协议。争端避免/裁定程序成功的一个非常重要的因素，是双方对将在 DAAB 任职人士的信任。因此，这一职位的候选人不应由任何一方强加给另一方是至关重要的。DAAB 的任命是由合同数据中关于每一方指定潜在 DAAB 成员的规定促成的。重要的是，业主和承包人各自利用自己在合同投标阶段的机会，在合同数据中列出潜在的 DAAB 成员。由于 DAAB 未就绪、不满意 DAAB 决定、不执行 DAAB 决定等原因，争端将直接进入仲裁程序。

⑤对待风险的合作机制原则。业主、承包人和工程师及时充分地沟通和谅解、紧密配合与协作，可以显著地降低各方风险。CONS 贯穿了合作的思想，鼓励协商、合作。规定业主应负责保证现场业主人员根据有关合作条款与承包人的各项努力进行合作，承包人应为在现场工作的业主人员提供便利。鼓励承包人提出合理化建议（价值工程），以及相互及时通知告知、协商优先等。不仅如此，CONS 还体现在合作中预控的原则，如承包人在月进度报告中要写明可能影响按时竣工的任何事件的详情，提出为消除延误准备采取的措施。只有在充分合作的工作环境下，业主才可能得到承包人效率、能力的正常发挥，获得工期、质量和成本保证。

（3）承包人的风险转移和防控

①承包人可索赔事项风险的处置。CONS 列示了承包人可向业主提出索赔的条款。一般由业主或工程师的直接原因引起的索赔，承包人不但可以得到工期延长，而且可以得到费用和利润补偿。而由业主负责的客观原因引起的索赔，承包人一般能索赔工期和费用但得不到利润的补偿，体现"谁违约，谁负责"和"客观原因由双方共同分担"的原则，还有个别情况下（如异常不利的气候条件、例外事件中列举的自然灾害和当局造成的延误等），承包人仅能够得到工期上的延长而得不到费用的补偿。从表面上看，承包人可索赔的事项可以通过获得业主补偿，使其不成为承包人的风险，但实际上，这些事项仍会在很大程度上给承包人构成风险损失。原因有三点：一是工程项目多方参与、工作交叉、相互制约，常常难以准确地判断一项索赔事件的责任方，工程师经常做出不利于承包人的索赔权论证；二是为增进与业主的关系、体现谅解，或遇到索赔难度大或索赔的工期、费用偏少时，承包人经常会主动放弃索赔；三是即使承包人提出索赔，业主能否接受，可否给予足额补偿，补偿可否弥补损失也是一个问题。

②承包人可投保风险的处置。通过投保工程保险，可以将建设工程中一些可能发生的风险损失全部或部分转移给保险公司，是业主和承包人减免风险损失的重要手段。CONS 明确了包括工程和承包人设备、人身伤害和财产损害等在内的投保范围，并规定一般应由承包人作为投保方投保工程保险，应以各方联合名义投保。承包人在投标时应澄清哪些投保金包含在报价中，哪些不包含，明确投保范围的具体要求。在工程后期要注意及时续保，一旦发生索赔事件，要立即取证并及时向保险公司索赔，减少损失。即便投保了，承包人仍要以预防为主，防止人为事故发生。

③其他风险的处置。

a. 对于保函风险，采取适当措施以避免保函被没收的风险。如在合同谈判时保持慎重态度，仔细地与业主商谈关于工程所要求的各种保函的相关条款，尽量避免要求金额巨大的"见索即付"的不可撤销的保函，对于"见索即付"的保函的具体内容，要逐字逐句地研究，尽可能避免"见索即付"等词句，最好在书面索赔与银行实际支付之间有一定的时间间隔，以便银行有时间通知承包人采取措施。同时，在业主开具银行保函时，应当尽力开具由本国境内银行开具的保函或者反担保保函。如果发生业主索付保函的情况,承包人应立即向有关仲裁机构或法院提出紧急诉讼,请求法院等司法机构出证暂时冻结保函或者反担保函。

　　b. 对于合同项目变更风险,在整个工程实施过程中,咨询工程师在对变更的认定、批准和重新计量和定价等方面具有关键作用。因此,处理好与咨询工程师的关系,取得其充分地理解、信任和支持至关重要。在变更发生时,应据理力争,对于业主在合同实施过程中,擅自取消合同中某项工作时,应按原施工计划所列的资源闲置成本和应付的管理费用和利润索赔。在具体处理变更时,对于较小的、费用不高所造成的额外负担不重的变更,一般采取合作的态度,适当让步,对变更大、费用较高的变更,则应当根据实际情况,争取较高的利益。

　　c. 对于支付风险,应从不同角度去考虑各项风险的防范和控制:一是在合同谈判中要尽量争取到较多的硬通货的支付比例。对于质保金的追索,先要努力组织施工,尽可能好地完成维修期责任;二是对于分批交工的工程,应在每批工程交工时敦促业主退还该批相应的全部或至少部分的质保金。关于支付价款,一般来说合同计价方式分为固定总价和固定单价两种。固定总价合同的价格一般不可调整,因此承包人所承受的通货膨胀和工程变更的风险很大,在标前评定和合同谈判中应考虑这种风险。尽量回避该风险的措施:一是在合同中列入调价条款,即在某些特殊情况下,允许对合同价格进行调整;二是将所有的涨价风险在投标时充分考虑和估算并计入总的标价;三是针对合同规定的工程变更、特殊风险或者因为业主的原因造成的损失等的索赔进行调整;四是可以采取投保方式避免物价的上涨。对于固定单价合同,承包人应努力避免单位价格中成本增加的风险,在实际工作中需注意几点:一是需与业主明确工程计量的单位和计算的方法,在标书中详细列出计量数量的原则,避免对于"单位价格"所包括的内容的争议;二是要在投标报价和合同签订时注意附上单价分析表和额外工作付费的费率表、日工价表和施工机具台班(或者台时)费率表等。事先确定这些费率和工价表,可以避免对额外工作或工程变动所引起的付款发生争议;三是在实践中,对于管理费用等间接费用和利润,应摊入体现于单价表各项的直接费用中,如工程量与报价时所规定的量相差较大,这时就应当事先与业主确定某个限额(如25%等),当实际工程与原预计工程量相差大于或等于这个限额时,工程单价应当允许进行相应协商调整。

　　d. 针对工程质量风险,需承包人高度重视工程的质量管理,在组织和制度上去落实质量管理工作,建立和健全质量保证体系,全面推行质量管理,在工地设置专门的质量检查机构,配备专职的质量检查人员,建立完善的质量检查制度。结合实践,承包人还应注意一些工作细节以避免和控制质量风险:注意材料和工程设备的采购和验收;在发生质量问题时应与咨询工程师保持合作的态度,与工程师建立良好合作的氛围,保持畅通的沟通渠道;咨询工程师随时发出的指令,立即加以改正,并采取相应的补救措施。

　　e. 对于不能转移的例外事件风险的管理和防范,应在与业主共同签订合同时,尽力订立能够有效避免和转移风险的条款。在项目的实施过程中密切注意风险发生的征兆,做好风险损失程度的预测,加强风险防范管理。在风险事故发生后,分析风险情况和事故原因,根据合同条款与业主或保险机构交涉,尽量减少或转嫁风险损失等。

5.5.3.2　FIDIC 其他合同条件下的风险分析与分担

　　FIDIC 其他合同条件包括《永久设备和设计-建造合同条件》《EPC(设计-采购-施工)交钥匙项目合同条件》和《合同简短格式》。对这三种合同的风险分析和分担采取与《施工合同条件》的风险分析和分担原则对比的方法,侧重列举不同之处,相同之处不再赘述。

(1)《永久设备和设计-建造合同条件》

《永久设备和设计-建造合同条件》(Condition of Contractfor Plantand Design-Build)也称新黄皮书,适用于由承包人按照雇主的要求进行电力和(或)机械设备的供应,以及房屋建筑工程的设计/施工的总承包项目。雇主委托工程师在施工中对工程进行监理,工程完工后雇主只需按"业主的要求"中说明的工程目的、范围和设计等方面的技术标准进行验收。由于承包人负责设计、设备的供应及施工,工程量变化、自然因素的影响、工程索赔的项目相应会少一些。

从风险的分摊方面来看,新黄皮书与新红皮书基本一致,但是承包人同时还承担了设计风险、工程所在国以外国家发生的叛乱、暴动、军事政变或各种有害物质产生的辐射和放射性污染等风险。由于新黄皮书合同的项目中设备安装和调试所占比重很大,因此合同要求"竣工检验"承包人要依次严格进行试车前的测试、试车测试、试运行,而后才能通知工程师进行包括性能测试在内的竣工检验,以确认工程是否符合"业主的要求"和"性能保证表"中的规定。另外,新黄皮书还增加了可供选择的"竣工后检验"以保证工程的最终的质量,竣工后检验结果的评估应由业主和承包人共同进行,以便在早期解决任何技术和质量上的分歧。第12.2款(延误的试验)规定,如果由于业主原因造成竣工后试验延误,承包人可以索赔费用和利润;第12.4款(未能通过竣工后试验)规定,如果业主无故拖延对承包人调查未能通过竣工后试验的原因给予许可,或为进行调整和修正要进入工程或区段,使承包人产生额外费用,承包人可以索赔费用和利润。

(2)《EPC(设计-采购-施工)交钥匙项目合同条件》

《EPC(设计-采购-施工)交钥匙项目合同条件》(Condition of Contract for EPC Turnkey Projects)也称"银皮书"。一般规定承包人负责实施项目所有的设计,采购和建造工作,即在"交钥匙"时,提供一个设施配备完整、可以投产运行的项目银皮书。与原橘皮书《设计-建造和交钥匙工程合同条件》相比,前者的"设计"(Engineering)比后者的"设计"(Design)的内涵广得多,可以包括项目的前期规划、策划、可行性研究和具体的设计工作。一般来说,采用此类模式的项目应具备以下条件:

①在投标阶段,业主应给投标人充分的资料和时间,使投标人能够详细审核"业主的要求"进行项目前期的规划设计、风险评估以及估价等。

②该工程包含的地下隐蔽工作不能太多,承包人在投标前无法进行勘察的工作区域不能太大。

③虽然业主有权监督承包人的工作,但不能过分地干预承包人的工作,只要其设计和完成的工程符合合同中预期的工程目的,就可以认为承包人履行了合同中的义务。

④合同中的期中支付款(Interim Payment)应由业主方按照合同支付而不再同新红皮书和新黄皮书那样先由业主的工程师来审查工程量,再决定和签发支付证书。如果在雇主招标时该项目不满足上述条件,FIDIC建议使用新黄皮书。

在风险的分担上,雇主往往也将一些正常情况下本属于业主的风险转嫁给承包人,承包人要承担发生最频繁的"外部自然力的作用"这一风险,这无疑增加了承包人在实施工程过程中的风险。这种合同形式在价格和风险分摊上似乎对承包人都不利,然而近年来,这种合同形式也常常被应用于私人投资的商业项目。雇主在投资前就希望能使项目的费用和工期固定下来。并且希望尽可能少地承担项目实施的风险,这种将风险转移的做法导致两种结果:一是保证了雇主对项目的投资能固定下来以及项目按时竣工;二是由承包人在这种情况下承担的风险增大,因而,在投标报价中就会增加相当大的风险费,也就会使雇主支付的合同价格比正常情况下的要高得多。但从实践中来看,即使雇主在此合同模式下付出的价格要比其他合同模式高一些,他们仍愿意采用这种由承包人承担大部分风险的做法,对于承包人来说,虽然合同风险较大,但只要有足够的实力强化风险管理,就有机会获得较高的利润。

(3)《合同简短格式》

《合同简短格式》(Short Form of Contract)也称"绿皮书",一般适用于投资相对较低、不需要分包、工期短、简单而重复性的工程。绿皮书在风险分担方法上基本与新红皮书相同,此处不再赘述。

5.5.4　承包人的合同风险管理策略

5.5.4.1　避免合同条款的二义性解释

由于工程合同条款多,并且有些条款的专业性较强,因此出现矛盾和二义性解释的情况常常是难免的。尤其是在国际工程中,由于不同语言的翻译和不同国家的工程惯例,常常会对同一条款产生不同的理解,即出现二义性解释问题。按照一般原则,承包人对合同的理解负责,即由于自己理解错误造成报价、施工方案错误,由承包人负责。因此,承包人应对合同中意义不清、标准不明确或前后矛盾之处,向业主提出征询意见,如业主未积极答复承包人,承包人可按对其有利的解释理解合同。针对合同条款含义不清或者可能出现矛盾和二义性解释的风险,承包人规避风险的最佳办法,首先是向业主提出征询,因为业主负有说明和解释的义务,然后在合同双方同意的情况下,更正或补充合同条款。

5.5.4.2　合同担保避免欠款风险

在目前激烈的建筑市场竞争中,具有优势的业主通常要求承包人垫资建设或不支付预付款或采取其他变相垫资的形式,这样承包人就面临着业主拖欠工程款的欠款风险。承包人为了规避欠款风险,确保所垫付资金能够及时足额收回,承包人应采取积极与业主联系,要求业主提供担保的风险规避策略。担保采取保证担保和抵押担保两种方式。担保应采用书面形式,在合同中设立保证条款或抵押条款,明确担保期限、范围等。设立抵押的还应办理抵押登记,要求业主提供的保证担保主要是支付保证,支付保证是指业主通过担保人提供担保,保证工程款如期支付给承包人,如业主未按合同支付工程款,担保人应向承包人履行支付。因此,承包人在签订合同之前,应对担保人的资格和信誉认真进行调查,实行合同担保可有效防范欠款风险。

5.5.4.3　不可抗力要明晰化和量化

《中华人民共和国民法典》第一百八十条规定:"因不可抗力不能履行民事义务的,不承担民事责任。法律另有规定的,依照其规定。"由于不可抗力可以作为免责的法定事由,因此在施工合同中明确界定不可抗力,将影响着业主和承包人的责任分担范围。其第五百九十条规定:"当事人一方因不可抗力不能履行合同的,根据不可抗力的影响,部分或全部免除责任,但是法律另有规定的除外。当事人迟延履行后发生不可抗力的,不免除其违约责任"。关于不可抗力的定义,《中华人民共和国民法典》所称不可抗力,是指"不能预见、不能避免并不能克服的客观情况"。不可抗力通常包括某些自然现象,如地震、台风、洪水等以及某些社会现象和某些政府行为。由于它独立于人类的行为之外,并且不受当事人的意志所支配,因此各国法律都把它作为一项法定的免责事由。

虽然各国法律都把不可抗力作为一项法定的免责事由,但是对于不可抗力的判定,没有统一的或普遍公认的标准,因此需要将不可抗力明晰化和量化,才能避免合同风险。为了避免合同双方在不可抗力认定范围和认定程度上的分歧,首先需要在合同条款中明晰不可抗力的范围,即哪些情况可能属于不可抗力。其次量化不可抗力的程度,即达到什么程度的自然灾害才能被认定为不可抗力。不可抗力分为两类:一类是自然灾害,较常见的是风、雨、雪、洪水、地震等;另一类是社会行为,如战争、动乱、教派冲突、罢工等。在国际工程施工中,尤其在政局不稳定或经常发生武装冲突的国家和地区,发生战争、动乱、教派冲突、罢工、空中飞行物体坠落等情况的可能性较大,而在国内工程施工周期中,发生的概率较小,国内施工中的不可抗力主要是自然灾害。关于不可抗力的量化,合同双方当事人应在合同中规定,风、雨、雪、洪水、地震等自然灾害达到何种程度时,才可以作为法定免责的事由。如几级以上的大风、几级以上的地震、持续多少天达到多少毫米的降水等才可能认定为不可抗力。

5.5.4.4 研究可获补偿的合同条款

非承包人因素可得到的补偿是一般合同中必不可少的条款,承包人应充分利用这些条款来规避风险。

(1)研究招标文件合同条款,力争非承包人因素可获补偿的条款。

承包人在投标过程中,要反复深入研究招标文件,仔细勘查要尽可能发展并探索可能的索赔机会,这类问题承包人在向业主质疑和进行合同谈判、询标时可技术性处理,提高整个工程的质量,使自己处于有利地位。

(2)采用不同价格形式时需注意相关细节。

在《建设工程施工合同(示范文本)》(GF—2017—0201)中选择单价合同的价格形式时,报工程量单价要特别注意单价的内容、范围及完成单价内容的全部工艺及工程程序,且要根据实物量可能调整的幅度,采用不平衡单价的差异报价方法。在选择总价合同的价格形式时,要注意其变更条款的清晰、合情、合法,谨慎报好工程量单价,对必须报低价竞争的项目,要注明材料品牌、规格和型号,如以后业主要采用新的材料品牌规格,则可以重新报单价。

(3)明确合同内容,划清工作界面。

在商签合同过程中,承包人要逐一仔细斟酌合同条款,划清各方责任,明确承包内容,尤其要对业主有意转嫁风险和开脱责任的条款特别注意,如合同中不列索赔条款,拖期付款无时限、无利息,没有预付款的规定,没有调价公式,业主对不可预见的工程施工条件不承担责任等,如果这些问题在签订合同协议书不谈判清楚,承包人将面临很大的经济风险。

一般而言,发承包双方应在合同条款中对下列事项进行约定:

①预付工程款的数额、支付时间及抵扣方式。

②安全文明施工措施费的支付计划、使用要求等。

③工程计量与支付工程进度款的方式、数额及时间。

④工程价款的调整因素、方法、程序、支付及时间。

⑤施工索赔与现场签证的程序、金额确认与支付时间。
⑥承担计价风险的内容、范围以及超出约定内容、范围的调整方法。
⑦工程竣工结算价款的编制与核对、支付及时间。
⑧工程质量保证金的数额、预留方式及时间。
⑨违约责任以及发生合同价款争议的解决方法与时间。
⑩与履行合同、支付价款有关的其他事项等。

5.5.4.5 合同谈判策略

在取得合同资格后,应把主要精力转入到合同谈判签约阶段,其主要工作是对合同文本进行审查,结合工程实际情况进行合同风险分析,采取相应对策以及最终签订有利的工程承包合同。施工合同谈判前,承包人应明确专门的合同管理机构,根据业主提出的要求,逐条进行细究,实施监督、管理和控制。

在合同实质性谈判阶段,谈判策略和技巧极为重要,应选择有合同谈判能力和有经验的人进行合同谈判,通过合同谈判,使合同能够平衡双方的责权利关系,尽量避免业主单方面苛刻的约束条件,并相应提出对业主的约束条件,但绝对的平等是不存在的。承包人应争取合同文本的拟稿权,对业主提出的合同文本应对每项条款都作具体的商讨。承包人对于免除责任的条款应研究透彻,做到心中有数,切忌盲目接受业主的某种免责条款,达到风险在双方中合理分配。在拟定合同条款时,承包人应要求业主对风险责任条款要规定得明确具体。

承包人除了可以通过与业主的合同谈判,防止业主把合同风险转嫁给自身,还可以合理转移合同风险,包括风险转移利益相关方(如合同另一方)、风险转移给第三方(在法律允许前提下,转移给社会)、风险转移给专业保险公司、风险转移给担保公司或风险投资机构等。前两种转移是合法但不合理,比如在建筑承包市场是业主市场的情况下,可以通过合同免责条款将风险转移给承包人,这明显违背合同双方是平等主体以及合同等价有偿的原则,但是在实际经济活动中却大量存在。风险转移给专业保险公司或风险投资机构,最符合市场经济原则,也是公平和明智的做法,但是须付出较多的费用。

5.5.5 业主方的合同风险管理策略

建筑工程合同策划中的风险分析与防范合同条件选择、施工合同的种类和工程项目承包模式对业主的合同风险影响是至关重要的。在不同的合同条件选择工程项目承包模式和合同种类情况,业主所面临风险状况也就不同。因此,业主应针对不同的合同条件选择工程项目承包模式和施工合同种类,分别采取相应的风险处置策略来防范、转移或化解合同风险。

5.5.5.1 选择适合的合同条件

当前,建设工程较常用的施工合同文件有《建设工程施工合同(示范文本)》(GF—2017—0201),FIDIC 制定的 2017 版红皮书《施工合同条件》、英国土木工程师协会 ICE 制定的《新工程合同条件》(简称"NEC 1995 年")和美国建筑师协会(AIA)制定的《工程承包合同通用条款》(A201—1997 年版)等。业主也可以按照需要,委托咨询公司起草合同协议书,包括合同条款。合同条款选择时应注意两点:①大家从主观上都希望使用严密的、完备的合同条件,但合同条件应与双方的管理水平相配套。如果双方的管理水平很低,却使用十分完备且规定又十分严格的合同条件,则这种合同条款缺少可执行性。②最好选用双方都熟悉的标准的合同条款,这样能较好地执行。如果双方来自不同的国家,选用合同条款时应更多地考虑承包人的因素,使用承包人熟悉的合同条款。

5.5.5.2 三类合同计价方式的风险分析与处置

目前,我国普遍使用的施工合同计价方式有单价合同、总价合同以及成本加酬金合同。每种类型合同计价方式都具有各自的特点,采用何种合同计价方式直接影响发包人、承包人双方的权利、义务和责任以及风险在发包人与承包人之间的分配方式。

(1) 总价合同的风险和处置

总价合同是以图纸和工程说明书为依据,在明确各分项工程的工程性质和工程量的基础上,合同双方按照商定的总价签订工程承包总价合同。总价合同分为不可调值总价合同和可调值总价合同。根据《建筑工程施工发包与承包计价管理办法》(住建部第16号令),建设规模较小,技术难度较低,工期较短的建设工程,发承包双方可以采用总价方式确定合同价款。虽然在这种合同计价方式下,承包人承担了主要的风险,但是无论是由工程量清单或是费率方式计算出的合同总价,业主都会面临因工程变更导致合同价格调整的风险以及市场物价起伏过大的风险。总价合同由于不需计算工程量,而只需计算在实际施工中工程量的变更即可,因而合同易于管理,但由于前提是必须明确分部分项工程内容及各项技术经济指标,准备划分和计算分部分项工程量将会占用很长时间,从而会延长设计周期和招标的准备时间。

对于可调值总价合同,一般适用于工期超过一年,对工程内容和技术经济指标规定很明确的项目,业主承担了通货膨胀的风险,承包人承担了合同实施过程中实物工程量、成本、工期等因素导致的其他风险。业主针对自己承担的风险应采取的主要处置手段:一是采用合同手段,如对由自己供应的材料,按照进度计划,预先按市场价格签订供应合同,避免通货膨胀的影响;二是预先设立涨价预备金,应对涨价风险;三是当变更发生,双方可协商,对价格做适当调整,根据合同的工程量清单或暂定费对变更进行估价;四是要求承包人提供履约担保或者投保信用保险,同时注意合同条件的严密性,以减少索赔事件的发生。对于不可调值总价合同,由于其一般适用于工期较短(通常不超过一年)、工程要求非常明确的建设项目,业主的主要风险处置手段是通过尽可能明确的分部分项工程内容、范围及工程量,提供完善的设计图纸来降低这种合同方式的风险。

(2) 单价合同的风险分析和处置

单价合同有两种形式:一是估量工程量单价合同,提出总工程量估算表,列出分部分项工程量,然后承包人在此基础填报单价,最后按照实际完成工程量计算总报价;二是纯单价合同,是发包人仅开列有关分部分项工程范围、名称和计量单位,不须对工程量做任何规定,由承包人逐项填报单价,经双方磋商后签订单价合同,工程竣工后,按合同单价和实际完成的工程数量结算工程价款。

目前,我国推行的工程量清单计价模式,主要是由发包人提供招标工程量清单。根据《建筑工程施工发包与承包计价管理办法》(住建部第16号令),实行工程量清单计价的建筑工程,鼓励发承包双方采用单价方式确定合同价款。编制招标工程量清单,应充分体现"实体净量""量价分离"和"风险分担"的原则。招标阶段,由招标人或其委托的工程造价咨询人根据工程项目设计文件,编制出招标工程项目的工程量清单,并将其作为招标文件的组成部分。招标人对工程量清单的准确性和完整性负责;投标人应结合企业自身实际、参考市场有关价格信息完成清单项目工程的组合报价,并对其承担风险。在这种计价方式下,发包人承担了"量"的风险。

具体而言,发包人面临的风险:一是招标时提供的工程量为参考工程量,并不能提供合同实施、结算,增加了现场工程签证的工作量,同时也给合同管理和结算带来很大困难;二是有经验的承包人会利用招标文件中工程分项和工程量清单的漏洞,采取不平衡报价的投标方式,以期获得更大的工程利润;三是清单中的项目不完备,将使业主在施工过程中处于被动地位。

(3)成本加酬金合同的风险和处置

成本加酬金合同,是指由发包人向承包人支付工程项目的实际成本,并按事先约定的某一方式支付酬金的合同。根据《建筑工程施工发包与承包计价管理办法》(住建部第16号令),紧急抢险、救灾以及施工技术特别复杂的建设工程,发承包双方可以采用成本加酬金方式确定合同价款。对于成本加酬金合同,投资者需承担项目实际发生的一切费用,从而也就承担了项目的全部风险。在实际应用中,常用的具体合同形式包括成本加固定百分比酬金合同、成本加固定酬金合同、成本加浮动酬金合同及最高限额成本加固定最高酬金合同。

成本加固定百分比酬金合同使承包人所得酬金与工程成本成正比,业主面临承包人故意提高成本以增加酬金收入的较大风险,因此一般很少采用。成本加固定酬金合同虽不会使承包人故意提高成本,但承包人也没有降低成本的动力,业主蒙受丧失可能降低成本的机会风险。成本加浮动酬金合同承发包双方事先商定目标成本,承包人所得为成本加酬金,如果实际成本低于目标成本,承包人所得除实际成本加酬金外,还可根据成本降低额外获得一笔酬金。当实际成本高于目标成本时,业主根据成本增加值,从实际成本加酬金中扣除部分酬金。这种方式对业主来说不会承担太大风险,有利于业主控制成本,增大承包方最大限度降低工程成本,在实践中应用较多,但一般合理准确地确定目标成本比较困难。

5.5.5.3 利用工程担保分散合同风险

在签订建设工程施工合同时,可以运用法律资源中的工程担保制度,来防范或减少合同条款所带来的风险。工程担保是指在工程施工承包合同中,当事人一方为避免因对方违约而蒙受损失,要求对方提供可靠的经济担保。这是国际上公认的正常经济保障措施。工程担保有以下六种形式:第三方的保证、银行担保、保险公司的担保、不可撤销的银行备用信用证、直接缴纳保证金、财产的物权担保即抵押施工机械设备或进场材料等。其中,第三方的保证、银行担保、保险公司的担保、不可撤销的银行备用信用证属于工程保证担保。直接缴纳保证金、财产的物权担保即抵押施工机械设备或进场材料等是以实物资产为保障的资产担保。各种担保形式中,银行担保是最普通和最容易被各方所接受的担保形式。

为了保证承发包双方都能诚实履行工程施工合同,承包人可以要求业主提交工程款支付保函,业主也有权要求承包人提供履约保函,分别规避各自的合同风险。具体工程担保的内容详见第9章介绍。

5.6 本章小结

在工程项目风险管理过程中,施工阶段的风险管理是最重要也是最复杂的。本章首先阐述了项目施工阶段风险管理的特征和过程;其次,按照风险识别、风险分析评价、风险应对等分析了工程项目施工阶段的风险管理过程,并对风险安全与应急管理做了介绍;最后,逐一介绍了不同合同条件下的风险分担原则以及施工过程中的发承包双方的合同风险管理策略。相关案例的应用,加深了对工程项目施工阶段风险管理过程的理解。

习题

1. 工程项目施工过程动态风险监测技术包括哪些方法?简述每种监测技术用于施工过程风险监控的操作过程。
2. 工程项目施工阶段的风险识别方法有哪些?
3. 工程项目施工阶段的风险控制策略有哪些?
4. 承包人的合同风险管理策略有哪些?
5. 业主方合同风险管理策略有哪些?

第6章 工程项目运营阶段的风险管理

本章导读

项目的运营阶段是否正常关系到整个项目的成败,它标志着项目成果的最终检验。对运营期的风险给予足够的重视并采取适当的管理措施,不仅能够有效地预防和控制这些风险,还能为项目带来附加价值。从运营组织的视角系统地识别和分析运营期的潜在风险因素至关重要,这有助于控制风险并减少因风险管理不当而导致的额外开支。同时,从项目可持续经营的角度,将运营风险纳入运营方案的体系化考量中,可以更好地应对未来可能出现的各种不确定情况。这种前瞻性的风险管理策略,不仅能够帮助节约运营成本,还能够提升服务水平,确保项目长期稳健运行。

6.1 工程项目运营阶段风险管理概述

6.1.1 工程项目运营阶段的任务

工程项目运营阶段的工作任务不同于决策、设计、施工阶段,主要工作由业主单位自行完成或者成立专门的项目公司承担。对于经营性工程项目,如高速公路、垃圾处理厂等,其运营阶段工作较为复杂,包括经营和维护两大任务。对于非经营性工程项目,如住宅地产等,运营阶段主要通过鉴定、修缮、加固、拆除等活动,保证工程项目的功能、性能能够满足正常使用的要求。

从工程项目管理的角度看,在项目运营期间,主要工作有工程的保修、回访、相关后续服务、项目后评价等。项目后评价是指对已经完成的项目的目的、执行过程、效益、作用和影响所进行的系统的、客观的分析,一般在项目竣工验收后2~3年内进行。它通过对项目实施过程、结果及其影响进行调查研究和全面系统回顾,与项目决策时确定的预期目标以及技术、经济、环境、社会等相关指标进行对比,找出差别和变化,分析原因,总结经验,吸取教训,得到启示,提出对策建议,并通过信息反馈,改善投资管理和决策,达到提高投资效益的目的。

6.1.2 工程项目运营阶段风险的特点

工程项目,尤其是大型工程项目运营的自身特征和规律,决定了运营阶段风险的特点。

(1)运营风险的多样性和多层次性

工程项目运营由于内容多、参与主体多、管理类别复杂、跨地理区域大、技术含量高等原因,导致工程项目在运营过程中可能发生的风险数量多且种类繁杂。

(2)运营风险的动态性

在工程项目运营过程中,各种风险因素不论在质上还是在量上都是动态变化的,在某一时期内,部分风险可能得到一定程度的控制甚至消除,同时又可能产生新的风险。运营风险的动态性主要体现为风险性质的动态变化、风险后果的动态变化以及新风险的动态产生。

(3)运营风险的相对性

风险总是相对不同承担主体而言的。同样的风险对于不同的工程建设项目运营公司可能有不同的影响。风险承受能力主要受预期效益、投入、项目公司规模和拥有的风险管理资源等因素的影响。

6.1.3 工程项目运营阶段风险管理的过程

工程项目的运营阶段作为工程建设前期各个过程的成果运行阶段,在整个项目全寿命周期中占有重要的地位。工程项目运营阶段的风险管理过程也分为风险识别、风险分析、风险评价和风险应对四大步骤。当然,这个过程也是动态循环的。运营阶段具体风险管理的流程可参考图2-9。

6.2 工程项目运营阶段的风险识别

工程项目运营阶段风险管理的基础和前提就是风险源识别的好坏。风险管理效果的好坏在一定程度上是由风险识别的准确性、科学性来决定的,应从整体、全局的角度出发,严格按照一定的规律,对风险进行系统的调查分析,来保证风险识别的准确程度。

6.2.1 工程项目运营阶段风险识别步骤

对于工程项目运营阶段风险源识别的具体工作,可以从以下几方面入手。

(1)收集整理资料

为全面识别风险源,首先要做的就是对风险源所面向的目标进行全面、深入的了解。对工程建设项目的施工环境、目标计划、构架设计、目标要求和现场建设状况,以及设计施工作业的技术条件等方面做细致的调查工作。

(2)确定风险评估范围和对象

弄清楚风险评估的范围,明确风险评估的目标对象。

(3)普查风险因素

研究所得到的调查信息,选用适当的风险分析方法对评估的对象进行深入的剖析,结合既有的工程项目风险事故,以明确各种风险源不同的作用方式,对各种可能存在的风险源进行全面分析,完成风险因素的普查。

(4)筛选风险因素

各种风险因素都可能导致风险发生,并且各种风险因素所引起的风险后果严重程度各不一样。若将所有的风险因素全面考虑,会使问题的研究变得极其复杂。为了使风险源识别所得到的结果更合理、高效,有必要对风险因素进行筛选。筛选风险因素的主要目的,是将造成的损失降低到很轻微且发生风险事故概率极小的风险因素及时排除在下一步分析之前。

(5)全面分析风险的潜在因素

全面分析风险的潜在因素是识别风险源工作的最后部分,它最主要的功能是对分析出来的各种风险存在的原因进行有条理的分析总结,为随之而来的风险等级的评定做好全面的筹备工作,更加方便业主或运营管理公司充分、全面了解有可能出现的各种潜在风险。

6.2.2　工程项目运营阶段风险因素

在工程项目运营阶段,风险主要体现在各类管理风险上,因此,本节识别出的运营阶段风险因素主要基于经营管理视角展开。具体到不同类型的项目,尤其是各类 PPP 项目,其在运营阶段还存在社会、政治、经济政策等运营环境风险,以及项目各参与方的违约信用风险等。下面仅是一般性描述,风险的维度划分和具体风险要素组成需要结合实际项目才能展开精准的识别。

6.2.2.1　组织管理风险因素

工程建设项目涉及的主体较多,在项目的运营阶段内,各个项目主体在利益方面存在一定的非一致性,因此在项目运营阶段,如何建立和管理项目组织成为管理风险控制关键问题之一。其中,在项目组织管理中,项目组织目标一致性因素尤为重要,该因素本质上表明了多元利益主体的行动出发点。其中,在项目目标一致性方面,主要反映项目目标是否明确、统一,项目规划是否合理以及项目任务的可行性。在多主体环境下,项目的利益趋于复杂化,因此项目目标的一致性在本质上成为协调各个利益主体的根本标准。在发生纠纷的时候,多元利益主体通常遵循本质目标一致的原则,相互退让磨合,最终得到利益角度的均衡点。

职能明确性也是多元主体项目必须考虑的关键问题之一。由于工程建设项目涉及的部门较多,关系较为复杂,因此合理地规范各个部门之间的职能有利于明确各个主体的权利和利益,避免在具体业务中出现职能交叉,形成多头管控的局面,同时也避免在责任方面的空白,使得风险发生后无法责任定位,出现管理空白。同时,在明确各部门职能的同时,也要注意到管理组织中存在的职权分裂现象,通过合理授权,有效地把权利和责任进行下放,明确管理人员的目标,树立管理人员的责任意识。因此,明确各个部门的职能是合理防控多主体投资项目在运营阶段管理风险的有效方法之一。

权责分配合理性也是影响组织管理风险的关键指标之一。在授权的过程中,是否考虑多主体的利益,是否实现了多主体在管理和利益上的均衡是进行权责分配的核心出发点。针对这样的问题,在进行有效授权的过程中,同时也应该明确各部门的责任,还应该考虑授权者的人际关系因素,以及授权者对待下级的态度因素,通过多方面的考虑,进而来确定权责分配,保证权责分配的合理性,达到控制项目运营阶段管理组织风险的目的。

此外,在大型工程项目组织结构中,组织协调性已经成为关键的管理目标之一。该指标从内部反映了项目管理组织在协调多主体时的能力,良好的组织协调能力,能够有效地协调多元利益,通过强化沟通等方式避免利益主体发生管理风险,使得管理组织的命令统一,避免不同利益部门之间误用职能,有效地配置资源,防止成员出现多方面服从等情况,使得项目管理组织的命令可以有效地下达并执行。

6.2.2.2　运行维护管理风险因素

在项目运营阶段,主要的日常工作是对项目的维护和运营,积极贯彻工程建设体系标准和建设规范要求,确保所建工程安全、可靠地运营。项目一旦出现安全隐患或是停运,会给企业带来巨大的损失,更会给社会带来巨大的损失。因此,保证工程项目可靠运营是业主或投资企业防范运营风险的重中之重。其中,在工程建设项目运营维护管理风险中,主要应该考虑质量管理风险、劳动管理风险、费用管理风险及物资管理风险等。

(1) 质量管理风险

项目质量直接关系到人的生命和财产安全,施工阶段中的质量缺陷带入运营阶段会严重影响运营阶段的安全,质量管理风险是项目在运营阶段管理过程中首要考虑的问题。通过标准化的管理方法,建立项目质量检查机制,发现质量问题要进行及时上报、统筹安排、优化资源配置,优先解决。尤其是针对涉及多主体公共维护方面,更应该加强质量管理规范的制定和实施,强化质量责任,明确关键点的质量责任,避免多主体在联合建设过程中出现质量管理盲点。通过质量控制体系,完善在项目运营阶段的人力、物料及设备质量的控制。加强对关键设备和关键物料的质量审核,形成全面的、系统的质量管理控制体系。合理地防范在项目运营期间的质量管理风险。

(2) 劳动管理风险

在劳动管理风险方面,应该强化劳动规章制度的建设,形成项目运营阶段管理制度化运营,避免管理过程中随意化造成的管理风险,强化制度的执行力度和效力。同时,相关的奖惩体系也对管理风险具有十分重要的作用。通过激励机制,对员工进行合理的激励,激发员工的劳动积极性。此外,还应该重视员工的培训工作,通过培训的方式,使得员工掌握新技能、增强安全意识、提高业务能力,进而避免项目运营阶段的劳动管理风险。

(3) 费用管理风险

费用管理风险已经成为项目运营阶段管理风险的关键点。随着金融环境、技术市场、可替代的工程建设和应用等外部环境的变化,管理者的经营成本、可替代成本也逐渐变化。合理地控制运营阶段的经营成本,是保障多主体利益的客观需要。

(4) 物资管理风险

在运营阶段内,尤其是针对多主体投资的项目而言,物资管理风险尤为重要。在多主体运营环境下,尤其是针对公共部分物资,由于多主体之间权责不明,市场缺乏对物资供应的明确规定,使得公共部分的物资在资源供应时难以保障。其中主要反映在材料预算计划与实际不符、库存物资难以及时更新、物资采办过程存在失误等现象,使得项目运行维护作业难以按时完成,增加了项目运营阶段的管理风险。因此,在多主体运营项目运行过程中,要充分考虑物资管理因素带来的运行维护管理风险。

6.2.2.3 人力资源管理风险因素

在项目运营阶段,由于投资主体的多元化,使得实际管理问题较为复杂,因此管理团队的管理能力、人力资源情况已经成为评价该项目管理风险的关键因素之一。其中,管理者的素质和能力直接影响到决策的正确性和准确性,这对项目的管理风险具有十分显著的影响。因此,在对项目运营阶段管理风险识别的过程中,首先要考虑管理决策者的能力和水平问题,其中,按照管理学对管理模块的划分方法,管理决策者的能力主要反映在他的组织能力、协调控制能力、激励能力、决策能力以及人际交往能力。此外,管理决策者的经验丰富程度,直接影响了他对突发事件的反应和判断。另外,决策者的素质对项目管理风险也具有重要的影响,如果决策者具有良好的道德素质,那么在项目运营阶段将会本着用户利益的角度来考虑问题,而不会为了追求超额利润而造成管理风险。

在人力资源管理因素中,管理监督者水平也是直接影响项目管理风险的关键因素之一。在项目运营阶段,项目的质量和管理规范程度主要依靠项目监督人员的监督和管理来完成,因此,项目监督者水平的高低直接反映了对项目运营阶段管理控制的水平。其中,管理监督的水平主要反映在对人身安全管理监督、质量控制监督、材料控制监督以及成本控制监督等方面。人力资源的监督管理水平要素,直接反映出对项目管理控制的质量。人力资源的监督管理是保障项目在运营阶段,及时发现问题的关键步骤之一,也是进行项目管理风险控制必不可少的要素之一。

此外,组织实施能力也是人力资源管理风险控制的要素之一,尤其是对多主体投资的项目而言,组织实施能力是协调多个主体之间的利益、合理地处理利益矛盾的关键。有效地利用组织实施能力,能够提高项目在运营阶段对突发事件的处理能力,有效地保证项目目标的逐步实现。

6.2.2.4 安全管理风险因素

任何项目在运营阶段,其安全管理问题一直都是管理风险的主要问题之一。大型工程建设项目,其关联的主体较多,项目社会影响大,安全管理显得尤为重要。因此,在项目运营阶段,项目的安全管理情况直接影响到项目的管理风险。在衡量项目安全管理风险的时候,主要从安全意识、安全措施等方面进行考虑。

(1)安全意识

安全意识主要反映了项目的管理部门对安全的态度。如果项目管理部门具有良好的安全意识,则他们在决策和管理上都会具体地从安全管理的角度出发,避免冒险行为,确保项目的安全。如果管理部门的安全意识较弱,那么他们对安全隐患的反应也会较为迟钝,就会进一步加大项目的管理风险。同时,安全意识的强弱也反映在员工的作业过程中。树立良好的安全意识可以从根本上端正员工的态度,避免人为失误造成的安全问题。切实地把安全工作落到实处,减少项目管理的潜在安全管理风险。

(2)安全措施

安全措施不仅是对安全意识的反映,同时也体现了安全的重要地位。运营阶段项目管理部门不仅要具有安全意识,同时还要为安全行为落实资源,通过资源的合理配置,切实地保障安全措施的有效性。其中,在项目运营阶段,安全措施的完善程度对于减少管理风险具有重要的作用。安全措施不仅包括相关的安全预警系统、安全防护设备等,同时也包括安全制度等。应把安全问题提到日常规范的程度,从根本上强化员工的安全意识。

下面以某地铁项目为例,进行该项目运营阶段的风险识别。

[**例6-1**] 某地铁项目运营风险识别结果。

某地铁PPP项目线路全长66.71km,共设11座车站,已正式开通投入运营。根据第二章介绍的专家访谈、实地调研等风险识别方法,获得该地铁项目运营阶段风险指标,主要可以分为三大类:宏观风险、经营风险和其他风险。

①宏观风险。项目运营过程中的宏观风险包括政治风险和法律风险,比如由于政府政策的变化可能影响项目的盈利能力;由于项目审批程序过于复杂,给项目正常运营带来威胁的风险;项目运营期内如果出台了新的法律法规或对原有法律、法规进行修订,导致项目的合法性、市场需求等要素发生变化,进而影响项目运行或各方收益,可能直接或间接导致项目终止或失败的风险等。

②运营风险。地铁项目运营阶段的经营风险包括运营成本风险、运营维护风险、运营安全风险和运营收益风险等。比如，维持轨道交通运营所需的人工成本、能源消耗成本以及设施设备维护费用、管理人员办公等费用超支带来的风险；负责项目运营的专业人员技术不熟练导致的风险；项目在运营期内发生安全事故的风险；实际客流量少于预期客流量导致运营收入低于预期的风险等。

③其他风险。政府不履行或不完全履行约定的责任和义务，为项目带来直接或间接的影响，如政府不履行约定的补贴和各种义务、政府主要领导换届、政府不支持等。

由于在运营阶段，经营管理风险往往比较突出，因此，在6.3节将主要对该类风险展开分析和评价，该地铁项目运营阶段经营管理风险清单如表6-1所示。

某地铁项目运营阶段经营管理风险清单　　　　　　表6-1

风险类别	一级指标	二级指标代码	二级指标名称
运营阶段经营风险	运营成本风险 B_1	B_{11}	运营成本超支
		B_{12}	更新改造及追加投资
		B_{13}	财务管理风险
		B_{14}	政府补贴延误
		B_{15}	与政府伙伴关系维持风险
	运营维护风险 B_2	B_{21}	运营维护技术风险
		B_{22}	运营条件风险
		B_{23}	投资额不足
	运营安全风险 B_3	B_{31}	人员安全风险
		B_{32}	设备安全风险
		B_{33}	环境安全风险
		B_{34}	安全管理风险
	运营收益风险 B_4	B_{41}	运营收益不足
		B_{42}	客流量不足风险
		B_{43}	票价定价及调价机制风险
		B_{44}	商业模式创新水平

6.3 工程项目运营阶段的风险分析与评价

6.3.1 工程项目运营阶段的风险分析

在工程项目运营的过程中，必须明确什么时候可能产生什么样的风险，进而分析判断风险来源、分析风险类型。在此基础上，通过风险分析来确定潜在的破坏因素及造成的影响，明确影响时间、影响范围和影响力度，通过定性分析与量化分析相结合的方式来综合判断，最后量化分析得出风险等级等结论。具体方法的内容和步骤此处不再赘述，可参见本教材2.3.5节和2.4.2节。

6.3.2 工程项目运营阶段的风险评价

工程项目运营阶段的风险评价是指在运营风险识别和分析的基础上综合考虑风险发生的概率、损失幅度以及其他因素,得出运营阶段发生风险的可能性及其程度,并通过一定方法确定运营风险的等级,由此决定是否需要采取应对措施以及应对到什么程度。

工程项目运营阶段常见的风险评价方法有定性分析方法、定性与定量相结合的方法、定量分析方法等,具体方法实施的步骤和条件参见可参见本教材2.4.2节和2.4.3节。此处结合地铁项目运营阶段具体风险特点和内容,对模糊综合评价法进行举例。

[例6-2] 基于AHP-模糊综合评价法的某地铁项目运营阶段经营管理风险评价。

仍以[例6-1]中某地铁项目运营阶段识别出的经营管理风险为例,运用AHP-模糊综合评价法进行评价。

(1) 风险评价指标权重确定

①准则层评价指标权重的计算。如表6-1所示,评价指标准则层(第一层次)指标为运营成本风险、运营维护风险、运营安全风险、运营收益风险4个指标。对这4个指标进行评判的标度取值采用1~9标度法进行评价指标的重要性评判。由于层次分析法的具体计算过程在[例2-1]~[例2-3]中已做过详细介绍,此处不再赘述,最后得出各个风险的权重:$W_1=0.23$;$W_2=0.18$;$W_3=0.32$;$W_4=0.27$。

②指标层因素权重的计算。同样通过专家打分、构造两两比较矩阵,可计算出二级指标相对于一级指标的权重以及二级指标目标的总权重,计算结果如表6-2所示。

某地铁项目运营阶段经营管理风险评价指标体系权重表　　　　表6-2

目标层	一级风险指标	一级风险指标相对权重	二级风险指标	二级风险指标相对权重	二级风险指标总权重
运营阶段经营管理风险	运营成本风险 B_1	0.23	运营成本超支 B_{11}	0.37	0.0851
			更新改造及追加投资 B_{12}	0.13	0.0299
			财务管理风险 B_{13}	0.24	0.0552
			政府补贴延误 B_{14}	0.17	0.0391
			与政府伙伴关系维持风险 B_{15}	0.09	0.0207
	运营维护风险 B_2	0.18	运营维护技术风险 B_{21}	0.43	0.0774
			运营条件风险 B_{22}	0.19	0.0342
			投资额不足 B_{23}	0.38	0.0684
	运营安全风险 B_3	0.32	人员安全风险 B_{31}	0.31	0.0992
			设备安全风险 B_{32}	0.27	0.0864
			环境安全风险 B_{33}	0.36	0.1152
			安全管理风险 B_{34}	0.06	0.0192
	运营收益风险 B_4	0.27	运营收益不足 B_{41}	0.29	0.0783
			客流量不足风险 B_{42}	0.18	0.0486
			票价定价及调价机制风险 B_{43}	0.32	0.0864
			商业模式创新水平 B_{44}	0.21	0.0567

（2）模糊综合评价运用

①建立运营阶段经营管理风险因素集。利用层次分析法来确定各指标的权重时建立了该 PPP 项目运营期风险系统层次结构模型，据此可以建立模糊综合评判的因素集 U：

$U = \{U_1, U_2, U_3, U_4\}$ =（运营成本风险，运营维护风险，运营安全风险，运营收益风险）

而二级因素集又可以细分为各自的三级因素，即：

$U_1 = \{U_{11}, U_{12}, U_{13}, U_{14}, U_{15}\}$ =（运营成本超支，更新改造及追加投资，财务管理风险，政府补贴延误，与政府伙伴关系维持风险）。

$U_2 = \{U_{21}, U_{22}, U_{23}\}$ =（运营维护技术风险，运营条件风险，投资额不足）。

$U_3 = \{U_{31}, U_{32}, U_{33}, U_{34}\}$ =（人员安全风险，设备安全风险，环境安全风险，安全管理风险）。

$U_4 = \{U_{41}, U_{42}, U_{43}, U_{44}\}$ =（运营收益不足，客流量不足风险，票价定价及调价机制风险，商业模式创新水平）。

②建立运营阶段经营管理风险因素评语集。本项目将各风险因素评价集分为五个等级，分别为很低(1)、低(2)、一般(3)、高(4)、很高(5)，即：评价集 $V = \{1, 2, 3, 4, 5\}$。选取 10 位对地铁 PPP 项目运营熟悉的专家进行评价。

③确定隶属度矩阵。根据调研问卷提取的数据，可以得到风险指标的隶属度 $q_{ij} = d_{ij}/d$，其中 d_{ij} 为风险指标评价因素集中第 i 个风险因素指标做出第 j 个评价等级的专家人数，d 为评价专家总人数。结果如表 6-3 所示。

某地铁项目运营阶段经营管理风险指标隶属度矩阵 表 6-3

目标层	一级风险指标	一级风险指标相对权重	二级风险指标	二级风险指标相对权重	风险指标隶属度
运营阶段经营管理风险	运营成本风险 B_1	0.23	运营成本超支 B_{11}	0.37	(0.0, 0.0, 0.6, 0.2, 0.2)
			更新改造及追加投资 B_{12}	0.13	(0.0, 0.2, 0.3, 0.5, 0.0)
			财务管理风险 B_{13}	0.24	(0.0, 0.0, 0.4, 0.3, 0.3)
			政府补贴延误 B_{14}	0.17	(0.0, 0.1, 0.0, 0.6, 0.3)
			与政府伙伴关系维持风险 B_{15}	0.09	(0.0, 0.0, 0.9, 0.1, 0.0)
	运营维护风险 B_2	0.18	运营维护技术风险 B_{21}	0.43	(0.0, 0.1, 0.5, 0.2, 0.2)
			运营条件风险 B_{22}	0.19	(0.0, 0.0, 0.3, 0.7, 0.0)
			投资额不足 B_{23}	0.38	(0.0, 0.3, 0.4, 0.3, 0.0)
	运营安全风险 B_3	0.32	人员安全风险 B_{31}	0.31	(0.0, 0.5, 0.1, 0.0, 0.4)
			设备安全风险 B_{32}	0.27	(0.0, 0.2, 0.6, 0.2, 0.0)
			环境安全风险 B_{33}	0.36	(0.0, 0.8, 0.1, 0.1, 0.0)
			安全管理风险 B_{34}	0.06	(0.0, 0.0, 0.4, 0.2, 0.4)
	运营收益风险 B_4	0.27	运营收益不足 B_{41}	0.29	(0.0, 0.1, 0.7, 0.2, 0.0)
			客流量不足风险 B_{42}	0.18	(0.0, 0.0, 0.4, 0.5, 0.1)
			票价定价及调价机制风险 B_{43}	0.32	(0.0, 0.0, 0.6, 0.2, 0.2)
			商业模式创新水平 B_{44}	0.21	(0.0, 0.5, 0.5, 0.0, 0.0)

④确定模糊评价结果。

提取运营成本风险因素模糊综合评价权重向量:$A_1 = (0.37, 0.13, 0.24, 0.17, 0.09)$

运营成本风险综合评价值:

$$B_1 = A_1 \times \begin{bmatrix} 0.0 & 0.0 & 0.6 & 0.2 & 0.2 \\ 0.0 & 0.2 & 0.3 & 0.5 & 0.0 \\ 0.0 & 0.0 & 0.4 & 0.3 & 0.3 \\ 0.0 & 0.1 & 0.0 & 0.6 & 0.3 \\ 0.0 & 0.0 & 0.9 & 0.1 & 0.0 \end{bmatrix}$$

$= (0, 0.043, 0.438, 0.322, 0.197)$

同理,运营维护风险因素综合评价向量 $B_2 = (0, 0.157, 0.449, 0.333, 0.086)$,运营安全风险因素综合评价向量 $B_3 = (0, 0.497, 0.253, 0.102, 0.148)$,运营收益风险因素综合评价向量 $B_4 = (0, 0.134, 0.572, 0.212, 0.082)$。

则此地铁项目风险综合评价向量:

$$B = (0.23, 0.18, 0.32, 0.27) \times \begin{bmatrix} 0 & 0.043 & 0.438 & 0.322 & 0.197 \\ 0 & 0.157 & 0.449 & 0.333 & 0.086 \\ 0 & 0.497 & 0.253 & 0.102 & 0.148 \\ 0 & 0.134 & 0.572 & 0.212 & 0.082 \end{bmatrix}$$

$= (0, 0.23337, 0.41696, 0.22388, 0.13029)$

依据最大隶属度原则,此项目总体风险呈现中等水平。根据风险评价结果,后续进行各风险的应对。

6.4 ▶ 工程项目运营阶段的风险应对

如前所述,在工程项目运营阶段,风险识别主要基于经营管理视角进行,因此,风险应对机制也分别围绕这些风险展开;同时,运营阶段整个风险管理过程需构建信息管理系统,以便快速、便捷地进行风险管控和应对。当然,这些应对机制也仅是一般性的表述,涉及具体项目,尤其是不同类型的 PPP 项目,其运营阶段风险应对措施更加多元化和复杂化。

6.4.1 工程项目运营阶段的风险应对机制

(1)建立多主体利益协调风险应对机制,降低项目组织管理风险

工程建设项目运营阶段的管理主要涉及政府、银行、项目法人、运营商等多个主体。在建立完善利益协调机制和管理治理结构的基础上,还必须加强多主体合作,建立基于多主体利益的风险应对机制,共同应对存在的管理风险。

①建立有效沟通协调机制,使利益相关者目标统一。

在多元主体下,各自的利益关切点可能存在差异,因此统一项目目标成为协调各个利益主体的根本标准。在发生利益纠纷的时候,多元主体只有在目标一致性前提下,才能通过有效沟通、协调,重新达到利益平衡点。

②构建多元主体间合理的风险分担格局。

根据科学的风险分担原则,建立政府方、投资方和运营商等各方之间合理的风险分担格局。

一是把风险交给最有能力应对某种风险的人。例如,在工程项目多主体运营阶段管理风险分担机制的执行中,对于项目所面临着的政治风险,因为政府最有能力应对该风险,因此,该管理风险必须以政府主体承担风险担保。另外,工程安全和质量风险则应由承包人来承担。

二是风险与收益匹配的原则。在工程项目运营过程中,不论是政治风险,还是安全风险,以及组织风险,谁承担的风险越多,所获得的报酬就越高。

三是由最有能力承担风险的一方进行承担。项目主体如果确实都没有能力承担风险,如重大自然灾害等不可抗力的风险就需要转移给保险公司。

③强化对运营管理风险管控的重视程度。

工程项目多主体运营阶段要强化对运营管理风险管控的重视程度。将风险运营管理职责层层落实到各个部门以及管理高层领导,要在思想上进行统一,积极通过培育和引导各个主体,成立由运营高层领导、经营发展部门以及消防安全部门组成的管理风险工作协调组,制订项目管理风险长短结合的应对规划。

(2)建立健全管理风险的制度和组织,降低项目运行维护风险

①建立健全管理风险组织机构,明晰各部门的权责关系。

设立管理风险委员会、管理风险小组等组织结构,并明确各机构的职责。如具体进行风险应对的管理风险小组主要职责包括:准备并安排各方面资源,制订并确认管理风险的实施计划、实施规范和标准、确定开展管理风险的主要目的和重点、负责各相关专业工种的主要部位硬件、材料、关键技术部位的安全测试等。

②完善风险管理业务流程,明确关键风险控制点。

建立科学的风险管理业务流程,动态进行运营风险的识别与修正,制定主要风险核对清单,明确工程项目在运营过程中的主要质量、费用、进度等风险控制点,并将这些风险具化到相应的部门和人员。

③明晰风险管理相关岗位职责并确定人员遴选、考核标准。

可设计明确、具体的管理风险岗位职责书,包含的内容主要有岗位的职责、招聘条件、岗位要求以及评价体系和标准。岗位设计和职责的说明必须与管理风险的战略规划和未来发展相适应。通过公开招聘、公平选拔,建立一支素质过硬、学历高、能力强的管理风险队伍。在管理过程中,严格按照各个岗位的职责要求管理;并对员工做好动态绩效管理与考评。另外,除了要做好项目管理风险部门的岗位职责外,还要加强对员工尤其是管理人员的风险培训,提高预测和处理应急风险事故的能力和水平。

④运用科学方法,降低费用超支等风险。

工程项目运营阶段成本,主要包括管理费、设备运行费、财务费、保洁费、保养费、维修费等。运营管理阶段的成本有其特殊性,各项成本开支并不全是一次性发生的,如管理费、保洁费等,从项目投入运营开始直到项目报废,都需要定期投入成本,并没有固定的开始时间和结束时间。但是通过及时准确地收集信息,在运营管理进行一段时间,如一季度后对成本进行统计,通过获取工程量信息的方法判断项目的完成情况,如保洁费可以根据已经清洁部分面积占所需清洁面积的比例判断完成比例,管理费用可以通过所完成工作的情况判断完成比例等。如可通过挣值分析方法对工程运营阶段的进度成本进行有效的应对,通过对"预算成本""计划成本""实际成本"所谓的"三算对比"进行运营阶段成本费用管理和控制。

(3) 建立预警机制，构建风险防控信息平台，降低安全风险

①建立并强化安全管理防控预警机制。

建立安全管理检测指标系统，定时对项目运营的安全管理风险进行评估。同时，相关管理风险部门需要认真制定各项安全管理规章制度，在日常管理过程中要规范操作，明确安全责任。由专人负责安全管理风险的管理，并在各主要危险地区和场地布置保障安全的设施，及时排查安全隐患，采取有效的方法避免事故的发生。

②建立并完善安全管理风险防控信息平台。

建立包括监控系统在内的项目管理风险防控信息化建设，提高安全管理风险信息传递的及时性和便捷性，提升项目安全管理能力。根据各信息化渠道和数据采集系统的定位，完善重要工程部位的电子眼布局结构，设置多点位的电子眼和摄像镜头，采集工程项目运营状况信息，及时传送至监控室，建立完善安全管理风险数据库。

(4) 加强多部门监管，降低财务风险

由于工程项目多主体运营阶段自身项目的复杂性，产生管理风险的原因很多，除了政府的宏观调控因素外，项目还必须对自身的现金流动情况、资产、负债、发展前景和规划、偿债能力和获利能力等信息存在的风险进行分析、判断和评估，尤其是对虚报财务状况的财务风险以及银行贷款授信风险的管理和维护。除了责任追究之外，还需要通过监督对项目运营进行及时的财政监督、审计监督、银行监督等。在这方面，政府作为最终的所有者和监督者，应当进一步带头优化项目多主体运营阶段内的资金结构，提升项目的融资能力与资金实力，并且提高市场盈利能力。同时在监督过程中，政府需要发挥带头作用，有效组织财政部门、审计部门、监察部门等多个部门，建立相互协调机制，避免部门之间推诿责任，降低监督效率。

[例 6-3] 某项目地铁项目运营阶段经营管理风险应对。

仍以[例 6-1]和[例 6-2]中某地铁项目运营阶段经营管理风险为例，根据模糊评价结果，及实际案例中反映的问题，提出地铁项目运营期风险的应对建议如下：

①运营成本风险。

在项目运营成本风险控制方面，关键在于对运行维护费用的精细管理，这通常包括材料费用和人力成本两部分。项目启动前，精确预算是至关重要的，需要根据材料成本、采购价格以及预期消耗量来制定严格的成本控制措施。在签订采购合同时，应对多个供应商的报价进行综合比较，以选出性价比最优的供应商。对于维护材料，建议采纳合理使用原则，并明确指派负责部门，以便监控和维护材料的使用情况。引入拥有丰富运营经验的企业作为顾问，可以为项目提供宝贵的运营咨询和维护服务，从而优化维护流程，减少不必要的开支，降低运营成本带来的风险。通过这些策略的实施，可以在保证项目顺利运行的同时，有效控制和降低运维工作的成本。

②运营收益风险。

影响地铁收入的主要二级指标因素包括运营收益不足风险和客流量不足风险。为了应对这些风险，项目建设前期的线路规划工作至关重要，同时需要对预期客流量作出精确预测。针对市场需求量不足的风险，一种有效的策略是让地铁运营企业与政府签订长期购买协议。此类协议能够确保地铁线路建成后有稳定的市场需求，并对市场需求的最小量提供保证，从而保障地铁项目能够获得最低收入以覆盖建设和运营成本。另外，由于我国城市轨道交通票价受到政府管制而普遍偏低，为吸引社会资本参与，政府部门应考虑与私营企业签署特许经营协议。这样的协议需要明确在政府票价管制下缺口补偿的方式、设定客流量的保底标准、确定主

营业务收入补偿的力度及相关约束性条款,以此防止主营业务收入不足的风险,并确保项目的经济可持续性和投资回报。通过这些措施,可以增强地铁项目的财务稳定性和吸引潜在投资者。

③运营期安全风险。

在人员、设备、环境和管理这四个关键因素中,均存在着发生意外事故的风险。多数乘客通常缺乏必要的紧急应对能力,这使得在安全事故发生时,进行现场疏散变得相当困难。若工作人员缺乏充分的组织与协调技能,后果不仅可能是巨大的经济损失,还可能包括人员的伤亡,从而引发负面的社会影响。鉴于此,在运营阶段的管理中,必须首先建立一套完善的安全管理规定。接着,需要对地铁线路的管理人员进行全面的安全教育,以提升他们的安全防范意识。同时,对于地铁设备的检查维护工作,必须严格遵守既定的操作规程,对于检测出的任何问题,应及时进行维修或更换。综上所述,必须从人、机、环境以及管理等多个层面综合施策,以预防和控制运营期间的安全风险。

④构建高效伙伴关系。

在地铁等轨道交通PPP项目中,政府与私营企业之间建立稳固的伙伴关系是项目成功的关键。这种伙伴关系的建立基于几个核心条件:风险的合理分担、资金与技术的共享投入、双方工作的积极协同以及持续的沟通与协调。在许多情况下,政府的财政资源可能有限,同时可能缺乏项目建设和管理的经验。而另一方面,私营企业通常具备丰富的施工管理经验,并在PPP项目公司中持有一定比例的股份,这不仅有助于缓解政府的财政压力,而且有利于伙伴关系的形成。然而,政府与企业间的利益博弈、政府部门之间的不协调,以及将过多的风险分配给企业方,都可能成为伙伴关系发展的障碍。因此,形成一个良好的伙伴关系,能够有效避免政府和企业之间出现裂痕,这对于确保项目的顺利进行和最终的成功至关重要。

[**例6-4**] 污水处理厂项目出水水质风险的控制。

对于污水处理厂项目,出水水质能否持续达标是核心的运行维护管理风险。可通过以下措施进行该类项目出水水质风险的管理。

①根据来水情况调试工艺。

城市污水中掺杂的工业废水是影响水质的重要因素。污水厂投入运营前,应先对服务范围内的主要工业污水排放源进行重点排查,尽可能多地了解其生产工艺及所排废水水质、水量情况;要逐步摸清全天24h和全年12个月的来水规律,量化把握系统的处理能力。只有弄清整个来水情况,才能结合当地气候、水文、地质等条件,有效应对水情变化风险,及时进行有针对性的工艺调整。

城市污水可生化性强,只要工艺设计合理,进水波动在允许范围内,处理达标较为容易。目前,BOT污水处理项目大都采用有脱氮、除磷功能的二级处理工艺。脱氮处理时,必须考虑硝化菌在一定温度下,污泥增长率所决定的泥龄。只有合理调节剩余污泥排放量,获得满足硝化菌世代时间的泥龄,才能对氮有较好的祛除效果;生物除磷是靠聚磷菌对磷的吸收作用,形成含磷的活性污泥,使其从污水中去除,因此对出水SS指标有较高要求,否则会因高含磷量的悬浮物引起出水总磷超标。城市污水中的氨氮,尤其是总磷质量浓度普遍较高,碳源相对不足,加之生物脱氮、除磷在工艺控制上的相互矛盾,使得生化处理后进行化学除磷成为必须。因此,对水质控制的关键在于优化生化反应与化学加药操作,发挥价值工程对项目管理增值的作用,寻求各项消耗最低情况下的出水水质综合达标,而不是盲目追求各项出水指标最低。

②对水质管理实行动态调整。

水质管理应侧重根据条件变化,结合人工和在线监测数据反馈,对提升泵泵前水位、生化池溶解氧量浓度、污泥回流比、剩余污泥排放量、化学药剂投加量等直接影响生产成本的参数进行调控,确定合理的工艺运行条件,优化处理设施的运转。如在冬季水量减少时,适当减少并行处理单元等,提高污水处理系统综合效率,实现基于成本控制下的出水水质达标。在做好每日生产记录的基础上,以周、月、季、年为时段对各生产环节的工况进行分析、总结,重点对技术革新和工艺变动的成功经验进行归纳、整理,形成不断完善的运行生产方案和作业指导书,用计划-实施-检查-处置(PDCA)的管理方法带动质量控制的持续改进,构建规范、专业、高效的质量管理体系。

③有效的设备资产管理为水质达标提供必要保障。

污水处理设施连续、稳定地运行是出水水质达标的保证。管理好设备可以增加处理水量、降低运行成本、提高生产效益,项目能最终顺利移交也有赖于维护良好的设备资产。因此,保持设备利用率、机械效率和运营成本等性能指标处于良好状态,直接关系到项目公司的切身利益。

实行设备全寿命管理。建立以原始技术资料、运行维护记录、故障维修记录、使用成本统计为基础的设备管理档案,全面掌握设备资产的综合状况。根据设备档案内容,制订科学、合理的设备日常维护、年度维护和大修维护计划及设备更新计划,并适时进行计划的调整和改进。BOT特许协议大都对污水厂暂停服务有明确约定,一旦违反,不但要承担停产带来的收费损失,还可能面临违约处罚。因此,当主要关键设备需要停机检修时,应注意选择合适的时机和方式,充分利用来水时变规律,优化处理单元运行模式,尽可能保持整个处理系统的生产连续性。

设备管理重在切实执行各项维护计划,只有专款专用,通过科学的维护、保养来减少设备维修及更换支出,才能真正实现资产保值。需要指出,机械设备并非使用到报废才是"物尽其用"。设备更新不仅要考虑自然寿命,还要考虑其技术寿命和经济寿命,对BOT项目而言,这种更新主要取决于设备使用寿命的效益或成本高低。通过建立全面的设备管理经济技术分析体系,实现从宏观到局部的数据分析、统计,应用技术经济分析确定设备更新的最佳时点,也是实现项目增值的有效手段。

④通过技术改造提升运行质量。

污水处理设施、设备存在的缺陷是难以预见的,只有在实际生产中才会凸显出来。因此,不断进行有针对性的技术改造是污水厂运行管理的重要环节。技术改造的实质是对生产要素的合理使用,使各种资源的价值得以充分实现。通过技术改造可解决影响生产安全、出水水质和节能降耗等方面的问题,使污水处理系统不断优化、完善,才能确保项目盈利的安全、稳定和最大化。当然,盈利始终是BOT项目生存发展的首要目标,在重大项目改造前,必须进行效益分析,即只有改造所带来的综合效益大于所需的投入才是可行的。

[**例6-5**] 污水处理厂项目成本与收益风险的应对。

对于污水处理厂项目,项目成本与收益风险也是重要的运行维护管理风险之一。提高收益的基本途径是增加收入和减少成本。污水处理项目的收入由单价和处理水量决定,短期内均比较稳定。因此,在收入相对固定的情况下,成本控制水平高低决定着项目的成败。

①成本管理风险。

污水处理BOT项目的总成本费用由固定成本和经营成本构成,如图6-1所示。固定成本主要由资本结构、资产投资等运营阶段前事宜决定,运营阶段内只能通过延长其受益时间来实现单位固定成本的降低。经营成本是反映运营管理水平和能耗高低的关键指标,其中,变动经营成本直接与运行生产相关联,可以采用标准成本、定额、定率等方法控制;固定经营成本与部门职能的关联度较高,可以采用包干制、核定制、集中使用等方式控制。

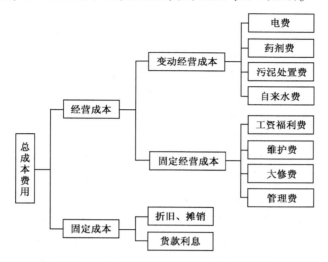

图 6-1　污水处理 BOT 项目的总成本费用

成本管理应以成本核算为中心,通过对各项费用支出数据的统计,深入分析不同成本的性质,寻找成本控制的关键环节和控制点。由某 8 万 m^3/d 规模的城市污水处理厂年度单位经营成本分析(表 6-4)可以看出,变动经营成本占有较大权重,而电费支出又是其中的重中之重,是成本控制的首要环节。首先,在运营过程中应对生产用电和生活用电进行细分,寻找用电系统管理的重点,确定合理的控制目标,通过优化运行生产方式降低总体电量消耗。其次,细化用电"节点"管理,根据不同设备特性量化单项能耗指标,并逐步落实到单机等基础用电单元,以精细化管理手段挖掘可能的节电潜力,保证电费控制目标的实现。

单位经营成本分析　　　　　　　　　　　　表 6-4

项目		单价(元/m^3)	占总成本比例(%)
变动经营成本	电费	0.2173	56.17
	药剂费	0.0328	8.48
	污泥处置费	0.0307	7.94
	自来水费	0.0013	0.34
	共计	0.2821	72.93
固定经营成本	工资福利费	0.0585	15.12
	维护费	0.0092	2.39
	大修费	0.0296	7.65
	管理费	0.0074	1.91
	共计	0.1047	27.07
总计		0.3868	100

对运营企业来说,成本管理的目的不仅是降低成本,而是强调运用价值工程的方法,合理利用各种资源,实现成本与目标"博弈"的最优化。

②收益风险。

污水处理 BOT 项目利润普遍较低,项目公司在相当长的时期内是负债经营,投资收益要在运营多年后才能逐步体现。BOT 是融、投资模式，除财务损益分析外，更强调在整个项目周期内考量资金的时间价值和机会成本，获得满意的投资收益率是企业的终极追求。

BOT 项目所需资金主要来源于债权融资（银行贷款）和企业自有资金投入（项目资本金）。通常，债权投资人将依据合同优先获得固定回报，剩余的收益才能分配给权益投资人。由于权益投资人承担着全部市场及运营风险，因此，以资本金财务内部收益率作为衡量项目整体收益水平的指标是较为科学的。在运营阶段内，由于内外条件变化的影响，需适时对未来现金流量进行预测调整，修正项目投资收益率，使运营企业能客观评估项目的整体获利情况，校核原有的经营目标和方针，以便进一步统筹、优化。

目前，国际上通行以加权平均资金成本（WACC）作为项目基准收益率。对 BOT 项目而言，即为债务资金成本和权益投资期望收益率（主要受无风险收益率和风险报酬率影响）的加权平均值。在开放市场的条件下，利率的变动将直接影响 BOT 项目基准收益率，带来投资收益的不确定性，而通常的调价公式又都较少涉及利率变化因素，因此，在进行项目融资时，应尽量争取与银行签订锁定最低利率、利率掉期、混合贷款期限的合同，以有效对冲长期利率风险。

对于有实力的水务企业，在一定区域内以点带面做大 BOT 项目规模，充分发挥各项目的协同与聚合效应，不但能提供更强劲的技术支持和优质服务，还可以在一个较大的范围内平衡现金流量，突破单个项目只能保本微利经营的瓶颈，实现衍生效益和规模效益，是企业实现可持续发展的必然战略选择。

6.4.2 工程项目运营阶段的风险管理信息系统

工程项目运营阶段的风险管理，需要建立一套系统、完整、科学化的基础数据库，以便更加迅速、高效地进行风险的管控。通过信息化的监测、预警和应急响应风险管理系统，有效地控制大型工程项目安全运营风险，进而提升重要大型建筑结构的使用功能，减少可能的经济损失、人员伤亡，切实降低社会影响风险。运营阶段信息，需要综合考虑项目在设计、施工等阶段的信息，同时信息系统功能结构应包括从风险识别、风险评估到风险跟踪检测等模块，具体如图 6-2 所示。

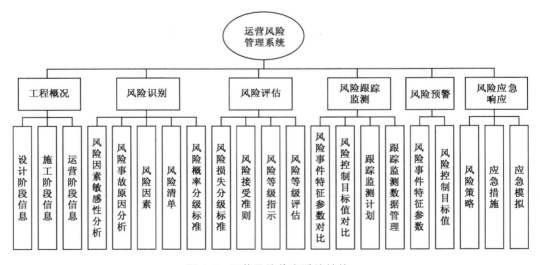

图 6-2　运营风险信息系统结构

(1) 风险识别模块

通过把建筑安全运营事件与风险库进行比对,对尚未发生的、潜在的、客观存在的各种风险进行系统分析、预测、识别、推断和归纳,生成安全运营风险清单,对风险发生的概率大小和可能性进行知识推理,得到其量化指标。

(2) 风险评估模块

对风险清单进行分析,确定各类风险大小及先后顺序,确定各类风险之间的内在联系,评估风险事件等级。风险等级包括:

① 利用已有数据资料和相关专业方法分析各种风险因素发生的概率。

② 分析各种风险的损失量,包括可能发生的运营工期损失、费用损失以及对运营的质量、功能和使用效果方面的影响。

③ 根据各种风险发生的概率和损失量确定各种风险量和风险等级。

(3) 风险跟踪监测模块

识别剩余风险和新出现的风险,修改风险管理计划,保证风险计划的实施,并评估消减风险的效果,从而保证风险管理能达到预期目标。风险跟踪的关键在于培养敏锐的风险意识,建立科学的风险预警系统,从"救火式"风险监控向"消防式"风险监控发展。

(4) 风险预警模块

运营风险管理体系的核心由风险特征参数、风险应对目标值等组成,有助于决策人更准确地认识风险整体水平、风险的影响程度及风险之间的相互作用。风险特征参数是对引起风险事件的风险因素进行权重排序分析,得出权重较大的风险因素设置为风险特征参数;风险应对目标值一般是根据运营经验或者参照设计预估值,对风险特征参数给出一个数值,当超过这个值时,给出工程预警,并要求采取相应的应对措施。

(5) 风险应急响应模块

依据风险管理的基本原理,设计风险应对机制,包括组织结构、运作机制和信息保障机制。通过高效的应对机制,预防、减少、遏制或消除建筑运营风险。

6.5 本章小结

项目运营是在项目合理完工之后开展的管理工作,在整个项目全寿命周期中占有重要地位。本章一方面从风险识别、风险评价、风险应对等方面介绍了工程项目运营阶段的风险管理;另一方面,通过建立运营阶段风险管理应对机制和信息管理系统,减少风险事故的发生。

习题

1. 工程项目运营阶段风险的特点是什么?
2. 工程项目运营阶段风险识别的步骤是什么?
3. 工程项目运营阶段的经营管理类风险因素有哪些?
4. 工程项目运营阶段的风险应对机制有哪些?

第7章 特殊模式下的项目风险管理

本章导读

近年来PPP模式已成为我国稳增长、促改革、调结构、惠民生的重要抓手,全国PPP市场由快速增长的"提量"阶段过渡到规范发展的"提质"阶段,PPP成为推动公共服务供给侧结构性改革的重要手段,未来PPP在统筹推进基础设施建设中仍将发挥重要作用。PPP项目包含多阶段、涉及多利益主体,导致其风险具有阶段性、多样性、复杂性等特点。同时,随着社会经济的发展及业主对建设工程需求的综合性和集成性越来越高,工程总承包已成为工程发承包的主流模式。实施工程总承包模式的项目一般规模大、复杂性高,且发包时点的提前、发包范围的扩大均使得该类项目风险大小、风险分担和管控策略呈现出与传统项目不同的特点。

7.1 PPP模式下的项目风险管理

PPP模式,即政府和社会资本合作模式(Public-Private Partnership),是一种结合政府和私营部门资源的合作伙伴关系,用于共同投资、建设和运营公共基础设施或服务。这种模式的目的是通过公私双方的资源共享、风险分担和利益共享,提高公共服务的效率和质量。该模式自20世纪90年代开始在西方国家流行,目前已在全球范围内被广泛应用,并正在成为各国实现其经济目标和提升公共服务水平的核心理念与措施。

7.1.1 PPP项目的分类

(1)广义的分类

根据社会资本在项目中的参与程度、项目资产产权归属、投融资职责分配以及商业风险归属等因素,广义PPP可以分为外包、特许经营和私有化三大类。

①外包类

PPP项目一般是由政府投资、私人部门承包整个项目中的一项或几项职能,例如只负责工程建设或者受政府之托代为管理维护设施或提供部分公共服务,并通过政府付费实现收益。在外包类PPP项目中,私人部门承担的风险相对较小。

②特许经营类

项目需要私人参与部分或全部投资,并通过一定的合作机制与公共部门分担项目风险、共享项目收益。根据项目的实际收益情况,公共部门可能会向特许经营公司收取一定的特许经营费或给予一定的补偿,这就需要公共部门协调好私人部门的利润和项目的公益性两者之间的平衡关系,因而特许经营类项目能否成功在很大程度上取决于政府相关部门的管理水平。通过建立有效的监管机制,特许经营类项目能充分发挥双方各自的优势,节约整个项目的建设和经营成本,同时还能提高公共服务的质量。项目的资产最终归公共部门,因此一般存在使用权和所有权的移交过程,即合同结束后,要求私人部门将项目的使用权或所有权移交给公共部门。

③私有化类

PPP 项目需要私人部门负责项目的全部投资,在政府的监管下,通过向用户收费来收回投资,实现盈利。由于私有化类 PPP 项目的所有权永久归私人拥有,并且不具备有限追索的特性,因此私人部门在这类 PPP 项目中承担的风险最大。

(2)《政府和社会资本合作模式操作指南(试行)》中的规定

《政府和社会资本合作模式操作指南(试行)》(财金〔2014〕113 号文)规定了 PPP 项目社会资本的回报机制包括向使用者收费、政府可行性缺口补助和完全政府付费等方式。

①向使用者收费。这是 PPP 项目中常见的一种回报机制,即由项目的最终用户支付费用,以覆盖项目的投资和运营成本。这种方式适用于那些有明确受益主体且能够通过市场机制实现自我融资的项目。

②政府可行性缺口补助。这种机制通常用于那些不能完全依靠用户收费来覆盖成本的项目。政府会根据项目的运营情况和社会效益,提供一定的补助,以填补成本和收益之间的差距。

③完全政府付费。在某些公益性较强的项目中,社会资本无法通过用户收费获得足够的回报,此时政府会承担全部或大部分的支付责任,以保证项目的可持续运作。

虽然目前《政府和社会资本合作模式操作指南(试行)》已经失效,但可以帮助我们了解社会资本回报机制的类型。

(3)《关于规范实施政府和社会资本合作新机制的指导意见》的规定

国家发展改革委、财政部在 2023 年 11 月发布了《关于规范实施政府和社会资本合作新机制的指导意见》(国办发 115 号文),为 PPP 项目的发展提出了新的指导意见。根据该文件,新的 PPP 项目应聚焦于使用者付费项目,全部采取特许经营模式,明确收费渠道和方式,项目经营收入能够覆盖建设投资和运营成本、具备一定投资回报,不因采用政府和社会资本合作模式额外新增地方财政未来支出责任,以充分发挥市场机制作用,拓宽民间投资空间,同时遏制新增地方政府隐性债务。在此规定下,政府付费只能按规定补贴运营、不能补贴建设成本。

根据项目实际情况,PPP 项目可合理采用建设-运营-移交(BOT)、转让-运营-移交(TOT)、改建-运营-移交(ROT)、建设-拥有-运营-移交(BOOT)、设计-建设-融资-运营-移交(DBFOT)等具体实施方式,并在合同中明确约定建设和运营期间的资产权属,清晰界定各方权责利关系。

7.1.2 PPP 项目风险的特点

PPP 项目的风险是指在 PPP 项目实施的过程中,由于内外部环境等因素的影响,而使项目面临着某些不确定性的影响,从而导致项目出现损失甚至项目失败。PPP 项目风险除了具备一般工程项目风险的特点外,还具有阶段性、动态性和复杂性等特征。

(1)风险的阶段性

PPP 项目包括建设、运营及维护、移交等多个阶段,每个阶段的目标不同,面临的主要风险也会有所不同。例如,在建设阶段可能会面临设计不合理的风险,而在运营阶段则可能更多地关注市场风险和收益不足的问题。这种阶段性特征意味着风险管理需要根据项目的进展情况进行相应的调整和应对。

(2) 风险的动态性

PPP 项目的风险因素不是静态的,而是随着项目进展和外部环境的变化而变化。PPP 项目建设期较长,运营期最长可达 30 年,在整个项目周期内,政治、法律、金融等方面的风险都可能随时间而发生变动。尤其是近年来受金融危机、新冠疫情影响,国家政策的调整时有发生,整个市场波动较大,施工、运营环境呈现动态性,导致风险也呈现动态性特征。

(3) 风险的复杂性和多样性

PPP 项目涉及多个利益主体,包括政府、私营部门、金融机构等,以及一系列复杂的合同和协议。这些参与方的期望收益和风险承受能力各不相同,因此,项目中的风险种类繁多,且对不同参与方的影响也各不相同。同时,PPP 项目还受到政治、经济等外部环境因素的影响,增加了风险的不确定性。

7.1.3 PPP 项目的风险识别

按照项目系统边界的标准将 PPP 项目风险划分为宏观风险、中观风险和微观风险三个层级,这种层级划分的方法具有鲜明的层次性和系统性。

宏观风险主要是指外在于项目本身且对项目整体发展具有影响的外部性因素,如国家、项目行业、自然条件方面的变动引发的风险事件,主要包括政治风险、市场环境风险、自然风险及法律风险。中观风险主要是指项目自身内生因素所引发的风险事件,其结果一般都作用于项目系统自身,且在一定程度上是 PPP 项目执行效果的直接反映,中观风险的识别主要是以项目开展的时间段为分类标准,包括融资、设计、建造、运营几个阶段。微观风险主要表现为政府的公共性与私人资本的趋利性发生冲突,项目参与主体之间出现各种不同的利益矛盾,从而对项目的建设、运营和产出产生不利影响,主要可以分为关系风险和第三方风险。下面分别对这些风险类型进行介绍。

(1) 政治风险

政治风险可以从审批延误、政府信用与政府决策失误等方面评价。审批延误风险指的是复杂的项目审批程序,导致花费成本过高或时间过长,使得项目无法正常运作。政府信用风险是指政府拒绝或不履行特许经营合同的责任和义务,或者由于政府人员的变更,给项目带来直接或间接损害的一类风险。政府决策失误风险是指政府决策程序不规范、缺乏对 PPP 项目的运作经验和能力,或因为前期调查的可行性研究不充分导致信息不对称等,致使项目决策失误、成本增加的风险。腐败风险指政府官员获得不合法的财物,导致了项目成本支出的上升的一类风险。

(2) 市场环境风险

市场环境风险可以从市场竞争、市场需求、市场经济角度评价。市场竞争风险指各企业同质化竞争激烈,企业必须承受这种不良竞争的损失;市场需求风险指随着经济发展水平、预期收入、人口变动等导致大众的需求发生变化;市场经济风险是指宏观经济政策变动,经济环境发生变化,如通货膨胀和通货紧缩。

(3) 自然风险

自然风险可以从气象灾害、地质条件、气候环境等角度评价。气象灾害主要来自不可抗力,如暴雨、泥石流、山洪、台风等;地质条件风险,如项目选址在易于发生山洪和坍塌的地区;

气候环境风险分为高温、雨雪等自然气候和施工对环境破坏两方面。这些因素均会影响施工的进度,加大建设成本。

(4) 法律风险

项目合同签订后,相关部门颁布、发布、修订法律、法规、规章等规范性文件,导致项目的合法合规性、项目财务测算、合同效力等基本条件发生变化,甚至直接导致项目的提前终止。另外,法律监管不足也会带来相应的风险,一方面体现在立法不完善;另一方面体现在其实施力度不强。

(5) 融资风险

PPP项目的建设需要大量的资金投入,社会资本方需要经过较长的周期才能获得投资回报,因此参与PPP项目建设的企业资金压力都是比较大的,这时候往往需要社会资本方进行融资才能缓解资金压力。资金是进行项目建设的基础保障,但是对于很多企业来说,资金筹措比较困难,存在着融资期限不合理、融资渠道单一、融资成本高等问题,这就导致社会资本方具有较高的融资风险,如果在项目建设的过程中出现了资金链断裂,将会对项目建设造成巨大的影响。

(6) 设计风险

项目设计风险可以从技术标准、设计质量、设计变更角度评价。设计是项目开展的基础,合理的设计有助于后期的建设和运营正常开展,技术标准达不到设计的要求,会影响项目的竣工和验收;设计质量不合格可能会增加后期施工和运营的成本;如果工程设计内容存在漏洞、设计存在错误和偏差或是设计过程中考虑问题不全面,设计则需要不断修改,其变更对后续的施工和运营都有很大的影响。

(7) 施工风险

在PPP项目的实施中,项目施工阶段也是风险最为集中的阶段,一般分为组织管理风险、技术风险、工期风险、安全风险等。这些风险因素对项目资金、项目质量以及项目的进度都有重大的影响。在项目建设过程中,往往一个环节出现了问题,就会导致链式的反应,影响项目的正常建设。在PPP项目建设中安全风险是最突出的,工程建设中很多因素都会导致安全事故的发生,比如人员的不安全操作、施工设备的故障等。

(8) 运营风险

项目运营风险可以从运营费用、运营效率、运营收入的角度来评价。运营费用主要是设施或设备的维护、维修与更新费用,如果在其上花费的资金太多会延长项目投资回收的时间;运营收益的高低与运营效率成正比,运营效率越高,收益越高;运营收入是回收投资成本和盈利的来源,运营收入过低会使私营投资者在特许期内无法完全回收投资或无法实现预期收益目标。

(9) 关系风险

关系风险可以从组织结构、权力分配、责任分配、信息沟通等角度评价。项目的组织结构,尤其是领导者如果具有前瞻性和预见性,能够合理协调各方关系,则可以使项目有序高效地进行;项目过程中如果权力分配不当,可能会影响项目的正常建设和运作;责任分配不当可能会在风险发生后不能及时处理,造成重大损失;项目参与者之间没有进行及时的沟通交流也会影响项目的决策和执行,从而影响项目进程。

(10) 第三方风险

第三方风险可以依据其可靠度来评价。项目实施中存在第三方的参与,包括分包人、供应方,项目的原料供应和施工进度会受到供应方和分包人的影响,第三方可靠与否与项目能否顺利进行直接相关。

7.1.4 PPP 项目的风险应对

7.1.4.1 政府方的风险应对策略

政府需遵循"规范运行、严格监管、公开透明、诚信履约"的原则,确保 PPP 项目的规范实施。

(1)项目识别论证

政府财政部门应会同相关部门,进行项目识别论证,确保项目的合理性和可行性,以防控地方政府隐性债务风险。

(2)预算收支与绩效管理

政府需要对 PPP 项目的预算收支进行严格管理,并实施绩效管理,以确保项目的高效运营。

(3)信息披露与监督检查

政府有责任进行信息披露,并对 PPP 项目进行监督检查,以保障合作各方的合法权益。

(4)政府需要持续守信履约

PPP 项目投资周期长,不确定性大,政府的信用是维护社会资本信心的关键。

另外,政府应加快 PPP 项目的法制化进程,对相应环节明确法律规定,规范政府和社会资本合作、政府投资基金以及政府购买服务行为,对社会资本设置一定的要求和门槛,以应对法律风险。

7.1.4.2 社会资本方的风险应对策略

社会资本方在参与 PPP 项目前,应对项目的潜在风险进行全面评估,并采取相应风险管控策略。其中,在合同谈判阶段,风险分配方案是否合理直接影响社会资本履约的积极性和效果。

(1)PPP 项目风险分担原则

由于 PPP 项目中的参与方众多,涉及的风险复杂,因此 PPP 项目中的风险分担问题一直是项目各方谈判的一个焦点。从一些国家已实施的 PPP 项目来看,各个国家对于处理风险分担问题并没有固定的模式,不过在设计风险分担模式时必须要考虑以下几项基本原则。

①风险应由对其最有控制力的一方承担的原则。

控制力是指是否完全理解所需要承担的风险、正确评估风险的发生对 PPP 项目的影响程度、在风险发生前控制风险的发生、在风险事件发生时有效管理风险和风险事件发生后处理风险带来的危害等。风险由最有力控制的一方承担,会大大降低风险的发生概率,降低风险控制的成本,把风险控制在能够应对的范围之内。

②风险分担与所获得的收益匹配的原则。

在分配风险时,承担的风险和获得的收益成正比,并且一方由于另一方风险没控制好而受到损失,另一方必须赔偿。相应地,一方把本该独立控制的风险交他人控制或在他人帮助下完成控制的,所获得的收益也应分给提供帮助或代替承担风险的参与者。权利义务的对等,可以激励参与者发挥自身优势控制风险的发生、降低风险发生造成的损失,保证集体收益。

③上限性原则。

由于项目的参与者众多,为保证风险分配的合理,不能把大部门风险转移给某一方或几方,这不仅增大其负担,削减其参与项目积极性,对于未分配风险或分配风险少的参与者而言,对项目的关注程度也会降低。除此之外,并不是所有的风险都是可预料和控制的,对于偶然发生且破坏力极大的风险,不能由单方面承担。

④风险成本最低原则。

风险分担的结果应令公私双方承担风险时的总成本最小。公私双方承担风险所引起的总成本包括三个方面的效应:一是生产成本效应,二是交易成本效应,三是风险承担成本效应。生产成本效应是指风险分担可以激励承担者提高生产效率,减少项目的生产成本。交易成本效应是指在具有明确的风险分担准则时,避免双方在确定该问题上的复杂谈判,减少谈判的时间和成本。风险承担成本效应是指如果风险由低成本者承担,则可使风险承担成本降到最低。

(2) PPP 项目风险分担类型

具体到不同行业实施的 PPP 项目,风险分担结果可能会存在一定差异,但大抵分为三种类型:公共部门承担风险、私营部门承担风险、公共部门和私营部门共担风险。下面仅对每种类型下通常的风险进行分析,针对具体项目还要具体分析。

①公共部门承担的风险。

政治和公共政策风险可以由公共部门来承担,只要经过政府批准的建设项目,一般政治风险对项目的影响会较小,这种风险公共部门可以自己承担而不必分配给私营企业。同样,对于社会和法律风险,政府可以通过法律来控制,项目的选择如土地的获得等,政府则可以用行政的手段来达到。

②私营部门承担的风险。

整体经济情况中大部分属于商业行为,私营企业是以盈利为目的的,而且具有较丰富的商业经验,这种风险由私营企业来承担更为合理。项目的融资、设计和施工也是具有商业性质的,私营企业在项目融资技术和融资市场方面较政府更为熟悉和有经验,能更好地降低风险,而且私营企业可以利用自己的经验来减少设计图纸中的缺陷,全面审查施工过程中的各种施工方法,从而可以降低设计和施工过程中的各种风险,但政府在这方面就显得经验不足,所以这些风险由私营企业来承担较为合理。

③公共部门和私营部门共担风险。

公共部门和私营部门共担的风险一般是在双方控制范围之外的风险,如不可抗力因素,任意一方都没有能力承担该风险的后果,由任意一方承担都会减少其对风险控制的积极性,所以一般来说都是通过双方谈判来确定双方承担的比例。

(3) PPP 项目具体风险管控策略

①政治风险控制策略。

一是建筑企业要对项目所在地政府履约意愿和履约能力进行摸查,谨慎评估政府信用较差地区的 PPP 项目;二是着手处理好政府违约情形下的应对措施,尽可能通过实施方案和合同文本中相应条款的约定进行反制;三是投资人应事先熟悉项目所在地区的各项政策,对于今后由于政策变动带来的风险,在 PPP 合同中针对该风险增加保护社会投资人的相应条款,政策变更的风险应由政府方对社会投资人进行相应的补偿。

②市场环境风险控制策略。

现如今各企业同质化竞争激烈,企业应努力提升核心竞争力,做好应对不利竞争所带来影响的准备,同时也要时刻紧密关注经济发展水平、预期收入、人口变动等导致大众需求发生变化的因素,及时调整策略,规避经济变化所带来的不利影响。

③自然风险控制策略。

在实践中,"不可抗力"事件的出现是"情势变更"或"合同落空"的经常性原因,而合同中约定的"不可抗力"条款则是当事人对情势变更或合同落空的一种主动适应。因此,比较积极的方法是在事先的合同中约定,当发生了某种"不可抗力"事件时,应免除当事人的履约义务。另外,在进行报价时,应巧妙地进行风险量化,并将其置于总价当中,或根据实际情况,在各项费用和总成本中适当留有余地,并在报价中预留一定比例的风险金,即"不可预见费",以防止出现重大风险。

④法律风险控制策略。

除了前述政府方加速完善法律体系的策略外,社会资本应摒弃项目采购完成后再进行防控的错误思想,应将法律变更风险的防控提前至项目准备阶段,在实施方案编制完成前应将法律变更的风险应对机制(包括风险承担主体、风险承担方式、补偿机制)予以明确,防止项目采购完成后政府方因实施方案和招投标程序的原因拒绝对法律变更应对机制进行调整。

⑤融资风险控制策略。

一是项目公司要加强内部管理,统筹规划资金,控制已有资金的投放节奏,根据资金情况来安排项目进度;二是与银行签订贷款合同时,要明确各种不可抗力因素及争议解决方法;三是开拓多元化融资渠道,当一种融资方式受阻时,可采用其他融资方案。

⑥设计风险控制策略。

设计中对技术体系的选择要与现实的经济条件相结合。对于PPP项目,相关从业人员既要消除低价低效的传统发展模式,也要杜绝片面追求高技术的做法,将技术的先进性与经济的可行性相结合,同时也需协调好项目的适用性、经济性、美观性的关系。设计过程中重点在于建立并严格执行设计质量管理体系的要求,明确各专业间的职责分工以及工作程序,加强各专业设计者间的沟通与交流,使设计工作快而不乱,有条不紊地进行。此外,要合理分配PPP项目的设计风险,对社会资本负责或主导设计的项目,尤其是准经营性项目和非经营性项目,投入产出联系和约束机制不明晰,政府方有必要开展设计优化工作,从源头控制建设投资,控制设计质量,提升项目标准,因工程设计缺陷导致的重大功能受限影响公共服务绩效的,其风险和责任由设计实施方承担,相应设计变更需增加的造价由设计实施方按相关合同协议承担。

⑦施工风险控制策略。

工程项目建设过程中,做好质量控制尤为重要。鉴于此,总承包人与分包人需要严格按照签订的合同履行各自的义务。为确保施工的顺利进行,需要制定一份详细的施工计划,对所有施工环节做规范化管理。施工过程中要定期进行质量检测,对已完工的部分要进行阶段性的施工验收,同时加大施工监理力度,以此来保障工程施工质量。此外,针对PPP项目建设中的安全风险,要加强排查施工安全隐患,切实落实安全监管责任,建立完善的施工安全保障系统,定期组织施工人员进行安全培训,增强其安全操作的意识。只有从根本上提升施工人员的安全意识,才能保障他们的人身安全,进而降低安全风险。

⑧运营风险控制策略。

在项目运营阶段,应积极采用及研发先进技术,加强对设备的维修以及风险和技术的更新,如果是技术外包,在选取承包人时要严格招标程序,选择有资信有实力的承包人。建筑企业应在相关合同文件明确约定,针对项目唯一性问题,根据项目的经营与运营内容、付费机制、排他性经营的范围等,合理设置排他性条款;针对市场需求变化问题,对项目运营前景进行合理分析和预判,理清承担的风险范畴,合理设置市场需求变化的风险应对机制。

⑨关系风险控制策略。

领导者需要具有前瞻性和预见性,能够合理协调各方关系,使得项目有序高效地进行。另外项目还需建立合理的责任分配原则,做到权责明确,这样可以避免因风险发生后不能及时处理而造成的重大损失。最后还应加强团队之间的沟通交流,建立长效沟通可以有助于项目的决策和执行顺利实施。

⑩第三方风险控制策略。

选择可靠度高的第三方,第三方需严格履行合同约定的责任和义务,并且合作各方之间应合理进行利益分配,协调好合作关系。

7.2 工程总承包模式下的项目风险管理

7.2.1 工程总承包的概念、类型和特点

(1)工程总承包的概念

根据《房屋建筑和市政基础设施项目工程总承包管理办法》(建市规〔2019〕12号)的规定,工程总承包是指承包单位按照与建设单位签订的合同,对工程设计、采购、施工或者设计、施工等阶段实行总承包,并对工程的质量、安全、工期和造价等全面负责的工程建设组织实施方式。根据《国务院办公厅关于促进建筑业持续健康发展的意见》(国办发〔2017〕19号),要求政府投资工程带头推行工程总承包,装配式建筑原则上应采用工程总承包模式,鼓励非政府投资工程推行工程总承包。

(2)工程总承包的类型

工程总承包的范围、承包方式、责权利等由工程总承包合同界定。工程总承包主要有设计-采购-施工(Engineering-Procurement-Construction,EPC)总承包、交钥匙(Turnkey)总承包、设计-施工(Design-Build,D-B)总承包、设计-采购(Engineering-Procurement)总承包和采购-施工(Procurement-Construction)总承包等方式。可见,EPC是工程总承包的一种类型,然而在实际运用中,常会出现EPC与工程总承包等价的误区。

EPC往上下游延伸,产生了多达10种衍生模式,如F+EPC模式、F+EPC+O模式、EPC+O&M总承包模式、I+EPC模式、PPP+EPC模式、BOT+EPC模式、RD+EPC模式、EPCM模式、PMC+EPC模式、IPMT+EPC+工程监理等。这里,F指融资,O指运营,M指维护,I指投资,RD指研究与开发,EPCM指设计采购与施工管理,PMC指项目管理承包,IPMT指项目一体化管理组。

(3)工程总承包的主要特点

①有利于优化工程建设组织方式。在工程总承包合同环境下,业主将规定范围内的工程

项目实施任务,通过合同约定,一揽子委托给工程总承包人负责设计和施工的规划、组织、指挥、协调和控制,总承包人具有更大的自主权,有利于对工程项目的整体进行统一的规划,有利于实现工程项目的管理目标,从而提高拟建项目的运作效率。

②有利于设计和施工深度交叉,降低工程造价。在传统承包模式下,施工和设计是分离的,双方难以及时协调,经常产生造价和使用功能上的损失。设计和施工过程的深度交叉,能够在保证工程质量的前提下,最大幅度地降低成本。同时,进行设计修改优化的成本是很低的,但是对项目投资的影响却是决定性的。因此,设计与施工的一体化完全可以从源头上实现业主投资管控的目的。

③有利于缩短建设周期,提高工程质量。实现设计、采购、施工、试运行全过程的质量控制,能够在很大程度上消除质量不稳定因素。同时设计、采购、施工、试运行各阶段的深度合理交叉,在设计阶段就积极引用新技术、新工艺,考虑到施工的便于操作性,最大限度地在施工前发现图纸存在的问题,有利于保证工程质量,对于缩短建设周期也大有裨益。

④有利于提高承包人的市场竞争力。在采用参照类似已完工程做估算投资包干的情况下,虽然对总承包人而言风险大,但相应地会带来更利于发挥自身技术和管理综合实力、获取更高预期经营效益的机遇,以及从设计到施工安装提供最终工程产品所带来的社会效应和知名度。工程总承包符合工程建设的客观规律,有利于发挥工程建设责任主体技术管理优势,有利于提升建筑企业的核心竞争力,通过创新承包模式和经营手段,能在建筑市场上拓展增长空间,提升市场竞争力。

7.2.2 工程总承包项目风险的特征

工程总承包项目风险的主要特征如下:

(1)客观性与普遍性。工程总承包项目风险有主观风险和客观风险之分。主观风险主要是由项目管理人员和实施人员行为不当、处理问题能力不强等因素造成,是可控的;客观风险主要是来自政治环境、自然风险、当地市场环境等,此风险可控程度不高,但可以通过降低发生频率、做好防范措施从而减少损失程度。

(2)预测性与随机性。工程总承包项目风险不是单一因素造成的,往往是多种风险交叉积累的结果,但爆发的时候又具有不可控性,是一种随机结果。若相同的个别风险发生不具有规律性,但大量风险发生必有一定的规律性,通过总结规律可以较好地预测风险,提前做好风险防护措施。

(3)可变性与传递性。在工程总承包项目整个生命演变周期内,不同阶段遇到风险皆存有质与量的变化。在某一阶段,得到控制的风险对下一阶段风险不会产生大的影响;若上一阶段风险控制不当,产生量的累积,对下一阶段产生影响,就会发生质的变化,项目会存在大风险。

(4)多样性与多层次性。工程总承包项目一般来说工期长、规模大、范围广,风险因素错综复杂和多种多样,且与外部环境相互影响,因此表现出项目风险的多层次性。

7.2.3 工程总承包项目的风险识别

下面以设计-采购-施工总承包项目的承包范围为例,进行工程总承包项目的风险识别。

(1)业主自身风险

业主自身的不稳定性。总承包人与业主合作之前,无法对业主的管理水平、支付能力以及资产状况进行有效的判断,导致工程实施中受阻、耽误工期甚至影响总承包企业的未来发展,以及监理单位专业水平及对总承包人的信任度,都是影响工程进度的因素。

(2)外部环境风险

外部环境风险主要分为政治风险、经济风险、法律风险、自然环境风险和社会风险。政治风险包括国际关系、政局稳定、法律政策稳定、政府信用等风险;经济风险主要包括通货膨胀、外汇波动、利率波动等风险;法律风险是工程承包企业容易忽略的风险,相关政策与法律经常会因为政治经济环境的变化而进行调整,给工程承包企业增加了潜在的法律风险,有可能造成工程实施困难、工期延误、成本增加、债务违约等损失。自然环境风险是对项目实施阶段影响较大的风险,主要包括不可抗力、地质水文和气候条件等。社会风险涉及社会各个领域、阶层、行业,其中比较重要的有宗教习俗,工程所在地的宗教习俗、假期安排等会影响项目工作效率,其次是社会稳定程度,当地罢工、聚众游行、暴恐袭击、绑架、骚乱、偷盗等现象,可能会造成人员伤亡、财产损失、公共设施损坏、社会秩序混乱等。

(3)合同风险

合同中相关招标要求不清晰、基础方案不明确。合同双方职责划分不明确、业主提供的基础方案模糊,会导致总承包人在实施工程中边缘化工作不能达到相应标准,最终造成工程交付不能达标。另外,在签订合同时,若业主对设备采购选择固定或指定供应商,总承包人与不熟悉的分包人合作,相关设备材料的价格是否能得以保障,对于总承包人来说都存在风险。

(4)投标报价风险

工程总承包项目投标报价是商业竞争中最激烈的部分。在投标报价期间,承包人需要对项目的人力成本、工程范围、项目工程量、施工风险等有很好的预测,结合自身的经验和期望盈利进行报价。若承包人为了获得项目而出现过分降低报价和压缩工期的现象,则很可能造成承包人以极低的价格获得项目,无法盈利,导致自身亏损,还可能造成工程无法按期交付,工期拖延等一系列风险。

(5)设计风险

设计阶段往往也存在很多风险因素,通常包括:工艺流程不规范引发的风险、设计不当而产生大量费用的风险、设备选用及成本考虑不当引发的风险、设计进度安排不合理引发的风险、业主需求不明确造成的风险、设计图纸审查模糊引发的风险、外部因素导致设计变更的风险等。

(6)采购风险

在工程总承包项目中,如果设备材料采购费用过高,不仅会增加成本,还会影响工期,对后期的调试运营及工程移交也会带来影响。采购风险通常由供应商和总承包人两方面导致。

①承包人引发的风险:采购计划不科学引发的风险、新技术变革带来的设备贬值风险、市场环境波动引发的采购价格变化风险、采购管理混乱引发的采购责任风险等。

②供应商引发的风险:供应商提供的产品质量不合格引发的风险、供应商资质不合格引发的风险、供应商恶意串通哄抬物价引发的风险、供应商合同欺诈风险等。

(7)施工风险

施工是工程总承包项目建设过程中最关键的阶段,是将设计理念、设计图纸、设备、原材料变成工程实体的过程,体现建设项目的价值及使用价值。施工阶段持续时间长,耗资巨大,总承包人在这个阶段将投入大量的人力、物力、财力,即使目前我国施工技术已相对成熟,但此阶段不可预见因素依然很多,无时无刻不面临着风险。加之现代施工技术更新快,新工艺、新材料不断应用,建筑市场逐步规范,加大了施工风险影响度。施工风险主要包括:由于自然环境、社会因素、管理方法、设计、采购等多方面原因导致的工期延误;施工质量或功能缺陷;由于施工安全措施不当、操作不合理导致的安全事故。

(8)竣工及试运行风险

工程总承包项目的工作范围与传统模式相比较,增加了竣工试运行过程。工作范围主要包括:总承包人接受业主或其委托人对工程竣工情况的检验;对存在的问题及缺陷进行改进和完善;进行试运行,只有试运行成功,才能将项目完全移交,否则要再进行试运行。竣工及试运行是工程总承包项目的最后一道工序,虽然项目风险因素不断减少,但仍不能忽视,因为它直接影响到工程进度款的支付,所以还是应加强对此阶段风险的防范。竣工及试运行阶段的主要风险因素包括:一是业主过往验收履约度,供应商根据过往业主的一贯作风,判断可能发生的验收阶段的风险,是否影响工程进度;二是竣工验收的及时性,拖延验收造成的结算款延迟,会使承包人面临风险;三是竣工验收管理制度是否合理,建立健全验收制度,能使承包人获得后期保障。

上述项目风险的大小,受到项目发包时点、总承包模式、合同计价方式等因素的影响,这些因素由业主确定。

7.2.4 工程总承包项目的风险应对

7.2.4.1 业主方的风险应对策略

(1)合理确定发包时点

工程总承包项目的交易时点主要有可行性研究后、方案设计后和初步设计后三种。有研究提出,项目交付的其中一个主要特征是合同整合,合同的整合水平代表着施工和设计过程相结合的程度。项目发包时点的选择不仅仅代表发包时间的早晚,也代表着合同的整合水平。

交易时点的选择一方面可以考虑项目投资类型的影响,区分企业投资和政府投资项目,如《房屋建筑和市政基础设施项目工程总承包管理办法》建市规〔2019〕12 号文提出采用工程总承包方式的企业投资项目,应当在核准或者备案后进行工程总承包项目发包,政府投资项目原则上应当在初步设计审批完成后进行工程总承包项目发包。实际运用时,还需要结合业主条件和偏好、工程目标控制、项目复杂性和环境不确定等因素进行综合决策。

(2)合理选择工程总承包模式

EPC、DB 等不同的工程总承包模式代表了不同的承包范围、设计工作内容、风险分担、索赔范围、适用范围等。根据团体标准《建设项目工程总承包计价规范》(T/CCEAS 001—2022)的规定,具有下列情形时,发包人不宜采用设计采购施工总承包(EPC)模式,而推荐采用设计施工总承包(DB)模式。

①投标人没有足够的时间或信息仔细审核发包人要求,或没有足够的时间或信息进行设计、风险评估和估价。

②施工涉及实质性地下工程或投标人无法检查的其他区域的工程。

③发包人要密切监督或控制承包人的工作,或审查大部分施工图纸。

总承包模式的选择同时也与发包时点有关。可行性研究报告批准后发包的,宜采用设计采购施工总承包(EPC)模式;方案设计批准后发包的,可采用设计采购施工总承包(EPC)模式或设计施工总承包(DB)模式;初步设计批准后发包的,宜采用设计施工总承包(DB)模式。

在实际运用中,可综合考量项目发包时点、项目投资类型、项目技术方案成熟度、业主管理能力等因素进行选择。

(3)合理选择合同计价方式

不同的合同计价方式,代表了不同的风险分担布局。根据《房屋建筑和市政基础设施项目工程总承包管理办法》(建市规〔2019〕12号)的规定,企业投资项目的工程总承包宜采用总价合同,政府投资项目的工程总承包应当合理确定合同价格形式。由于总承包招标的时点选择不同,招标时达到的设计深度也不尽相同。同时考虑到发包人的风险偏好以及对投资管控的需求,总承包项目可以选择不同的合同价格方式。在我国的工程实践中,主要采用明确发包人要求下的总价合同和模拟工程量清单下的单价合同。

除上述两种最主要的合同计价方式外,总承包项目还可以使用平方米单价、费率下浮、限额总价、混合计价等不同的合同计价方式。

(4)选择合适的总承包人

工程总承包模式选择的科学性、实施的有效性在很大程度上取决于承包人。承包人的经验和能力主要体现在承包人的沟通和协调能力、承包人的财务管理能力、承包人的设计能力、承包人的信誉和承包人类似项目经验等方面。工程总承包项目具有设计范围广、设计与施工紧密相连等特点,这就对总承包人的设计能力提出了较高要求。工程总承包项目通常具有技术难度大、地质条件复杂、风险较大等特点,具有类似项目经验的总承包人熟悉施工的复杂组成部分、能够预测各个阶段的潜在风险和报出有竞争力的投标价格,更有可能促使项目成功。因此,如何制定合理的评标标准,遴选出适配的总承包人,直接影响项目的实施和履约情况。

(5)进行合理的风险分担

合理风险分担是促使承包人积极履约、保证项目按时交付的基本条件。虽然业主可以通过转嫁风险给承包人进而减轻自己的风险,但此行为易导致承包人的机会主义行为,最终影响项目的正常实施。项目绩效不佳的后果最终还是要由业主买单。因此,进行合理的风险分担能够促使承包人采取积极行为,最终实现双方共赢。下面将对工程总承包项目风险分担原则进行介绍,并对相关示范文本的风险分担结果进行示例。业主应根据发包时点、承包范围等选取不同的参考范本。

①工程总承包项目风险分担原则。

风险分担的前提是保证风险在可控范围,即防止风险发生或者降低风险发生带来的各种不利影响,以提高项目的各方面效益和系统最优为目的,因此进行风险分担时应遵循以下原则。

a.有利于项目进行原则。如果过多地把承包人承担不起的风险让承包人承担,只会导致承包人责任加大,甚至无法完成项目;也不利于发挥EPC项目和承包人的优势,导致损伤承包人的积极性,难以给项目带来额外的增值效应。

b.风险与收益对等原则。若有一方能在该风险获得最大的、最直接的收益,则该风险由该方承担。

c.归责原则。归责原则是合同双方进行风险分配的基本准则。从法理上分析,合同主体有按照合同约定规范自身行为的义务。如果由于自身的不规范行为而引发风险造成风险损失,应该由该合同主体负责。同时,由风险责任方承担风险的准则有利于调动风险管理积极性,有效避免风险发生。

d. 风险承担上限原则。合同双方风险承担能力不同,为保证风险管理效率和项目顺利进行,合同主体承担的风险不应超过其能够承担的上限水平。

e. 风险承担意愿原则。建筑工程总承包项目的合同双方由于项目经验和管理水平的差异,对待风险有着不同的态度,在进行风险分担的过程中应充分考虑双方的风险承担意愿,保证双方都能以积极的态度进行风险管控。

②工程总承包项目风险分担示例。

风险分担与合同双方的经济利益直接相关。通常来讲,不同的合同范本风险分担的结果也有所不同。下面将以2017年FIDIC发布的第二版银皮书和2020年《建设项目工程总承包合同(示范文本)》(建市〔2020〕96号)两种合同为例,对其各自的风险分担结果进行比较汇总,具体见表7-1。

工程总承包合同范本合同风险分担方式 表7-1

一级风险	二级风险	三级风险因素	银皮书承担方	银皮书相关条款号	示范文本承担方	示范文本相关条款号
项目外部风险	政治风险	战争、禁运、罢工、社会动乱	E	18.4	E+C	17.4
	经济风险	物价波动	—	—	E+C	13.8.1
	法律风险	国家新颁布的法律、强制性标准、规范	E	13.6	E	13.7.1
	环境风险	新发现的施工障碍(影响工程实施的建筑物、构筑物、文物建筑、古树、名木、地下管线、线缆、设施以及地下文物、化石和坟墓等)	E	4.23	E	7.8.1
		环境污染引起纠纷而导致暂停施工	—	—	C	7.8.3
		不可抗力(在2017版银皮书中使用例外事件,不再使用不可抗力)	E	18.4	E+C	17.4
项目内部风险	设计风险	项目基础资料的真实性、准确性、齐全性和及时性	C	2.5	E	1.12
		不可预见的困难	C	4.12	E	4.8
		承包人的设计缺陷	C	5.8	C	5.1.1
		发包人涉及建筑主体及承重结构变动或涉及重大工艺变化的装修工程时的设计变更	—	—	E	6.2.1
		放线的准确性	C	4.7	C	7.4.2
		政府相关设计审查部门造成的工期延误	E	8.6	E+C	8.7.3
		发包人负责的或不可变的部分、数据和资料	E	5.1	E	1.12
		发包人提供的工程或其任何部分的预期目的的说明	E	5.1	E	1.12
		竣工工程的试验和性能的标准	E	5.1	E	1.12
		承包人不能核实的部分、数据和资料	E	5.1	E	1.12
		发包人要求的正确性	C	5.1	E	1.12

续上表

一级风险	二级风险	三级风险因素	银皮书承担方	银皮书相关条款号	示范文本承担方	示范文本相关条款号
项目内部风险	施工风险	发包人原因的暂停	E	8.10	E	8.9.1
		承包人原因的暂停	—	—	C	8.9.2
		分包人的违约责任	C	4.4	C	15.3
		发包人导致工程延期	E	8.5	E	8.7.1
		承包人导致工程延期	C	8.8	C	8.7.2
		国家有关部门审批的延误	E	8.6	C+E	8.7.3
		由于发包人或第三方在基准日期后更改该通路而导致通路不适合或不可用	E	4.15	—	—
		发包人未提供约定条件的临时用水、用电等和节点铺设	—	—	E	7.9.1
		承包人延迟提交临时占地资料、临时用水、用电资料、施工过程中需通知办理的批准等资料导致工期延期	—	—	C	7.9.2
		现场的环境污染和破坏	C	4.18	C	7.8.3
		进度款支付延误	E	14.8	E	14.3.2
		发包人未能答复竣工结算报告	—	—	E	14.5.2
		发包人未能结清竣工结算的款项	—	—	E	14.5.2
		承包人未能按时提交竣工结算报告及完整的结算资料	—	—	C	14.5.1
		承包人未按合同约定办理保险	C	19.1	C	18.5.3
		商业秘密、技术秘密,以及任何一方明确要求保密的其他信息泄密	E/C	1.11	E/C	1.11
		现场作业、所有施工方法和全部工程的完备性、稳定性和安全性	C	4.1	C	4.1
		承包人运输造成施工现场内外公共道路和桥梁损坏	C	4.15	C	7.1.5
		除专用合同条件另有约定外修建临时设施	C	4.19	C	7.2.1
		在合作的范围内,与发包人要求中注明的机会和协调的费用是不可预见的	E	4.6	E	7.3
		施工现场安保	C	4.21	C	7.10
		现场的粉尘、废气、废水、固体废物和噪声对环境的污染和危害	C	4.18	C	7.8.2
	试运行、竣工验收和交付风险	未交付前工程现场、材料、设备及承包人文件的保管和维护	C	17.1	C	7.11
		因发包人原因导致竣工试验延误	E	10.3	E	9.2.1
		发包人逾期接收工程	—	—	E	10.3.3

续上表

一级风险	二级风险	三级风险因素	银皮书承担方	银皮书相关条款号	示范文本承担方	示范文本相关条款号
项目内部风险	试运行、竣工验收和交付风险	承包人无正当理由不移交工程	—	—	C	10.3.4
		缺陷责任期内，由承包人原因造成的缺陷	C	11.2	C	11.3.2
		竣工后试验因发包人原因被延误	E	12.2	E	12.2.1
	经营风险	因承包人违约解除合同	C	15.2	C	16.1.1
		因发包人违约解除合同	E	16.2	E	16.2.1
		承包人原因造成建筑工程在合理使用期限、设备保证期内的人身和财产损害	C	19.2.4	C	7.6.5

注：C 表示承包人承担；E 表示发包人承担；—表示未注明风险承担方。

7.2.4.2 承包人的风险应对策略

EPC 项目中业主将大部分风险都交由承包人来承担，承包人的履约绩效对项目的成败起到关键作用，因此承包人如何进行风险管控也变得尤为重要。下面将站在承包人角度进行风险控制策略分析。这里仅是一般性应对策略分析，承包人应该根据具体项目的承包范围和风险大小进行具体分析。

(1) 业主自身风险控制策略

对于业主自身的不稳定性，可在合作初期对业主进行行业内调研，以确保业主稳定性，为后期合作打好基础。针对业主合作初期对于方案提供不明确的问题，总承包人要加强与业主沟通，采用通信方式以文档形式保留业主意见建议，并清晰记录在合同中，以确保后期施工中出现不必要的分工不明确、边缘化工作质量完成不达标等问题。

(2) 外部环境风险控制策略

针对政治风险，总承包人应首先了解该项目所在国家的政治局势，并做出判断。如国家政治局势极不稳定，承包人应谨慎考虑，是否有必要进入该国市场；可以向保险公司、出口信贷机构等相关担保机构购买保险。其次，总承包人和政府应在协议中明确界定双方的权利和义务，签署不干预或担保协议。最后，承包人可在合同中约定由业主承担基准日后项目所在国发生的法律变化的风险，承包人也应仔细研究项目所在国的法律。针对经济风险，总承包人可以通过汇率评估法，利用金融手段及国家政策、订立外汇保值交易条款、向第三方转移外汇风险或者与业主谈判等方式规避或降低汇率波动及通货膨胀带来的风险，或者将可能发生的汇率风险以及不可预见费用计入报价，若业主出现债务繁重以及经济恶化等现象，应放弃投标。针对法律风险，当法律政策发生变化时，承包人应及时研究法律政策变化是否会造成项目的工期延长和成本增加，如果有相关情况，应及时发正式函件通知业主，保留索赔权利等。针对自然环境风险，在工程实施之前，要提前深入工程所在地，考察地质、水文、气象条件，是否会周期性发生自然不可抗力事件。必要时可通过购买工程保险和人身伤害保险等向保险公司转移风险，降低承包人所需要承担的风险。针对社会风险，当社会治安不稳定时，报价时应当提高安全文明措施费，同时要提高管理人员的保险费用。如果条件非常恶劣，应终止投标以规避风险。

(3) 合同风险控制策略

合同签约之前,应该组织相关人员进行初步审查,重点内容有承包范围、建设工期、付款条件等。合同签约阶段商务与专业技术人员要紧密团结,相互参与,不能只管自己,尤其在性能考核罚则条款方面,商务与技术是紧密相关的。性能指标考核阶段中,商务人员一定要和技术人员充分讨论设定合理的考核项目、修正方法和考核进度。考核项目多,进度急,很容易造成考核不能通过而被罚款。在合同执行阶段,完善合同风险管理计划,同时重点培养合同管理人员,让他们熟悉合同的内容及风险存在,依据相关规定,对风险进行识别、评估、应对,做好项目风险应急的方案,确保风险在可控范围内。

(4) 投标风险控制策略

首先,要对业主资信及业主管理水平与技术水平有一定的了解,如果业主没有该建设项目的生产运营业绩,在建设的时候业主就难于深入参与项目的管理,也难于在较短时间内顺利掌握项目的投运和维护,这会给工程的顺利实施带来一定的风险。其次,对建设项目进行风险识别,最大限度挖掘潜在风险,及时做好风险防范工作。最后,确定投标报价,此环节需充分考虑市场价格、通货膨胀等因素。

(5) 设计风险控制策略

一是总承包人应加强与业主的沟通交流,明确设计涵盖的内容;聘请专家对设计方案进行评审,确认工艺流程和行业规范等。二是让施工人员和技术人员参与设计方案的制订,了解设计流程,方便提出合理化建议;设计审查工作应仔细,规避不合理设计,查找错误并及时修改。明确责任划分,对于业主提出的设计变更,应制定定价机制和处理措施;对于承包人提出的设计变更,应在成本最低的前提下优化设计。三是设计完成后,在制造和安装之前,要安排对重要的图纸进行复查,以防止发生大的错误。

(6) 采购风险控制策略

一是建立统一的招标采购平台,对不同价格的物料招标采用分级机制,均衡不同级别间的采购权限,规避繁缛的手续,制订便捷的手续执行程序。二是根据设计阶段中材料的需求、尺寸、材质等确定需要采购的实际数量。例如,有的零件可能在使用时容易损坏,需加大采购量,减小因多次购买造成更多花费或者缺少材料而延误工期付违约金。三是对容易过保质期的一些不定型材料,订货时需要求生产商对一些容易吸潮或水化的材料单独包装,不能与其他材料混合包装。四是对供应商做好资质审查工作,建立完善的供应商库。五是加强采购管理水平,加强监管水平。

(7) 施工风险控制策略

首先要建立一套系统的安全风险评价体系。一套成熟的风险评价体系为整个工程安全防范管理提供理论支持。规范的风险评价应该包括 EPC 项目中系统整体运行现状的汇报,对 EPC 项目中所有存在的隐患进行记录和分析,给出针对性建议及对策。其次,也要选择有经验的项目经理进行管理,总承包人的上级部门也要做好服务与支持工作,赋予项目部一定的权利。

(8) 竣工验收风险控制策略

EPC 模式中,监督机制主要由过程管控模式和事后监督模式构成。前者是由监理工程师、工程质量与安全监督机构等在项目开展中进行监管,后者是业主通过严格的竣工验收对项目实施总过程进行事后监督。这两种模式效能的发挥都能显著控制竣工验收阶段的风险。

7.3 本章小结

第 3 章至第 6 章分别介绍了工程项目在决策阶段、设计阶段、施工阶段、运营阶段单一阶段的风险管理。无论作为融资模式的 PPP 模式,还是作为新发承包模式的工程总承包模式,其在项目交付上均呈现出多阶段集成的特点,为此导致其风险的独特性。本章首先针对 PPP 项目特点,识别了其项目风险,并对公共部门和私营部门之间的风险分担原则和结果进行了分析;然后,结合工程总承包特点,进行了该类项目风险的识别,分别从业主方和承包人角度分析了风险管控策略,并基于特定合同范本进行了项目风险分担示例。

习题

1. PPP 项目常见的风险类型有哪些?
2. 工程总承包模式的类型有哪些?
3. 以 EPC 项目为例,常见的风险类型有哪些?

第8章 工程保险

本章导读

工程保险是指以各种工程项目为主要承保对象的一种财产保险。一般而言，传统的工程保险仅指建筑工程保险和安装工程保险，但进入21世纪后，各种科技工程发展迅速，亦成为工程保险市场日益重要的业务来源。工程保险的意义，一方面在于它有利于保护业主或项目所有人的利益；另一方面，也是完善工程承包责任制并有效协调各方利益关系的必要手段。

8.1 工程保险概述

工程保险是由火灾保险、意外伤害保险、物质损害保险和责任保险等演变而来的综合性保险险种。该险种主要承保在工程施工期及一定的使用期内，因自然灾害、意外事故和人为原因等造成的人身伤亡、财产损失或第三者赔偿责任。

8.1.1 工程保险的概念

《中华人民共和国保险法》(以下简称《保险法》)中对保险的表述为："本法所称保险，是指投保人根据合同约定，向保险人支付保险费，保险人对于合同约定的可能发生的事故，因其发生所造成的财产损失承担赔偿保险金责任，或者当被保险人死亡、伤残、疾病或者达到合同约定的年龄、期限等条件时承担给付保险金责任的商业保险行为。"保险责任的确认以保险合同和保单为依据。

对于工程保险，国内现行的保险专业书籍多数把它界定为一类较小的财产保险。但是，从工程保险承保的对象和保险公司实际的展业情况看，把工程保险仅仅界定为财产保险是不恰当的。工程保险不仅涉及财产保险，还涉及人身保险、责任保险等，属于综合性险别，因此，工程保险的概念需要重新界定。所谓工程保险，是指投保人(包括承包人、业主或工程项目风险的其他承担者)通过与保险人(保险公司)签订工程保险合同，投保人支付保险金，在保险期内一旦发生自然灾害、意外事故或人为原因造成财产损失、人身伤亡、第三者责任造成损失时，由保险人按照工程保险合同约定承担保险赔付责任的商业保险行为。

工程保险的概念可以这样理解：
(1)工程保险是建筑安装工程施工或使用过程可以投保的保险。
(2)工程保险承保期限是从建筑材料和设备等进入施工现场始至工程验收合格交付使用

止；如果工程提前使用，则以实际使用时间为截止期。有的保单则将保险期限延续到使用期内的一段时间(即保证期)。

(3)工程保险的保险责任范围很广，包括人为原因、自然灾害、意外事故造成的人身伤害、财产损失或其他经济赔偿责任。

(4)工程保险是涉及财产险、人身险、责任险等的综合性险种。

8.1.2　工程保险的特点

工程保险是一种综合性保险，它取决于工程项目风险的综合性。工程保险不同于一般财产保险和人寿保险，其特点表现在如下几个方面。

(1)承保业务复杂，专业水准要求高

一项建筑安装工程面临各种各样的风险，风险产生的原因也错综复杂。在承保工程保险业务时，工程项目风险分析估算、保险费率厘定、根据具体工程项目设计保险合同条款、防损和理赔业务，都需要具备建筑安装工程专业、保险专业、数学专业、管理专业等多学科综合知识，因此对工程保险承保业务的专业水准要求很高。

(2)保险金额很高

目前的工程项目投资，少则几百万，多则超过几个亿。在工程保险中，保险金额的确定是以投保标的价值或是投保人所承担的经济赔偿责任为基础的，因此其保险金额很大。工程保险标的范围之广、价值之高，使得工程保险合同金额很大。保险合同的标的通常包括建筑安装工程项目、施工设备和器具、建筑材料和现场人员的人身健康和寿命。建筑安装工程项目通常是以工程概预算造价估算保险金额，因此一般来说保险金额很高。另外，施工设备和器具，以及建筑材料的保险价值也较高，如果把这部分再加到保险金额当中，工程保险金额就会更高。

(3)工程保险领域存在信息不对称问题

信息经济学对信息不对称问题的研究起源于对保险市场的研究。信息不对称性在工程保险市场中表现得更为明显，常常表现在保险人与投保人之间所掌握的信息不对称上。一方面，保险人占有保险方面的信息优势，专业从事工程保险的保险人通过设置对自己有利的保险合同条款，从投保人交纳的保险费中获得更多的收益；另一方面，投保人占有工程方面的信息优势，他们对建筑安装中的风险情况比较清楚，会尽量投保对自己有利的险种，而且在保险条款协商方面占据优势，比如在保险费率、保险责任范围、保险项目等关键条款上，通过与保险人商讨来降低保险费率或扩大保险责任范围等。

(4)工程保险可以附加承保

工程保险除了可以承保主险外，还可以承保附带的保险责任，在保险单中设置各种附加条款或批单。比如在安装工程一切险中，保险责任主要有超电压、电弧、短路及电气引起的事故等，主要是对安装过程出现的风险设置为主险，但是由电气原因造成的机器损坏的保险责任也可以作为附加条款列入安装工程一切险的保单项目。比如附加条款或批单是工程保险的重要组成部分，保险人可以从营销的角度灵活使用附加条款或批单，以吸引客户。在这方面，德国慕尼黑再保险公司的工程保险单堪称典范，其主保单拥有众多的附加条款或批单。

(5)关键保险条款具有个性化

各种类型工程的工程项目风险具有各自的特殊性，因此工程保险条款内容也不可能千篇一律。关键保险条款内容需要根据保险标的的具体情况确定，因而工程保险条款具有个性化。

比如保险费率,保险人通过评估承保工程的风险,根据风险条件自主拟定保险费率而不受监管当局严格限制。在一些保险监管严格的国家,一般由国家保险监管部门或保险行业协会规定工程保险费率的参考费率幅度。

(6)保险条款可以变更

随着工程施工进展不断深入和施工过程的内外环境变化,保险合同当事人在协商一致的基础上可以变更合同条款。比如,随着工期延长可以延长保险期限,随着工程竣工需要调整保险金额,因为保险合同订立时,写入合同的保险金额是根据工程概预算金额计算,而竣工之后需要根据决算价调整。另外,根据工程施工实际情况(如施工过程中增减一些施工设备或工程子项),保险项目和保险金额要进行相应调整。当需要变更保险条款时,根据《中华人民共和国财产保险合同条例》第9条规定:"在保险合同有效期内,投保方和保险方可以协议变更保险合同内容,对于变更保险合同的任何协议,保险方均应在原保险单、保险凭证上批注或附贴批单,以资证明。"

(7)保险标的投保时具有不完整性

一般情况下,签订保单之前尚未动工或只施工完成了一部分,此时确定的保险项目和保险金额等合同要素源于工程的概预算资料和估计,因而保险标的存在预测性。随着工程施工过程的深入,可能会增减一些工程子项,因而投保之初的保险标的常常是不完整的。

8.1.3 工程保险的基本功能

随着工程建设项目越来越多,建筑安装设计和施工工艺越来越复杂,工程保险分散风险的作用越发明显,投保人可以较少的保费获得较多的风险保障。工程保险中,一人出险、多人分担的保障机制将起到有效分散风险损失的作用。这里从微观和宏观两个层面分析保险的作用。

(1)保护工程承包人或分包人的利益。在建筑安装工程中,由于施工操作或者施工管理出现问题,导致工程质量受到影响,这些责任应由承包人或分包人承担。如果承包人或分包人投保了工程一切险或质量责任险等险种,风险损失赔偿责任就转移给保险公司,这样承包人或分包人就不至于陷入风险损失赔偿的泥潭,从而影响工程合同的履行。

(2)保护业主利益。业主投保工程保险有利于减少损失赔偿责任。比如雇主责任险,即承保雇主对雇员在受雇期间因工作原因而遭受意外等情况下支付医疗费和工伤休假期间的工资等费用,所承担的经济责任。如果业主投保了雇主责任险,则工程施工过程中可能造成的雇员人身伤亡和疾病的经济赔偿风险就转嫁给了保险公司。另外,在工程通过验收投入使用后,因建筑设计缺陷或隐患造成损失赔偿或者需要修缮的,业主可以通过自己投保或要求承包人投保两年或十年责任险,将风险损失赔偿责任转移给保险公司。

(3)减少工程项目风险发生。防损减灾是保险公司承包服务的重要环节。保险公司除承诺保险责任范围内的损失赔偿外,还可能从自身利益出发,凭借其积累的工程项目风险与保险的工作经验,为保险人等提供灾害预防、损失评估、损失控制等风险管理指导,并采取合理的措施尽量减少风险损失程度。保险公司有的放矢地参与投保人的风险管理工作,可以降低工程项目风险发生的概率和减少损失程度。这样既减少了投保人的损失,又减少了保险公司的赔偿责任。从这个意义上来看,工程保险是使投标人和保险人双赢的模式。

工程保险除了有保护保险合同当事人的利益、分散个体风险等微观层面的作用外,还具有宏观层面的重要作用。

(1) 工程建筑安装领域引入工程保险机制,保险公司作为工程利益相关者,必须关心工程施工的费用和质量等问题,自然而然地关注承包人等的行为,这相当于工程领域又引入了独立于承包人、业主以及其他政府部门的第三方监督者,进一步规范了工程建筑安装市场。保险公司从自身利益出发,独立客观地监督施工过程,保险公司在监督建筑安装工程方面的独立性和监督力度要强于工程监理行政部门或行业协会等部门,所以发展工程保险市场有利于规范工程建筑安装市场。

(2) 发展工程保险市场,创新工程保险险种,完善工程保险机制,有利于健全我国的金融体系,带动相关产业发展。英美发达国家普遍推行工程保险制度,因此这些国家工程保险相当成熟。随着我国保险业的逐步开放,外资保险公司的介入必然对我国内资保险公司构成威胁,应对策略即发展保险市场、完善保险机制,工程保险亦是如此。作为重要的金融市场之一,保险市场的繁荣发展将促进金融行业乃至社会经济和保障制度的发展。

(3) 有利于鼓励业主和承包人积极投资工程项目。国际上一些工程保险比较普及的国家,工程保险已经成为项目投资、融资(以下简称"投融资")的必备条件和投资的资质。工程项目只有投了保险才会得到银行贷款。在工程招投标中,如果承包人不投保相应的工程保险,就没有资格投标,只有投保了必要的险种,才有资格投标。由此看来,社会环境已经营造了鼓励业主和承包人等各方投保工程保险的机制。相应地,工程保险机制的健全也使业主和承包人投资工程项目更放心,更有积极性。

(4) 有利于改善融资环境。国外投融资领域非常重视工程保险问题。某些投资人一般是在工程施工合同具备了足够的保险保障之后才肯投资。银行为工程项目提供贷款时,一般把项目是否办理了工程保险作为贷款审批条件之一。工程保险作为商业保障机制,为被保险人提供了风险保障,进一步增加了项目投资的安全系数,有利于吸引潜在的投资者。因此,工程保险制度为社会投融资创造了良好的氛围,有利于加速社会资本的良性循环。

8.1.4 工程保险的意义

工程保险与经济的发展相伴而行,以英美等经济发达国家为例,其经济的繁荣也促进了工程保险业的相对成熟和工程保险机制的逐步完善。具体表现为三点:第一,普遍推行工程保险制度,工程投保率都在90%以上。这与英美等国的法规会资质评审强制业主和承包人投保工程保险有关。如业主不投保工程保险就可能得不到银行的贷款,承包人不投保工程保险,有可能没有资格投标,项目是否投保已经作为必备的评审条件。因此,这些国家的机制已经营造了工程保险需求的氛围。第二,工程保险险种非常丰富。英美等国的工程保险险种不仅涉及一切险、一般财产损失险、责任险等多类险种,而且每类险种都设有多个具体险种。如美国的工程保险综合险中包括安装工程险、伞险等。第三,工程保险展业实现了市场化。主要表现为保险费厘定实现了科学化和市场化、保险合同文本主条款构成和内容趋于成熟和完善、工程保险代理和公估业务实行市场化运作。

由于工程保险的承保标的与建筑安装工程和其他基础设施项目的投融资有关,因而工程保险对我国经济具有重要影响。

(1) 发展工程保险有利于规范和促进我国建筑市场的发展。在计划经济体制下,某个建设项目发生事故,由建设单位、施工单位及有关部门进行事故处理,最终风险由国家承担,于是建筑行业出现一种不良倾向:一些建筑单位、设计单位、施工单位认为项目是国家的,出了事故由国家担着,所以疏于履行职业责任,一些本可以杜绝的、人为因素造成的工程项目风险损失却屡屡发生。这不仅浪费了大量的社会资源,而且也阻碍了社会投融资体制改革的进程。目前建筑业逐步市场化,实行市场化的风险分担机制将有助于消除上述弊端。

(2)工程保险的发展将进一步促进我国商业化的风险保障体制的完善,增强市场经济的保障程度。工程保险属于商业化的风险保障制度,通过保险安排使得巨大的工程项目风险(相对人身保险等其他险种承保的风险来说)由众多的工程投保主体分担,从而实现风险分散的社会化。在财政学中,刺激经济复苏的政策措施之一是以政府融资来拉动民间的投资和消费。在这种政策背景下,如果没有工程保险提供风险保障,一些投资者(尤其是民间投资者或外国投资者)可能担心工程项目风险较大而放弃投资,所见投资规模,从而影响投资拉动经济的效果,所以,工程保险有益于化解投资风险,使投资顺利进行。从另一个角度分析,工程保险作为保险市场的重要产品之一,其发展和丰富不仅有助于保险市场和相关市场的发展,而且可以促进风险保障体制的完善。

从国际工程项目风险的商业化分散方式来看,工程保险也是主流方式之一。如我国工程保险业在世界贸易组织(WTO)框架下与国际惯例接轨,推行强制性工程保险制度,逐步消除制约工程保险发展的瓶颈,必将促进我国建筑业的市场化和规范化。保险公司介入建筑业,出于自身利益考虑能够强化督导被保险人的工程施工过程的风险管理。由于保险公司对工程的监管地位独立于被保险人、政府部门等其他主体,其监管力度较大,因而工程保险机制能够促进建筑业运作的市场化和规范化。并且,工程保险增加了工程项目的风险保障系数,激励潜在的各种性质投资主体投资于固定资产投资项目,使得投资主体多元化,有助于我国当前的投融资体制改革的不断深化。

8.2 工程保险的保险标的

"保险标的"和"保险利益"是工程保险中的一对重要术语,充分理解两者的含义和相互关系将为后续的工程保险学习奠定基础。工程保险标的是一系列工程保险活动开展的基础,是保险各方规定权利义务的参照实体,而工程保险利益则是判定保险各方是否拥有权利或承担义务的一项基本准则。

8.2.1 工程保险的保险利益

8.2.1.1 保险利益的含义

无论是在保险合同中,还是在保险展业、索赔理赔等业务中,经常涉及保险标的。但是在保险实务中,有一个与保险标的紧密相关、比保险标的还重要的保险专业术语就是保险利益。保险利益与保险标的是一对密不可分的保险专业术语,因而在介绍保险标的之前,需先了解保险利益的有关内容。《保险法》第二章第一节第十二条规定,保险利益是指投保人或者被保险人对保险标的具有的法律上承认的利益。保险利益可以分别从人寿保险和财产保险两类险别的角度界定。人寿保险的保险利益是指投保人对被保险人的生命或身体健康所共有的利害关系。比如父母可以将子女的身体健康和生命作为标的投保人寿保险,这是因为子女能否健康地生存直接影响父母的生活质量。财产保险的保险利益是指投保人对保险标的所具有的某种经济上的利益。比如某工程承包人的挖掘机在施工现场被盗失,那么挖掘机的丢失将给其带来很大的经济损失,也就是说,若挖掘机不丢失而继续使用,将给该承包人带来经济利益。因此,该工程承包人对其所拥有的挖掘机具有保险利益。《保险法》同时规定,投保人对保险标的应当具有保险利益。投保人对保险标的不具有保险利益的,保险合同无效。保险标的是保险利益的载体,保险利益以保险标的的存在为条件。在保险标的没有转让之前,保险标的存在,保险利益也存在,否则保险利益将灭失。比如某承包人在保险期内将两台挖掘机转让了,如果转让后挖掘机出险,那么某承包人不再享有挖掘机赔款请求权,因为他已经丧失了对两台挖掘机的经济利益关系。

8.2.1.2 保险利益的构成要件

一项标的是否具有可保利益,需要衡量保险利益是否符合三个基本构成条件。

(1)保险利益是否合法。其合法性表现在两个方面:一方面是保险标的本身的合法性,如果某标的是有关法律法规所禁止的,那么它不具有可保利益,投保人不能将其投保;另一方面是投保人与保险标的的关系是合法的,即投保人合法占有或使用保险标的。

(2)保险利益所代表的经济利益是否可以用货币衡量。因为保险以补偿为目的,只有保险标的的损失可以用货币计量,才能计算和补偿保险责任限额内的经济损失。

(3)保险利益是否是确定的经济利益,主要包含现有的经济利益以及以现实利益为依据的预期利益两部分。预期利益已逐步成为保险利益的一部分,比如机械设备利润损失险,该险种承保机械设备的潜在利润损失。投保人对指定风险原因造成的投保机械设备潜在利润损失享有保险利益。

8.2.1.3 保险利益的表现形式

工程保险中保险利益的形式是比较复杂的。具体的工程保险险种不同,保险利益的表现形式也是不同的。纵观各国的工程保险业务,由于建筑业和保险业以及其他相关行业的发展程度不同,所以工程保险业的发展水平也不同,开设的工程保险险别也有所不同。现有的与建设安装工程有关的险种,概括起来主要分为三类:一是一般财产损失险别,例如机器设备险及其利润损失险、建筑工程一切险、安装工程一切险等;二是责任保险险别,包括取代雇主责任险的安全生产责任保险、执业责任险等;三是人身保险险别,主要是人身意外伤害险。相应的工程保险利益按照这三类险别有如下具体表现。

(1)一般财产损失险别的保险利益

一般财产损失险别的保险利益是工程保险中最常见的保险利益形式。这种保险利益源于投保人对有形财产所具有的所有权或使用权。比如某工程施工机械在保险期内发生保险责任范围内的损失或给其他方造成损失时,都会使其财产所有权人或其他利益关系人(财产所有权人、经营权人、自留权人和管理权人)遭受不同程度的经济损失,如果投保了机械设备保险,按照保险合同就可以得到赔偿,实现保险利益。

(2)责任保险险别的保险利益

责任保险险别的保险利益是因可能产生的民事赔偿责任而形成的保险利益。保户在生活或工作中,有可能因行为过失导致他人人身伤害或财产损失,此时需要承担一定经济赔偿责任,这种经济赔偿就会影响其现有的经济利益。投保人可以将其可能承担的民事赔偿责任作为保险标的投保责任保险,于是投保人对这种民事赔偿责任拥有保险利益。但是因投保人的故意行为导致他人人身伤害或财产损失时,则不享有保险利益。

(3)人身保险险别的保险利益

人身意外伤害险是对被保险人因遭受意外伤害而造成伤残、死亡、医疗费用、暂时丧失劳动能力承担赔偿的保险业务。相应地,其保险利益是指投保人对保险标的所具有的直接经济利益关系。具体来说,人身意外伤害险的保险利益是投保人对被保险人的身体健康和劳动能力享有的利益。《保险法》承认的对人身保险的被保险人拥有保险利益的人员主要是本人或经被保险人同意的家庭成员。

[例 8-1] A 公司为其下属企业投保施工机械设备保险过程中发生的与保险利益相关的案例分析。

(1)案例背景

香港 A 公司向 P 保险公司在香港的代理机构填写了《施工机械设保险投保申请书》,为其在深圳的子公司(Z 公司)的机械设备投保。在投保前 10 个月,Z 公司由全资控股母公司的 K 公司将其全部股权转让给了 A 公司。该保单的保险金额为 1040 万港元,被保险人为 Z 公司,保险期间从投保时起算,起限为一年。A 公司交纳了保险费。在投保之前,Z 公司因季节性停工,仅留几名员工看管财产。在保险期间某日凌晨,Z 公司首层厂房发生火灾,经在场人员扑救,消防员赶到时火已经被扑灭。公安部门认定是纵火,但未查获纵火人。消防人员现场勘察证实厂房内安有自动消防喷水系统。事故发生后,A 公司向 P 保险公司提出索赔要求。在 P 保险公司对 Z 公司的理赔调查过程中发现,K 公司与 A 公司的股权交易并未在工商管理部门办理变更登记,Z 公司的工商登记资料显示其母公司一直是 K 公司。

(2)案例分析

工程领域的保险利益是比较复杂的。由上述的保险案例可以看出,虽然通过产权交易,Z 公司的全部股权转让给了 A 公司,但是由于 K 公司与 A 公司的股权交易并未办理变更登记,该产权交易在法律上是不承认的,所以 Z 公司的股权仍属于 K 公司,而 A 公司不拥有 Z 公司的股权。并且从实际情况看,A 公司对投保的施工机械设备并没有实质的使用权或其他经济利益关系,因而,投保人 A 公司对投保 Z 公司的施工机械设备不具有保险利益,Z 公司也就不享有保险赔偿金的请求权。

(3)处理结果

根据上述分析,P 保险公司有权拒绝赔偿,最终出具了《拒赔通知书》。

8.2.2 工程保险标的

8.2.2.1 工程保险标的的含义

《保险法》定义的保险标的为:在财产保险中是投保人的财产及其有关利益;在人身保险中是人的寿命和身体;在责任保险中是被保险人对第三者依法应负的赔偿责任。保险标的表现为各种财产、经济责任、人身健康和人的寿命等。比如在家庭财产保险中,保险标的是各种家庭财产;在业主责任险和职业责任险等责任保险中,保险标的是被保险人可能承担的各种经济赔偿责任;在人身保险中,保险标的则是被保险人的健康状况或者是他的寿命。保险标的是规定保险双方权利和义务的参照物,是投保人或被保险人享有保险利益的物质载体在保险中,只有存在保险标的一特定的保险利益的载体,投保人或其他关系人才能享有保险利益没有保险标的,也就没有保险利益。因此,保险标的和保险利益是密不可分的,保险标的是保险利益的客观载体,而保险标的又以保险利益为前提,只有投保人对标的具有保险利益才可以投保,成为保险标的。

工程保险标的是指工程保险合同约定的保险事故发生的客体和对象。工程保险标的是各类具有保险利益的工程项目和施工设备以及各种民事赔偿责任等。比如正在建设中的道路、桥梁、楼房,各种工业设施和施工现场的建筑材料、施工机械等,业主对雇员在受雇期间因工作意外导致伤残、死亡、职业病等而承担的经济赔偿责任,或者已建成但在保险期限内的工程项目等都可作为保险标的。但不是所有的建筑安装工程及其他设施都可以投保。能够作为保险标的投保的必要条件是投保人对保险标的具有可保利益,《保险法》对此做出了明确规定。

在工程保险合同中,关于保险标的的规定是合同中必不可少的内容。清晰而准确地界定保险标的,可以更准确地评价工程项目风险种类、程度及其可能导致的损失,并且使得保险金额、保险责任范围和保险费等合同条款要素的确定更加客观、合理。

8.2.2.2 建筑工程一切险的保险标的

建筑工程一切险(以下简称"建工险")的保险标的范围很广,一般分为物质损失项目和第三者责任两大类。一般情况下,为了明确保险责任,确定保险金额,建工险的保险标的在保单明细表上分保险项目列出,通常分为物质损失和第三者责任两部分。这里就从物质损失项目和第三者责任两个方面介绍建工险的保险标的。

(1) 物质损失项目

建筑工程一切险的主要保险标的就是建筑工程的物质损失项目。该类保险标的为各种物质实体,而且是与建筑工程施工有关的物资,主要包括以下五项内容。

① 在建的建筑工程。

在工程保险中,在建的建筑工程通常是主要保险标的。如在投保的桥梁工程中,在建的桥梁和附属设施是主要保险标的。又如在投保的民用房屋建筑和一般工业建筑中,在建的房屋结构是主要保险标的。

② 施工用的物料和构件。

一般工程都是野外露天施工,建筑材料和构件等一般都放在施工现场,被盗失、损坏的风险是存在的,因而也成为建工险的保险标的。

③ 建筑用机器、设备和工具。

同施工用的物料和构件一样,建筑用的机器、设备和工具一般也要防止在施工现场且在施工使用过程中,可能遇到地震等自然灾害及操作不当、空中坠落等意外情况,所以有的建工险保险合同将这三项也列为保险标的。

④ 工地内临时搭建的建筑。

这是指上地工人休息用的工棚、储存建筑材料用的临时仓库等。这临时建筑照例是建工险的保险标的。

⑤ 所有人和承保人在工地上的其他财产。

在具体的建工险承保项目中,根据工程的具体情况和投保人的投保要求,可以将不属于上述四类之内,但是具有可保利益的其他物质损失项目作为保险标的。

上述五项物质损失项目的保险价值,构成了建筑工程保险物质损失项目的总保险金额。

(2) 第三者责任

第三者责任是除物质损失项目之外建筑工程一切险的另一项重要保险标的。建工险第三者责任的承担主体通常是工程业主或承包人。第三者责任具体是指在保险有效期内,因发生意外事故造成工地附近及邻近地区的第三者人身伤亡或财产损失,依法应由被保险人承担的民事赔偿责任和因此而支付的诉讼费及经保险人书面同意的其他费用。建筑工程保险的第三者责任是被保险人对在建筑施工或使用过程中,因意外事故给第三方造成财产损失或人身伤亡而应承担的赔偿责任。在工程施工中,经常会出现因钻孔而把周围居民房屋的墙壁振出裂缝,以及空中坠落的砖块、工具等砸到行人等,承包人应依法对第三方受害者承担经济赔偿责任,这种赔偿责任就是第三者责任。在建工险中,第三者责任赔偿采取限额赔偿方式,也就是在订立保险合同时,就设定保险人赔偿的最高限额。

(3) 建筑工程一切险保险标的实例

这里以二滩工程Ⅰ、Ⅱ标的建筑工程一切险保险标的为例说明工程保险标的构成。二滩工程Ⅰ、Ⅱ标的建筑工程一切险保险标的分为物质损失和第三者责任两部分。物质损失包括永久工程、业主提供的永久设备和材料、承包人进场的施工设备和临时设施。这里的永久工程是指满足业主最终用途的工程。第三者责任是指被保险人因施工过程中发生的意外事故造成工地及邻近地区的人身伤亡或者财产损失等而承担的经济赔偿责任。这里的第三者包括工程现场以外的人和业主方、承包人方派驻施工现场的工作人员。

8.2.2.3 安装工程一切险的保险标的

安装工程一切险保险标的的构成与建筑工程一切保险标的的构成相似,也分为物质损失和第三者责任两部分。第三者责任所包含的内容和保险限额规定与建工险相同,但物质损失的内容有所不同。安装工程一切险物质损失项目包括安装项目、土木建筑工程项目(一般不在安装工程内,但可在安装工程内附带投保,其保险金额一般不超过整体安装工程保额的20%)、场地清理费、安装工程用机器设备(其保险金额按重置价值计算)及所有人或承包人在施工场地上的其他资产。

仍以二滩工程为例。二滩工程Ⅲ标的安装工程一切险的保险标的主要是物质损失,包括合同工程及业主提供的永久设备和材料、地下施工机具、承包人生活办公营地、施工设施零部件车间、业主提供的机电设备转运。其特种风险赔偿范围与Ⅰ、Ⅱ标建筑工程一切险保险标的类似。第三者责任保险含在主险中。

8.2.2.4 工程质量潜在缺陷保险

工程质量潜在缺陷保险(Inherent Defects Insurance,IDI),是以质量潜在缺陷风险所导致的建筑物使用期损失或维护、重修、重置费用为标的的保险,国际上称"内在缺陷保险""建筑物10年期责任保险",我国还有"工程质量保证保险""工程质量保险"等泛称。IDI于20世纪末发轫于法国,目前普遍应用于法国、西班牙、芬兰、日本等国家以及英国、美国的部分地区。我国一些试点省市,如上海、北京、重庆、湖南等均出台了工程质量潜在缺陷保险相应的暂行管理办法或实施细则。该险种由建设单位投保,并由保险公司对保险期限内由于质量潜在缺陷所导致的被保建筑物的物质损坏履行赔偿责任,其保险期限较长(具体遵循不同省市的具体规定),是工程保险中承保时间最长的长尾保险产品。

(1)工程质量潜在缺陷保险的特点

①标的风险广泛、集中,风险额巨大。

工程建设是一个过程复杂、环节较多、周期长的系统过程,在这一过程当中,任何时候、任何一个环节出现差错,都有可能对工程质量产生重大甚至致命的影响。一项工程建设,从立项、设计到施工、监理再到验收交付,每一个环节都有可能出问题,再加上目前建筑市场主体素质良莠不齐,很多的行为尚不规范,又使得这一风险加大。同时,建筑工程的规模都比较大,其造价一般少则几百万,上千万多则数十亿,一旦发生质量事故,其损失不堪设想。因此,建筑工程的质量风险较为广泛、集中,且风险额也巨大。

②标的风险具有特殊性。

从保险学的角度来讲,风险是指损失的不确定性,即"风险事故是否发生不确定,何时发生不确定,何地发生不确定",这也就决定了风险在通常情况下不能完全地被人所掌控。但是,工程质量责任风险中的"风险"则不同,它是指由于施工单位可能存在的不规范行为(这种行为在法律上必须承担责任)而导致发生工程质量事故造成的损害,施工单位在实施这种不规范行为时的心态通常是故意或重大过失,即其对该行为是否发生以及对后来质量事故的发生具有很强的控制性。因此,是否发生质量事故对施工单位来讲并非通常所说的风险。但对业主而言,这种风险是存在的,尽管其可以监督施工单位的行为,但仍存在疏漏的极大可能,一旦发生事故,其权益可能得不到保障。换言之,这种风险是对业主而言的,并且能被工程建设的另一方即施工单位所控制。对施工单位来讲,并非存在什么风险,其投保该险的原因是基于法律的规定或合同的约定,是为了向业主提供一个事先的保证。

③保险具有公益性。

工程质量的重要性,尤其房屋质量的重要性,决定了本保险的公益性性质。开设此项保险的目的除了保护业主和其他的受害人以外,更重要的是提高工程质量,净化建筑市场,以保护社会公共利益。

④涉及较多的利害关系人。

一项工程,特别是大型工程的建设需有多方参与,一般来讲,最少有业主(开发商)、设计方、施工方和监理方四方,这几方的工作环环相扣、紧密相连。工程质量事故既可能是一方的行为造成的,也有可能是由多方的复合行为造成的。因此,当工程质量事故发生后确定保险人是否应当承担保险责任时,可能就要牵涉多人的利益,亦即该保险牵涉的利害关系人较多。

⑤责任难以界定。

如上所言,一项工程发生质量事故以后,其原因可能是多方面的,因此其责任的承担也就存在多种情形。我国工程质量事故的法律责任难以落实,一个重要原因就是事故发生后几方相互推诿,互不认账,目前我国也还没有相关的权威部门可以来明确这些责任。而在工程质量潜在缺陷保险中,保险人保险责任的承担以及保险代位权的成立与行使均与工程质量事故责任的界定直接相关,由于事故责任难以界定,投保各方的责任也就变得难以确定了。

(2)工程质量潜在缺陷保险的保险期限

上海、北京等城市规定从住宅工程质量潜在缺陷保险自承保的建筑竣工备案或工程竣验收合格2年后开始起算。建设工程在竣工备案后2年内出现的质量缺陷,由施工承包人负责维修。业主投保缺陷保险的保险期间,地基基础和主体结构工程为10年,保温和防水工程为5年。大部分省市的规定与北京、上海相似,也有部分省市根据自身情况,有较大差异。如海南省强台风多、降雨多、高温高湿的气候条件让房屋容易出现"裂漏渗"等问题,因此,海南省不仅附加了保险责任,还延长了保险赔偿责任期限,主体结构承保期限不少于15年,防水工程不少于10年。

(3) 工程质量潜在缺陷保险的除外责任

除外责任是指因使用不当或者第三方造成的质量缺陷、不可抗力造成的质量缺陷,不属于保险责任范围。具体包括但不限于:非结构性工程、设备、装置或室外工程发生的缺陷;未取得保险人认可而改变建筑物结构;非正常使用、维护、荷载超过设计规定,改变建筑物使用用途;自然灾害、战争或建筑物不能抵御的外力所致损失,包括非因建筑物缺陷造成的沉降、滑坡、崩塌等;在工程缺陷责任期内的缺陷;被保险人不合理的修理、加固建筑物或其他故意行为,欺诈行为造成的损失。

(4) 工程质量潜在缺陷保险的投保

缺陷保险的承保采取共保模式,共保体由牵头保险公司和至少两家成员保险公司组成,并实行统一保险条款、统一保险费率、统一理赔服务、统一分配份额、统一信息平台。缺陷保险合同签订后,保险公司应当委托建设工程质量风险管理机构(以下简称"风险管理机构")实施风险管理。保险公司应当与风险管理机构签订书面委托合同,依法约定双方的权利和义务。

一般鼓励勘察、设计、施工、监理、预拌混凝土生产、建筑预制构配件生产供应等有关单位及其人员,投保工程质量责任保险。施工单位投保工程质量责任保险的,建设单位不得预留工程质量保证金。鼓励缺陷保险与建筑安装工程一切险、参建主体责任险等工程类保险综合实施,全面降低工程质量保险。

8.2.2.5 安全生产责任保险

2016年《中共中央国务院关于推进安全生产领域改革发展的意见》明确要求,加强安全基础保障能力建设,在包含建筑施工等八大高危行业领域强制实施安全生产责任保险制度,切实发挥保险机构参与风险评估和事故预防功能。为此,国家三部门(原国家安全监管总局、原保监会、财政部)于2017年联合印发了《安全生产责任保险实施办法》(以下简称《实施办法》)。应急管理部将《安全生产责任保险事故预防技术规范》(AQ 9010—2019)(以下简称《技术规范》)以行业强制性标准发布实施,确保中央有关决策部署及时落地见效,该规范于2020年2月1日起施行。

(1) 安全生产责任保险的定义

安全生产责任保险(以下简称"安责险")是商业保险与安全生产管理相结合的产物。《实施办法》中明确将安责险定义为:保险机构对投保的生产经营单位发生的生产安全事故造成的人员伤亡和有关经济损失等予以赔偿,并且为投保的生产经营单位提供生产安全事故预防服务的商业保险。

(2) 建筑施工行业建施安责险特点

①建筑施工行业安全生产责任保险(以下简称"建施安责险")是以施工项目为单位投保,而非施工企业。无论新开工项目还是已开工项目均应投保,但保费计算方式不同,新开工项目

以工程项目施工承包合同造价为基数,已开工项目则以剩余工程量或剩余工期占比计算保费。

②投保周期不以年为周期,周期自购买保险之日起到工程竣工之日结束。

③保费来源不同,建施安责险的保费计入工程造价,纳入项目建设成本,开工前由施工项目总承包单位一次性缴纳,进入施工期后实报实销,不增加施工企业经济负担。

(3)安责险的标的

安责险责任包括投保的生产经营单位的从业人员人身伤亡赔偿,第三者人身伤亡和财产损失赔偿,事故抢险救援、医疗救护、事故鉴定、法律诉讼等费用。

(4)建筑施工企业推行安责险的作用分析

①安责险在保险范围及理赔上优势明显。

首先,安责险覆盖范围更广,保险范围涵盖人员伤亡、第三方人员伤亡及财产损失,以及其他任何保险不具备的事故预防服务。其次,安责险赔偿更加及时,做到简单程序,快速理赔。海南省明确重大赔案(赔偿大于100万元)赔付时限控制在10个工作日内,陕西省则规定事发5个工作日内支付预估损失80%的金额。最后,安责险保障更加充分,且低费率高配额。其他保险付款很难支付超过100万元的赔偿金额。《实施办法》中规定每死亡1人最低赔偿金额不得低于30万元。对于安责险与其他保险的衔接方式,其中第三条明确规定投保单位按照安责险请求的经济赔偿,不影响其从业人员依法请求工伤保险赔偿的权利。投保安责险后不得再强制要求投保意外伤害险等与安责险功能重叠的其他保险,做到不增加企业经济负担。

②安责险市场机制的高质量事故预防服务。

《技术规范》的发布实施,极大地规范约束了保险机构事故预防服务工作,而减少赔付则是保险企业尽心提高服务质量的内动力,这两方面的原因使得施工企业以较低成本获得高质量安全咨询服务成为可能。

安责险提供事故预防服务具有三大优势:一是保险通过整合地方资源,组建专业安全管理专家团队,建立健全安全生产教育培训机构,进行专业的安全风险辨识、评估和安全评价,弥补企业专业人才欠缺的不足;指导规范日常管理工作,如安全培训、安全标准化、制度及预案编制实施等。二是保险机构作为政府和企业之外独立的第三方,可以更好地发挥安全监管及服务指导的双重作用,站在中立、公正的角度查出问题和隐患并帮助督促企业整改,对于重大隐患企业不配合整改的,保险机构有权报告住建部主管部门。三是有利于促进安全生产科技推广应用,建立可视化、数字化、信息化的现场安全生产管理信息平台,利用科技手段提升设备设施的可靠性,识别淘汰部分安全性能无法满足要求的机械设备,推动电子信息技术在脚手架中的应用,施工现场安全监控全覆盖等,开创建筑施工安全生产新局面。

③促进施工企业履行安全生产主体责任。

安责险推行目的是有效调动社会力量共同参与安全生产工作,除了政府部门的安全监管,还要充分借助社会机构的作用,形成多方参与齐抓共管的良好局面,最终在多方努力下,推动施工企业强化自身安全管理,降低事故发生概率逐步实现本质安全。一方面《实施办法》要求保险机构要及时建立健全建施安责险信息管理系统,这使得以保险机构为媒介,政府参与监督力度加大,迫使施工企业履行安全生产主体责任;另一方面在长期接受事故预防服务后,经过保险机构或第三方的指导规范,施工企业主动实现管理水平提升。

(5)安责险与其他相似保险的区别和联系

区别于其他保险,安责险的首要功能是事故预防服务,即要突出一个"安"字,充分发挥安责险防控风险的作用,实现安保互动,有效防范和减少生产安全事故,这是实施安责险制度的根本目的。

在政策上,安责险是一种带有公益性质的强制性商业保险;在功能上,安责险的保障范围不仅包括企业从业人员,还包括第三者的人员伤亡和财产损失,以及相关救援救护、事故鉴定和法律诉讼等费用。与安责险相比,工伤保险是一种强制性的社会保险,雇主责任险、公众责任险、意外伤害险等是普通的商业保险,保障范围均不及安责险,并且缺乏事故预防功能。总之,安责险与工伤保险及其他相关险种相比,覆盖群体范围更广、保障更加充分、赔偿更加及时、预防服务更加到位。

关于安责险与工伤保险的衔接,《实施办法》第三条明确规定:投保单位按照安全生产责任保险请求的经济赔偿,不影响其从业人员依法请求工伤保险赔偿的权利。第十七条规定的30万元最低赔偿金额,也是充分考虑当前从业人员伤亡赔偿标准和工伤保险的赔偿额度确定的。

《实施办法》第六条规定:对生产经营单位已投保的与安全生产相关的其他险种,应当增加或将其调整为安全生产责任保险,增强事故预防功能。将建筑施工、交通运输等行业领域的雇主责任险、公众责任险、承运人责任险等险种调整为安责险,需要保险机构做好以下工作:一是要做好安责险方案设计,充分体现安责险相对于其他商业保险在保障范围、价格、服务等方面的优势,使安责险完全覆盖公众责任险、雇主责任险等功能,一站式解决企业需求并避免增加成本;二是要切实做好事故预防服务,真正推动投保企业提高安全保障能力,降低事故风险,使其认可服务质量、看到服务效果。

8.2.2.6 其他工程保险险种的保险标的

除了上述四种保险,工程保险险种还有机器设备损坏险、机器设备利润损失险、雇主责任险、职业责任险、人身意外伤害险等。以下介绍这些险种及其保险标的。

(1)机器设备损坏险。一般是作为依附在主保险单之上附加保险投保的。该附加险承保因设计失误、制造缺陷、电路故障、工人违规操作而造成的机器设备的损坏。机器设备损坏险的保险利益依附的就是投保的机器设备,因而机器设备就是该险种的保险标的。

(2)机器设备利润损失险。一般也作为附加险,依附于主保险单之上。机器设备利润损失险的保险标的与机器设备损坏险相同,也是被保险的机器设备。

(3)雇主责任险。按照《中华人民共和国劳动法》的规定,雇主应对雇员在受雇期间因工作意外导致伤残、死亡、职业病等承担的经济赔偿责任。为了转移这种经济赔偿风险,雇主可以向保险公司投保雇主责任险。其保险标的就是雇主承担的特定的经济赔偿责任。例如,某承包人为临时雇佣的工人投保了一年的意外伤残和死亡保险。保险合同规定,如果在施工中发生保险合同规定的风险事故,导致被保险人出现疾病、残疾或死亡的,保险公司将负责赔偿。因此,该险种的保险标的就是被保险人的健康和生命。

(4)职业责任险。是以建设工程中各相关建设活动主体依法应承担的赔偿责任为保险标的的保险。具体而言,当相关建设活动主体因疏忽行为和过失行为导致质量安全事故,造成相应损失时,保险人依据保险合同承担相应的赔偿责任。职业责任险的保险标的就是这种经济赔偿责任。工程职业责任保险因责任主体不同,可分为勘察责任保险、设计责任保险、施工责任保险、监理责任保险等。

(5) 人身意外伤害险。是保险人对被保险人因遭受意外而致伤残、死亡、支付医疗费、暂时丧失劳动能力等的经济赔偿。因此,人身意外伤害险的保险标的是人身健康或寿命。

(6) 延迟完工保险。延迟完工保险(Delay in Start Up,DSU),又称延迟开业利润损失保险、延迟启动保险,是国际建设工程领域通用的工程险种之一。DSU 保险主要承保由于施工过程中的自然灾害、意外事故等风险因素导致建设施工受阻、项目延迟完工,进而造成业主预期利润、银行贷款利息以及弥补固定费用的间接经济损失。

(7) 环境污染责任保险。环境污染责任保险是以企业发生污染事故对第三者造成的损害依法应承担的赔偿责任为标的的保险。

(8) 货物运输保险。货物运输保险是以运输途中的货物作为保险标的,保险人对由自然灾害和意外事故造成的货物损失负责赔偿责任的保险。按照运输方式可分为直运货物运输保险、联运货物运输保险、集装箱运输保险。按照运输工具可分为水上货物运输保险、陆上货物运输保险、航空货物运输保险。

(9) 物业管理责任保险。物业管理责任保险(物业管理责任险),是指保险公司向物业管理企业收取保险费,承担物业管理企业因管理或从事管理的过程中的疏忽或过失造成第三者人身伤亡或财产损失,依法应承担的经济赔偿责任。物业管理责任保险分为基本险和附加险两部分,附加险通常包括游泳场所附加险、停车场责任附加险、电梯责任附加险等。

(10) 一揽子(Controlled Insurance Programs,CIP)保险。受控/可控保险计划,是目前国际工程保险领域常见的一种工程保险模式。CIP 保险主要运行机制是在工程承包合同中明确规定,由业主或承包人统一购买包括建筑工程一切险、安装工程一切险、雇主责任险、第三者责任险等在内的"一揽子保险",由保险公司为项目工程、各建设主体提供全方位的保险保障。目前,CIP 保险模式在我国工程保险市场已进行初步阶段的发展探索,如广州市住房和城乡建设局 2020 年指出项目投保应包括建筑工程一切险、安装工程一切险、建筑工程团体人身意外伤害保险、职业责任险(法人、自然人)、建设工程质量保证保险五大可选险种的"工程质量安全保险";青岛崂山在 2021 年推出《崂山区住宅工程质量安全综合保险试点方案》,该方案创新的将工程质量和安全责任纳入统一保险范围。

上述险种及其保险标的的归纳见表 8-1。

主要工程保险险种的保险标的　　　　　　　　　　表 8-1

险别	保险标的
建筑工程一切险	物质损失项目;第三者责任
安装工程一切险	物质损失项目;第三者责任
工程质量潜在缺陷保险	以质量潜在缺陷风险所导致的建筑物使用期损失或维护、重修、重置费用
安全生产责任保险	建筑施工从业人员因安全事故导致的人身损害伤亡赔偿,以及第三者人身伤亡和财产损失赔偿等
机器设备损坏险	机器设备
机器设备利润损失险	机器设备利润损失
雇主责任险	雇主承担的特定的经济赔偿责任
职业责任险	被保险人因失职而承担的经济赔偿责任
人身意外伤害险	被保险人的人身健康或寿命
延迟完工保险	延迟完工而造成的利润损失

续上表

险别	保险标的
环境污染责任保险	因企业发生污染事故对第三者造成的损害依法应承担的赔偿责任
货物运输保险	因自然灾害和意外事故造成的货物损失应承担的赔偿责任
物业管理责任保险	物质损失项目；第三者责任
CIP保险	财产和人员

另外，以保险公司为工程担保主体的工程保证保险，属于工程风险和工程担保两种风险转移机制的桥梁。2021年，是我国工程保证保险加速发展的一年，国家和各省（区、市）相继发布大量推动工程保证保险发展的相关政策，不断开展国内城市试点工作。工程保证保险的市场应用范围不断扩大，在帮助企业减负、优化营商环境、助力政务监管等方面日益发挥重要作用。具体而言，工程保证保险指由投保人（履约义务人）向保险人交付保费，当投保人因作为或不作为导致未履行约定或法定义务，给被保险人造成损失时，由保险人向被保险人赔付，同时保险人具有对投保人的追偿权利。目前，国内工程保证保险市场主要包括投标保证保险、履约保证保险、工程质量保证保险、农民工工资支付保证保险、预付款保证保险和业主支付保证保险。部分区域也在积极推进差额履约保证保险等创新工程保证险种。

8.3 工程保险合同

工程保险合同是工程保险的核心内容，工程保险的创新、展业、索赔和理赔等都是围绕保险合同展开的。本章介绍常见工程保险险种的主要合同文本条款、关键性保险款的条款要素和表达形式、工程保险投保的技巧以及工程保险合同管理策略。

8.3.1 保险合同概述

8.3.1.1 保险合同的含义

《保险法》对保险的概念有明确界定："保险合同是指投保人和保险人约定保险权利义务关系的协议。"目前的保险险种很多，因而保险合同的种类也很多，不同种类的保险合同条款的内容也不同。迄今为止，我国保险学界对商业保险合同的分类尚不统一，其中一种比较普遍的分类是按照保险标的的性质将保险合同分为三大类：第一类是人身保险，包括人寿保险、健康保险、人身意外伤害险；第二类是财产保险，包括财产损失保险和责任保险；第三类是信用保险和保证保险。

8.3.1.2 保险合同的形式

《保险法》规定只要投保人提出要求，保险人同意承保，并就合同条款达成协议，保险合同就宣告成立。但是，在实际操作中，必须采用一定的形式证明保险合同成立。就财产保险而言，目前普遍采用的具有保险合同效力的书面协议包括投保单、保险单、保险凭证、暂保单和批单。五种保险合同形式的类比见表8-2。

五种保险合同形式的类比　　　　　　　表 8-2

合同形式	别称	合同成立条件	法律效力
投保单	要保单、投保申请书	经保险方签章	等同于正式保险合同
保险单	保单	双方签章认定	正式的保险合同
保险凭证	小保单	经保险人签发	等同于正式保险合同
暂保单	—	经保险人签发	等同于正式保险合同
批单	—	由保险人出立	与保险合同抵触，以批单为准

(1) 投保单

投保单又称要保单或投保申请书，是投保人申请投保的法律文件。《中华人民共和国财产保险合同条例》第五条规定：投保方提出投保要求，填具投保单，经与保险方商定交付险费办法，并经保险方签章承保后，保险合同即告成立，保险方应根据保险合间及时向保方出具保险单或保险凭证。在保险期内发生保险事故，保险人必须承担保险责任，不得以尚未出具正式保险单为理由拒赔。

(2) 保险单

保险单又称保单，是合同双方签订正式保险合同的书面凭证。保险单是保险合同的正式文件，是投保人或被保险人索赔的重要依据，也是保险人确定理赔责任的重要依据。

(3) 保险凭证

保险凭证也称小保单，是证明保险人已经签发保险单、保险合同已经成立的凭证。

(4) 暂保单

暂保单是保险人签发正式保险凭证前出立给投保人或被保险人的一种临时性保险凭证。暂保单具有与保险单同等的法律效力。

(5) 批单

批单是在对保险合同内容进行修改、补充时，由保险人出立的单证。批单内容也是保险合同的重要组成部分。当两者相抵触时，以批单内容为准。

8.3.2　工程保险合同概述

目前，很多保险专业图书都将工程保险划归财产保险的范畴，把它看作一种财产险。但从国外对工程保险的界定和当前工程保险实务的发展现状来看，应将工程保险的范畴外延，所有与工程项目施工有关的险种都应属于工程保险。这种界定能够促进保险公司在更广阔的范畴内进行工程保险险种创新。因此，本书重新界定了工程保险合同的概念。

工程保险合同即保险人与业主、承包人等工程参与方就工程项目有关的权利义务达成的协议。

8.3.2.1　工程保险合同的特点

工程保险合同除了具备诚信性、双务性、附和性、法律性等基本特征外，还具有补偿性和射幸性的特点。所谓补偿性，是指只有当被保险人的保险标的在保险责任范围内遭受损失时，才能获得赔偿，并且以实际发生的损失或保险金额为补偿限额。工程保险合同的射幸性指保险标的在保险责任范围内遭受损失时,被保险人可以获得超过其已交保费的赔款,但是如果在保险期内未发生事故,则被保险人得不到赔偿,也不会退回已交的保费(除合同中特别约定外)。也就是说,同一险种保单集合中的被保险人交纳保费与保险人未来可能给付保险赔偿是一种对等关系,但它是建立在单笔保险业务所收和所付金额不等基础上的。

8.3.2.2 工程保险批单

批单亦称"批改单"或"背书",是指为变更保险合同的内容,保险人所出立的补充书面证明。保险单出立后,在合同有效期内,保险人和被保险人均有权通过协议更改保险合同的内容。通常提出批单要求的是被保险一方。对于变更保险合同的任何协议,如更改险别、户名、地址、保险期限、保险金额,转让保险权益等,均需保险人出立批单。批单可以是在原保险单或保险凭证上批注,也可以另外出立一张变更合同内容的单证。保险单经过批注的事项,以批单所规定内容为准。

下面以一份三峡工程保险批单为例进行介绍。这份批单是由中国长江三峡工程开发总公司和中国人民保险公司宜昌分公司出立的单证,是对原保险合同内容的变更或补充,主要是针对合同保险项目增添和保险金额增加而出具的批单。

鉴于被保险人已将永久性船闸工程(简称"水船")投保建筑工程保险,保险合同(原保险合同号码:96001号)所附《水利水电站建筑、安装工程保险条款》第十三条规定:本保险单的要素如有变化(如保险项目增减、工程期限缩短或延长、保险金额调整等),被保险人应及时书面通知本公司,办理批改手续。根据以上规定,对永久性船闸增保险合同签订后两年发生的部分变更项目,调整保险金额,并补交保险费。批单(批单号码:9903号)中关于补交保险费的计算过程如下:

一、变更明细

增加项目	增加金额
永船一期对穿锚杆、随机锚杆	24979334.00 元
永船二期对穿锚杆、随机锚杆	24393222.00 元
永船高强锚杆防腐	8254836.84 元
永船电绳、分流槽、保护层	12247144.79 元
永船正向进水口	30672968.67 元
合计	100547506.30 元

二、新增保险金额

以上五项合计保险金额为:100547506.30 元;

现场清理费保额为:100547506.30×5% = 5027375.32 元;

第三者责任及交叉责任险赔偿限额:3016425 元。

以上各项金额与原保险合同相加,构成永久性船闸总的保险金额或赔偿限额。乙方按照调整后的保险项目和保险金额履行赔偿义务。

三、保险费

工程保险费:100547506.30×4.8‰ = 482628.03 元;

现场清理费保险费:5027375.32×4.8‰ = 24131.40 元;

保险费合计:506759.43 元,大写伍拾万陆仟柒佰伍拾玖圆肆角叁分。

四、其他

该批单为96001号永久性船闸保险合同的组成部分,未尽事宜,与原保险合同一致。

8.3.3 工程保险合同要素

工程保险合同管理对于保险人和被保险人来说,是工程保险实务操作的核心之一。明确工程保险合同要素有益于合同当事人清楚自身的权利与义务,顺利签订工程保险合同。清楚地规定合同各要素,也有利于减少当事人在履行合同过程中的争议。工程保险合同要素包括主体、客体和内容三要素。

8.3.3.1 工程保险合同主体

工程保险合同主体是与合同发生直接或间接关系的人,包括保险人、投保人、被保险人、受益人、保险代理人和保险经纪人等。

(1) 保险人

保险人是指经营工程保险的保险公司,是合同的签约人之一,也是重要的合同主体。保险人根据保险合同收取保费,并按合同规定的责任范围承担灾害事故所致经济损失的给付责任。由此看来,保险人是工程项目风险的经营者,工程保险经营本身蕴含着一定风险。为了将保险人经营风险控制在安全范围内,世界上多数国家都对保险人在设立资格、营业范围、基金运作等方面做了严格规定。保险人必须经政府批准,并且满足一定条件,才能获准营业。目前我国有能力承包工程保险的公司日益增多,市场份额也逐年增大,工程项目风险转移机制正在逐步形成。

(2) 投保人

投保人又称保户,是以保险标的向保险人申请保险、负有交纳保费义务的人。在工程保险险种中,既有投保人与被保险人一致的,也有两者分离的情况。比如,建筑工程一切险和安装工程一切险的投保人和被保险人,多数情况下是一致的。工程保险的投保人一般包括业主、承包人、分包人。人身意外伤害险、十年责任险和两年责任险等责任险中,投保人和被保险人是不一致的。

(3) 被保险人

被保险人是保险合同保障对象。比如建筑工程一切险的被保险人是业主或承包人,雇主责任险的被保险人是雇主。

(4) 受益人

受益人也叫保险赔偿金受领人,是合同约定的有权享受保险合同利益的人。受益人一般在保险合同中载明,由被保险人指定。

(5) 保险代理人

保险代理人是代理保险人从事具体保险业务而向保险人收取佣金的人。代理人应根据保险人委托的业务范围和代理权限进行代理业务。代理业务范围包括宣传保险、接受承保、签发保险凭证、处理索赔案件等。目前,我国工程保险业务代理不如人身保险代理活跃,代理人队伍也不如后者壮大。我国若要发展工程保险市场,需要有一批既懂得保险知识,又懂得工程知识的代理人队伍。

(6) 保险经纪人

保险经纪人是投保人的代理人,从投保方的利益出发,代其投保、签订保险合同、索赔等。保险经纪人应该既熟悉保险业务,又了解保险市场,能够为投保人选择合适的保险人。

8.3.3.2 工程保险合同客体

工程保险合同客体是指保险合同各主体通过保险交易活动要所要解决的实体问题,也就是投保方对保险标的所具有的保险利益。

《保险法》将保险利益定义为:保险利益是投保人对保险标的具有法律上承认的利益。该定义包含两层意思:一方面保险利益由投保人享有;另一方面是保险利益是以保险事故发生后保险标的遭受损害为准,保险利益归属于投保人。

保险标的和保险利益是密不可分的,共同构成了保险合同客体。在保险双方商议签订保险合同时,必须遵守保险利益原则。只有投保人对保险标的享有保险利益,投保人才可以投保。也就是说,只有保险标的因保险事故发生的损害给投保人造成了经济损失,才能得到保险公司的保险赔偿金。如果不强调保险利益原则,只要保险标的损害,投保人就可以在保险标的损害没有给他造成任何损失的情况下获得赔偿,那么很容易诱发投保人为了获得保险金而故意促成保险事故发生的道德风险,而且没有损失就可以获得赔偿也违背保险的损失补偿原则。因此如果投保人对保险标的不具有保险利益,投保人是不能和保险人签订保险合同的,即使签订了保险合同,保险人也有权解除。在强调保险利益原则的同时,也必须重视保险标的。保险标的是保险权利和义务规定的参照物,如果保险标的不明确,工程保险合同的许多重要条款都不能确定,比如保险费率缺少厘定依据、保险责任很难界定清楚等,从而很难建立工程保险合同。

8.3.3.3 工程保险合同内容

工程保险合同内容是工程保险合同要素的重要组成部分。目前工程保险业界存在三类与工程建设安装有关的险别,分别是以在建工程为主要标的保险险别、责任险别、人身保险险别,每种险别合同形式不尽相同,下面分别进行介绍。

(1) 以在建工程为主要保险标的的保险合同内容

①保险条款。

保险条款是反映保险合同内容的条文,是保险合同内容的载体。保险条款的种类很多,除国际通用的条款外,不同国家也有自己的保险条款,而且不同险种的保险条款也是不同的。一般情况下,保险条款分为基本条款、法定条款、选择条款、附加条款、特约条款和保证条款等。

②保险金额。

保险金额是保险人对被保险人进行经济补偿的最高给付限额,同时也是保费的计算依据。保险金额的确定一般以保险价值为基础,以保险标的的重置价值、账面价值、市场价值、实际价值或平均余额作为保险金额。工程保险属于系列财产保险,应在保单中列出财产项目清单及保险金额。保险金额的确定,从理论上讲应以工程的重置成本为基础,并考虑被保险人的实际需要和承保范围等因素,经保险双方协商确定保险金额。在工程保险实务操作中,建筑工程一切险和安装工程一切险的保险金额初步按合同价或概预算造价拟定,待工程竣工决算后,按工程决算数调整保险金额工。例如,二滩工程Ⅰ、Ⅱ标的物质损失保险金额是这样计算的:合同工程和业主设备及材料按照重置价值的115%计算保险金额,施工设备和临时设施以完全重置价投保;第三者人身伤亡及财产损失按合同规定的赔偿限额计算保险金额。在保险合同中,与保险金额紧密联系的另一个概念是保险价值,是以货币衡量的保险标的的市场价值;在非人身保险中,保险价值是确认保险金额的基础。世界上许多国家,包括我国的《保险法》,皆规定保险金额不能大于保险标的的保险价值。但是也有一些国家允许签订超额保险合同,比如美国的伞险就是一种提供超出保单保险限额的险种,该险种的承保范围非常广,包括雇主责任险、执业责任险、机器损失险、机动车辆险等。

③工程保险期限。

保险期限是保险双方当事人行使权利和履行义务的起讫时间。在保险期限内发生保险事故,并给被保险人造成损失的,保险人才进行赔偿。财产保险的保险期限一般为一年,但工程保险的保险期限比较特殊,一般以工程保险标的工程项目风险的存续期为限。以建筑工程一切险来说,保险期限分为五个阶段。一是制造期,以承保工程所使用的设备、制成品和原材料的潜在缺陷风险为保险标的,承保其在工程主工期内的损失风险。二是运输期,指主要工程材料或设备运往施工工地的运输期间,以扩展方式承保内陆运输风险,作为附加险,保险责任和除外责任与主险是一致的。三是建筑安装期,是建工险的主保险期。此期保险责任开始时间以保险工程破土动工之时或材料设备运抵工地之时确定,且以先发生者为准,但不得早于保单规定的合同生效日期;保险责任终止时间以工程所有人对部分或全部工程签发验收证书或验收合格之时,或者工程所有人实际占有、使用或接受全部或部分工程之时确定,且以两者中的较迟者为准,但不得晚于保单规定的合同终止日期。四是正式投入生产使用前进行试车运营期间。五是保证期,一般工程承包合同规定,在工程建成交付使用后的一定时间内,出现建筑安装质量问题造成损失的,承包人负有修复或赔偿责任,这一期限为承包人应负责任保证期。为了满足承包人要求,保险人可以扩展形式承保工程保证期风险。例如,中国人民保险公司的建筑工程一切险,规定物质损失及第三者责任的保险期限为:在工地动工或用于保险工程的材料、设备运抵工地之时起始,至工程所有人对部分或全部工程签发完工验收证书或验收合格,或工程所有人实际占有或使用或接收该部分或全部工程之时终止,以先发生者为准。

④保险费率。

保险费率即保险价格,是一定时期保险费与保险金额的比例关系。保险费率又称毛费率,由纯费率和附加费率构成。纯费率是纯保费与保险金额之比。纯保费是用于补偿保险公司期望赔付支出的费用。从理论上讲,纯保费应等于公司期望赔付成本,即 $P = E[S]$,S 代表赔付成本的随机变量。但是,如果保险人仅向投保人收取纯保费的话,保险人实际运营总支出必然超出纯保费收入,导致亏损。因此在纯保费率之外,需要加征附加费率。附加费率是附加保费与保险金额之比。附加保费包括安全附加和费用附加。保险费构成如图8-1所示。

$$\text{保险费}\begin{cases}\text{纯保费(等于期望赔付成本)}\\ \text{附加保费}\begin{cases}\text{安全附加(应付难以预料的不确定性赔付)}\\ \text{费用附加(支付经营费用、代理人佣金等)}\end{cases}\end{cases}$$

图8-1 保险费构成

a. 纯保费的计算。

根据非寿险精算的基本原理,单笔保单的纯保费的计算式为:

$$P_i = E[C_i] \tag{8-1}$$

式中：P_i——第 i 份保单的纯保费；

$E[C_i]$——第 i 份保单的期望赔付成本。

单笔保单的损失分布和赔付规律的偶然影响因素比较多，不具有统计意义。因而，需要将保单分类，形成相对同质的保单集合。例如，对于工程保险中的建筑工程一切险保单，可以按照承保工程的风险状况的相似性，将保单分类组合，形成相对同质的保单组合。对于包含 N 份保单的同质性保单集合，纯保费可以用公式表示为：

$$P_i = \frac{E[C]}{N} \tag{8-2}$$

式中：P_i——每份保单的纯保费；

$E[C]$——保单集合的期望赔付成本。

但在实际工程保险实务中，同质性的保单很少，多数是变异性保单集合。这种变异性主要表现为各保单承保标的风险程度有差异。一般情况下，每份保单期望的赔付成本与风险规模成正比。对于异质性保单集合的纯费率，可以用保单集合的期望总赔付成本与风险规模之比求得。工程保险保单的风险规模可以用保险金额表示。纯保费率为：

$$P = \frac{E[C]}{E[T]} \tag{8-3}$$

式中：$E[T]$——保单集合的总风险规模期望。

这个模型可以用于估算纯保费率，但是比较麻烦。可以通过分解变形、求解的公式。由于本书篇幅所限，省略转换过程，直接给出公式：

$$P = E[F] \cdot E[X] \tag{8-4}$$

式中：$E[F]$——期望索赔频率；

$E[X]$——平均每次索赔的期望赔付额。

利用此公式比较容易求得纯保险费率。保险公司可以根据以往风险损失理赔的数据，求出期望索赔频率和平均每次索赔的期望赔付额，然后套用上一公式就可以求得。

纯保险费率一般与以下几种因素有关：一是保险事故的发生频率，是指某一保单集合中的保险事故发生的次数与保险标的数目的比率，该比率表示每百件保险标的发生保险事故的次数；二是保险事故的损毁率，是指某一保单集合中的受损保险标的数目与保险事故的次数的比率；三是保险标的损毁程度，是指某一保单集合中的受损保险标的总赔款额与其保险金额的比率，表示受损标的价值减少的百分比。以上几种因素与纯保险费率呈正向相关关系。

b. 附加保费的计算。

在工程保险实务中，是以同一险种的保单集合为基础进行保险费率的厘定。当保险人计算并向投保人收取保费时，一般从两个方面考虑承保风险：一是风险的损失期望，即以风险损失赔付期望计算的纯保费部分应考虑的风险程度；二是损失的实际值超过期望值的程度，即纯保险费所包含的风险以外的、实际损失随机变动的风险。纯保费只补偿了风险的期望损失，但是风险损失是随机的，这部分风险应该给予补偿。因此，当实际损失超出期望损失时，应对超过部分提取安全附加。考虑安全附加后的保费称为风险保费。利用期望值原理计算风险保费的公式为：

$$H[S] = (1+r)E[S] \tag{8-5}$$

$$r = \frac{\sigma}{E[S]}$$

式中：$H[S]$——风险保费；
r——安全附加率；
$E[S]$——赔付成本期望；
σ——赔付成本的标准差。

由该公式可知，只要选取了合适的 r，就可以保证保单集合的总风险保费 $H[S]$ 与总实际赔付成本 S 相当。

在保险厘定中，费用附加是必须考虑的项目。一般的费用附加是按照风险保费的一定比率计算。包含费用附加后的保费成为商业保费，计算公式为：

$$C[S] = H[S] \cdot (1 + T) \tag{8-6}$$

式中：$C[S]$——商业保费；
$H[S]$——风险保费；
T——费用附加率（包括营运费率、代理人佣金率、税率、利润率）。

c. 上述保险费率厘定方法存在的缺陷。

上述的保险费率厘定方法比较符合工程项目风险的损失规律，并且计算过程也比较简单，因而该费率厘定方法在保险实务界得到了普遍的应用。但是这种费率厘定方法也存在着缺陷。

首先是保险附加费计算基础的合理性受到质疑。从上面的商业保费计算公式可知，附加费用是在风险保费的基础上提取的一定百分比的费用，投保人的风险保费越高，所要支付的费用附加也越高。实际上这样提取费用是不合理的，保险公司没有充足理由要求高风险的被保险人承担更高的营运费用，向保险代理人支付较多的佣金。为了解决附加费用提取不合理的问题，非寿险精算理论通常利用均衡附加法和线性附加法来进行附加费的计取，以保证保费的合理性。

其次是保险费率厘定的假设缺少现实的基础。上述保险费率厘定原理主要是基于风险同质性（同质性是指投保标的具有相同或近似的损失期望额和损失分布律，并且各个保险标的遭受损失是独立的）的假设，但是工程项目风险标的风险规律往往区别很大，自然因素或意外事故会造成多个标的发生连带的损失，因此工程保险标的具有不完全的同质性，即非同质性特点。针对工程项目风险的非同质性特点，保险人应根据保险标的自身的风险特点和索赔规律，估算保费，以便弥补期望索赔成本。经验费率法就是根据投保标的在以往保险期间的索赔经验来调整续期保费的方法，该方法是非寿险领域用于消除风险子集的非同质性而发展起来的一种保险费率估算方法。利用经验费率法估算工程保险费率的基本原理是利用风险分级技术，选取某些风险分级变量对被保险标的进行分级，将指标特性相同或相似的被保险标的归在一起，从而得到相对同质的风险子集，然后利用贝叶斯方法估计同质的风险子集的索赔概率。运用贝叶斯定理时，可以根据被保险人的历史索赔经验对索赔频率估计进行调整，从而调整保险费率。

最后，工程保险实务中，保险费率的厘定除了考虑历史索赔经验外，还要考虑竞争因素影响。保险市场是竞争的市场，工程保险费率最终应由市场竞争形成。但是目前我国工程保险机制还不完善，尚不具备工程保险费率市场化的基础条件。我国保险监督管理委员会（简称"银保监会"）、建设部等相关部门应根据保险业、建筑业的实际情况，设计一套可操作性强的工程保险费率厘定规范，并且制定主要工程保险险种的指导性费率。指导性费率的"指导性"

包括规范性和自由竞争两方面。"规范性"主要表现为保险公司制定的保险费率一般不应超出指导性费率区间，以防止各家保险公司为了拉拢客户不合理地降低保险费率，搞恶性竞争。"自由竞争"是指在指导性费率区间赋予保险公司自主定价的自由度，保险公司可在该费率区间内自主定价。为了保证指导性费率区间制定的合理性和可操作性，有关部门在制定指导性费率区间时，应充分考虑工程类别、各类工程的风险状态特征和索赔规律等影响。

[例8-2] 以浙江海塘工程的保险费率厘定为例，说明我国工程保险实务中的费率厘定办法。

(1) 浙江海塘工程概况

台风暴潮灾害是浙江沿海最主要的自然灾害。有关部门已连续多年进行海塘工程保险的探索和实践，取得了一些经验。通过对历史台风暴潮灾害中海塘报毁情况的研究，结合当前标准海塘的防御能力，分析计算了高标准海塘遭受台风暴潮损毁的概率及损毁率，提出了50年一遇高标准海塘工程的保险费率。

浙江省在本案例费率厘定的前序9年间的工程保险情况见表8-3。

前序9年间的海塘工程保险数据 表8-3

序号	投保长度(km)	投保比例(%)	缴纳保费(万元)	保险理赔(万元)
1	144.50	12.91	64.90	146.60
2	156.20	13.94	74.05	13.00
3	189.80	16.96	98.90	988.90
4	156.12	13.95	94.66	37.54
5	156.49	13.98	120.22	135.25
6	186.88	16.70	189.00	731.00
7	163.07	14.57	255.70	52.04
8	177.95	15.90	211.99	61.20
9	145.90	13.04	196.93	27.94
合计	—	—	1306.35	2193.47

从表8-3中数据可以看出，在前序9年中，浙江海塘工程投保比例基本稳定在百分之十几，总保险理赔额高于保费收入。从投保人利益的角度看，投保工程保险的收益(保险赔款)大于支出(保费)。在浙江海塘工程中，工程保险确实发挥了防损减灾、分担风险的作用，同时积累了丰富的工程保险经验。

(2) 浙江海塘工程保险费率厘定的基本思路

首先，对海塘灾害损失历史数据进行研究，找出适用于海塘保险研究的数据和资料；其次，对海塘工程结构分类，根据海塘结构特点和分布情况，得出各类结构的易损性结果；最后，计算海塘损毁率，并以此为基础计算工程保险费率。

① 海塘损毁情况分析。在遭受"9417"和"9711"号强台风暴潮袭击后，对浙东沿海损毁情况进行了调查。从损毁情况分析，海塘综合损毁率在22.09% ~ 22.70%[计算式为：综合损毁率 =（全毁长度×损毁率 + 严重损毁长度×损毁率 + 一般损毁长度×损毁率）/浙东海塘全长1732km]。海塘损毁的原因有二：一是台风暴潮超过沿海海塘的防御能力，台风袭击时浙东沿海最高潮位已超过当时海塘的塘顶高程（一般为6.5 ~ 7.0m）；二是海塘不够坚固，全部损毁

的为一般海塘,严重损毁的为老标准海塘,新标准海塘仅为一般损毁。

②标准海塘损毁率的估算。通过分析"9417""9711"号强台风袭击时浙东沿海的潮位和浙东沿海历史最高潮位,以及浙东沿海不同设计频率的高潮位和浙东沿海目前海塘塘顶高程可以看出,浙东沿海历史高潮位相当于 20~50 年一遇设计高潮位,并基本出现在"9417"和"9711"号强台风中。经过分析可知,防御能力为 10~20 年的海塘在遭遇"9417""9711"号强台风时,遭受了 20~50 年一遇的高潮位的袭击。此情况下,海塘的损毁率为 22.09%~22.7%,而目前浙东海塘按新标准 50 年一遇设计,实际塘顶高程都超过 100 年一遇设计高潮位 50cm,加上防浪墙,可以认为在遭受 100 年一遇特大台风暴潮时才会损毁,并且损毁的程度也将大大降低,估计全省损毁率不会超过 15%~20%,取平均损毁率为 17.5%。

③海塘保险费率的确定。由以上计算得到,当前 50 年一遇新标准海塘在遭遇 100 年一遇特大台风暴潮时遭到破坏的概率为 1%,全省平均损毁率为 17.5%。那么,50 年一遇新标准海塘净保险费率(r)是全省平均损毁率(S)与海塘遭到破坏的概率(P)的乘积,即 $r = S \times P = 17.5\% \times 1\% = 0.175\%$。考虑保险机构经营海塘工程保险业务的费用,按照有关规定,附加费率取 20%,则综合保险费率应为净费率的 120%,故 50 年一遇新标准海塘工程保险费率:

$$R = r \times 120\% = 0.175\% \times 120\% = 0.21\%$$

从浙江海塘工程保险费率厘定过程可以看出,该工程沿用了一般的工程保险费率厘定方法和费率厘定程序,遵循了工程保险费率厘定的一般规律。但是,其费率厘定仍存在不合理之处。比如,在 50 年一遇新标准海塘工程保险费率的厘定过程中,净费率的厘定比较合理,但是总费率计算是按照净费率乘以 120% 而得到的,在净费率基础上,再附加 20% 的费率是否合理是值得商榷的。按照非寿险精算原理,20% 应属于安全附加率和费用附加率,这两个比率选取得是否合理也将影响工程保险费率的合理性。表 8-3 的数据显示,浙江海塘工程投保的 9 年中,保险理赔额远远超过交纳保费,说明该工程保险费率明显偏低。浙江海塘工程应采取经验费率法修正附加费率。应根据保险标的的历史经营数据和实际的风险赔付规律,估计实际风险损失超过期望赔付成本的程度和概率,计算费用附加率和安全附加率。

⑤保险费。

保险费指投保人按一定的保险条件取得保险人的保障而应交纳的价款。保险费表明了保险产品的价格。一般财产保险险种的保险费与三个因素有关,即投保方转嫁风险大小、转嫁期间长短及投保方要求的保障程度。保险费的计算公式为:

$$工程保险保费 = 保险金额 \times 保险费率$$

工程保险保费与投保方要求的保障程度成正比。保单规定的保险项目越多,保险责任范围越宽且保险金额越大,意味着保险提供的风险保障程度越高,则保费就要相应增加。此外,如果保险标的的风险程度增加,说明潜在的风险转移的可能性增加,则需提高保险费率。总之,保险金额与保险费率是影响工程保险保费的两个重要因素。

⑥保险责任和除外责任。

工程保险的保险责任是指在保险合同中约定的保险人对被保险人应承担赔付责任的事故及其所造成损失的范围。与保险责任紧密联系的另一个概念是除外责任,是指在保险条款中规定的保险人不负赔偿责任的各种事故及其所造成的损失范围。

保险责任(Y)和除外责任(N)存在特定逻辑关系:一种是矛盾关系,即除外责任以外的责任属于保险责任,保险责任之外的责任属于除外责任,两者之间的关系如图 8-2 所示;另一种是对立关系,但两者之间存在逻辑空隙,即保险责任和除外责任都没有明确规定的责任。许多保险纠纷就源于这种可游离的缝隙(P),如图 8-3 所示。

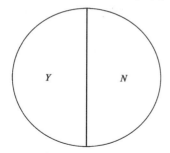 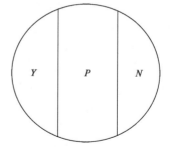

图 8-2　两者之和等于所述概念外延图　　图 8-3　两者之和小于所述概念外延图

关于保险责任和除外责任的逻辑列示,工程保险合同一般有三种形式。

第一种是列举式,即列举承保,其他的一切除外。保险合同直接列示全部保险责任,没有列出的原因导致损失的,保险人不予赔付。一般情况下,保险人为了锁定承保风险,可以采用列举承保的方式。如三峡水电站安装工程一切险,直接列举各种自然灾害和意外事故作为保险责任,未列明的责任,保险公司不负责赔偿。

第二种是除外式,即列出不予保险的责任,除此之外都是保险责任,这是一种间接列示保险责任形式。对于发展比较成熟的险种或者保险人承保比较有信心的业务,可以采用这种列举除外责任的形式。如中国人民保险公司的一份建筑工程一切险的保险责任,就采用这种列举除外责任的表达形式。在保单明细表中,逐项列举了不予承保的具体项目,并且保险责任条款规定,在保险期限内,若本保险单明细表中分项列明的被保险财产在列明的工地范围内,因本保单的除外责任以外的任何自然灾害或意外事故造成的物质损坏或灭失,本公司按本保险单的规定负责赔偿。除了除外责任所列项目的其他项目都属于保险责任,保险人负责出险后的损失赔偿。保单逐一列示除外责任项目,列明除外的一切责任属于保险责任范围。

第三种是混合式,既直接列举保险责任,又列举除外责任,未列明责任通常不属于保险责任。但也有特例,有些合同的保险责任条款既逐项列出除外责任,又逐项列出保险责任,并且在承保责任列项的最后一项写明"除外责任以外的其他不可预料的自然灾害和意外事故"。也就是说,该保单就把保险责任和除外责任之外的未列明的灾害事故作为承保责任。

目前,我国的工程保险发展还处于探索阶段,工程项目的承保情况也很复杂,一般采用混合式列举保险责任的逻辑表达形式比较好,既可以将风险锁定在确定的范围,也可以避免因承保责任和除外责任界定不明而发生纠纷。在了解了工程保险责任的逻辑表达形式后,再来看承保责任和除外责任的具体内容。承保责任分为条款责任和附加条款扩展责任。条款责任是保险合同主条款规定的承保责任;附加条款扩展责任是在保险双方当事人达成的基础上,设置附加条款,扩展保险责任范围。工程保险主条款的保险责任一般是承保因下列各项风险而造成的损失:一是自然风险引发的保险责任,是人类不可抗拒的风险,属于工程保险绝对承保的责任,包括地震、雷电、暴雨、泥石流、洪水、暴风等;二是意外事故引发的保险责任,包括火灾、施工过程意外、爆炸、飞行物坠落等,其中的施工过程意外包括电弧、走电、短路、超负荷、大气放电等;三是第三者责任引发的保险责任,是指因保险责任事故而造成第三方的人身伤亡和财产损失,被保险人依法应承担经济赔偿的责任,比如被保的建筑物发生倒塌,造成施工场地周围的除被保险人以外的第三方人身伤亡和财产损失;四是道德风险引发的保险责任,包括工人故意或恶意违反施工操作规程和破坏行为导致保险标的损失的,以及原材料缺陷或施工工艺不善导致保险标的发生事故造成其他保险标的损失的保险责任。这里只负责赔偿其他保险标的的损失,而原材料缺陷或施工工艺不善致损的保险财产本身不负责赔偿。

除外责任是指不在合同承保责任范围内的原因造成的事故损失,保险人不负责赔付。在工程保险的除外责任中通常包括以下13种情况:

a. 被保险人的故意行为及重大过失引起的损失或责任。
b. 战争、敌对行为、武装冲突引致损失。
c. 核辐射或放射污染引致损失。
d. 机器、设备及材料的自然磨损、氧化。
e. 事故所引起的间接损失。
f. 文件、图表、账册、现金的损失。
g. 货物盘点时的短亏损失。
h. 错误设计引起的损失、费用及责任。
i. 换置、修理或矫正标的本身原材料缺陷或工艺不善所支付的费用。
j. 非外力引起的机械或电器设备装置损坏,或建筑用机器、设备、装置失灵。
k. 全部停工或部分停工引起的损失,节假日停工及季节性停工不在此列。
l. 保单中规定的应由被保险人自行负担的免赔额。
m. 建筑工程第三者责任险条款规定的责任范围和除外责任。

以上除外责任的前7条是与一般财产保险相同的除外责任,后6条是工程保险特有的除外责任。

在当前的保险理论和实务中,经常出现与除外责任(Exclusion)类似的名词——责任免除(Exemption),两者常常混合使用。实际上,两者的含义是不同的,通常责任免除涵盖的范畴要比除外责任广泛。

责任免除是指本应由保险人承担保险责任,但由于某种原因予以免除。在工程保险中,责任免除通常有三种形式:一是保险条款的除外责任,以除外责任条款直接列明不予负责赔偿的项目;二是保险条款特别约定责任免除,在除外责任条款之外的其他条款规定责任免除,比如涉及索赔欺诈、未谨慎防灾减损或未履行及时通知义务的,保险公司赔偿责任免除;三是法律上的责任免除,保险合同虽未作规定但有关法律规定的责任免除。责任免除的主要内容包括事件免除、损失免除和标的免除。事件免除是指政治性风险、投保人或被保险人的道德风险、核风险、设计风险等造成损失的,免除保险人的责任,不予赔偿。损失免除是指超出保险金额的损失、合同约定被保险人自行承担一定金额或比例的损失。标的免除是指合同约定的不在保险责任范围内的标的。

⑦赔偿方式。

赔偿方式是指勘估损失后,计算损失赔偿的方式。各险种的赔偿方式是不同的。例如,财产保险赔偿主要有三种方式。

第一种是第一危险赔偿方式。这种方式把保险标的价值分为两部分,一部分与保险金额相等,视为第一危险,超过保险金额部分为第二危险。第一危险由保险人负责赔偿,第二危险由被保险人自行负责。目前,中国人民保险公司的家庭财产保险采取这种方式。

第二种是比例分摊赔偿方式。该方式是按照保险金额与出险时的实际价值的比例乘以实际损失来计算赔偿金额。目前企业财产保险、机动车辆保险采用这种保险方式。

第三种是限额赔偿方式。这种方式是指双方当事人事先约定一个赔偿限额,当财产损失达到实际限额时保险人就给予赔偿。

⑧被保险人义务。

规定被保险人的义务实际是在保护保险人的利益。被保险人除了履行交纳保险费义务外,一般保险合同还对其做进一步规定。例如,在中国人民保险公司建筑工程一切险合同中,被保险人的义务包括如下内容:

a. 在投保时,被保险人及其代表应对投保申请书中列明的事项以及本公司提出的其他事项做出真实、详尽的说明或描述。

b. 被保险人或其代表应根据本保险单明细表和批单中的规定按期交付保险费。

c. 在本保险期限内,被保险人应采取一切合理的预防措施,包括认真考虑并付诸实施本公司代表提出的合理的防损建议,谨慎选用施工人员,遵守一切与施工有关的法规和安全操作规程,由此产生的一切费用,均由被保险人承担。

d. 在发生引起或可能引起本保险单项下索赔的事故时,被保险人或其代表应立即通知本公司,并在 7 天内或经本公司书面同意延长的期限内以书面报告提供事故发生的经过、原因和损失程度;采取一切必要措施防止损失进一步扩大并将损失减少到最低程度;在本公司的代表或检验师进行勘查之前,保留事故现场及有关实物证据;在保险财产遭受盗窃或恶意破坏时,立即向公安部门报案;在预知可能引起诉讼时,立即以书面形式通知本公司并在接到法院传票或其他法律文件后,立即送交本公司;根据本公司的要求提供作为索赔依据的所有证明文件、资料和单据。

e. 若在某一被保险财产中发现的缺陷表明或预示类似缺陷亦存在于其他保险财产中时,被保险人应立即自付费用进行调查并纠正该缺陷,否则,由类似缺陷造成的一切损失应由被保险人自行承担。

(2)责任险险别的保险合同内容

这里以责任险险别中的雇主责任险合同为例,说明责任险险别的保险合同的主要内容。一般劳动合同规定雇员在雇佣期间因工作原因导致伤残、医疗或死亡的,业主应承担经济赔偿责任。业主为了降低未来承担雇员意外伤害赔偿的风险,可以把对雇员因工作发生意外伤害而承担的经济赔偿责任作为保险利益,投保雇主责任险。该险种是业主为其雇员投保的,保险受益人为雇员或其家属等。很多国家都推行强制性的雇主责任险,业主必须为雇员投保,但在我国还是实行自愿投保。下面介绍该险种的主要合同内容。

①保险责任。

雇员在受雇期间从事与被保险人(业主)有关的工作时,因工作原因遭受意外而导致伤残、死亡或职业病,依据法规或雇佣合同,应由被保险人负担的死亡补偿、医疗费、工伤休假工资、康复费用、诉讼费用,由保险人负责赔偿。

②除外责任。

保险人对于如下原因造成的雇员伤亡不负责赔偿:

a. 战争或类似战争行为、罢工、暴动、叛乱、核辐射导致雇员伤亡或疾病。

b. 雇员因疾病、传染病、分娩、流产以及因这些疾病而实施手术导致的伤亡。

c. 雇员自我伤害、自杀、犯罪、酗酒等导致的伤亡。

d. 保险人的故意行为或重大过失导致其雇员的伤亡。

e. 其他不属于保险责任范围内的事故所致的伤亡。

雇主责任险的保险责任选用的逻辑表达方式是非常审慎的,以列举承保和列举除外相结合的方式规定保险责任,承保责任和除外责任都没有包含的,不属于保险责任。

③ 保险费。

雇主责任险采取预收保费制度。根据被保险人估计的在本保单的有效期内付给其雇佣人员薪金、加班费、奖金及其他津贴总和,计算预付保险费。在保单到期后,被保险人提供保单有效期内实际付给其雇佣人员薪金、加班费、奖金及其他津贴的确认数,据此调整原先预付的保费。保费按照不同工作性质的雇员适用的费率乘以保险期间实际付给雇员工资、加班费等总额之乘积计算。雇主责任险保险费公式为:

$$预收保险费 = \sum_{K=1}^{N} K \text{ 工种费率} \times \text{估计支付薪金、加班费等总额}$$

$$实际支付保险费 = \sum_{K=1}^{N} K \text{ 工种费率} \times \text{实际支付薪金、加班费等总额}$$

雇主责任险的费率厘定有两个依据:一个是按照不同行业和不同工种的雇员分别制定。对于工作性质相差不大的行业基本适用同一费率,而对于工作性质复杂且工种较多的行业,按照各个工种的雇员分别制定适用的费率;另外一个依据是赔偿限额,即保险人代替业主承担对雇员伤残、死亡事件补偿的最高金额。在同一工种条件下,费率与赔偿限额成正比关系,赔偿限额越高,费率越高。

对于有附加责任保险的情况,保险费有两种处理方式:一种是考虑该附加险责任程度,在雇主责任险基本费率基础上再增加一定的比例费率,并统一计算保险费;另一种是按照该附加责任的风险程度确定单独的费率,另行计算,收取保险费。

④ 赔偿限额。

赔偿限额是雇主责任险保险人承担赔偿责任的最高限额。赔偿限额按照本保单有效期内付给雇佣人员的薪金、加班费、奖金及其他津贴总和计算。在保险期间,无论发生一起还是多起事故,保险人累计赔偿金额都不超过保险单规定的赔偿限额。

⑤ 保险期限。

雇主责任险的保险期间通常是一年,期满可以续保。但为了满足某些特殊雇佣合同期限需要,雇主也可以按照雇佣合同期限投保不足一年或一年以上的雇主责任险。

⑥ 被保险人义务。

在保险期限内,被保险人应加强安全管理,采取合理措施预防事故发生。如果被保险人不采取必需的防范措施甚至故意造成雇员出险,保险人可视情况减少赔付或拒赔。除被保险人的过失非常严重,一般情况下,保险人不能以业主过失拒绝赔付雇员。

⑦ 扩展责任。

a. 附加雇员第三者责任保险。该附加条款是承保被保险人的雇员在工作中造成他人人身伤亡和财产损失,并依法应由被保险人承担经济赔偿责任。一旦出险,雇主要承担医疗费、死亡补偿、误工工资等责任,影响业主的经济利益。保险人可以将其作为雇主责任险的扩展责任扩大承保,并另行计算收取保险费。该扩展责任的赔偿限额一般不超过保单规定的赔偿限额。

b. 附加医药费保险。有的雇主责任险为了扩大对被雇佣员工的保障范围,在合同中附加医药费保险条款。把主条款的除外责任条款规定的因患传染病、分娩、流产疾病所需医疗费用列入附加医药费保险条款的保险范围,在本附加条款予以承保,并规定医疗费的最高赔付金额每人累计不超过本保单附加医药费的保险金额。

c. 附加疾病引起人身伤亡保险。由疾病所致雇员伤亡的,一般不在雇主责任险的承保之列。但是有些业主为了扩大保障范围,要求保险人对这部分责任加保。该附加条款负责承保被保险人因其雇员在保险期间因某些疾病(合同指定承保的疾病种类)而导致人身伤亡所承担的经济赔偿责任。保险人应调查被保险人雇员的健康状况、评估风险,计算增收的保险费。

(3) 人身保险险别的保险合同内容

这里以意外伤害险保险合同为对象,说明工程保险中的人身保险险别的合同文本内容。

① 保险责任。

保险责任是意外伤害险合同中的实质性内容。关于意外伤害保险责任的表达方式主要有两种:一是列举式,即列举属于保险责任的各种意外伤害,列举方式的优点是保险责任非常明确,不容易发生争议,但是有时很难将保险责任列举完全,影响保险效率;二是定义式,即给出意外伤害的定义,这种表达方式的好处是可以全面地概括保险责任内的意外伤害,缺点是不像列举式那样明确,有时可能因为保险双方对意外伤害定义的理解不同而出现争议。该险种的保险责任项目主要包括死亡给付、残疾给付、医疗费给付、停工给付等。在具体保险合同中,可以根据双方商定选择其中一项或若干项承保。此外,保险责任项目还应明确意外伤害的责任期限,比如被保险人在遭受保险责任范围内的意外事故后,多长时间内伤残或死亡保险人才应负责赔偿。

② 除外责任。

对于意外伤害保险,有时保险责任包含的承保事项很多,很难全部列举。为了保证保险责任列举全面,又尽量避免出现歧义,一般是按事件的相关程度把保险责任划分为事件集。以事件集的形式列举保险责任,再把不属于保险责任但容易混淆的事件作为除外责任一一列出。一般因下列原因导致人身意外伤害的,保险人不负责赔偿。

a. 战争或类似战争行为、罢工、暴动、叛乱、核辐射导致雇员伤亡或疾病。

b. 因自我伤害、自杀、犯罪、酗酒等导致的伤亡。

c. 因被保险人的重大过失导致的伤亡。

③ 保险期限。

保险期限即保险人承担保险责任的起止期限。在确定某一事故损失是否属于保险期限内的保险责任时,存在事故论和损失论两种认定方法。

依据事故论,只要被保险人遭受的意外伤害在保险期限内,即使意外伤害造成的死亡、残废、支付医疗费等后果不在保险期限内,保险人也同样承担赔偿责任。但被保险人在保险期限开始前遭受意外伤害事故的,在保险期限内出现死亡等后果的,保险人不承担保险责任。

损失论则认为,无论事故发生时间是否在保险期限内,只要事故造成的损失发生在保险期限内,且该事故属于保险责任范围,则应按照保险合同认定事故损失赔偿责任。

④ 保险金额。

保险金额即保险人承担赔偿责任的最高限额。人身意外伤害险的赔偿原则是一次意外造成多次伤害或多次遭受意外伤害的全部赔偿金额不超过保险金额为限。保险金额的规定方式有两种:一种是按照保险项目单项规定赔偿限额;另一种是按照多项保险项目的总和规定赔偿限额。具体采取哪种形式视合同约定而定。

⑤保险费。

该条款应规定保险费的金额和交纳方式。保险费可以按月、季或年交纳,一般人身意外伤害的保险期限不超过一年,因此保费应在年内交清。

8.3.4 工程保险合同管理

如果把工程保险看作是一种产品的话,那么工程保险合同应该看作产品的核心。从保险公司角度看,工程保险合同形式和内容的创新对于开发工程保险市场是至关重要的。但是抓好工程保险合同的订立、履行、变更和续保等环节,提高保险服务的专业水准和职业道德意识是保险人做强做大工程保险市场的基础。

工程保险合同管理主要包括工程保险合同的订立、履行、变更和续保等关键环节。根据合同管理主体的不同,工程保险合同管理分为两个层面:一是监管当局对工程保险合同的监督管理;二是保险公司在相关政策法规允许的条件下,实施全方位的合同管理。

8.3.4.1 宏观的工程保险合同管理

宏观的工程保险合同管理是监管当局对工程保险合同的监督管理。从保险监管的现实要求来看,保险监管当局对保险合同的监管重点应放在合同文本内容上。就目前我国工程保险发展情况看,工程建设管理部门和保险监管当局应尽快出台工程保险合同指导性范本。指导性范本的制订既应与国际惯例接轨,又要考虑我国工程保险市场的实际情况;既要保证合同的统一性,又要给保险公司留有一定自由度。工程保险合同的统一性有利于各家保险公司的保险合同符合法规要求,防止各保险公司间随意降低费率,降低承保风险。当前,我国工程保险体系仍在逐步完善,国内外国际保险公司竞争激烈,推行统一的工程保险合同不仅有利于规范市场,还有助于凝聚国内工程保险行业的集体力量,从而更好地构建与外资保险机构竞争的态势。工程保险合同指导性范本需要给保险公司留有一定的自由度。各保险公司在统一的合同范本框架下,保险双方可以就关键的具体条款进行协商,这样有利于激发保险市场的竞争活力。

8.3.4.2 保险人的工程保险合同管理

保险公司应在相关政策法规允许的条件下,实施全方位的合同管理,最大限度地为投保人提供个性化的工程保险服务,这是工程保险业发展的必然要求。工程项目种类很多,用途多种多样,施工过程复杂程度也各不相同,并且投保人对风险分散的要求也不尽相同。从这两方面考虑,保险公司应根据工程项目的特点和客户的个性化要求设计工程保险合同组合。这对保险人和投保人来说,是一种双赢策略。工程保险市场存在信息不对称性,通过保险人与被保险人之间的博弈以及保险人与保险人之间的业内竞争,最终保险市场可以达到动态的均衡。对保险人来说,经审慎设计的保险合同能够保证保险合同收益与其承担的损失赔偿风险相当,获得合理的经营收益是至关重要的。具体来说,保险人应根据具体的保险标的的风险程度,确定关键条款的具体内容,比如保险费率、保险金额、除外责任范围、保险项目等,从而使保费收入与保险责任相当。

实施全方位合同管理就要摆脱原来的缺少弹性的片面的管理模式。全方位合同管理模式以保险合同订立为界,分为保险合同签订前管理和保险合同签订后管理两个过程。前者暂且称之为前期保险合同管理,后者称之为后期保险合同管理。所谓全方位合同管理就是既要重视合同签订前的管理,又要重视保险合同售后服务,以现代的关系营销思想进行保险合同管理。在全方位合同管理过程中,保险从业人员应树立与投保人建立长期客户关系的思想。前期的保险合同管理主要是运用保险营销理念和方法设计保险合同条款。保险业务员在接受投保人的投保申请进行核保阶段,在评估保险的综合风险状况的同时,尽量与投保人沟通,了解投保人具体的投保要求。根据标的风险状况和投保人的具体要求,设计关键性的保险条款:一是保险标的,根据具体情况确定承保的工程项目范围、施工机械设备、工具、建材等;二是保险责任,根据标的风险状况和投保人的具体要求确定承保责任范围以及除外责任范围;三是保险金额的确定,选择保险项目的保险金额的计算基础,确定保险金额;四是保险费率的确定,这是双方非常关注的条款要素,由保险公司根据费率厘定的原理厘定之后,再由双方商定;五是出险后损失的核定方法和赔偿方式,具体是按照重置价值法、市场法还是收益现值法,保险赔偿是以现金支付、修复还是重置,需双方商定后在合同中明示。总之,工程保险合同签订的前期工作是非常关键的。全方位保险合同管理的后期主要涉及合同的履行,主要包括防损与索赔、理赔。

8.3.5 工程保险投保方式和策略

随着工程项目规模的日益增大和施工过程的日益复杂,为工程项目投保工程保险显得越来越必要。工程保险具有很强的风险保障功能,具体表现在两个方面:一方面,在保险期间,保险人从减少灾害事故损失赔偿的角度出发,将可能向投保人提供安全保障和防止灾害发生等方面的专业指导,可以减少甚至避免风险事故的发生,工程保险的防损减灾功能对保险双方都有利;另一方面,一旦发生工程项目风险事故,投保人可以按保险合同的规定索赔,这样保险赔款可以补偿被保险人的部分或全部损失。既然工程保险对投保人来说是必要的,那么如何投保呢?

8.3.5.1 工程投保方式

当同一工程存在多个被保险人时,应选取投保人代表,办理保险业务,与保险人商谈保险合同条款和索赔、理赔等事宜。在工程保险实务中,一般以主要工程项目风险的主要承担者为投保人。一般情况下,工程投保方式与工程承包方式高度相关。下面是四种工程承保方式下的投保方式。

(1) 全部承包方式下的工程投保方式

全部承包方式是业主将工程全部发包给某一承包人,承包人负责全部或关键的工程环节,完工后交给业主。在这种承包方式下,工程项目风险主要由总承包人承担,因而应由总承包人投保工程保险。保险费计入工程造价,最终由业主承担。

(2) 部分承包方式下的工程投保方式

部分承包方式即业主负责设计和提供部分建筑材料,承包人负责施工和提供部分材料,业主和承包人共担风险。在这种承包方式下,有两种投保方式可以选择:一种是双方协商后,推举一方负责投保;另一种是可以就各自承担的风险部分分别投保。

(3) 分段承包方式下的工程投保方式

分段承包是指业主将一项工程分成几个阶段或部分,分别承包给不同的承包人,各承包人之间相互独立。在这种承包方式下,一般由业主统一投保。若承包人有特殊的要求,则另行投保,比如将自己的施工机械投保机械设备损害险。

(4) 承包人只提供劳务方式下的工程投保方式

在这种承包方式下,工程的设计、供料、技术指导等皆由业主完成,承包人仅提供劳务。承包人承担的风险很小,主要风险由业主承担,因此应该由业主投保工程保险。在工程保险实务中,多数工程项目都采用业主和承包人共担风险的运作模式,因此承包人和业主共同投保的方式适合工程项目风险共担的运作模式。三峡工程就采取这种投保方式。

8.3.5.2 工程保险投保策略

(1) 工程一切险投保策略

工程一切险投保对象主要是合同规定的永久工程、拟用于永久工程的设备等。工程一切险的投保方式有两种:一种是业主根据合同的规定直接代替承包人选择保险公司对工程进行投保;另一种是承包人按照合同的规定自己选择保险公司投保,但需经业主认可,与业主联名投保。投保范围及数量以施工合同工程量清单中的工程项目单价和数量为准。费率由投保人与保险公司商定。保险期限为开工到缺陷责任期结束。

(2) 第三者责任险投保策略

第三者责任险主要是针对承包人在施工活动中对业主及承包人以外的第三方人身及财产造成损失承担经济赔偿责任的保险。一般情况下,第三者责任险包含在工程一切险之中。按照国际咨询工程师联合会(FIDIC)条款规定,业主行为造成的第三方损失属于业主责任范围。第三者责任险的投保策略和保费算法与工程一切险类似。该险种适用于居民密集区域施工项目,这些区域作业容易造成第三方损失。如挖断电缆、震动压路机损坏或压塌民房、空中坠落物伤及路人等,都属于第三方责任的保险范围。例如,一项路桥工程在施工前投保了建筑工程一切险,保险责任范围涵盖第三者责任。在钻孔打桩施工中,把周围民房的墙震出了裂缝,结果保险公司直接赔偿了该房主的损失。

(3) 承包人施工设备险投保策略

承包人投保施工设备险是可选择的。当承包人估计其所有或租借的施工设备面临着一定的风险,有必要投保时,可以就专项的施工机械投保施工设备损坏险。如新疆地区路网工程业主没有强制要求承包人投保施工设备损坏险,但是考虑到设备金额很大,施工过程中损坏或盗失的可能性较大,并且工程造价很高,保险费对工程成本的影响不大,就投保了施工设备损坏险。一般情况下,承包人在选择是否投保某一险种时,应考虑工程规模、施工工期、出险可能性等因素。对于规模小、工期短、灾害风险小的项目,为减小成本,增强标价竞争力,施工设备可以不投保。相反的,承包人应将主要设备投保。

8.3.6 工程保险合同案例

为了更深入理解上述工程保险合同的相关知识,了解工程保险合同实务的相关内容,下面以二滩水电站主体工程的保险合同管理为例进行说明。

二滩工程实行全面的保险保障体系。主体工程、设备采购运输以及直接投入二滩建设的人、财、物,几乎全部被不同险种所覆盖。二滩水电站主体工程Ⅰ、Ⅱ标实行国际招标,分别由以意大利英波吉洛(Impregilo)公司和德国霍尔兹曼(Philipp Holzmann)公司为责任方的联合体承担施工。Ⅲ标为国内采购,沿用国内合同模式,由 GYBD 联营体(以中国葛洲坝集团公司为责任方,联合中水一局、中水八局、东方集团组成的二滩机电安装联营体)施工。该项目采用与

FIDIC 条款接轨的风险控制机制和保险保障体系,成为二滩工程项目风险管理成功的保障。

8.3.6.1　二滩土建工程Ⅰ、Ⅱ标建筑工程一切险的保险合同内容

(1)保险合同的主要内容

按照合同规定,土建Ⅰ、Ⅱ标承包人分别以自身和业主联合的名义,对本标工程投保建筑工程一切险,附加第三者责任保险。Ⅰ、Ⅱ标分别由意大利的 Generali 和德国的 AL-lianz 两家保险公司与中国人民保险公司联合承保。合同规定,业主对电站坝区 13500m^3/s 以上的洪水风险投保。承包人受业主委托,在其一切险保单中覆盖全部洪水风险,13500m^3/s 以上的洪水保费或费率单列,由业主承担。Ⅰ标保单规定,交纳 0.2095% 的额外保费,保单对 13500m^3/s 以上的洪水风险导致的工程损失负责。Ⅱ标保单在费率条款中明确规定,在 0.695% 的总费率中,13500m^3/s 以上的洪水风险费率为 0.058%。二滩工程国际合同的保险条款见表 8-4。

二滩工程国际合同的保险条款　　　　　　　表 8-4

保险项目	条款号	条款内容摘要
合同工程、业主提供的永久设备与承包人的施工设备及临时建筑设施	一般条款 21.1 款	对工程及进入工程的材料、设备等按完全重置成本的 115% 投保
	一般条款 21.2 款	保险保障责任及时空范围
	一般条款 21.3 款	未保险及保险人未赔偿时的责任划分
	一般条款 21.4 款	保险公司赔偿的除外责任
	一般条款 22.1/22.2 款	出现风险损失时业主与承包人的责任划分
	特殊应用条款 20.4 款（合同协议备忘录）	业主对自然洪水标准超过 13500m^3/s 的风险投保
	特殊应用条款 21.1 款	选择合格来源的保险人/按规定币种及比例赔偿
	特殊应用条款 21.2 款	在开工日向业主出示保险生效的证据
	特别条件 3.11.3E 款	承包人对规定金额的业主设备保险
第三者责任	一般条款 23.1 款	以业主和承包人联合的名义对第三者投保
	一般条款 23.2 款	第三者责任保险的最低金额
	一般条款 23.3 款	第三者责任保险单应有交叉责任界定
	特殊应用条款 23.1 款	选择合格来源的保险公司并经业主认可
工人意外事故	一般条款 24.1 款	承包人对其雇员意外事故或伤亡责任/业主免责
	一般条款 24.2 款	承包人对其雇员投保意外险并使业主免责
	特殊应用条款 24.2 款	选择合格来源的保险公司并经业主认可
一般规定	一般条款 25.1 款	充分保险,保单适时生效
	一般条款 25.2 款	保持保单的动态充分性和有效性,向业主出示证据
	一般条款 25.3 款	承包人未办保险弥补办法
	一般条款 25.4 款	双方遵守保险条款
	标书格式 5.1.2 附件 A	第三方保险的最低金额
	投标书格式 5.3.10 款	合同价格中列入的保险费金额及比例

从表 8-4 的合同条款来看,二滩工程一切险的保险项目主要包含三部分内容:第一部分包括在建工程、业主的永久设备和承包人的施工设备、临时建筑等;第二部分主要是在工程施工

或规定年限内,发生事故造成第三者伤亡或财产损失而应承担赔偿责任,第三者责任险由业主和承包人联合投保;第三部分是工人意外事故,该合同的一般条款24.1款和24.2款规定,工人意外事故主要是承包人对其雇员意外事故或伤亡负责,由承包人负责为其雇员投保意外险,业主的责任可以免除。该合同的一般条款21.1款规定了保险金额的计算方法:工程和设备的保险金额按其完全重置成本的115%计算。二滩工程的建工险采取三家保险公司联合承保形式。合同的特殊应用条款21.1款规定了合格保险人的选择及保险人承担保险赔偿责任的比例等内容。

(2)保险标的与保险金额

Ⅰ、Ⅱ标一切险保单的保险标的物包括:合同范围内的永久工程,业主提供的永久设备及材料,承包人进入现场的施工设备和临时设施,工地范围内的第三者(包括业主和工程师等在内的进入现场的工作人员及其财产)。合同工程和业主设备及材料按重置价115%的金额投保,施工设备和临时设施以完全重置价投保,第三者人身伤亡及财产损失按合同规定的赔偿限额投保。Ⅰ、Ⅱ、Ⅲ标合同额与主要项目的保险金额见表8-5。

Ⅰ、Ⅱ、Ⅲ标合同额与主要项目的保险金额　　　　　表8-5

项目	合同额	投保金额		
		工程及业主材料	施工机具及设施	第三者责任
第一标	1207370000(RMB)	274820000(RMB)	—	总额10000000(US)
	297940000(US)	473020000(US)	80000000(US)	
第二标	813610000(RMB)	472480000(RMB)	63120000(RMB)	每次事故限额3680000(RMB)
	412590000(DM)	721460000(DM)	96380000(DM)	
第三标	55660000(RMB)	2235290000(RMB)	17330000(RMB)	每次事故限额300000(RMB)

注:RMB指人民币,US指美元,DM指德国马克。

(3)风险评估与保险费率

Ⅰ标工程包括拱坝、水垫塘、电站进水口、泄洪洞进口及过木机道进口基础开挖与混凝土浇筑、相关金属结构安装。Ⅰ标工程是露天作业,并且在河床上施工,受洪水、暴雨、滑坡等自然灾害的威胁较大。Ⅱ标是以三大洞室为主的洞室群开挖、支护及相关金属结构安装,在高地应力山体内作业,具有岩爆和地下施工特有的风险,受自然灾害的威胁较Ⅰ标小。Ⅰ、Ⅱ标共同的特点是施工强度高,场地狭窄,交叉干扰大,施工区域设备及人员密集度高。它们在保费上的反映是:Ⅰ标主费率较Ⅱ标高,地下施工机具较地面机具费率高,移动施工机具较固定机具费率高。二滩工程有一流的工程设计和施工队伍,掌握着丰富的水文气象及地质勘探资料,这些都是Ⅰ、Ⅱ标工程一切险风险评估及确定保险费率的参考因素。Ⅰ、Ⅱ、Ⅲ标工程一切险保单主要项目的保险费率比较见表8-6。

Ⅰ、Ⅱ、Ⅲ标工程一切险保单主要项目的保险费率比较(单位:%)　　表8-6

保险项目	费率		
	Ⅰ标	Ⅱ标	Ⅲ标
合同工程及业主提供的永久设备或材料	0.858	0.695	0.450
移动施工机具	1.133	—	—
固定施工机具	0.400	—	—
地下施工机具	—	0.970	1.000

续上表

保险项目	费率		
	Ⅰ标	Ⅱ标	Ⅲ标
地面施工机具	—	0.750	—
承包人生活办公营地	0.200	0.420	0.300
业主的机电设备转运	—	—	0.050
第三者责任	含在以上主费率中		

从表8-6反映的保险项目与三标的费率可以看出,被保标的的风险程度直接影响着费率的高低。风险越高,保费费率越高。比如表8-6中的Ⅰ标所列移动施工机具的费率远高于固定施工机具,因为移动施工机具的风险要高于固定施工机具。

(4)保单主条款

①除外责任条款。因风险源于事物的偶然性和一定程度的不可知性,风险事故的发生往往超出人们的想象,因而保单无法穷举风险因素。为此保单逐一列举保险不予负责的除外责任,列明除外的一切责任属保险保障责任范围。Ⅰ、Ⅱ标保单主要的除外责任有战争、动乱、核辐射、盗窃、故意行为等。除外责任范围影响着保险费率的高低。

②保费调整条款。保费结算时,合同金额增减或合同期限变动,保费按约定费率标准相应增减。

③安全奖励。为鼓励投保人加强安全管理,整个保险期间总的事故赔偿率低于一定标准。

④事故索赔程序与定损赔偿条款。

⑤单时效与保费交纳。

从以上保单主条款可以看出,工程一切险以穷举除外责任形式规定保险责任范围。除外责任范围影响保险费率。除外责任范围越大,承保的责任范围越小,保险费率越低,除外责任范围与保险费率成反比。如果保费结算时,合同金额或合同期限发生更改,保费可以按照约定费率重新计算。另外,保单列明无保险赔款优待问题,保险人从鼓励投保人努力降低人为可控风险角度设计了此条款。

8.3.6.2 Ⅲ标安装工程一切险

尽管Ⅲ标合同价相对较小,但业主提供安装的永久机电设备单件价值巨大,设备精密度高,施工程序和作业环境也很复杂,安装工程施工过程中出现灾害性损失的可能性是存在的。Ⅲ标保险以前,为卸装火车站到货的大型机组设备,业主要求Ⅱ标承包人紧急协助,但是承包人拒绝装卸没有保险的设备。业主书面确认所有风险与承包人无关后,问题才得到解决。为了使二滩工程管理与国际惯例接轨,形成完善的保险保障体系,Ⅲ标借鉴土建Ⅰ、Ⅱ标的风险控制机制,投保了安装工程一切险。

二滩工程Ⅲ标合同在风险管理上存在缺陷。Ⅲ标合同由国内招标形成,合同关于风险控制和保险责任的规定只有两条:第一,"本工程施工过程中,由于出现无法预料的不可抗拒的灾害,如……则由业主报请上级主管部门承担补偿费用";第二,"除国家法定保险外,其他采取自愿保险的原则"。事实上,业主责任制条件下已经不存在上级主管部门承担灾害损失的渠道。风险损失要么由业主负责,要么由承包人承担。对于双方都无力承担的风险,只有通过保险进行转移,并在合同中明确保险责任和操作方法。一旦发生风险事故,损失能够得到补偿。

二滩工程由业主投保安装工程一切险。业主在承包人进场后,以自身和承包人联合的名义在中国人民保险公司攀枝花市分公司对Ⅲ标投保安装工程一切险,并附加第三者责任险。保险标的包括业主提供的设备、合同内的土建工程、施工设备设施等。投保以后,业主与Ⅲ标承包人就保费承担责任、风险事故发生后的索赔、保单除外责任与免赔额分担、安全管理责任、分享安全奖励等事项协商达成协议,作为对Ⅲ标合同的补充。

由于业主提供的设备需在桐子林方家沟各仓库之间及仓库至工地各拼装场和安装之间长距离转运,Ⅲ标另取转运设备价值 0.05% 的运势保费。地震与盗窃损失风险作为除外责任。各项目事故免赔额与第三者责任的赔偿限额均较Ⅰ、Ⅱ标保单低。此外,本标保单的保障范围及其他主要条款与Ⅰ、Ⅱ标保单基本相同。

8.3.6.3 雇主责任险

根据Ⅰ、Ⅱ标合同及业主与Ⅲ标承包人达成的协议,承包人应对其员工投保意外险,相关费用包含在合同价款之中。Ⅰ、Ⅱ、Ⅲ标承包人均在当地保险公司分别对其雇员投保雇主责任保险。各承包人投保金额,即事故赔偿标准,与其雇员的平均工资有关,并反映国家关于工伤事故补偿的有关规定。员工在雇佣期间出现意外及工伤事故时,由保险公司根据保单规定进行补偿。自工程开工到 1998 年年底,保险公司共计赔偿各承包人雇主责任事故人民币 1089 万元,不包含外籍雇员工伤事故补偿。

8.3.6.4 Ⅰ、Ⅱ标合同保险条款的缺陷与问题

首先,合同要求承包人保持工程保险适时而且充分,但没有明确规定谁应承担"额外"保费。合同一般条款 25.2 款规定,承包人应将工程施工性质、范围、计划的变更情况通知保险公司,使各个工程施工阶段有充分的保险保障。Ⅰ、Ⅱ标工程险保单有相应的保额保费调整条款。工程内容与主要施工方案的变动、合同工期改变与合同额增减,会导致保险费用相应增减。谁承担保费增加的责任或得到保费减少的利益,合同中没有明确规定。按照有利于业主的理解,既然 FIDIC 没有指明保费增减的处理办法,承包人应无条件地保持保险的动态充分性;承包人站在自己的立场上则可推论,既然增加的保费是由于非承包人的原因所致,业主应对此给予补偿。Ⅰ、Ⅱ标合同履行过程中,价格调整和工程变更引起合同额增加,这对投资数亿元、建设期近 10 年的工程来说是不可避免的。由于合同没有明确规定,Ⅰ标承包人向业主索赔相应增加的工程保险费用,Ⅱ标承包人要求业主补偿其相应增加的出口信贷保险费。但 FIDIC 条件只要求保险的充分性,即增加的合同额要反映在保额调整中,合同没有明确规定保费增减的基准及增减金额的计算方法,即未明确规定是否以合同文件列明的保费金额(保费含量)为基础进行补偿或扣减。特殊应用条款和特别条件也没有对保费增减的合同责任和处理办法予以特别规定和补充,使合同双方因此产生争议。

其次,关于合同单价中的保费金额与承包人的保费索赔也存在问题。二滩国际招标文件要求,承包人应在标书中列明总报价中包含的保险费金额和比例。合同文件表明,Ⅰ、Ⅱ标承包人列入合同总价的保费比例分别为 2.1% 与 2.8%。此即意味着所有的价格清单(Bill Of Quotation,BOQ)项目或合同单价均包含上述比例的保险费。对承包人以合同为基础的所有付

款都按比例包含了保险费,以合同单价为基础的变更和价格调整产生的合同额增加,也按比例包含保险费。因此,对变更和价格调整产生的合同增加额投保是承包人的合同责任,费用已经得到补偿,承包人无权向业主索取额外的费用。有资料表明,承包人实际发生的保险费没有达到他在投标书中列明的保费金额,更没有达到他从业主合同付款中按比例得到的保费。承包人在此项目上已获得额外利益,而不是额外开支。合同没有保费调差的条款,对承包人的获益或超支,业主无权分享,承包人也无权索赔。

再次,关于 $13500m^3/s$ 以上洪水风险的投保责任也有问题。不论业主还是承包人对洪水风险投保,保费即风险转移成本总是由业主承担。既然合同要求承包人必须对合同工程投保一切险,保险费计入合同报价,没有必要将洪水风险的投保责任分成两段,$13500m^3/s$ 以上洪水由业主投保。仅就 $13500m^3/s$ 以上洪水的特殊项目投保,若业主另外选择其他保险公司,势必导致风险事故发生后的责任认定及赔偿困难。若在承包人选定的保险公司投保或委托承包人代办投保,保险责任认定和索赔都相对简单,对业主比较有利。从实际发生的保费情况看,若保险合同将洪水风险全部划归承包人投保,对承包人的竞争性报价并无实质影响,因为这部分保险费在全部工程造价中所占的比重很小。业主既已在战略上确定主围堰采用 30 年一遇洪水标准,工程质量是否能够达到 30 年一遇洪水标准就成为该工程的风险目标,业主或承包人既然投保了工程一切险,保险公司就应承保影响该风险目标实现的相关风险,据此确定保险责任、保险金额及保险费率。由于建筑工程一切险等保险费计入工程造价,最终由业主承担,因而选择由谁投保不受经济利益的影响,主要应考虑投保人投保后便于风险事故索赔,并与保险合同的保险费率、保险责任等要素统一考虑。

总之,二滩工程规定业主对 $13500m^3/s$ 以上的洪水风险另行选择保险人投保的合理性值得商榷。

8.4 工程保险防损与索赔、理赔

从宏观保险经济学角度看,除了采取风险防范措施降低风险损失外,保险本身并不能降低风险发生的概率和风险损失,只是将风险责任转移给保险人。从保险双方的整体利益来看,保险人应积极采取防灾减损措施,降低保险人和被保险人的风险损失。尽管防损措施可以减少损失,但并不能完全避免。如果保险标的在保险期限内发生了保险责任内的事故,被保险人等保险金请求权人可以依据保险合同索赔,保险人应按保险合同及相关规定理赔。

8.4.1 工程保险防损

在工程保险过程中,保险人积极参与防损工作是保险服务的基本环节,同时,投保人也必须积极配合,进行防灾减损工作。FIDIC 条款规定,投保的项目出险后,承包人应尽快通知保险公司,并统计损失数量和金额,经监理工程师复核后,保险公司再对出险情况进行调查核实。按照《保险法》规定,投保后投保人必须积极防灾,出险后投保人必须采取积极措施减少损失,否则,保险公司可以折减赔偿金额。

8.4.1.1 防损概念

防损即防灾减损,是指采取必要措施降低风险发生的可能性,并在风险发生后将风险损失降低到最低限度,减轻损失程度。对于保险人和投保人来说,防损都是积极的风险处理措施。

8.4.1.2 防损原则

在工程保险实务中,防损工作应遵循以下原则。

(1) 系统性原则。防损工作不能孤立进行,而要贯穿从承保到理赔的全部保险过程。防损工作应站在全局高度,根据各环节风险程度和工作重点,积极采取相应措施。

(2) 针对性原则。防损不能面面俱到,要有重点。保险人应在承保前,根据风险评估结果分析主要风险环节及风险程度,抓住主要环节进行防损,以提高防损工作效率。

(3) 指导性原则。《保险法》规定防损是投保人的义务。保险公司的防灾减损工作重在技术指导,防灾减损措施应由承包人实施。保险公司应参与安检工作,提出整改意见,并要求承包人实施。

8.4.1.3 防损措施

防损是与工程保险过程紧密相连的,各个保险阶段都要对应一定的防损措施。

(1) 承保控制在承保阶段。为了防止由于信息不对称而出现逆向选择的问题,在初期风险评估基础上,应提出控制承保风险措施,包括保险条款控制、逆向选择控制、保险优惠控制、风险分保、附加限制性条款等。

(2) 风险发生前的防损。在保单签订后就应开始防损,可采取的措施有实行风险预警制度,及时发现风险隐患;保险人利用专业经验为投保人提供风险管理技术服务。

(3) 风险发生时的减损。当风险一旦发生,保险人与投保人应共同采取施救保护措施,并同时做好善后处理工作,将损失降到最低限度。《保险法》第五十七条已明确规定,保险事故发生时,被保险人应当尽力采取必要的措施,防止或者减少损失。风险损失发生期间为减损而支付的必要费用由保险人承担。

8.4.2 工程保险索赔

8.4.2.1 工程保险索赔的含义

工程保险索赔是指被保标的出险后,具有保险金请求权人告知保险人出险,并且提供相关依据,向其提出损失赔偿要求。保险金请求权人包括投保人、被保险人、受益人、委托代理人等。索赔申请一般是在保险事故发生后,应立即通知保险人,提出索赔要求。索赔申请时间最迟不得超过条款规定时限,否则由此增加的费用由保险金请求权人承担。

8.4.2.2 工程保险索赔时效

民法中的时效是指一定事实状态经过一定时间导致一定民事后果的法律制度。根据时效的前提条件和发生的后果,时效分为取得时效和消灭时效。《保险法》规定的时效特指赔偿请求权的消灭时效。在《保险法》未对索赔时效作出统一规定以前,保险索赔的时效通常在各个险种的保险条款中规定,有的规定为一年,有的规定为两年。针对这种情况,《保险法》对保险赔偿时效作了统一规定。《保险法》第二十六条规定:人寿保险以外的其他保险的被保险人或者受益人,向保险人请求赔偿或者给付保险金的诉讼时效期间为两年,自其知道或者应当知道保险事故发生之日起计算。这一保险赔款请求权时效的规定适合人寿保险以外的其他各类险种,自然适用于工程保险,因而工程保险的索赔时效是两年。保险赔偿请求权人应在得知事故损失发生后两年内,向保险人提出索赔要求,如果在此期间不行使任何求偿权利,则该保险赔款请求权在两年以后自动灭失。

8.4.2.3 工程保险索赔程序

保险金请求权人在出险后,应按照一定程序向保险人索赔,如图8-4所示。

(1)通知出险以后,应及时将出险事故情况通知保险人,包括出险地点、时间、损失程度、出险原因等情况。工程保险合同出险通知期限一般表述为"立即"或"及时",但这些都是模糊概念,为了便于操作,保险当事人应在保险合同中明确规定具体出险通知期限。

(2)施救和减损。通知保险人出险的同时,还应采取必要措施开展救助行动。只要施救费用不高于施救标的现存价值就是可行的。

(3)填写索赔报告。在保险损失事故已经确定的情况下,应以书面形式告知保险人,填写索赔报告。索赔报告包括出险原因、出险经过、损失情况、请求赔付金额等内容。

(4)接受保险人检查。保险人在接到出险通知和索赔申请后,应进行事故现场勘察,核实出险情况、损失程度,核算损失赔付金额。被保险人或受益人应协助保险人并接受其检查。

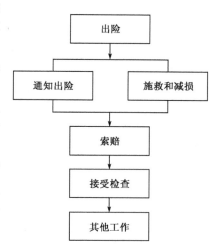

图8-4 工程保险索赔流程

(5)提供索赔文件。保险金请求权人提出索赔申请时,应提供相关索赔文件,作为索赔依据。工程保险索赔文件一般包括表8-7~表8-9所列文件。

(6)其他处理工作。保险金请求权人在索赔过程中还有一些零星工作:协助保险人勘察和核定损失;处理损余财产;领取保险金;当涉及第三者责任,在领取保险金后应开具权益转让书,这样保险人拥有代位追偿权。

8.4.2.4 工程保险索赔依据

在被保工程保险标的出险后,索赔申请人应尽快通知保险人,并按保险人要求提供事故报告、保单、损失清单及其他有关的工程保险索赔材料。资料应能证明索赔对象及请求赔付人的索赔资格,能够证明索赔动因成立并且属于理赔人责任范围和责任期间。

表8-7列出了工程保险索赔所需的依据材料。同时,承包人应提供施工期间的重要业务资料(表8-8)、受灾情况调查、修复处理方案(表8-9)及费用、重要的财务资料。施工期间的重要业务资料主要包括人工、设备材料和财务三部分。人工部分包括工人劳动计时卡、工人工资表、工人计时和计件工资标准、福利协议等。设备材料部分包括设备材料零配件采购订单、采购原始凭证、收讫票据、领用单、租赁设备和委托协议等。财务部分包括费用支付和收款单据、会计月报表等。

工程保险索赔依据一览表　　　　　　　　　　　　　　　　　　　　　　　表 8-7

序号	依据
1	招标文件,工程合同施工文本及附件,施工图纸,技术规范等
2	工程保险单及补充协议补充保单
3	施工进度计划及实际进度情况;施工组织设计;施工平面布置
4	施工现场工程文件;工程施工记录、施工日志、施工备忘录、监理工程师签字的施工记录
5	合同双方会议纪要和往来信函
6	工程照片或录像带;反映进度和受灾情况,采取防灾减灾处理措施等的照片
7	工程受损情况调查,如受灾部位、桩号受灾情况描述、受灾损失情况描述等
8	为预防或减少工程受损采取的一切防范及减灾处理措施,该部分需监理工程师签字
9	建筑材料采购、运输、进场、使用方面的依据;机械设备进场和运行记录
10	租赁施工机械、设备租赁合同;外委加工合同
11	工程预算定额及当地标注定额、有关材料、机械调查文件;工程所在地物价指数和工资指数

施工期间重要业务资料　　　　　　　　　　　　　　　　　　　　　　　表 8-8

序号	资料名称	备注
1	工程项目开工报告	需监理工程师签字
2	工程检查和验收报告	需监理工程师签字
3	工程照片	
4	施工任务单	
5	工地施工日记	
6	施工备忘录	需监理工程师签字
7	施工图纸(含设计变更)	需监理工程师签字
8	施工质量检查记录	需监理工程师签字
9	施工设备运行台班记录	
10	施工材料进场验收记录	需监理工程师签字
11	施工设备进场记录	需监理工程师签字
12	投标和修改后的施工进度计划	需监理工程师签字
13	施工材料使用记录	
14	施工组织设计	需监理工程师签字
15	施工平面布置	需监理工程师签字
16	施工设计	需监理工程师签字

受灾情况调查、修复处理方案　　　　　　　　　　　　　　　　　　　　表 8-9

序号	资料名称	备注
1	发生灾害的时间和经过	需监理工程师签字
2	受灾情况描述(桩号部位及损失程度)	
3	逐桩号损失情况描述	需监理工程师签字
4	反映工程受灾情况的照片	

续上表

序号	资料名称	备注
5	损坏设备清单	需监理工程师签字
6	工程受损工程量清单	需监理工程师签字
7	受损物资清单	需监理工程师签字
8	采取预防措施及减灾措施	需监理工程师签字
9	在防范减灾中投入人工记录	需监理工程师签字
10	在防范减灾中投入资料使用记录	需监理工程师签字
11	防范减灾中投入设备运行台班记录	需工程质量监督单位监测鉴定,监理工程师签字
12	工程质量事故鉴定	需工程质量监督单位监测鉴定,监理工程师签字
13	受损设备损坏程度鉴定	需工程质量监督单位监测鉴定,监理工程师签字
14	受损工程修复处理方案	经设计、业主、监理认可
15	受损工程质量事故处理方案	经设计、业主、监理认可
16	受损工程修复加固处理工程量清单	需监理工程师签字
17	现场清理工程量清单	需监理工程师签字
18	设备修复工程量清单	需监理工程师签字
19	设备报废清单	需监理工程师签字
20	现场清理费用预算	
21	受损工程修复加固处理工程预算	
22	受损物质价值计算	
23	设备修复预算	
24	重置与报废设备同型号的设备费用	

8.4.2.5 工程保险索赔的关键问题

在保险标的出险后,保险金请求权人应向保险人通知并请求赔付,也可以委托保险公估机构代理索赔。在工程保险索赔过程中,一般应注意如下问题。

(1)在保险期间应将有关材料存档

工程保险索赔比其他财产保险或寿险复杂的重要原因之一是其索赔资料复杂。表8-7、表8-8列出了工程保险索赔需要的主要资料。由此可见,投保人或被保险人在保险期间应收集和分类存档与索赔有关的资料。

(2)及时通知并采取减损措施

《保险法》规定,保险金请求权人应及时通知保险人出险并采取减损措施,这是其应履行的义务。在出险后,投保人或被保险人应保护现场,拍摄事故现场照片,及时通知保险公司,并采取必要和可能的措施减少损失,由此发生的合理费用由保险公司承担。否则,保险金请求权人要承担相应责任。

(3)求助监理工程师或中介机构

出险后,保险公司要对事故责任和损失程度进行鉴定。如果保险金请求权人对保险公司鉴定结果不满,可以寻求监理工程师或中介机构等第三方帮助。监理工程师根据职业经验作出初步判断。若对结果仍不满意,可以委托保险公估机构或工程咨询机构等进行鉴定。

8.4.3　工程保险理赔

8.4.3.1　工程保险理赔概念

理赔是指保险人在发生保险责任事故时,按照保险合同规定承担保险赔偿和给付责任。理赔是保险人必须履行的义务。《保险法》第二十三条规定:保险人收到被保险人或者受益人的赔偿或者给付保险金的请求后,应当及时作出核定;情形复杂的,应当在三十日内作出核定,但合同另有约定的除外。保险人应当将核定结果通知被保险人或者受益人;对属于保险责任的,在与被保险人或者受益人达成赔偿或者给付保险金的协议后十日内,履行赔偿或者给付保险金义务。保险合同对赔偿或者给付保险金的期限有约定的,保险人应当按照约定履行赔偿或者给付保险金义务。

8.4.3.2　工程保险理赔的近因原则

保险理赔遵循的一条重要原则是近因原则。近因原则是指按照造成保险标的损失的有效原因来判断理赔责任。保险公司只对与损失有直接因果关系的承保风险所造成的损失负赔偿责任,而对不是由承保风险造成的损失,不负赔偿责任,这就是《保险法》规定的"近因原则"。工程保险合同的保险责任条款中,除外责任规定了不在承保范围的各种风险。如果保险事故直接是由这些除外责任风险造成的,保险公司不负赔偿责任。相反,如果事故风险直接是由承保风险造成的,保险公司应按合同规定承担相应赔付责任。利用近因原则判定责任时,共分成四种情况进行讨论。

(1)单一原因造成的损失

这种情况比较简单,只要判断这一原因是否属于保险责任范围即可。若是,保险公司则赔偿;若否,则保险公司不赔偿。

(2)多种原因同时发生造成的损失

如果多种风险因素对事故损失都起着重要影响,那么应该逐一研究风险因素是否属于保险责任。如果各种风险因素导致的损失能够区分开,则保险公司负责赔偿属于保险责任内的风险因素导致的损失。如果不能划分开,则双方协商赔付。

(3)多种原因连续发生造成的损失

如果前后风险原因存在必然的因果关系,且前后原因之间的因果链未中断,那么根据前因是否属于保险责任范围来判断最终是否赔偿。如果前因在保险责任内,则保险公司负责赔偿;若前因不在保险责任内,后因是前因的必然结果,即使后因在保险责任内,保险公司也不负责赔偿。

(4)多种原因间断发生造成的损失

当多种原因间断发生时,依据新出现而且独立的风险原因是否在保险责任范围内来判断。如果在保险责任范围内则赔偿,不在保险责任范围内则不赔偿。如果新出现的风险因素与前面发生的风险因素有关,则按照前一种情况来判断。

8.4.3.3　工程保险理赔程序

保险人及时准确地赔付保险责任范围内的事故损失是《保险法》明确规定的保险人的义

务。保险人及时、高效、足额地赔付被保险人,对于保险公司经营具有战略意义。理赔是保险产品的重要组成部分,关系着消费者对保险产品的满意度,而且具有示范效应。保险理赔服务质量将影响消费者对保险产品的进一步需求。现实中,很多人买了保险之后,一旦出险获得赔付很困难,理赔案件久拖不决,严重影响了人们的保险消费信心和积极性。因此,保险公司制定高效的理赔程序对于提高工程保险理赔效率至关重要。

工程保险的损失原因分析和损失估算非常复杂,因而其理赔过程也很复杂。工程保险理赔流程如图 8-5 所示。

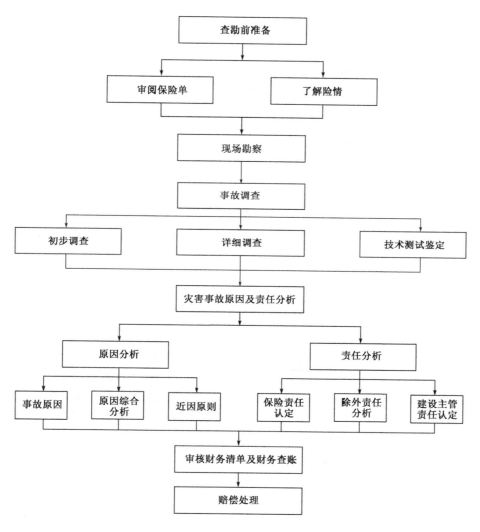

图 8-5　工程保险理赔流程

理赔过程主要包括以下六大步骤。

第一步进行查勘前的准备工作,审阅保险单,了解险情;第二步进行现场勘察,主要是勘察受损项目,清点损失;第三步是事故调查,分为初步调查、详细调查和技术测试鉴定;第四步是进行灾害事故原因及责任分析,原因分析适用近因原则,责任分析主要认定是保险责任还是除外责任;第五步是审核财务情况及财务查账;第六步是进行赔偿支付和损余处理。

在工程保险理赔中,要保证理赔的效率和效果,必须处理好三个关键问题。

(1)理赔责任审核

保险公司在接到出险通知后,应进行出险调查,以便确定已发生的风险损失是否在保险责任内,是否承担赔偿责任。在保险实务中,保险人一般通过调查以下问题来明确是否应该理赔。

①保单是否仍有效。

②出险事故是否在保险期限内。

③出险财产或人员是否属于保险标的。

④按照近因原则分析,出险原因是否属于保单规定的承保风险。

⑤请求赔偿人是否具备请求权。

⑥保险事故发生的结果是否构成要求赔偿的要件。

⑦损失发生时,投保人或被保险人对保险标的是否具有保险利益。

(2)出险原因调查

在接到出险通知后,保险公司应进行现场勘察,收集出险现场相关资料,了解保险标的受损情况,查明出险原因,进一步核实诱发事故的风险是否属于保险责任范围。

(3)损失核算

工程保险标的的损失核算包括两部分。一部分是保险标的的实际损失计算,首先分清哪些属于保险标的的实际损失;其次是估算损失程度,损失程度应根据现场勘察报告辅以其他材料和专家意见;再次是计算实际损失,以实际损失乘以损失程度计算。另一部分是直接费用,包括保险事故发生时为抢救和保护保险标的而发生的合理费用。《保险法》规定,直接费用应由保险人偿还。

8.4.3.4 工程保险理赔估算

《保险法》第五十五条规定:"投保人和保险人约定保险标的的保险价值并在合同中载明的,保险标的发生损失时,以约定的保险价值为赔偿计算标准。投保人和保险人未约定保险标的的保险价值的,保险标的发生损失时,以保险事故发生时保险标的的实际价值为赔偿计算标准。保险金额不得超过保险价值。超过保险价值的,超过部分无效,保险人应当退还相应的保险费。保险金额低于保险价值的,除合同另有约定外,保险人按照保险金额与保险价值的比例承担赔偿保险金的责任。"这是工程保险理赔应遵循的总原则。工程保险属于综合险别,既包括机器设备险等一般财产损失险种、人身意外伤害险等人身保险险种、雇主责任险等责任险险种,也包括建筑工程一切险等全险保险,其中以建筑安装工程为主要保险标的的建筑安装工程全险为主要险种。这里按照不同险别分别说明工程保险的理赔估算(简称"理算")。

(1)固定资产的理赔估算

针对固定资产的理算,应分别按照固定资产发生全部损失和部分损失两种情况处理赔偿。

①全部损失赔偿理算。

全部损失赔偿简称全损赔偿,是指保单规定的全部标的财产或单项标的财产的全部损失。部分损失赔偿简称分损赔偿,是指实际损失未达到保险单载明的保险金额。一种情况是当保险标的发生全损时,无论保险金额以何种方式确定,应首先比较保险金额与重置价值。当受损财产的保险金额高于出险当时的市场重置价值时,赔偿金额以不高于重置价值为限赔偿。当受损财产的保险金额低于出险当时的市场重置价值时,理算方法有两种。第一种是以账面价

值投保时,以不高于保险金额为限,按照实际损失赔付,即以账面价值投保且发生全损时,赔偿金额计算公式为:

$$F(x) = \begin{cases} v & (c > v) \\ m & (m < c < v) \end{cases} \tag{8-7}$$

式中:$F(x)$——赔偿金额;
v——出险时标的的市场重置价格;
c——保险金额;
x——标的损失;
m——实际损失。

第二种是以估价投保时,以出险时的实际市价赔偿,但不能高于保险金额,即以全损且以估价投保赔偿金额计算,其计算公式为:

$$F(x) = v \tag{8-8}$$

式中:$F(x)$——赔偿金额;
v——出险时的市场重置价值;
x——标的损失。

②部分损失赔偿理算。

部分损失赔偿简称分损赔偿。分损赔偿理算分为以下两种情况。第一种情况是以账面原值投保。按照账面价值投保的财产发生保险责任范围内的损失,应将保险单列明的保险金额与受损财产出险时的市场重置价值比较。如果保险金额高于市场重置价值,以市场重置价值赔偿。如果保险金额等于或低于市场重置价值,按照不同的理赔案件处理方式理算保险赔款。当保险人采用支付赔款方式处理理赔案件时,保险赔款 = 保险金额 × 受损财产损失程度 × 投保比例;当保险人采用修复或重置方式处理理赔案件时,保险赔款 = 受损财产恢复原状的修复费用 × 保险金额/市场重置价值。例如,一项投保了工程一切险的路网建设工程,在保险期间,泥石流冲毁了部分路基。按照出险当市价计算,修复该段路基共花费材料费、人工费等费用 60 万元。该段工程的保险金额是 500 万元,出险当时的市场重置价值是 800 万元,随后承包人向保险公司索赔。保险公司采用修复赔偿方式,理算的保险赔款为:60 × 500/800 = 37.5 万元。

第二种情况是以固定资产原值加成或市场重置价值投保。由于这种情况下的保险金额接近固定资产的实际价值,保险赔款可以直接按照受损财产恢复原来功能所需的实际修复费用计算。假设一台设备投保了设备附加险,保险期间发生损坏,修理该设备共发生费用 6 万元,则保险公司应赔偿投保人 6 万元。

(2)雇主责任险的理赔估算

保险公司对于雇主责任险等责任险别的出险损失赔偿,一般遵循实际需要而不是依据实际损失。雇主责任险的出险损失赔偿,一般按照如下标准处理:造成死亡的,每人按照保险合同规定的最高赔偿限额(行业、工种和工作性质不同,最高赔偿限额也不同,一般按照雇员若干月的工资收入计算)给付;造成伤残的,按照伤残程度理算给付。永久丧失全部工作能力的,按照最高限额给付;永久丧失部分工作能力的,根据伤残部位和程度,参照本保单所附的雇主责任赔偿金额表规定的比例乘以最高限额给付;造成暂时丧失工作能力超过规定天数的,经医生证明,按照被保险雇员的工资计算给付。假设某建筑工人在施工中从空中坠落,导致身体多数骨折和大脑损伤,永久丧失了从事有关建筑工作的能力,参照本保单所附的雇主责任赔偿金额表,应该得到的赔偿比例是70%,若其投保的最高赔款限额是6个月的工资1.5万元,则该工人可以得到的赔款是 $1.5 \times 70\% = 1.05$ 万元。

(3) 意外伤害险的理赔估算

意外伤害保险是与建设安装工程有关的险种,它属于人身保险险种。国外一些工程保险业发达的国家都推行强制性的意外伤害保险制度,如美、英、法等国在建筑业实行强制性意外伤害保险制度。业主、承包人可为雇员投保意外伤害险,雇员本人也可投保该险种。我国也在一些城市探索实施强制性意外伤害保险。以深圳市来说,意外伤害保险的保障标准是每位施工人员8万元的意外伤害补偿和2万元的医疗费。被保险人在保险期间因遭受意外伤害而造成伤残、死亡、支付医疗费用或暂时丧失劳动能力的,依据伤残情况和医疗费用支出额,结合当地的伤残或死亡给付标准进行赔偿。

(4) 在建工程的理赔估算

对于正在建设或安装尚未转入使用的工程保险项目的索赔,一般按照受损项目的重置价值确认损失。有时可能出现损失金额超过保险金额的情况,这时保险人的赔偿责任以不超过保险金额为限。工程保险合同的保险金额通常按照概预算金额计算,保险金额可以根据投保工程的实际造价的变化而调整,最终以决算额为准。目前的工程保险理赔实务出现了按照工程造价理赔的方法。由于工程项目的保险金额是以投资概算表列示的工程造价确定的,因此损失理算也应该按照出险当时的工程造价计算理赔。按照工程造价理赔就要求明确工程造价的构成,清晰地界定出属于保险范围的造价费用项目。因此,有必要先来了解工程造价构成。一般情况下,工程造价主要由建筑费用、安装费用、设备费用和其他费用构成,具体项目见表8-10。如若承包人对整体建筑工程全额投保了一切险,那么应按照建筑工程造价表的四项费用总和作为保险责任计算理赔;如果进行部分投保,就应分清损失项目是否是保险项目。另外,部分投保即不足额投保的保险金额应按照损失金额与该保险标的的投保比例的乘积理算。

建筑费用、安装费用、设备费用和其他费用构成 表8-10

名称	主要内容
建筑费用	(1) 房屋建筑工程和水、暖、电气等设备费用及装设、油饰工程的费用,各种管道、电力、电信和电缆导线铺设工程费用; (2) 设备基础、支柱、烟囱、水塔等建筑工程及窑炉的砌筑工程的费用; (3) 场地平整以及临时用水、电、气、路和完工后的清理美化等费用; (4) 修建铁路、公路、桥梁及防洪等工程的费用
安装费用	(1) 机器设备的装配费用,与设备相连的工作台、梯子、栏杆等装设工程,附属于被安装设备的管线敷设工程,被安装设备的绝缘、防腐、保温、油漆等材料费和安装费; (2) 对设备进行单机试运转和系统联动的调试费
设备费用	(1) 为工程建设项目购置或自制的达到固定资产标准的设备、工具、器具的费用; (2) 新建项目、购置和自制设备、工器具,不论是否达到固定资产标准,均计入设备费用中; (3) 设备运杂费,指设备供销部门手续费,包括材料费、运输费、装卸费、采购费等
其他费用	(1) 土地转让费,包括土地征用及迁移补偿费; (2) 与项目建设有关的费用,包括建设单位管理费、勘察设计费、研究试验费等; (3) 与未来生产经营有关的费用,包括联合试运转费、生产准备费; (4) 预备费,包括基本预备费和涨价预备费

除此之外,保险理赔估算还应注意免赔额问题。计算赔偿金额应按照合同规定扣除每次事故的免赔额,扣除额度和方式按照合同约定处理。在扣除免赔额时应注意四个问题:一是针对合同规定的不同项目的免赔额分项扣除;二是如果一次事故中有多个保险项目发生损失,只能选其中最高的免赔额扣除;三是如果免赔额和免赔率同时适用,选择两者中更高的扣除;四是按照保险合同约定的免赔条款和法律规定的免责条款扣除免赔额。

保险标的出险以后,往往需要施救或保护,为此发生的必要且合理的费用由保险公司负责赔偿。对于实际发生的损失,以不高于保险金额为限赔偿。施救费用赔偿和标的财产损失赔偿是分别理算的。假设某承包人投保了建筑工程一切险附加机器损失险,其中一台被保险的施工设备在保险期间内发生损失50万元,该设备以账面原值投保,保险金额是80万元,出险当时的市场重置价值是100万元,另外出险以后发生施救费用5万元(经理赔人员核实这笔施救费用属实也合理),则这台施工设备的赔款分为两部分:设备损失赔款为 $50 \times 80/100 = 40$ 万元,单独计算的施救费用赔款为5万元,被保险人可以得到赔款共45万元。

8.4.3.5 工程保险赔偿处理

(1)工程保险赔偿方式

工程保险赔偿方式主要有三种:一是支付赔款,这是比较普遍的支付形式,保险公司根据保险标的的价值和受损程度,核定损失金额,以现金支付赔款;二是修复,在遭受损坏的财产可以修复时,保险公司支付修复费用进行重修;三是重置,当修复变得不可能或不经济的时候,保险公司支付费用重新建设能达到原来功能水平的工程。在理赔实务中,具体采用何种赔偿处理方式应视合同约定和出险实际情况而定。

(2)重复保险的处理

在工程保险实务中,有时还会出现同一标的重复保险的情况。重复保险就是投保人对同一保险标的投保两家或两家以上的保险公司,且在同一保险期间的保险标的有重合的部分。《保险法》第五十六条规定:"重复保险的投保人应当将重复保险的有关情况通知各保险人。重复保险的各保险人赔偿保险金的总和不得超过保险价值。除合同另有约定外,各保险人按照其保险金额与保险金额总和的比例承担赔偿保险金的责任。重复保险的投保人可以就保险金额总和超过保险价值的部分,请求各保险人按比例返还保险费。"重复保险损失分摊方式通常有比例责任分摊、限额责任分摊和顺序责任分摊三种。

①比例责任分摊。

比例责任分摊即各家保险公司根据其承保标的的保险金额与总保险金额的比例,作为损失分摊比例计算赔付额。《保险法》规定除合同约定分摊方式外,重复保险赔款分摊采用比例责任分摊方式。

[例8-3] 假设某承包人将一项工程同时向甲、乙、丙三家保险公司投保,三家公司的保险金额分别是2500万元、1500万元、11000万元,如果该项目在保险期间发生损失1200万元,出险当时的实际价值2500万元,按比例责任分摊时,计算三家公司的赔偿金额。

按比例责任分摊时,三家公司的分摊情况见表8-11。

比例责任分摊(单位:万元)　　　　　　　　　　　表 8-11

项目	保险金额	计算过程	赔偿金额
甲保险公司	2500	$\dfrac{1200 \times 2500}{2500 + 1500 + 1000}$	600
乙保险公司	1500	$\dfrac{1200 \times 1500}{2500 + 1500 + 1000}$	360
丙保险公司	1000	$\dfrac{1200 \times 1000}{2500 + 1500 + 1000}$	240

②限额责任分摊。

限额责任分摊即以各家保险公司在没有重复承保情况下的赔偿金额与其赔偿金额总和的比例,计算各保险公司应分摊的损失赔偿额。

[例 8-4] 在[例 8-3]中,按限额责任分摊时,计算三家公司的赔偿金额。

在无重复保险情况下,甲、乙、丙三家公司按照非足额投保方式计算赔偿金额,甲公司的实际赔偿金额为 1200 万元(1200×2500/2500＝1200),乙公司的实际赔偿金额为 720 万元(1200×1500/2500＝720),丙公司实际赔偿金额为 480 万元(1200×1000/2500＝480),则三家保险公司按照无重复保险情况下的赔偿额与总赔偿额的比例分摊赔偿责任,见表 8-12。

限额责任分摊(单位:万元)　　　　　　　　　　　表 8-12

项目	无重复投保的赔偿金额	计算过程	赔偿金额
甲保险公司	1200	$\dfrac{1200 \times 1200}{1200 + 720 + 480}$	600
乙保险公司	720	$\dfrac{1200 \times 720}{1200 + 720 + 480}$	360
丙保险公司	480	$\dfrac{1200 \times 480}{1200 + 720 + 480}$	240

③顺序责任分摊。

按照出单顺序,先出单的保险公司先负责赔偿,赔偿不足的部分由后序出单的保险公司逐一负责赔偿。如果上述案例中的甲、乙、丙三家按顺序先后出单,则 1200 万元的赔款全部由甲公司承担。在保险合同中,应约定各保险人分担保险赔款方式,否则各保险人按照保险金额与保险金额总和的比例承担赔偿责任。

在我国工程保险理赔理论不断发展的同时,理赔实务也处于探索阶段。由于工程保险市场存在严重的信息不对称性,保险理赔过程掺杂着非市场化因素。例如,中国人民保险公司承保的浙东海塘工程,规定发生海塘毁损灾害后,最大理赔额为当年全省投保费的 10 倍。并规定,当理赔额超过当年全省保费 5 倍时,防汛部门还需向保险公司增交 20% 的保费。可以看出,保险公司为了锁定承保风险,做出显失市场公平的理赔规定,说明目前我国工程保险合同与信息不对称下的最优保险合同存在一定距离。

8.4.4 工程保险索赔理赔争议处理

8.4.4.1 争议产生的原因

无论在人身保险还是财产保险的索赔理赔过程中,保险双方出现争议现象非常普遍。工程保险理赔过程出现争议的情况也比较多。产生争议的原因主要有四个方面。

(1) 保险合同的缺陷引起争议。因为工程承保操作的复杂性和差别化,加之我国尚未出台工程保险合同范本,合同文本的订立存在一定难度,有时可能会出现某些条款规定含糊甚至有缺陷的情况。保险双方可能因此而产生争议。

(2) 对保险合同理解的差异引起争议。工程保险合同条款一般是用专业术语描述的,被保险人因为保险专业知识限制可能对某些条款理解有偏差,因此而产生争议的情况。

(3) 被保险人或其他保险金请求权人的道德风险引起争议。道德风险主要源于工程保险市场信息不对称性。可能引发争议的被保险人或其他保险金请求权人的道德风险主要表现为投保方在投保时隐瞒重要情况,如工程设计缺陷等,或者被保险人或其他保险金请求权人在保险期间未能采取必要措施防灾减损。

(4) 保险人的道德风险引起争议。在工程保险监管机制不完善的情况下,保险人可能出现逃避保险责任的道德风险。保险人有意拖延核损和赔付或赔付金额不足时,都有可能导致保险金请求权人不满而引发争议。

8.4.4.2 争议处理机制

在弄清保险索赔理赔争议产生原因之后,就要有针对性地提出争议处理意见,健全争议处理机制。具体包括以下六个方面。

(1) 制定工程保险合同范本。合同范本应规定合同主条款及条款下的具体细项及一般表达格式等。保险双方当事人签订合同时,参照合同范本有利于防止合同遗漏或表达含糊,尽可能避免因合同缺陷引发争议。

(2) 补充或修改保险合同。如若因合同内容出现争议,保险人应与投保人或被保险人协商,补充或修改某些条款,增加或修改的内容可以写入批单。

(3) 积极与客户沟通。保险实质是"一人有难大家帮",保险公司销售保险产品就是为被保险人提供人性化服务,因而保险公司应进行人性化经营。人性化经营的重要表现是从投保人或被保险人角度出发,积极与其沟通。通过介绍相关保险知识,参与并协助其做好防灾减损,加强双方信息传递,以便消除矛盾。

(4) 寻求中介机构帮助。当双方矛盾不能通过协商解决时,可以寻求第三方帮助。比如双方对损失估算产生分歧时,可以由工程造价咨询机构或保险公估机构以第三方身份,客观公正地测量和估算损失,为双方提供专业鉴定意见。

(5) 仲裁机构仲裁。当双方争议无法依靠自身力量调和时,可以将争议交由双方共同信任的仲裁机构调节。争议双方仅涉及国内的企业、组织或个人的,可由国内仲裁机构受理。当争议双方有一方为外方的,当事人要求在我国仲裁的,由中国国际贸易促进委员会对外经济贸易仲裁委员会受理。

(6) 提起法律诉讼。当争议无法解决时,当事人可以在法律规定时效内,向被告方所在地或保险标的所在地的人民法院提起诉讼,由法院裁决。

[例 8-5] 某公路工程保险索赔理赔争议处理。

(1) 争议点

某公路工程的第十标工程保险合同理赔因保险范围界定不明出现争议。在保险期间发生洪水,施工单位非直接用于永久工程的拌和机、发电机、组合钢模板等机具和材料被洪水冲走,施工单位随后向保险公司提出赔偿请求,但保险公司依据保险合同的条款认为这些施工机具和材料项目不是工程一切险投保项目,不予赔付。而施工单位认为这些机具与材料成本是永久工程合同价的组成部分,工程项目的合同价由完成该项目必须投入的人工费、材料费(包括永久材料和周转使用材料)、机械费(折旧费及使用费)以及相应的间接费组成。于是双方就保险责任界定的理解出现理赔争议,争议的关键点在于损失的这些器具是否属于投保工程的一部分。

(2)争议分析

虽然上述的施工器具并没有被明确列在工程一切险的保险项目中,也没有单独投保机器设备险,但是上述施工机械设备价值要在后续工程中摊付折旧费,这部分折旧额构成投保工程造价的一部分。从理论上讲,对永久工程投了保,即等于对它的组成部分投了保,出险后应对其理赔。理赔额应该按照这部分机具材料分摊计入合同工程造价的折旧额和分摊额计算。

(3)处理结果

最终,保险公司以这些机具的折旧额和材料摊销额为基础,计算给付赔偿金额。

从以上案例可以看出,由于我国工程保险刚刚起步,保险人和投保人缺乏经验,工程保险过程存在不完备之处,加之保险范围界定不明引起保险当事人对合同的理解出现偏差,所以在工程保险索赔和理赔过程中出现争议是在所难免的。为了避免出现争议,应从以下四方面着手。

(1)在工程承包合同签订之后,应尽快落实投保事宜。如果是业主直接投保,承包人也应尽快取得投保的复印件,详细了解投保范围。如承包人自己投保,选择的保险公司必须经业主同意,投保过程必须使业主明了。投保后应使有关合同管理人员了解项目投保内容,做到心中有数。

(2)由于工程险只对已完成的永久工程及进场的合格材料遭受的损失进行赔偿,对未完成工程和未进场的或不合格的材料不予赔偿。这就要求承包人在项目管理中对已完工的项目及时交验,及时取得监理工程师的签字确认文件,对进场材料要及时登记,取得监理工程师的签字确认。这也是施工规范化管理的要求,应该成为项目管理的重要内容。这些资料对工程出险索赔十分重要。

(3)做好施工日记。在出险索赔工作中,施工日记常常是重要资料。因此,承包人的施工日记应该完整准确记录施工情况,并由另一个人复核签字。

(4)收集出险现场资料。工程照片、工程录像具有更强的直观性,在现场管理中应该认真做好,以便供出险索赔使用。

8.4.5 小湾水电站工程项目风险防控和保险索赔案例

本节以小湾水电站工程为背景,介绍该工程项目风险防控措施中投保工程保险及索赔的相关工作安排。

8.4.5.1 小湾水电站工程概况

小湾水电站位于云南省南涧县与凤庆县交界的澜沧江中下游河段。规划的八个梯级电站中的第二级小湾水电站以发电为主,兼有防洪、灌溉、拦沙及航运等综合效益。小湾水电站主要建筑物包括混凝土双曲拱坝、坝后水热塘及二道坝、长约1424m的泄洪洞及右岸大型地下洞群组成的引水发电系统等。

8.4.5.2 加强风险防范和事故控制措施

小湾水电站工程项目风险防控工作贯彻了事前预防和事中控制的风险管通思想,其具体措施分为以下三个方面。

(1)主要干线公路增设防撞墩

小湾水电站场内道路为二级公路,部分路面达到国家一级公路标准,但山坡陡、道路坡度大、弯道多,易发生交通事故。增设防撞墩可大大降低由于车辆冲出道路而发生重大交通事故的可能性,从而有效地控制风险损失。

(2)设立拦渣坎和截水沟

针对小湾水电工程暴雨集中、山坡陡峭、风化砂石堆积、泥石流多发等特点,在山坡设立多层截水沟,以拦截和导排水,同时在多处沟谷设立多级拦渣坎,防止渣石被水流冲走,降低了泥石流发生的可能性,同时也减少了水土流失。

(3)集中规划营地建设、统一住房管理

小湾工程地处峡谷,施工用地"寸土寸金"。为了减少意外事故的发生,最大限度地保护人民生命财产免受损失,公司采用集中盖房,统一住房管理,不允许在山坡或施工场地搭建生活房屋。

8.4.5.3 投保工程保险与保险索赔

作为风险管理重要内容的保险,无疑是小湾水电工程建设项目管理的重要内容之一。工程保险是分摊意外事故损失的一种方式,可起到分散或转移风险、减少工程损失的作用。从工程保险与保险索赔在小湾水电站工程中的应用,可以得出以下经验。

(1)公开询价确定承保人

随着我国加入世界贸易组织(World Trade Organization,WTO)及保险业市场化步伐的进一步加快,借鉴其他工程保险管理经验,小湾水电站工程引进竞争机制,采取公开询价方式,邀请国内最有实力的中国人民保险公司、太平洋保险公司、平安保险公司等提出保险方案和费率报价。经过比选后,确定了以中国人民保险公司为主承保人(54%)、太平洋保险公司(24%)及平安保险公司(22%)为共保人的开口大保单形式的保险方案,大大降低了保险成本,转移了风险责任,增强了保险赔付能力,提高了保险服务质量。

(2)聘请保险顾问

公司聘请了有着多年从事电力工程保险业经验的长安经纪公司作为小湾水电站工程的保险顾问,在合同条款中明确规定其服务内容、服务形式、服务报酬等,使小湾水电站工程保险索赔工作很快进入规范化的轨道,从而为小湾水电站工程建设的顺利进行提供强有力的保障。

(3)设立组织机构,建立保险服务网

为了提高保险管理水平,加强对保险工作的领导,小湾水电站工程成立了以公司总经理为组长、公司总会计师为副组长的保险领导小组。下设由计划合同部牵头、相关部室人员参与的保险办公室,设立了专职保险工程师,负责保险索赔等日常工作。在设计、监理、承包人单位设立了保险服务网,各单位除保险分管领导外,还配备了兼职保险工程师,负责保险知识的宣传、报险、查勘、理算、索赔等工作,使保险工作及时、有效、规范地进行。

（4）加强工程项目风险分析，重点投保

从小湾水电站工程总体来看，其建设期内各种风险因素带有普遍性，但就各单项工程而言，其风险程度却不相同。该项工程视单项工程项目风险发生的概率不同及对整体工程的不同影响程度，合理地选择了投保。业主进行投保，业主和主承包人为共同的被保险人。公司分别采取了风险自留、合同分担、保险转移等方式。如将一些场内零星供电、供水、房建等风险小、工期短的项目进行风险自留，对设备制造质量风险、施工质量风险则通过相关的合同分别由制造厂和施工承包人承担或分担，对于主体工程及风险较大的大型临建工程（如岔小公路及场内主要干线公路），则由业主集中投保，控制或转移可能的损失风险。

在小湾水电站工程中，业主集中办理建筑安装工程一切险和第三者责任险的投保。对于施工设备及人身意外险则由各单位视设备及人员情况自行投保，业主定期进行抽查监督，以确保风险管理得到落实。

（5）索赔需要提供的资料和工程施工过程中应收集的资料

①工程概况。让保险公司了解工程概况、技术水平及施工难度，以便在理算过程中充分考虑工程的特殊性，给予合理赔付。

②掌握现场第一手资料。保留事故现场照片、录像带等能够证明事故原因的资料。

③地质资料。业主和设计单位提供的地质资料。

④气象资料。完整地获得气象部门确认的气象资料。

⑤图纸及施工组织设计。根据设计图纸及施工组织设计，可帮助确定索赔事件中被保险人的投入，据此计算索赔金额。

⑥做好施工记录。施工记录是每项工程的历史资料，可以为被保险人提供有利的证据。

⑦保存完整的监理报告和记录。监理报告或记录是监理工程师根据工程进展情况，对已存在或将对工程费用、质量等产生实质性影响事件的陈述，如说明工程延迟的原因、为挽回损失而采取或将要采取的措施等。这是作为被保险人索赔的有效的证明文件。

⑧有关工程量及单价来源。除施工图设计外，由于自然灾害及意外事故造成的工程量增加及人、材、机费用增加，需计算工程量和实际单价。这要从现场实际出发，收集第一手资料，经监理工程师签认后，作为索赔依据。

⑨质量安全记录。

⑩施救、修复和重置的费用凭证。

以上资料能够帮助保险公司判定保险责任内的损失，及时理赔。

（6）完善保险索赔程序

由于工程保险属于不定值型损失保险，保险索赔工作也较一般的财产保险索赔工作复杂。为了理顺保险索赔关系，规范保险索赔程序，确保受损人受损后尽快得到补偿，公司先后出台了《小湾水电站保险索赔程序手册》和《小湾水电站保险赔偿支付管理办法》等，明确保险索赔程序、赔偿原则和支付办法，充分体现工程保险服务于工程建设这一主导思想，力求减少保险索赔中的争议。

（7）加强保险索赔、弥补经济损失

保险索赔坚持"诚实信用、公正合理、事实第一"的原则。保险人对于被保人提出的索赔要求，应坚持合理公正的原则，不应以损失金额太大而拒赔，也不应以损失金额太小而拖延赔偿。当双方存在争议时，以书面记录或其他介质记录为基础，进行合理的逻辑推理，重视现场勘察记录。

在保险索赔理赔程序上,应按照双方达成的索赔程序,有步骤地解决损失补偿问题。在小湾水电站工程开工第一年,出险案件较多,赔付率较高,但索赔措施得力,顺利获得保险赔付,为小湾水电站工程建设顺利进行提供了强有力的保障。

8.5 本章小结

本章主要学习了工程保险的有关概念,了解了工程保险的基本定义和功能,并且介绍了常见的工程保险险种的主要合同文本条款、关键性保险条款的要素和表达形式、工程保险投保的技巧以及工程保险合同的管理策略。此外,须认识到保险人应积极采取防灾减损措施,降低保险人和被保险人的风险损失。

习题

1. 工程保险的功能是什么?
2. 工程保险的意义是什么?
3. 工程保险的保险利益是什么?
4. 工程保险的保险标的是什么?
5. 工程保险合同的主要条款有哪些?
6. 工程保险防损的意义和防损措施是什么?
7. 保险人如何进行理赔估算?

第9章 工程担保

本章导读

工程担保是担保人应工程合同一方的要求，向另一方做出的书面承诺，当被担保人没有履行合同或其他约定义务，而使合同另一方遭受损失时，担保人在一定期限、一定金额内代为履行合同义务或其他义务来补偿另一方损失的一种工程保障机制。工程担保强调担保人介入对合同履行的监督，并且担保人可以选择委托保证合同的方式来履行担保责任。工程担保作为工程风险转移的一种重要手段，能够充分利用信用手段，加强建设市场主体之间的责任关系，有效地保障工程建设的顺利完成。

9.1 工程担保概述

随着我国经济的迅速发展，工程建设规模日益扩大，进而导致工程建设项目投资增加、工期长、风险因素数量多且种类繁杂、风险发生后损失巨大等情况的发生。而且随着投资主体、投资额、工程技术等项目要素的复杂化，工程项目风险也随之增大。据有关统计，煤矿业和建筑业高居全国生产事故率的前两名。如何更好地运用工程项目风险管理手段达到"利用最少的资源，实现最大的风险防范"这一目的，成为业内关注的焦点。除了工程保险外，工程担保作为工程项目风险处置的重要手段之一，也越来越受到业内人士的关注。

9.1.1 工程担保的概念

作为工程项目风险管理中的一种方法，工程担保能从某种程度上合理地防范工程项目风险。工程担保对于促进我国建筑市场与风险管理体系的发展和完善，以及业主或承包人防范并合理处置工程项目风险具有重要意义。

9.1.1.1 担保

担保与债权债务、合同契约具有密切联系，在各国民法典中均有原则规定，如《拿破仑法典》《德国民法典》等。担保主要包括保证、抵押、质押、留置和定金五种形式。其中，保证属于人的担保，其他四种属于物的担保。

工程担保是经济合同担保的一种。经济合同的担保，是经济合同当事人为了保证经济合同的切实履行，经过协商一致而采取的促使一方履行义务、满足他方权利实现的一种法律手段。担保所产生的经济法律关系，与主合同的经济法律关系是相互依存的，担保合同从属于主合同。

9.1.1.2 工程担保

工程担保是指经营保证担保业务的企业,在评估工程合同一方(被担保人)业绩和信用的基础上,向另一方(债权人)保证被担保人能够按照合同规定条款完成工程,或及时支付有关款项的信用工具。可以理解为:担保人(银行、担保公司、保险公司或其他金融机构、商业团体及同业)应工程合同一方(即被担保人)的要求向另一方(即权利人)做出书面承诺,保证如果被担保人无法完成其与权利人签订的合同规定应由被担保人履行的义务,则由担保人代为履约或做出其他形式的补偿。工程担保实际上是通过担保人转移了权利人对被担保人的信誉风险。

9.1.2 工程担保的属性

工程担保当事人实际三方为:委托人、权利人和担保人。权利人是享受合同保障的人,是受益方。当委托人违约使权利人遭受经济损失时,权利人有权从担保人处获得补偿。这就是担保与保险的区别:保险是谁投保谁受益,而担保的投保人并不受益,受益的是第三方。更重要的是,委托人并未将风险最终转移给担保人,即最终风险承担者仍是委托人自己。

现阶段,我国主要有以下几种担保形式:投标担保;承包履约担保;劳务分包履约担保;工程款支付担保;劳务分包付款担保;预付款担保;保修金保证。

以下从风险的各种分类来说明工程担保的属性。

①从风险的性质来说,工程担保所保障的都是纯粹风险,这些风险发生的结果都是只有损失,而没有获利的机会。

②从人对风险的承受能力来说,工程担保保障的风险都是不可接受的风险。这些风险的预期风险事故的最大损失程度已经超过了单位或个人的承受能力的最大限度,也正因此,投保人才选择工程担保这种方式来处理这部分风险。

③从风险对象来说,工程担保不保证财产风险和人身风险,只保证部分责任风险,如:承包人和业主的履约责任风险等。

④从工程项目风险产生的原因及性质来说,工程担保保证的风险包括部分商务风险(如工程款支付、违约责任、工程变更等风险)和信用风险(如合同一方的业务能力、管理能力等有缺陷而给另一方带来的风险);而对于政治风险、经济风险(如通货膨胀引起的材料价格和工资的大幅度上涨,外汇汇率变化带来的损失,国家或地方有关政策法规如税收、保险政策等变化引起的额外费用)、自然风险(如施工过程中遇到的洪水、暴雨、地震)和技术风险(如设计文件失误等)不予担保。

工程担保是担保人应工程合同一方的要求向另一方做出书面承诺,当被担保人没有履行合同或其他约定义务而使合同另一方遭受损失时,担保人在一定期限、一定金额内代为履行合同或其他义务来补偿另一方损失的一种工程保障机制。工程担保强调担保人介入对合同履行的监督,并且担保人可以选择委托保证合同的方式来履行担保责任。工程担保作为工程项目风险转移的一种重要手段,能够充分利用信用手段,加强建设市场主体之间的责任关系,有效地保障工程建设的顺利完成。

9.1.3 工程担保的特点

（1）工程担保保证的风险承担人是担保人

担保人向权利人做出书面承诺，保证如果被担保人无法完成其与权利人签订合同中规定的应由被担保人履行的义务，则由担保人代为履约或做出其他形式的补偿。工程担保实际上是通过担保人转移了权利人对被担保人的信誉风险，如招标投标阶段的投标担保、工程实施初期的预付款担保、合同执行阶段的履约担保、工程保修期的保修担保等都涉及被担保人的信用。

（2）工程担保保证的风险对象是人为的违约责任

如承包人有履行工程建设合同约定的义务，如果该义务因为非业主的原因而没有履行或没有按照合同的规定履行，视为承包人违约；业主有履行部分工程款预先支付的义务，若业主因非承包人原因而没有履行该义务或没有按照合同规定的期限、数额等履行，则视为业主违约。

（3）工程担保保证可以规避工程质量风险

承包人履约担保和业主支付担保保障了承包人和业主两方面的信用，这里的信用归根到底都是为了按期按质地完成工程建设项目。因此，从这个意义上来说，工程担保规避了工程质量风险。此外，在《中华人民共和国建筑法》和《建设工程质量管理条例》中，对工程质量保修制度做出了明确规定。其中，工程保修担保保证了保修责任的落实，规避了完工后工程的部分质量风险。FIDIC《施工合同条件》（2017版）中规定，除一些情况外，业主不应根据履约担保提出索赔，即如果出现委托保证担保人（承包人）违约，保证担保人不是赔一笔钱了事，而是必须首先按合同规定的质量、工期、造价等各项条件履约。从而保证业主按预期花钱买回工程产品，而不是耗费一大圈精力、时间后买回赔款。

9.1.4 工程担保的作用和意义

9.1.4.1 工程担保的作用

工程担保的功能就是为了解决委托代理关系中的信息不对称分布及其代理人得到的风险和逆向选择问题。工程担保是建筑市场中的一种行政性惩戒机制，即用制度来制约和监督承包人的违约行为，通过业主、承包人和工程担保公司三方参与者的相互约束和制约，从根源上遏制违约风险的发生，并通过第三方的担保快速理赔，解决了法律诉讼中冗长和裁决不确定的问题。工程担保既较好地解决了承包人的道德风险问题，同时也较好地解决了承包人的逆向选择问题。因此，作为工程项目风险管理的重要手段，工程担保具有以下优势。

①有利于解决工程款拖欠问题。推行工程担保，业主要提供支付担保，一旦业主拖欠或不给工程款时，承包人可以不与业主纠缠，直接从担保机构拿到工程款。

②能够确保业主根本利益。推行工程担保，无疑是业主转移风险的重要渠道。在要求承包人提供履约担保的同时，承包人同时提供付款担保，承包人按照合同支付供应商材料款、工人工资，业主就不用担心不良包工头卷款潜逃。

③有助于遏止恶性竞争。有些施工企业为了生存，不惜血本，采取低价策略参与工程投标。推行工程担保，有助于有实力、信誉好的建筑企业取得担保机构的担保。

④能够预防工程中的腐败现象。利用工程担保,可以使建设工程中各参与方的关系得到有效保证,避免暗箱操作,一定程度上形成了预防腐败的机制,有助于减少工程中的腐败现象。

9.1.4.2 工程担保实施的意义

工程担保实施的意义主要有以下四点。

(1) 有利于工程保证担保制度的推广和落实

鉴于我国建筑市场中普遍存在着的工程款拖欠和工程质量不过关等问题,工程保证担保制度在中国越来越受青睐,其推广与落实也势在必行。从厦门、深圳、青岛等六市的试行结果看,工程保证担保推行阻力很大,推行的条件尚未成熟,原因之一即是工程担保人市场尚未形成。银行与专业保证担保公司、保险公司共保,优势互补,风险共担,才是适合我国国情的健康有序的工程担保人市场。

所以,积极做好工程担保人市场的建设工作,即培育和发展专业工程担保市场组织,可以进一步减少工程保证担保制度推行过程中的阻力,促进工程保证担保制度的落实,促进建筑市场持续发展。

(2) 有利于规范建筑市场竞争秩序,保证建设合同的履约效率和效益

业主、承包人以及监理单位是建设市场中的三大主体,他们之间的竞争以及履约情况直接关系到建筑市场的发展。随着我国经济的飞速发展,建筑市场已经进入规模化建设阶段,包括设计复杂程度、规模和速度都是前所未有的,与此同时,建筑市场中各项权利越来越向业主倾斜,业主、承包人和监理单位三者之间的制衡和博弈是以经济利益为出发点,几乎忽略了工程质量的要求,更甚者会牺牲工程质量来为其谋取利润,以及业主凭借其优势地位对工程建设严重干预,这样一来往往会产生豆腐渣工程,对项目的使用者的财产和人身安全构成威胁。

保证工程质量不仅要靠健全的监督机制和严密的质量控制体系,还依赖于直接参与现场施工的承包人的综合素质。担保公司为选到合适、过硬的承包人发挥了其市场过滤器的作用;担保公司对工程施工过程的关注也促使承包人严格按照合同和规范的要求施工,因此有利于保证工程质量。

鉴于对工程质量最基础且最有效的保证,工程担保人市场的建设成了至关重要的举措。因为在完善的工程担保人市场中担保人的责任和义务明确,除了具有强大的专业能力和金融实力外,他们还具有专业风险评估和管理能力:首先,对进入市场的承包人产生市场过滤器的筛选功能;其次,鉴于担保人的利益和承包人的效益捆绑,就像监理单位的利益和业主息息相关一样,在业主对工程产生不合理干预时,担保人会以独立的第三方代表承包人与业主竞争,在一定程度上是对业主手中权力的制约。

因此,担保人为了获取其应得的利润,就必须在业主和承包人之间找到平衡点,而这个平衡点与所担保的工程项目的履约情况是同步的,担保人参与到建筑市场便使得承包人更规范,规范的承包人的项目工程质量更有保证。

(3) 有利于带动担保行业协会以及相关中介组织的发展

工程担保人市场的发展必定会促进担保行业协会组织的产生。担保行业协会组织对外代表行业利益进行宣传推广,对内进行信息交流、制定行业规范及组织业务培训等,以实现行业健康有序发展,提高行业的整体素质。

工程担保是一门专业性非常强的工作,需要工程担保专业人员和中介组织为担保人和被

担保人提供各种服务。实际上,担保中介组织是工程担保市场的重要组成部分。由于目前我国精通工程担保的专业人员和组织十分缺乏,所以工程担保人市场的发展和完善可以带动工程担保专业人员成长,扶植工程担保中介组织的快速发展,有助于我国工程担保市场的建立和工程担保制度的推行。

(4)避免现行体制下权大于法的情况,保证市场化发展而非政府干预

工程保证担保制度是一项市场保证制度,是部分政府职能的社会化。它以市场经济的手段建立起一道硬性的市场准入门槛,作为独立的经济利益主体,担保人将为其错误的评审承担责任。政府在整个过程中起到管理者的作用,在利益约束机制下,工程项目的运行及决策由各个市场主体去完成,从而减轻了政府在建筑市场管理中的负担。

9.2 国内外工程担保的发展

9.2.1 发达国家工程担保的发展历程

工程担保最早起源于美国。为了解决个人担保存在的局限性,1984年美国国会通过了"赫德法案",要求所有公共工程采用担保制度。

1935年,美国国会又通过了"米勒法案"。该法案规定:当签订新建、改建、修复10万美元以上的联邦政府工程合同时,承包人必须提供全额的履约保证及付款保证。付款保证金额按照下列标准确定:100万美元以下的工程,取合同价款的50%,100万至500万美元的工程,取合同价款的40%;超过500万美元的工程,付款保证金额定为250万美元。"米勒法案"还规定,担保公司的营业资格交由美国财政部负责,财政部每年公布资质合格的担保公司名单。

1942年,美国许多州的州议会通过了"小米勒法案"。该法案规定:凡州政府投资兴建的公共工程项目均须事先取得工程担保。从此,公共工程担保制度在美国得以推广实行。除了上面介绍美国有关法律规定了履行保证和付款保证之外,日本《建筑业法》在"合同的保证"中还规定了预付款保证。

9.2.2 我国工程担保的发展历程

与发达国家相比,我国的工程担保制度起步较晚。20世纪80年代初,在利用世界银行贷款进行经济建设的过程中,工程担保作为工程建设项目管理的国际惯例之一被引入我国。1991年,天津市利用世界银行贷款项目招标过程中,世行要求投标人提供投标担保、预付款担保以及中标单位提供履约担保。1995年,我国《担保法》出台,企业可以资产抵押、质押、提供反担保来获得银行担保,工程担保业务自此逐渐开展起来。

1998年5月,建设部发布了《关于1998年建设事业体制改革工作要点》,明确提出"逐步建立健全工程索赔制度和担保制度"及"在有条件的城市,可以选择一些有条件的建设项目,进行工程、质量担保的试点"。2000年,全国建设工作会议把实行工程担保制度作为"十五"期间的一项重点工作,要求在"十五"期间有重大进展。2002年,建设部与国务院有关部门联合成立了课题组,在广泛调查研究的基础上,完成了《关于在我国建立工程项目风险管理制度的课题研究报告》(以下简称"报告")。《报告》全面分析了在我国建立工程项目风险管理制度

的必要性，充分借鉴了发达国家和地区在政府投资工程管理和工程项目风险管理方面的做法和成功经验，细化了建立工程项目风险管理制度的设想，为制定适合我国实际情况的工程担保管理制度打下了良好的基础。2001年12月20日，深圳市在三届人大常委会第12次会议通过的《深圳经济特区建设工程施工招标投标条例》中对工程担保做了规定：深圳市范围内工程建设项目的有关当事人应当要求提供担保。2002年8月，青岛市建委制定并下发了《关于实行建设工程担保制度的意见》，标志着工程担保制度在该市正式实施。此外，上海、天津、云南、沈阳等地也相继制定了开展工程担保的办法。

2004年8月，建设部印发了《关于在房地产开发项目中推行工程建设合同担保的若干规定》（建市〔2004〕137号）文件，要求工程建设合同造价在1000万元以上的房地产开发项目，实行业主工程款支付、投标、承包人付款担保。2004年12月16日，建设部发布了"关于征求《工程担保合同示范文本》（征求意见稿）意见的通知"；2005年5月，建设部印发了《工程担保合同示范文本（试行）》；2005年10月26日发布了"关于选择深圳、厦门等市作为推行工程担保试点城市的意见"（具体是指深圳、厦门、成都、青岛、杭州和常州六个城市）。

2009年2月，住房和城乡建设部进一步推进诚信体系建设，营造诚信奖惩机制。一是抓好各地不良信息的上报，适时组织召开各省信息联络员工作会。二是推进诚信行为信息的应用，使其在行政许可、招投标、工程担保与保险等方面发挥作用。三是指导试点地区继续深化信用体系的功能，组织长三角等试点地区开展信用奖惩机制及法规体系课题研究，争取在加强市场动态监管的具体做法上有所突破。继续推行工程担保、保险制度。进一步扩大担保试点城市，积极培育担保机构，支持市场主体之间自愿采用担保保证、商业保险等手段规避风险，引导工程担保市场的健康发展。

2013年2月，住房和城乡建设部发布了《住房城乡建设部印发关于进一步促进工程勘察设计行业改革与发展若干意见的通知》。其中（八）"推行勘察设计责任保险和担保"指出：进一步完善市场风险防范机制，加快建立由政府倡导、按市场模式运行的工程保险、担保制度，保障企业稳定运营。支持工程勘察设计领域的保险产品创新，积极运用保险机制分担工程勘察设计企业和人员的从业风险。引导工程担保制度发展，为工程勘察设计企业增强服务能力、提升企业实力提供支撑。

2016年6月，为做好清理规范工程建设领域保证金工作，推进简政放权、放管结合、优化服务改革，发展信用经济、建设统一市场、促进公平竞争、加快建筑业转型升级，国务院办公厅发布《国务院办公厅关于清理规范工程建设领域保证金的通知》（国办发〔2016〕49号）。

2018年，住房和城乡建设部发布了《关于加快推进实施工程担保制度的指导意见（征求意见稿）》，明确下一步将分类实施工程担保制度，并提出到2020年各类工程建设领域保证金的保函替代率提升30%：一是大力推行投标保函、履约担保；二是加快推行工程款支付担保；三是应用工程质量保函；四是全面推行农民工工资支付保函。建筑企业以银行保函的方式缴纳工程建设领域保证金，建设单位和有关部门不得拒绝。

2019年6月，住房和城乡建设部等部门在《关于加快推进房屋建筑和市政基础设施工程实行工程担保制度的指导意见》中明确加快推行投标担保、履约担保、工程质量保证担保和农民工工资支付担保。支持银行业金融机构、工程担保公司、保险机构作为工程担保保证人开展工程担保业务。到2020年，各类保证金的保函替代率明显提升，工程担保保证人的风险识别、风险控制能力显著增强，银行信用额度约束力、建设单位及建筑企业履约能力全面提升。

2019年12月4日,国务院第73次常务会议通过《保障农民工工资支付条例》(国务院令第724号),自2020年5月1日起施行。

2020年1月8日,国务院常务会议明确提出出台实施及时支付中小企业款项相关法规;在工程建设领域全面推行过程结算,要求加大保函替代施工单位保证金推广力度。

2020年5月28日,十三届全国人大三次会议表决通过了《中华人民共和国民法典》,自2021年1月1日起施行。《中华人民共和国担保法》同时废止。《中华人民共和国民法典》将原有的《中华人民共和国担保法》和《中华人民共和国物权法》相结合,明确规定了担保物权、保证合同等内容,还规定了其他具有担保功能的合同。考虑到民法典对担保制度作出了重大完善和发展,为了切实实施民法典,最高人民法院在清理以往与担保有关的司法解释的基础上,制定了《最高人民法院关于适用〈中华人民共和国民法典〉有关担保制度的解释》,适用于因抵押、质押、留置、保证等担保发生的纠纷。

目前我国工程担保品种主要包括五种,即投标担保、履约担保、工程款支付担保、农民工工资支付担保以及工程质量保证担保,覆盖了施工工程的整个流程,贯穿投招标阶段、施工阶段与质量缺陷责任期阶段。现阶段,投标担保、履约担保是政府投资项目中的强制性担保。此外,政府还通过引导推行工程款支付担保、农民工工资支付担保以及工程质量保证担保等手段,加快推进工程保证担保制度。

从应用范围看,投标担保的实行范围十分广泛,接近80%的建设工程项目都要实行投标担保。履约担保的实行范围较广,大部分建设工程项目都需要提供履约担保,尤其在一些政府重点工程中,接近100%的工程项目都实行了承包人履约担保。而工程款支付担保的实施状况则不够理想。此外,农民工工资支付担保以及工程质量保证担保尚处于大力推行阶段。

总之,我国工程担保体系处在不断发展和完善阶段:政府正逐渐向投标担保与履约担保以外的其他品种发力,政策正逐渐向银行与保险公司倾斜,市场也将不断向保证保险贴近。

9.2.3 我国工程担保的发展趋势

尽管我国政府和企业已逐渐认识到建立工程担保制度的重要性并开始采取一些相应的措施,但推行公共工程担保制度所面临的障碍和问题仍然不小,不是一朝一夕能够解决的,还需要政府主管部门综合部署、扎实推进、深化体制改革、调整法规政策、鼓励市场发展、严格监督管理,从点到面逐步展开,即建立、修改、完善相关的法规政策制度,规范政府行为,鼓励信用保证市场的发育和完善,前瞻果断地介入信用保证市场监管,在部分条件较好的地区及重大项目上形成影响,然后全面推开。基于对公共工程担保行业未来的整体构想,应以形成专业保证公司为主的合同保证制度为最终目标。今后我国工程担保的发展应从以下五个方面着手。

(1)加强国家相关部门的监管

在工程建设领域推行工程担保制度是大势所趋,但这一过程的具体实现顺利与否,政府所发挥的作用至关重要。政府要充分发挥其监管职能,保证工程担保制度健康、有序地发展。

①加强对担保人市场的监督管理。首先,要尽快建立对专业担保公司资信和担保能力的评价体系,使专业担保公司的信用信息公开化,以利于当事人对其选择并发展行业与社会的监督作用。其次,要尽快建立担保信息调查分析系统,便于对担保人的数量、市场份额、担保代偿情况、担保余额以及保函开展查询、统计和管理工作。担保余额超出担保能力的专业担保机构,要限制其出具保函或要求其做出联保、再担保等安排。最后,要发挥行业协会的作用,建立

反映行业共同呼声的自律性组织,出台行业自律准则,制定工程担保行业和行为规范,通过行业自律来规范担保机构的行为。

②加强对被保证人的监督管理。要实行保函集中管理制度,对保函的合法性及真实性进行审核和监督,对提供虚假担保资料或虚假保函的建设单位和施工单位,作为不良行为记入建设行业信用信息系统,并根据相关规定给予处分。这样可遏制规避监管的行为,避免工程担保流于形式。

③加强对实行工程担保工程的跟踪管理。对在保函有效期截止日被保证人合同义务尚未实际履行完毕,应当办理续保保函而未办理的行为或在保函约定的有效期届满前提前撤保的行为应作为不良行为,记入建设行业信用信息系统,并根据相关规定给予处罚。在跟踪管理过程中涉及总结、发现和解决担保工作中的问题,保证工程担保制度的顺利实施。

(2) 完善相关的法律法规框架

尽管有关合同保证的法律基础已具备,但这方面的法律体系并不完善。而且,由于工程担保具有一定特殊性,仅凭现有法律基础并不能完全满足推行工程担保制度的需要。此外,部分法律法规内容存在冲突,因此必须加快建立和完善工程担保法律体系,以保证工程担保顺利推行。例如,建立项目前期风险评估制度,即在项目建议书和可行性研究报告中增加项目风险分析的相关内容,如在批准的初步设计文件中应体现担保费用;修改现行会计制度,增加预算支出科目,将工程担保费用列入投资预算并予以单列;修改施工企业会计核算办法,在工程实施科目下的成本项目明细科目中增加担保费用。通过制定相关规定,明确允许代建单位将保费列入工程造价,同时允许承包人将保费列入工程成本中等。

推行工程担保就是想通过市场的力量来规避信用风险,但保证人作为市场的一员,其经营合同保证业务的目的就是要通过控制风险实现盈利。要使担保制度得以成功发挥效力,法律制度必须要能够帮助他们清晰地衡量自己的风险和机会,否则市场保证供给能力将很快耗尽,出现无人提供保证的局面。通过立法确立强制性保证范围,可以为工程担保市场提供需求。强制性工程担保作为一个制度建设的方向,应该有立法加以确定,从而为工程担保市场的启动奠定坚实的法律基础。由于我国的工程担保制度正处于起步阶段,还需要一个渐进的发展过程。为了使工程担保的市场需求不至于大大超过保证的市场供给容量,应当配合保证业发展状况,合理制定强制性工程担保制度的实施范围,适时控制强制性工程担保制度所创造的市场需求,随着保证供给的逐步发展,逐步扩大强制性工程担保的实施范围。

(3) 培育工程担保市场

推行工程担保制度,必须要有一定数量并且符合资格条件的担保人,形成具有竞争机制的担保人市场,但是目前这些主体与组织相当缺乏。为此,必须建立工程担保市场,让各种主体参与到这个市场中来。由于工程担保风险较大,为确保工程担保的信誉,目前工程担保主体应由实力雄厚的金融机构(如银行、保险公司)担任,这样可以借助其庞大的网点与雄厚的资金以及以往与建设系统的合作经验,大力开展工程担保业务,在今后的发展专业的担保公司以及承包人的同业担保。根据担保公司自有资金实力、专业技术力量等,确定允许开展工程担保的业务范围,并对其开展工程担保业务的信誉状况等作定量等,确定允许开展工程担保的业务范围,并对其开展工程担保业务的信誉状况等作定期评估。同时,行业主管部门可以根据本地区的实际情况,制定合理的担保费的最低限额,避免出现恶性竞争影响担保行业的健康发展。建设工程担保价格应当由市场调节,以市场供求作为价格调节机制可以获得多方面的效果:使承包人的资信得以通过市场实现其价值,资信好的企业可以较低价格取得保证;促使保证机构更好地发挥对工程建设主体的监督制约作用;促进市场优胜劣汰,使没有信用的企业被市场清除,增强建筑业整体竞争力。

担保业的发展是建立工程担保制度的重要保障,在很大程度上,担保人的素质会影响到工程担保制度的实施质量。目前,担保行业发展中暴露出的问题已不容忽视,必须予以规范,否则,不仅会影响社会诚信体系的整体构建,更不利于担保业务推广。另外,应充分认识担保市场现状中的问题,采取切实有效的措施不断提高整体的社会信誉,强化行业自律。

(4)健全和完善工程担保诚信体系

建立健全工程担保信用体系,是推行工程担保制度健康发展必不可少的条件。应尽快建立建筑市场的信用管理系统,通过正面利益驱动,建立信用监督和失信惩戒制度,引入考察机制、奖惩机制、竞争机制和黑名单曝光制度等,增强全社会的信用意识和合同履约意识,将工程担保作为一种信用工具运用于工程建设承发包中,消除合同信用风险,强化市场主体各方自我约束和自我监督的力度,有效保障合同依法全面履行。主要工作包括以下两方面:一是培育和发展独立的征信机构,建立动态的资信数据库,搜集涵盖市场主体各方的资产负债情况、纳税情况、银行信用状况、履约记录、业绩等各种信息,根据这些数据和担保人的信用规范及评估标准,完成对市场主体各方的信用评分、评级,为担保人的守信提供可靠的依据;二是建立信用监管和失信惩戒制度,建立关于工程担保的诚信记录和对违规行为的处罚制度,建立"黑名单"档案,让失信企业"榜上有名",并依法公布、曝光或予以行政处罚,对特别恶劣的,依法追究法律责任。对于守信企业,要在信贷、工商注册、税收、招投标等方面享有优先权。因为保护守信者、惩罚失信者,通过信用机制规范市场主体各方的行为,是发挥社会监督和约束作用的制度保障。

(5)建立行业信用信息支持系统

信用制度是建设现代市场体系的基石,也是工程担保制度发挥效力的根本保证。信用监督和失信惩罚制度是信用制度的重要组成部分。建筑领域信用体系建设是公共工程担保健康发展必不可少的支撑体系。在信用体系建设过程中,应遵循政府引导市场运作的原则,通过建立重大不良行为记录制度,规范信息采集和调查、信用咨询及评级,形成建设行业信用信息数据库,并搭建政府管理部门、银行和专业信用保证机构共享的信用平台。建立和完善担保信息系统,可以及时准确地搜集、整理和与社会共享信用信息,这是建立信用体系的基础工作,即建立和完善担保信息系统,要通过宣传和舆论向导,培育社会信用意识和形成全社会讲信用、守信用、重信用的舆论环境。要加强同业沟通,互通信息,共同防范信息不对称。要建立健全全方位多层次的以信用信息披露机制为核心的网络监管系统,以实现信息的公开化和透明化,便于对其进行有效监督。

9.3 ▶ 工程担保的类型和相关规定

建设工程合同中,当事人的一方为了避免因对方原因而造成的损失,往往要求具有合格资信的第三方为对方提供保证,即通过保证人向权利人提供担保,倘若被保证人不能履行其对权利人的承诺和义务,以致权利人遭受损失,则由保证人代为履约或负责给予赔偿。

严格地说,我国一般所称的工程领域的"担保"应称为"保证担保"更合适。英文中涉及工程保证担保时均使用"Surety Bond",这两个词看起来有些重复,但二者的组合并不是词义的并列和叠加,而是表达一种复合概念:负责或保证履行契约所规定的义务并为此担保,即首先要履行保证,然后提供担保。所以,保证担保,就是保证担保人向权利人保证,如果被保证人无法完成其与权利人签订之合同中规定的应由被保证人履行的承诺、债务或义务,则由保证担保人代为履约或以其他形式给予补偿。从法律的角度上可将工程担保描述为:为了保证债务的履行,确保债权的实现,在债务人的信用或特定的财产之上设定的特殊民事法律关系。这种法律关系的特殊性表现为一般的民事法律关系(即权利和义务关系)的内容基本处于一种确定的状态,而担保的内容处于一种不确定的状态,即当债务人不按主合同的约定履行债务导致债权无法实现时,担保的权利和义务才能确定并成为现实。

鉴于工程担保的重要性,许多国家都在建设法律中对工程担保制度做出了专门规定,许多国际组织和国家的行业组织在标准合同条件中也包含有工程担保的相关条款。《世行采购指南》《土建工程国内竞争性招标文件》《施工合同条件》(FIDIC 条款)等工程管理行业重要文件中都对工程担保做了详细的规定。工程担保可以分为要求承包人提供的工程保证担保、要求业主提供的工程保证担保及反担保等类型。

9.3.1 要求承包人提供的工程保证担保

要求承包人提供的工程保证担保通常有:投标保证、预付款保证、履约保证、付款保证、维修保证、分包保证、差额保证、完工保证等。

9.3.1.1 投标保证(Bid Bond/Tender Guarantee)

(1)《世行采购指南》的规定

投标保证金根据投标人的意愿,采用保付支票、信用证或者由信用好的银行出具保函等形式,应允许投标人提交由其选择的任何合格国家的银行直接出具的银行保函。投标保证金应当在投标有效期满后 28 天内一直有效,目的是给借款人(业主)在需要索取保证金时,有足够的时间采取行动。一旦确定不能对其授予合同,应及时将投标保证金退还给落选的投标人。

(2)《中华人民共和国招标投标法实施条例》的规定

投标人在递交投标文件的同时,如招标文件要求提交投标保证金的,应按规定的日期、金额、形式递交投标保证金,并作为其投标文件的组成部分。联合体投标的情况下,其投标保证金由牵头人或联合体各方递交,并应符合规定。投标保证金除现金外,可以是银行出具的银行保函、保兑支票、银行汇票或现金支票。投标保证金的数额不得超过项目估算价的 2%,具体标准可遵照各行业规定。依法必须进行招标的项目的境内投标单位,以现金或者支票形式提交的投标保证金应当从其基本账户转出。投标人不按要求提交投标保证金的,其投标文件应被否决。

投标有效期的期限可根据项目特点确定,一般项目投标有效期为 60~90 天,大型复杂项目为 120 天。投标保证金的有效期应与投标有效期保持一致。出现特殊情况需要延长投标有效期的,招标人以书面形式通知所有投标人延长投标有效期。投标人同意延长的,应相应延长其投标保证金的有效期,但不得要求或被允许修改其投标文件的实质性内容;投标人拒绝延长的,其投标失效,投标人有权收回其投标保证金。

9.3.1.2 预付款保证(Advance Payment Bond/Guarantee)

(1)《世行采购指南》的规定

《世行采购指南》规定,货物或土建工程合同签字后支付的任何动用原预付款及类似的支出应参照这些支出的估算金额,并应在招标文件中予以规定。对其他预付款的支付金额和时间,如为交运到现场用于土建工程的材料所作的材料预付款,也应有明确规定。预付款不计利息。

(2)世行贷款项目招标文件范本——《土建工程国内竞争性文件》的规定

①在中华人民共和国注册并经营的银行开出与预付款相同数额的保函后,业主将按合同专用条款中规定的金额和日期向承包人支付预付款。预付款保函应在预付款全部扣回之前保持有效,但其担保额应随投标人返还的金额而逐渐减少。

②承包人应将预付款专用于实施本合同所需的施工机械、设备、材料及人工费用,并且应向项目监理提交发票和其他证明文件的副本,以证明预付款确实如此使用。

③根据以支付额计算的完成工程的比例表,预付款将从支付给承包人的款项中按合同专用条款中规定的比例数额扣回。在评估所完成的工程、变更、价格调整、补偿事件或误期赔偿费的价值时不应考虑预付款的支付和扣回。

(3)《亚洲开发银行贷款采购准则》的规定

《亚洲开发银行贷款采购准则》规定,建设项目合同应当预先支付一定数额,用于支付迁移费及为工程需要而将材料运到工地的费用。招标文件应规定每项预付金额基数、支付的时间和方法、所要求的资金种类以及承包人还款方式。对于预付的迁移费、所迁移的物品应在数量单中加以说明,预付款的支付仅限于这些物品。一般情况下,预付金额仅限于合同总额的10%,至于配合工程需要所运的材料,预付款数量取决于工程的类型,在通常情况下可预付部分材料费。

(4)FIDIC 土木工程《施工合同条件》(2017 版)的规定

FIDIC 土木工程《施工合同条件》(2017 版)规定,承包人应(由承包人承担费用)以与预付款相同的金额和货币获得预付款担保,并应将其提交给业主,同时抄送工程师。保函应由业主认可的国家地区(或其他司法管辖区)内的实体出具,并应以招标文件中包含的样本表格或业主认可的其他表格为基础,协议不应免除承包人在本款下的任何义务。

承包人应确保预付款保函在预付款被偿还之前有效和可执行,但其金额可以根据付款证书中规定的承包人偿还的金额逐步减少。

如果预付款保函的条款规定了到期日,并且预付款在到期日前 28 天仍未偿还,则:

①承包人应延长保函的有效期,直至预付款已偿还。

②承包人应立即向业主提交延期的证据,并抄送工程师。

③如果业主在保函到期前 7 天没有收到该担保,则业主有权根据保函索取尚未偿还的预付款金额。

在提交预付款保函时,承包人应包括预付款申请(以报表的形式)。

(5)《建设工程价款结算暂行办法》(财建〔2004〕369 号)等文件的规定

《建设工程价款结算暂行办法》(财建〔2004〕369 号)规定,包工包料工程的预付款的支付比例一般不得低于签约合同价(扣除暂列金额)的 10%,不宜高于签约合同价(扣除暂列金额)的30%。

预付款保证担保是指承包人与业主签订合同后领取预付款前,承包人正确、合理使用发包人支付的预付款而提供的担保。其主要作用是保证承包人能够按合同规定的目的使用并及时偿还发包人已支付的全部预付金额。如果承包人中途毁约,中止工程,使业主不能在规定期限内从应付工程款中扣除全部预付款,则发包人有权从该项担保金额中获得补偿。

预付款保证担保的主要形式为银行保函,也可以采用发承包双方约定的其他形式,如由担保公司提供担保,或采取抵押等担保形式。预付款保证担保的担保金额通常与发包人的预付款是等值的。预付款一般逐月从工程进度款中扣除,预付款担保的担保金额也相应逐月减少。承包人的预付款保函的担保金额根据预付款扣回的数额相应扣减,但在预付款全部扣回之前一直保持有效。

9.3.1.3 履约保证(Performance Bond/Guarantee)

履约保证是工程保证担保中最重要的形式,也是工程保证金额最大的一项担保,其他的保证形式在某种程度上相当于是对履约保证的补充担保。通过履约保证,充分保障了业主依照合同完成工程建设的合法权益,同时迫使承包人必须采取严肃认真的态度对待合同的签约和执行。下面是与履约担保相关的规定。

(1)《世行采购指南》的规定

《世行采购指南》规定,工程的招标文件要求一定金额的保证金,其金额足以抵偿借款人(业主)在承包人违约时所遭受的损失。该保证金应当按照借款人在招标文件中的规定以适当的格式和金额采用履约担保书或者银行保函形式提供。担保书或者银行保函的金额将根据提供保证金的类型和工程的性质及规模有所不同。该保证金的一部分应展期至工程竣工日之后,以覆盖截至借款人最终验收的缺陷责任期或维修期;另一种做法是,在合同规定从每次定期付款中扣留一定比例作为保留金,直到最终验收为止。可允许承包人在临时验收后用等额保证金来代替保留金。

(2)世行贷款项目招标文件范本——《土建工程国内竞争性文件》的规定

①中标人应在接到中标通知书14天内,按合同专用条款中规定的数额向业主提交履约保证金,即在责任期结束后28天内,履约保证金应保持有效,并应按规定的格式或业主可接受的其他格式由在中华人民共和国注册经营的银行开具。

②如果没有理由再需要履约保证金,在缺陷责任期结束后的28天内,业主应将履约保证金退还给承包人。

③业主应将从保证金的开出机构所获得的索赔通知承包人。

④如果下述情况发生42天或以上则业主可从履约保证金中获得索赔:项目监理指出承包人有违反合同的行为后,承包人仍继续该违反合同的行为或承包人未将应支付给业主的款项支付给业主。

(3)FIDIC《施工合同条件》(2017版)的规定

①承包人应在双方签署合同协议书后28天内,将履约担保交给业主。履约担保应由业主批准的国家(或其他司法管辖区)内的实体提供,并采用专用条件所附格式或采用业主批准的其他格式。

②承包人应确保履约担保直到其完成工程的施工、竣工和修补完任何缺陷前限持续有效

和可执行。如果在履约担保的条款中规定了期满日期,而承包人在该期满日期 28 天前尚无权拿到履约证书,承包人应将履约担保的有效期延至工程竣工和修补完任何缺陷时为止。

③除出现以下情况业主根据合同有权获得金额外,业主不应根据履约担保提出索赔:

a. 承包人未能按前一段所述延长履约担保的有效期,这时业主可以索赔履约担保的全部金额。

b. 承包人未能在商定或确定后 42 天内,将承包人同意的或规定确定的承包人应付金额付给业主。

c. 承包人未能在收到业主要求纠正违约的通知后 42 天内进行纠正。

d. 根据规定,业主有权终止的情况,不管是否已发出终止通知。

④业主应保障并保持承包人免受因业主根据履约担保提出的超出业主有权索赔范围的索赔引起的所有损害赔偿费、损失和开支(包括法律费用和开支)的伤害。

⑤业主应在承包人有权获得履约证书后 21 天内,将履约担保退还承包人。

(4)《政府采购法实施条例》和《招标投标法》等的规定

在签订合同前,招标文件要求中标人提交履约保证金的,中标人应当提交。履约保证金属于中标人向招标人提供用以保障其履行合同义务的担保。中标人以及联合体的中标人应按招标文件规定的金额、担保形式和提交时间,向招标人提交履约担保。履约担保有现金、支票、汇票、履约担保书和银行保函等形式,可以选择其中一种作为招标项目的履约保证金,履约保证金金额最高不得超过中标合同金额的 10%。中标人不能按要求提交履约保证金的,视为放弃中标,其投标保证金不予退还,给招标人造成的损失超过投标保证金数额的,中标人还应当对超过部分予以赔偿。履约保证金的有效期自合同生效之日起至合同约定的中标人主要义务履行完毕停止。业主应在工程接收证书颁发后 28 天内将履约保证金退还给承包人。

9.3.1.4 其他保证担保

除了上述要求承包人提交的投标保证担保、预付款保证担保、履约保证担保外,还存在以下几种方式的保证担保。

(1)付款保证(Payment Bond/Guarantee)

有的业主会要求承包人提供付款保证。付款保证是保证承包人依照工程进度按时支付工人工资、分包商及材料设备供应商费用的担保形式。一般情况下,付款保证附于履约保证之内,也可通过专门文件进行规定。如果缺少付款保证,一旦承包人没有正常付款,债权人有权起诉,致使业主的工程及其财产受到法院的扣押。通过付款保证,业主避免了不必要的法律纠纷和管理负担。

(2)维修保证(Retention Money Guarantee)

维修保证也称质量保证。住房和城乡建设部、财政部发布的《建设工程质量保证金管理办法》(建质〔2017〕138)规定,建设工程质量保证金是指发包人与承包人在建设工程承包合同中约定,从应付的工程款中预留,用以保证承包人在缺陷责任期内对建设工程出现的缺陷进行维修的资金。

发包人应按照合同约定方式预留质量保证金,质量保证金总预留比例不得高于工程价款结算总额的 3%。合同约定由承包人以银行保函替代预留质量保证金的,保函金额不得高于工程价款结算总额的 3%。在工程项目竣工前,已经缴纳履约保证金的,发包人不得同时预留工程质量保证金。采用工程质量保证担保、工程质量保险等其他方式的,发包人不得再预留质量保证金。

缺陷责任期内,实行国库集中支付的政府投资项目,质量保证金的管理应按国库集中支付的有关规定执行。其他政府投资项目,质量保证金可以预留在财政部门或发包方。缺陷责任期内,如发包人被撤销,质量保证金随交付使用资产一并移交使用单位,由使用单位代行发包人职责。社会投资项目采用预留质量保证金的,发承包双方可以约定将质量保证金交由金融机构托管。

缺陷责任期内,由承包人原因造成的缺陷,承包人应负责维修,并承担鉴定及维修费用。如承包人不维修也不承担费用,发包人可按合同约定从质量保证金或银行保函中扣除相关费用。费用超出质量保证金额的,发包人可按合同约定向承包人进行索赔。承包人维修并承担相应费用后,不免除对工程的损失赔偿责任。由他人及不可抗力原因造成的缺陷,发包人负责组织维修,承包人不承担费用,且发包人不得从质量保证金中扣除费用。

缺陷责任期内,承包人认真履行合同约定的责任,到期后,承包人向发包人申请返还质量保证金。

(3) 分包保证(Subcontract Bond/Guarantee)

当存在总包分包关系时,总承包人要为各分包商的工作承担完全责任。总承包人为了保护自身的权益不受损害,往往要求分包商通过保证人为其提供保证担保,以保障分包商充分履行自己的义务。

(4) 差额保证(Price Difference Bond/Guarantee)

如果某项工程招标设有标底,通常,在中标价格低于标底超出10%的情况下,为了保证按此中标价格不至于造成工程质量的降低,业主往往要求承包人通过保证人对于标底与中标价格之间的差额部分提供担保。当采取合理最低价评标原则时,差额保证更能发挥其重要作用。

(5) 完工保证(Completion Bond/Guarantee)

业主可要求承包人通过保证人提供完工保证,以此保证承包人必须按计划完工,并对该工程不具有留置权。如果由于承包人的原因,出现工期延误或工程弃用,则保证人应承担相应的损失赔偿。

(6) 要求承包人提供的其他工程保证形式

根据具体的工程特点,要求承包人提供的工程保证担保还包括保留金保证、免税进口材料设备保证、机具使用保证、税务保证等形式。

9.3.2 要求业主提供的工程保证担保

要求业主提供的保证担保主要是业主支付保证。业主支付保证是指业主通过保证人为其提供担保,保证业主将按照合同规定的支付条件,如期将工程款支付给承包人。如果业主不按合同支付工程款,将由保证人代向承包人履行支付责任。业主支付保证的实行,为业主拖欠工程款问题的解决找到了一条成功的途径。以下是国际国内与支付担保有关的规定。

(1) FIDIC《施工合同条件》(2017版)的规定

"合同价格与支付"条款下,如要求投标书包括预付款条款,投标书附件中规定的预付款额,应在承包人根据业主呈交或认可的履约保证书和已经业主认可的条件对全部预付款价值进行担保的保函之后,由工程师开具证明支付给承包人。上述担保额应按照工程师根据本款颁发的临时证书中的指示,用承包人偿还的款项逐渐冲销。该预付款不受保留金约束。

(2)《建设工程施工合同(示范文本)》(GF—2017—0201)的规定

第2.5条规定了关于发包人资金来源证明及支付担保。

①除专用合同条款另有约定外,发包人应在收到承包人要求提供资金来源证明的书面通知后28天内,向承包人提供能够按照合同约定支付合同价款的相应资金来源证明。

②除专用合同条款另有约定外,发包人要求承包人提供履约担保的,发包人应当向承包人提供支付担保。支付担保可以采用银行保函或担保公司担保等形式,具体由合同当事人在专用合同条款中约定。

(3)《房屋建筑和市政基础设施工程施工招标投标管理办法》(建设部令第89号)的规定

招标文件要求中标人提交履约担保的,中标人应当提交。招标人应当同时向中标人提供工程款支付担保。

9.3.3 反担保

由于担保金额很多,而收取的保证费较少,因此保证人承担的风险是相当大的。被保证人对保证人为其向权利人支付的任何赔偿,均承担对于保证人的返还义务。保证人为了防止向权利人赔付后,又不能从被保证人那里获得补偿,可以要求被保证人提交反担保(Counter Bond/Guarantee),作为保证人出具保证的前提条件。一旦出现代为赔付的情况,保证人可以通过反担保追偿因提供保证而导致的经济损失。反担保可以采用保证、抵押、质押、留置、定金等其中的任何一种形式。

不论是要求承包人通过保证人提供的工程保证,还是要求业主通过保证人提供的工程保证,都存在承包人或业主进一步向保证人提供反担保的问题。

9.3.4 工程担保的其他类型

除了以上工程保证担保之外,国际上还存在着其他一些类型的工程担保形式。

(1)保证金(Deposit、Warrant Money)

前面已介绍过直接交纳投标保证金或履约保证金的做法。这两种做法既不能等同于保证担保,也不应视为抵押担保或定金担保,而应归于押金性质的担保,是《中华人民共和国民法典》规定之外的一种担保形式。承包人正常履约后,业主应如期退还这笔资金;若承包人中途毁约,业主将没收这笔资金。保证金可以是一笔抵押现金,也可以是一张保兑支票。

上述做法的优点在于操作手续简便,缺点在于承包人的一笔现金被冻结,不利于资金周转,对于大型工程更是如此。以1亿元的工程为例,履约保证金按10%计算,若直接交纳履约保证金,承包人将有1000万元的流动资金出现停滞,负担是相当沉重的。

(2)保留金(Retention Money)

每月验工计价给承包人发放工程款时,业主一般都要扣留一定比例的工程款作为保留金,以利于工程不符合质量要求时用于返工。国际上,工程合同中通常规定了预扣保留金的比例及保留金的限额;保留金通常是从每月验工计价中扣留10%,以合同价的5%作为累计上限。在签发工程验收证书时,工程师将向承包人放还一半的保留金,当工程保修期满后,再全部放还保留金余额(FIDIC合同条件对保留金的使用有明确规定)。保留金作为履约保证的一种补充,可视为一种质量责任留置担保。承包人可以通过保证人提供保证换回在押的全部保留金,这个保证即保留金保证。

(3)工程抵押(Mortgage on the Works)

抵押属于约定担保。工程抵押担保是保证业主遵照合同正常支付工程款的一种手段。即业主和承包人在签订合同时约定,业主在不转移对工程占有的前提下,将部分或全部工程作为一项财产向承包人提供债权担保。若业主逾期不支付工程款,承包人有权将该工程折价拍卖或者变卖,并从获得的价款中优先受偿。

(4)工程留置(Lien on the Works)

留置属于法定担保。工程留置是解决业主拖欠工程款问题最为直接有效的担保形式。

当业主拒付或拖欠工程款时,承包人可针对已完成的建设工程或业主的机械设备保持留置权,直至业主付清应当支付的所有款项;否则承包人有权将属于业主的工程或机械设备折价拍卖或变卖,并从中优先受偿。

在英、美法系国家中,不动产可以形成留置权。因业主违约,承包人拥有相应工程的留置权是法律所允许的。而《中华人民共和国民法典》第七百八十三条规定,定作人未向承揽人支付报酬或者材料费等价款的,承揽人对完成的工作成果享有留置权或者有权拒绝交付,但是当事人另有约定的除外。

(5)信托基金(Trust Fund)

"信托基金"是指业主和受托人签订信托合同,业主将一笔信托基金交给受托人保存,如果业主因故不能支付工程款,作为受益人的承包人可从受托人那里得到相应的损失赔偿。

9.3.5 工程担保的业务流程

目前,我国众多的担保公司还没有统一的工程担保业务流程,不同担保机构采用不同的担保流程。将这些流程归纳总结后,如图9-1所示。

①接待客户提供咨询服务,向客户解释与工程担保相关的各种资料并回答客户提出的其他相关问题。

②企业申请担保并提供企业和项目相关资料,填写《工程担保申请书》;提供的资料应包含《委托担保合同》,经年检的法人营业执照副本复印件(须验证副本原件),法人代表资格证明、个人身份证、签字样本或法人代表授权书、授权人身份证及签字样本,贷款材料原件及复印件,与担保有关的材料如工程承包合同、贷款合同、招标书、投标书、可行性报告等,经审计的财务报告、公司章程、验资报告、企业代码证书及税务登记证等资料。

③担保受理由担保经办人填写《工程担保业务受理表》。

④相关部门进行评审,不同的担保机构进行评审的部门不同,有的是工程担保部与调查小组成员共同评审并填写《工程担保评审表》;有的是先由部门经理进行初审,合格后交由项目经理调查评审,合格后交由风险管理部审核,这些审核都通过后,才接受担保。

⑤担保申请人资格会审由总经理、评审委员会全体成员及经办人等参加,对符合要求的企业出具《同意担保通知书》,对于不符合要求的则不予担保或补充材料后重新评审。

⑥签署工程担保保证合同并办理反担保手续担保人与担保申请人签署《工程担保保证合同》或出具《保证函协议书》。

⑦担保申请人交纳担保费担保申请人凭《工程担保费认缴单》到担保人的相关部门交纳担保费。

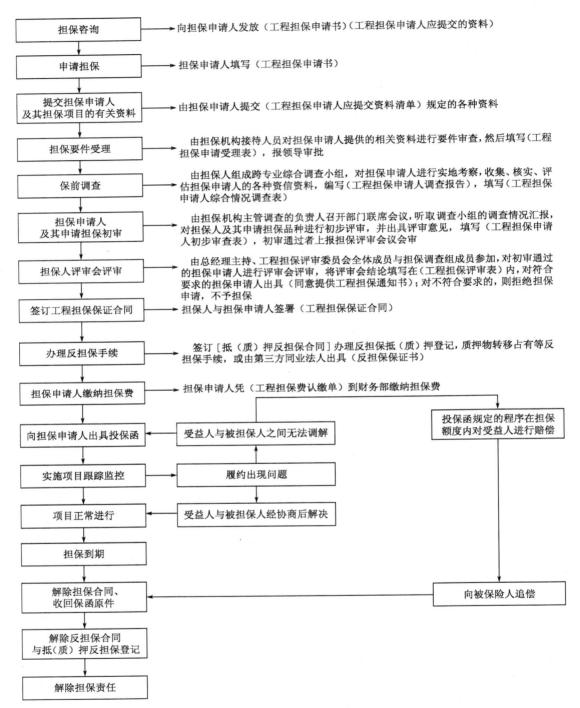

图 9-1　工程担保业务工作流程

⑧担保后进行跟踪监控即对工程项目进行跟踪,并对其风险进行监控。
⑨主合同无法履行时债权人提供索赔证明及相关材料。
⑩理赔。

⑪追偿。
⑫担保项目终止。

9.4 工程担保与工程保险的异同

在系统地学习了工程担保与工程保险的相关理论之后,本节针对工程担保与工程保险的相同点和不同点进行详细介绍。

9.4.1 工程担保与工程保险的相同点

工程担保与工程保险有以下相同点。

①工程担保和工程保险同样是一种风险的转移机制。工程担保和工程保险都是风险转移和损失补偿的重要手段。在发达国家,建设市场主体各方如果没有取得相应的工程保证担保,或没有购买相应的工程保险,几乎无法获得工程合同。工程担保类似于工程保险的一种形式,即帮助受益人尽量规避风险和损失。

②无论是工程担保,还是工程保险,都要遵循有关的法律规定,银行、担保公司、保险公司对于被保证人的综合能力都要进行全面评估。

③工程担保与工程保险在运作方式、管理模式、会计制度和事故处理上有许多相似之处。

9.4.2 工程担保与工程保险的不同点

工程担保与工程保险之间也存在明显的不同点。

(1) 根本性质不同

工程保险是一种损失基金机制,它是补偿投保者用来对抗不可预见的不利事件和因素。保险公司会预测各种可能发生的事件,例如车祸、火灾或者其他自然灾害在庞大人群中发生的概率,个人可以通过事故赔偿寻求经济保障,但是保险公司的这种赔偿支出只是众多参与保险的人群所付保险金额的一部分。而工程担保则是一种基于被担保人的信用程度和工程建设的专业经验为其设置的规避损失的机制。

(2) 当事人及受益人不同

工程担保是由三方当事人组成,即业主、承包人和保证人;而工程保险只有两方当事人,即保险人(保险公司)和投保人。保险合同是在投保人与保险人之间签订的,投保风险转移给了保险人。工程担保是由被保证人申请,交付保证费来保证其他权利人的利益,而工程保险则是由投保人申请,交付保险费来保障自己的利益。保证担保的投保(委托担保人)人并不受益,受益的是债权人,委托担保人并未将风险最终转移给保证担保人,最终风险承担者仍是委托担保人自己。

(3) 转移的风险不同

工程担保所承担的是被保证人违约或失误的风险,受益人把因被担保人可能违约而引起的损失通过工程担保而转移;而工程保险则是相关人签订一份假设会招致损失的合同,工程保险所承担的是投保人自己无法控制的、偶然的、意外的风险,投保的故意行为属于除外责任。

(4) 投保的条件不同

由于保证担保人在出具担保函前要对委托人的各种情况进行充分详细的调查和分析,所以一旦决定进行担保,就基本上确信委托担保人不大可能发生违约行为,因此保证担保是建立在委托担保人的信用等级和履约能力基础上。保证担保造就的是信用机制,在理论上保证担保不希望发生风险损失。而保险建立在实际可计算的预期损失基础上,造就的是互助机制。也就是说,作为保险投保人,对保险有选择性,只要投保人愿意,都可以被保险。

(5) 根本目的不同

在工程担保中,被保证人提供保证的根本目的并非为了转换风险,而是为了满足对方要求提供的信用保障;而在工程保险中,投保人购买保险则是为了转移风险,保障自身的经济利益。

(6) 承担风险的大小不同

在工程担保中,保证人所承担的风险小于被保证人,只有当被保证人的所有资产都付给保证人,仍然无法还清保证人为履约所支付的全部费用时,保证人才会蒙受损失;而在工程保险中,保险公司作为唯一的责任人,将对投保人的意外事故负责,相比之下,保险公司所承担的风险明显要高。

(7) 合同的要求不同

在工程担保中,保证人往往要求被保证人提供反担保,保证人有权追索作为履约所支付的全部费用;在正式履行工程担保的责任和义务前,担保人与委托担保人之间必须要签订正式的合约,并详细说明双方的权利和责任以及出现违约后的赔付条件。而正式合约一旦签订,担保人是不可中途撤销担保的,即使是因委托方在签订担保合约前利用欺骗的手段骗取了担保人的信任而签订的担保合约,在法律上也是被认可的,因此担保人不能消除应有的担保责任。

而在工程保险中,作为保险人的保险公司将按期收取一定数目的保险费,事故发生后,保险公司将按照保险合同规定,负担赔偿全部或部分损失,保险公司无权向被保险人进行追偿。保险不一定需要双方签订正式的合约,如工伤保险、劳动保险等。如果投保人中途撤销保险,保险公司也就免除了相关的责任。保险公司经调查,一旦发现投保人因提供虚假信息骗取保险金,完全可以停止并免除相关的责任并通过法律手段来维护自身的利益。

(8) 合同履行的方式不同

在工程担保中,被保证人因故不能履行合同时,保证人必须采取积极措施,保证合同得以继续履行完成;而在工程保险中,当投保人出现意外损失时,保险公司只需要支付相应数额的赔偿,无须承担其他责任。

(9) 风险的最终承担者不同

尽管同属工程项目风险转移手段,工程担保是由保证人暂时承担被保证人的信用风险,然后保证人可通过反担保很快追回部分或全部损失;而工程保险是将工程项目风险从投保人转移给保险人,最终由保险公司承担风险损失。

(10) 返还条款不同

当承包人或业主正常履行合同之后,工程保证应当如期返还,只有当一方没有正常履约时,另一方才能没收对方提供的工程保证;而在工程保险中,即使没有发生意外事故,投保人交纳的保险费也不再返还。

(11) 保费的计算不同

工程担保所要交纳的保证费相当于手续费,因而数额相对较低;而工程保险所要交纳的保险费则相对较高。

归纳上述工程担保与工程项目保险差异见表 9-1。

工程担保与工程项目保险的差异　　　　　　　　　　　　　　　　表 9-1

对比点	工程担保	工程保险
相关当事人	三方当事人组成,即业主、承包人和保证人	两方当事人,即保险人(保险公司)和投保人
受益者	由被保证人申请,交付保证费来保证他人(权利人)的利益	投保人申请,支付保险费来保障自己的利益
承担责任	被保证人因故不能履行合同时,保证人必须采取积极措施,保证合同得以继续履行	当投保人出现意外损失时,保险公司只需要支付相应数额的赔偿,无须承担其他责任
防范风险	被保证人违约或失误的风险	投保人自己无法控制的、偶然的、意外的风险
损失赔偿	保证人有权追索作为履约所支付的全部费用	保险公司将按照保险合同规定,负担赔偿金部分组成损失,保险公司无权向被保险人进行追偿
返还条款	承包人或业主正常履行合同之后,工程保证应当如期返还	即使没有发生意外事故,投保人交纳的保险费也不再返还
费用	保费取决于被保证人的信用	保费取决于对损失的精确计算
可撤销条件	中途不可撤销	中途可撤销
道德风险	即使被保证人利用欺骗手段得到担保,担保人也不能免除担保责任	通过条款规避道德风险限定保险责任
合同要求	在正式履行工程担保的责任和义务前,担保人与委托担保人之间必须要签订正式的合约,并详细说明双方的权利和责任,以及出现违约后的赔偿条件	保险不一定需要双方签订正式的合约,如工伤保险等社会保险。如果投保人中途撤销保险,保险公司经调查一旦发生投保人因提供虚假信息骗取保险金,完全可以停止免除相关的责任并经过法律手段来维护自身的利益

9.5　本章小结

本章在第 8 章工程保险的基础上介绍了工程担保的概念以及类型,并比较了工程担保与工程保险的区别。从宏观上阐述了国内外工程担保的发展趋势,从而更加清楚地了解工程担保的特点及优势。

习题

1. 工程担保的功能是什么?
2. 工程担保的类型有哪些?
3. 工程担保的优势是什么?
4. 工程保险与工程担保有哪些不同?

参考文献

[1] 曹元坤,王光俊.企业风险管理发展历程及其研究趋势的新认识[J].当代财经,2011(01):85-92.
[2] 曾华.工程项目风险管理[M].北京:中国建筑工业出版社,2013.
[3] 陈起俊.工程项目风险分析与管理[M].北京:中国建筑工业出版社,2010.
[4] 陈胜利.工程项目施工管理风险评价方法研究[J].山西建筑,2012(2).
[5] 陈伟珂,范道津.风险管理理论与工具[M].天津:天津大学出版社,2010.
[6] 陈伟珂.工程项目风险与工程保险[M].天津:天津大学出版社,2009.
[7] 陈永高,单豪良.基于BIM与物联网的地下工程施工安全风险预警与实时控制研究[J].科技通报,2016,32(07):94-98.
[8] 陈子敬.谈公路建设项目竣工验收[J].青海交通科技,2007(8):100.
[9] 崔阳,陈勇强,徐冰冰.工程项目风险管理研究现状与前景展望[J].工程管理学报,2015(2):76-80.
[10] 杜承达.基于COSO-ERM(2017)框架下A公司全面风险管理研究[D].昆明:云南师范大学,2021.
[11] 杜晓玲.建设工程项目管理[M].北京:机械工业出版社,2006.
[12] 房绍坤,金福海,关涛.保险赔偿实务[M].北京:法律出版社,1997.
[13] 冯继伟,孙开畅.基于因子分解机的水利工程事件风险状态预测[J].水利水电技术(中英文),2021,52(12):7.
[14] 高亚妮.如何完善工程担保制度[J].基建管理优化,2007(3):14.
[15] 葛宝山,邬文康.工程项目评估[M].北京:清华大学出版社,2004.
[16] 龚保儿.建筑工程质量潜在缺陷保险:亮点与困难同在[J].建筑,2019(12):16-21.
[17] 顾梦迪,雷鹏.风险管理[M].北京:清华大学出版社,2009.
[18] 何慧君.建设工程担保的现状和举措[J].交通财会,2007(10):62.
[19] 何继坤,肖航.建筑结构设计阶段工程造价控制的研究[J].中国建筑金属结构,2021(08):32-33.
[20] 何云.运营地铁隧道渗漏水监测与风险预警研究[D].武汉:华中科技大学,2018.
[21] 贺丽.中小型房地产企业设计阶段标准化管理研究[D].北京:北京建筑大学,2021.
[22] 胡亮.建筑工程项目风险管理及其应用研究[D].成都:西南财经大学,2014.
[23] 胡绍兰,张国兴.推行工程担保制度的作用与对策[J].基建优化,2007(2):26.
[24] 黄宏伟,谢雄耀,胡群芳,等.轨道交通工程建设风险管理及其应用[M].上海:同济大学出版社,2009.
[25] 贾丰达.D市地铁四号线项目施工风险管理研究[D].大连:大连理工大学,2021.
[26] 中华人民共和国住房和城乡建设部.城市轨道交通地下工程建设风险管理规范:GB

50652—2011[S].北京:中国建筑工业出版社,2012.
[27] 兰虹.财产与责任保险[M].成都:西南财经大学出版社,2010.
[28] 雷光.大型建设项目工程设计可施工性研究[D].南京:东南大学,2019.
[29] 雷胜强.国际工程项目风险管理与保险[M].3版.北京:中国建筑工业出版社,2012.
[30] 李军锋.航天产品铁路运输行车安全风险管理方法研究[D].兰州:兰州交通大学,2018.
[31] 李鹏.深辽高架桥项目施工安全风险管理方法研究[D].济南:山东大学,2019.
[32] 李彦斌.我国建设项目工程保证担保制度研究[D].石家庄:石家庄铁道大学,2017.
[33] 李燕妮.广州市政府公共工程担保的风险管理研究[D].兰州:兰州大学,2020.
[34] 林五福.M建设工程项目风险识别与评估研究[D].苏州:苏州大学,2016.
[35] 刘贵祥.担保制度一般规则的新发展及其适用——以民法典担保制度解释为中心[J].比较法研究,2021(05):50-65.
[36] 刘捷.对工程担保的思考[J].陕西财税,2006(5):15.
[37] 刘俊颖,李志永.国际工程项目风险管理[M].北京:中国建筑工业出版社,2013.
[38] 刘雪山.水利工程施工风险及防范对策研究[J].工程建设与设计,2021(01):220-221,239.
[39] 刘艳丽.关于工程担保与风险制度的思考[J].国外建材科技,2005,26(4):144.
[40] 卢雁.设计过失或不可抗力——从工程实例看风险的划分[J].港工技术,2002(4):23-24.
[41] 卢有杰,卢家仪.项目风险管理[M].北京:清华大学出版社,1998.
[42] 罗曙光.对我国工程担保制度实施过程中若干问题的思考[J].江西金融职工大学学报,2007(4):100-101,107.
[43] 马成龙.从新冠疫情看企业风险管理的重要性[N].财会信报,2021-06-07(B07).
[44] 马宏,陈剑峰.我国推行工程担保制度的实践和探讨[J].国外建材科技,2006(5):86.
[45] 孟庆钧.竣工工程的质量责任[J].建筑经济,2004(8):74-76.
[46] 孟卫萍.电网建设工程项目动态风险管理及实证研究[D].北京:华北电力大学,2013.
[47] 莫翠红.我国工程担保制度的建立和发展[J].中国投资,2007(4):106.
[48] 宁纹嘉.水利工程施工危险源辨识及风险控制浅析[J].山东水利,2021(05):59-60.
[49] 欧阳瑰琳,刘刚军,聂荣,等.海上桥梁施工安全管理[J].公路,2006(3):133-138.
[50] 秦煜,李青良,徐长春,等.基于物联网和云计算的高速铁路桥梁状态监测预警系统设计[J].高速铁路技术,2014,5(05):56-61.
[51] 全国造价工程师职业资格考试培训教材编审委员会.建设工程计价[M].北京:中国计划出版社,2023.
[52] 屈哲.项目融资风险评估——引入动态分析的定量评估[J].辽宁师范大学学报,2003(1):97-99.
[53] 任旭.工程项目风险管理[M].北京:北京交通大学出版社,2010.
[54] 沈建明.项目风险管理[M].北京:机械工业出版社,2003.
[55] 宋建国.建设工程项目风险管理分析[D].长春:吉林大学,2013.
[56] 孙安黎.工程项目投资风险分析蒙特卡罗模拟法应用研究[D].北京:华北电力大学,2008.

[57] 孙劲峰.试探中国工程担保的若干操作策略[J].建筑经济,2007(7):21.
[58] 孙莉萍.几种常用风险评估方法的比较研究[J].现代商业,2011(30):107.
[59] 孙楠,李晓光.工程项目设计阶段风险的识别及处置[J].住宅与房地产,2016(24):189-189.
[60] 孙祁祥.保险学[M].北京:北京大学出版社,2003.
[61] 孙蓉,兰虹.保险学原理[M].成都:西南财经大学出版社,2010.
[62] 汤李智.国际工程承包总论[M].北京:中国建筑工业出版社,1997.
[63] 唐常馥.工程事故与危险建筑[M].上海:同济大学出版社,1994.
[64] 田琦.项目融资风险及基于影响图的风险评估[D].成都:西南财经大学,2005.
[65] 佟瑞鹏.风险管理与保险[M].北京:中国劳动社会保障出版社,2014.
[66] 王浩赟.建设工程领域担保制度发展比对研究[D].天津:天津理工大学,2020.
[67] 王和.工程保险——工程保险理论与实务(上册)[M].北京:中国金融出版,2011.
[68] 王鹤鸣,徐定辉.小湾水电工程项目风险管理及保险索赔探讨[J].水力发电,2003(6):5-7,11.
[69] 王惠,范芹雪.民法典担保从属性规则的适用及其限度探讨[J].法制与社会,2021(10):3-4.
[70] 王凯全.风险管理与保险[M].北京:机械工业出版社,2009.
[71] 王蕊,刘晓伟.建设项目设计阶段风险分析及对策[J].辽宁工业大学学报:社会科学版,2017,19(5):36-39.
[72] 王有志.现代工程项目风险管理理论与实践[M].北京:水利水电出版社,2009.
[73] 王振飞.地铁浅埋暗挖工程施工中的风险管理[J].隧道建设,2006(10):97-100.
[74] 王卓甫.工程项目风险管理——理论、方法与应用[M].北京:中国水利电力出版社,2003.
[75] 王卓甫.工程项目管理风险及其应对[M].北京:中国水利电力出版社,2005.
[76] 吴永博,李月超.浅谈建设项目设计阶段投资控制[J].建筑与设备,2013,7(1):95-97.
[77] 向为民.建立完善工程担保制度探讨[J].重庆工学院学报,2005(1):57.
[78] 谢亚伟.工程项目风险管理与保险[M].北京:清华大学出版社,2009.
[79] 辛若朋.码头工程项目承包人风险管理研究[D].长沙:长沙理工大学,2006.
[80] 胥丹.某综合地下管廊物联网项目的风险管理策略研究[D].北京:北京邮电大学,2019.
[81] 许谨良.风险管理[M].4版.北京:中国金融出版社,2011.
[82] 朱欣祎.航天供配电系统风险管理研究[D].上海:华东理工大学,2015.
[83] 许耆.桥梁工程施工中事故环境风险评估[J].中国安全科学学报,2003(8).
[84] 严复海,党星,颜文虎.风险管理发展历程和趋势综述[J].管理现代化,2007(02):30-33.
[85] 杨俊杰.工程项目安全与风险全面管理模板手册[M].北京:中国建筑工业出版社,2013.
[86] 杨立晨.建设工程项目规划与设计阶段风险管理与控制研究[J].城镇建设,2021(2):223.DOI:10.12254/j.2096-6539.2021(02):186.
[87] 杨南.AB变电站工程项目风险管理研究[D].成都:西南交通大学,2016.
[88] 姚雪梅.地下工程施工安全风险管理系统研究[D].武汉:武汉理工大学,2010.

[89] 余建星.工程项目风险评估与控制[M].北京:中国建筑工业出版社,2009.
[90] 袁小茜,张东林,胡绍兰,等.浅谈区块链在成本管理中的应用[J].河北建筑工程学院学报,2020,38(03):125-128.
[91] 张桂新,蒋景楠.项目风险评估方法探讨[J].技术经济,2006(03):80-82.
[92] 张国强.高层建筑施工的风险管理研究[J].科技展望,2014(10).
[93] 张洪涛,郑功成.保险学[M].北京:中国人民大学出版社,2000.
[94] 张丽文,张云波,祁神军,等.FTA在工程进度风险分析中的应用[J].武汉理工大学学报(信息与管理工程版),2013,35(01):94-97,110.
[95] 张瑞,藏震春,张新祥.效用理论在保险中的应用[J].经济经纬,2000(3):39-41.
[96] 张水波,何伯森.工程项目合同双方风险分担问题的探讨[J].天津大学学报,2007(7):257-261.
[97] 张薇,蒙建波,王光曦.银行保函在工程招投标领域中的应用[J].中国招标,2021(01):85-87.
[98] 张伟.国际工程项目的风险管理研究[D].天津:天津大学,2004.
[99] 张向东,刘海超,姚琦敏,等.区块链技术在工程项目管理中的应用前景[J].化学工程与装备,2019(10):346-349.
[100] 赵惠玲.建设工程担保制度实施的实践与探索[J].金融经济,2007(5):29.
[101] 赵建军.基于业主视角的地铁工程建设风险管理研究[D].南京:南京林业大学,2011.
[102] 郑功成.财产保险学[M].武汉:武汉大学出版社,1995.
[103] 郑众.化工项目设计阶段风险管理分析[J].化工管理,2019(25):192-193.
[104] 周朝宏.建筑施工企业推行安责险的问题及对策[J].安全,2021,42(05):76-80.
[105] 周盛世.我国实行工程保险与工程保证担保的思考[J].建筑经济,2008(8):37-38.
[106] 周泳.项目投资风险分析方法与实证研究[D].武汉:武汉理工大学,2002.
[107] 周玉华.保险合同与保险索赔理赔[M].北京:人民法院出版社,2001.
[108] 朱彦鹏,秦军.关于建立完善工程担保制度的探讨[J].甘肃科技,2006(5):179.
[109] 邹海林.我国《民法典》上的"混合担保规则"解释论[J].比较法研究,2020(04):91-106.